Gemüse

Arten von A–Z
Anbau · Ernte · Verwendung
Rezepte

Matthew Biggs

Gemüse

Arten von A–Z
Anbau · Ernte · Verwendung
Rezepte

KARL MÜLLER VERLAG

Dieses Buch ist meiner Tochter Jessica Daisy gewidmet

Danksagung
Vielen Dank an Kyle Cathie sowie an Candida Hall und Penny David für ihr Know-how, ihre Geduld und Bestärkung. Weiters möchte ich folgenden Personen danken: Marilyn Ward und Jill Cowley vom Royal Botanic Garden, Kew; Charles Grace von Pukawa Plauts für die Informationen über Tamarillos; Karen Box und Peter Lipsham in Neuseeland; Mike Darcy und Robert Fleming in den USA; Simon Hickmott von der Henry Doubleday Research Association, UK; Anita Bean, Ernährungsberaterin beim „Fresh Fruit and Vegetable Information Bureau", John Tunstall, der ungewöhnliche Gemüsesorten anbaut, sowie Steve Bradley, Ray Desmond und meiner Frau Gill für ihre Unterstützung.

Anmerkung des Autors
Biologisch vs. chemisch
Obwohl ich ein vehementer Verfechter des biologischen Anbaus bin, muss man auch akzeptieren, dass jeder Gärtner selbst entscheiden kann, ob er Chemikalien verwendet oder nicht. In diesem Buch sind sowohl biologische als auch chemische Mittel angefürht, aus denen Sie entsprechend Ihrer Einstellung wählen können.

Warnung und Hinweis
In diesem Buch werden auch die Hilfswirkungen der verschiedenen Gemüsesorten genannt. Es sollte nicht als medizinisches Buch gesehen werden, sondern als Informationsquelle. Wenn Sie irgendwelche Heilwirkungen einzelner Gemüsesorten ausprobieren, sollten Sie nur eine geringe Dosis verwenden, um zu testen, ob dadurch unerwünschte Nebeneffekte, wie z. B. Allergien hervorgerufen werden. Bedenken Sie außerdem, dass einige Gemüsesorten, die in kleinen Mengen hilfreich sein können, in großen Dosierungen schädliche Auswirkungen haben. Sie sollten niemals über einen längeren Zeitraum ohne ärztliche Konsultation Eigenbehandlungen durchführen. Rezepte, Anwendungen, Zubereitungsmethoden und alle weiteren Angaben zu diesem Buch wurden mit größter Sorgfalt zusammengestellt. Eine Garantie kann jedoch nicht übernommen werden. Der Verlag schließt eine Haftung für Personen-, Sach- und Vermögensschäden aus.

Produktionsbetreuung: Print Company Verlags.ges.m.b.H., Wien
Übertragung aus dem Englischen von Alexandra Zehmann
Umschlaggestaltung: Andreas Dorn

ISBN 3-86070-664-0

1 2 3 4 5 8 9 00 1 2

Inhalt

EINLEITUNG

Wir alle müssen essen, um leben zu können, und nichts bereichert unseren Speiseplan so sehr wie das im eigenen Garten gezogene Gemüse. Für manche Menschen war und ist Essen nur eine Notwendigkeit, doch die Bessergestellten sahen darin schon seit jeher ein kulturelles Ereignis und einen genussreichen Zeitvertreib. Pflanzen sind die Basis der Nahrungskette – selbst für Fleischesser –, und erst durch das Gemüse wird eine Mahlzeit richtig schmackhaft. Gemüse sieht gut aus, ist nahrhaft und für eine ausgewogene Ernährung wichtig. Je mehr Gemüsesorten mit unterschiedlichen Geschmacksvariationen uns zur Verfügung stehen, desto abwechslungsreicher wird unser Speiseplan.

Jahrhundertelang sicherten Gemüsegärten weltweit das Überleben der Menschen. In den ländlichen Gebieten Europas baute man seit dem Mittelalter Gemüse an. Damals besserte die Landbevölkerung ihren einfachen Speiseplan mit Rüben, Porree und Kohl auf. Später baute man in ländlichen Gebieten Gemüse, Kräuter und Blumen an. Nicht nur Nahrungsmittel, sondern auch Heil-, Gewürz- und Zierpflanzen sowie Nektar für die Bienen wurden so gewonnen. Reine Zierpflanzen dagegen wurden als Luxus betrachtet.

Dieser Gedanke lebt heute noch in den französischen „Potager"-Gärten fort, die sowohl einen praktischen als auch dekorativen Zweck erfüllen. Das schönste Beispiel dafür ist der Schlossgarten von Villandry im Loiretal, wo die Rabatten mit verschiedenen Gemüsearten verschönt werden. Warum probieren Sie es nicht in Ihrem Garten aus? Ein Gemüsebeet kann wunderschön sein – leuchtendroter Mangold, mit Schnee bestäubter Frühkohl, oder das elegante Blattwerk der Artischocke, all das hat seinen eigenen Charme. Ich hoffe, dass Sie dieses Buch zum Experimentieren anregt.

Die Franzosen haben das Essen zur Kunst gekrönt – jede Mahlzeit stellt etwas Besonderes dar. Die Französische Revolution und der Sturz der Aristokratie machten viele Köche arbeitslos. Einige eröffneten ihr eigenes Restaurant, und schon bald wurde das Essen auch zu einem gesellschaftlichen Ereignis. Für die Reichen war die Mahlzeit schon immer eine Gelegenheit, sinnliche und kulturelle Genüsse zu erleben. Bei einem guten Mahl konnte man den delikaten Geschmack von frischem Gemüse, Fleisch, Fisch, gutem Wein und Obst genießen und gleichzeitig gesellschaftliche Kontakte pflegen. Der gesellschaftliche Aspekt steht nach wie vor im Vordergrund eines Festessens, das – in guter Gesellschaft genossen – ruhig mehrere Stunden dauern kann. Natürlich wird auch dem Koch, bzw. der Köchin, die Möglichkeit geboten, seine oder ihre Kunstfertigkeit bei der Zubereitung und Garnierung der verschiedenen Speisen unter Beweis zu stellen. Doch, was ist eine Mahlzeit ohne Gemüse? Gemüse verleiht den Speisen eine Finesse, die mit Fleisch allein niemals erzielt werden kann. Und was wäre ein Koch ohne Rezepte? Dort, wo die Aufgaben des Gärtners enden, beginnt die kulinarische Kreativität. Bei den Nachforschungen zu diesem Buch wurde mir bewußt, wie die zunehmende Beliebtheit vegetarischer Gerichte auch das Kochen mit Gemüse attraktiver macht. Durch neue Ideen erleben selbst die einfachsten

„The Frugal Meal" von Josef Israels, 1824–1911

Gemüsesorten einen atemberaubenden Höhenflug: Ich hoffe, Sie lassen sich durch die hier präsentierten Rezepte verführen.
Viel zu oft schenken wir den gewöhnlichen Gemüsesorten nur wenig Beachtung. Doch sie sind nicht nur ein essentieller Bestandteil unserer täglichen Ernährung, sondern sie helfen auch, unsere Gesundheit zu bewahren und Krankheiten zu heilen. Man nimmt an, dass Heinrich VIII. (1491–1547) durch seine überwiegend aus Fleisch bestehende Kost an Mangelerscheinungen starb. Einige Gemüsesorten haben eine lange, faszinierende Geschichte, während andere sogar die soziale und politische Entwicklung beeinflusst haben – am meisten wohl die Kartoffel.
Im Zuge der Industriellen Revolution mussten viele ihre ländliche Heimat verlassen und zogen in die Stadt. Heute wollen viele Menschen, die in der Stadt leben, wieder zurück zur Natur und kaufen Schrebergärten oder Grundstücke auf dem Land. Der Gemüseanbau erlebt so einen neuen Aufschwung. Immer mehr Leute wollen ihr Gemüse ohne gesundheitsgefährdende Chemikalien organisch anbauen und gleichzeitig „in Berührung mit der Natur sein", sich an der frischen Luft aufhalten und dabei in Bewegung bleiben. Gemüse anzubauen ist befriedigender und ohne Zweifel produktiver als ein Besuch im Fitnessstudio. Denn gibt es eine schönere Belohnung für all die Mühe, als ein schmackhaftes Gericht aus selbst gezogenem Gemüse?

Ein prächtiger Gemüsegarten macht Sie sicher stolz

Ich kann jedem von ganzem Herzen empfehlen, selbst Gemüse anzubauen. Sie haben nur einen Balkon? Dann können Sie auch Eimer, Kisten, Blumenkästen oder Blumentöpfe verwenden – beinahe in jedem Gefäß lässt sich Gemüse pflanzen. Ziehen Sie „Mini"- Gemüse, oder lassen Sie es zwischen den Blumen wachsen. Sie haben die altbewährten Sorten satt? Experimentieren Sie doch mit ausgefallenem, orientalischem oder exoti-

„The Vegetable Garden, Coombe" von Paul Riley, 1988

schem Gemüse, wie zum Beispiel Okra. Frischen Sie Ihre Salate mit weißen Gurken, zweifarbiger Roter Bete, roten Frühlingszwiebeln oder rotfleischigen Rettichen auf. Bei sorgfältiger Planung sollte Ihr Garten ganzjährig nutzbar sein und Sie immer mit frischem Gemüse versorgen, mit dem Sie auch Ihre Tiefkühltruhe füllen können. Wer wollte schon behaupten, dass sich kommerziell angebautes Gemüse nach seiner langen Reise vom Feld in den Supermarkt mit frischem Gartengemüse vergleichen lässt, das voll an Vitaminen und Geschmack ist? Der Gemüseanbau kann eine äußerst erfüllende Tätigkeit sein, die nicht ausschließlich barschen, alten Männern in abgewetzten Hosen und Kappen überlassen werden sollte. Auch die dekorative Funktion des Gemüses sollte nicht vergessen werden. Es wäre äußerst schade, das Gemüse zu vernachlässigen, denn es ist nicht nur historisch bedeutsam, sondern bereichert auch heute unseren Speiseplan und wird auch in Zukunft wichtig für unsere Ernährung bleiben. Darauf gebe ich Ihnen nicht nur mein Wort, auch dieses Buch, das Ihnen als Hilfe, Inspiration und Aufmunterung dienen soll, wird Sie davon überzeugen. Nun machen Sie sich an die Arbeit und gehen hinaus in den Garten! Ich wünsche Ihnen viel Spaß dabei!

Die Geschichte des Gemüses

Es ist anzunehmen, dass die Auswahl der essbaren Pflanzen auf recht einfache Weise erfolgte: Man sammelte die Pflanzen, probierte sie aus und erinnerte sich später, dass sie entweder gut schmeckten oder vermieden werden sollten. Dieselbe Methode wurde wahrscheinlich auch bei Heilpflanzen angewandt. Diese Methode dürfte nicht immer einfach gewesen sein, sicherlich gab es viele Todesfälle, ehe man allmählich herausfand, welche Pflanzen genießbar waren und wie sie zubereitet werden mussten. Es bedurfte entsprechender Erfahrung, die blausäurehältige Maniokwurzel vor dem Verzehr erst mehrmals zu waschen, um das Gift zu entfernen.
Die ersten Menschen sammelten essbare Pflanzen, die in ihrer unmittelbaren Umgebung wuchsen, und folgten den jagdbaren Tieren. Die ersten festen Siedlungen entstanden in Gebieten mit ganzjährigem Nahrungsmittelangebot. Eine dieser frühen Siedlungen wurde in Tehuacan in Zentralmexiko gefunden und geht bis etwa ins Jahr 5000 v. Chr. zurück. Später entdeckten die Menschen, dass man Pflanzen aussät und kultiviert, um stets über genügend Nahrung zu verfügen.
Zu den ersten kultivierten Pflanzen zählen Getreide und Erbsen. Weizen und Gerste wurden wahrscheinlich schon 8000 bis 7000 v. Chr. angebaut, Erbsen etwa ab 6500 v. Chr. Reis war schon ab etwa 2800 v. Chr. in China das wichtigste Nahrungsmittel. Spätere Getreidesorten, wie z. B. Hafer, der erst seit 2000 v. Chr. angebaut wurde, könnten zuerst als Unkraut zwischen den herkömmlichen Getreidesorten gewachsen sein.

Wintergemüse

Die ertragreichsten Gebiete lagen an großen Flüssen, deren weitläufige Überschwemmungsgebiete sich ausgezeichnet für die Errichtung von Siedlungen und den Anbau von Getreide eigneten. In Mesopotamien, dem fruchtbaren Zweistromland zwischen Euphrat und Tigris, sowie im ägyptischen Nildelta entstanden die ersten Zivilisationen. Durch die jährlichen Überschwemmungen war der Boden stets fruchtbar, und die Flüsse und Flussgötter wurden für ihre Großzügigkeit verehrt. Später errichtete man in diesen Gebieten komplexe Bewässerungsysteme. Diese frühen Zivilisationen scheinen ein Hinweis darauf zu sein, dass sich höhere Kulturen erst entwickeln können, sobald die regelmäßige, ausreichende Versorgung mit Nahrungsmitteln gewährleistet ist. Im ägyptischen Altertum wurden viele der angebauten Pflanzen auch für medizinische Zwecke genutzt.

Mit der Kultivierung kam es zu einer ersten Selektion von Pflanzen, wobei Kriterien wie Ertrag, Resistenz und Keimung von Bedeutung waren. So entstanden die ersten Kulturpflanzen oder „Kulturvarietäten". Im 18. Jahrhundert war die Auslese in Europa zu einer Kunstfertigkeit erfahrener Gärtner geworden. Gregor Mendel experimentierte von 1855–1864 in seinem Klostergarten in Brünn mit Erbsen und legte so den Grundstein für die Entwicklung von Hybriden und deren wissenschaftlicher Selektion. Heute verändern die Züchter den genetischen Pflanzenanbau mit Röntgenstrahlen und Kolchizin, einem chemischen Bestandteil, der aus der Herbstzeitlose, oder *Colchicum*, gewonnen wird. Die meisten Züchtungen konzentrieren sich auf die wichtigsten Getreidesorten. Weniger bekannte Pflanzen, wie z. B. der Seekohl, wurden jedoch – abgesehen von der Entwicklung einiger weniger Kulturvarietäten – kaum verändert. Andere Gemüsesorten, z. B. die meisten Karotten, sind den wildwachsenden Sorten ähnlich, haben jedoch größere und zartere Wurzeln.

Der russische Botaniker Nikolai Wawilow teilte die Pflanzen nach den zwölf wichtigsten Ursprungsgebieten, darunter Nordafrika, die Mittelmeerländer und Asien, ein. Seine Theorie beruhte darauf, dass sich die Nutzpflanzen im Zuge der menschlichen Migration ausbreiten konnten. Durch Einwanderer gelangte der Mais von den Anden nach Mittel- und später nach Nordamerika, während die Römer (die sicherlich bereits Rote Bete, Kohl und Spargel anbauten) verschiedene Gemüsesorten, darunter auch die Erbse, in entlegene Gebiete ihres Reiches brachten. Zu Zeiten des Kolonialismus nahmen Siedler Getreide und Gemüse in ihre neue Heimat mit. Die Polynesier brachten die Süßkartoffel nach Neuseeland, wo sie zu

Die großen Herrenhäuser hatten früher riesige Gemüsegärten: „Vegetable Garden at Charlton Park" von Thomas Robins, 1716–70

einem wichtigen Nahrungsmittel wurde, und die Europäer führten ihre Nutzpflanzen in Australien ein, wo die Aborigines zuvor als Jäger und Sammler gelebt und keine Pflanzen kultiviert hatten.

Der größte Austausch von Nahrungsmitteln erfolgte ab 1492 mit der Entdeckung Amerikas. Kolumbus brachte Mais von seinen Entdeckungsreisen mit und führte europäische Getreidesorten in den neuentdeckten Ländern ein. Nicht einmal 100 Jahre später wurden in Spanien die ersten Kartoffeln verkauft, und Ende des 17. Jahrhunderts war Mais auf der Iberischen Halbinsel zu einem wichtigen Nahrungsmittel geworden. Zu dieser Zeit wurden auch schon indische Curries mit Chili verfeinert.

Schätzungsweise gibt es zwischen 250 und 350 Pflanzenfamilien, doch die wichtigsten Nutzpflanzen stammen lediglich von zehn solcher Gruppen ab. Von einer Spezies, der „Brassica oleracea", leitet sich eine wahre Vielfalt an Gemüsen ab: bei Blumenkohl und Brokkoli essen wir den unreifen Kopf der Pflanze, bei Kohlrabi die verdickten Stielenden. Die Hülsenfrüchte versorgen uns mit Erbsen und vielen Bohnensorten, die Getreidearten mit Weizen und Gerste sowie Mais und Reis, die Nachtschattengewächse mit Kartoffeln, Tomaten, Paprika und Chili.

Früher bewahrte man die Sorten, indem man nach der Ernte Samen aufhob, die im nächsten Jahr ausgesät wurden. Bei vielen handelte es sich um lokale oder regionale Kulturvarietäten, die sich speziell an den Boden und das Klima des jeweiligen Gebiets angepasst hatten. Von den wichtigsten Kulturpflanzen, so zum Beispiel von der Kartoffel, gibt es viele regionale Sorten.

Doch diese Vielfalt ist heute bedroht und damit auch die Basis für neue Züchtungen. Viele alte Sorten wurden durch moderne, standardisierte Kulturvarietäten ersetzt, andere entsprechen nicht den europäischen Gesetzesnormen und können daher nicht vertrieben werden. Die wertvollen Bestände werden durch einzelne Liebhaber und Organisationen, wie die H. Doubleday Research Association in Großbritannien, die Seed Savers in den USA oder Seed Savers International, geschützt. In ihren Händen liegen die zukünftigen Entwicklungen und verdienen daher unsere Unterstützung.

„St. Paul de Vence" von Margaret Loxton

Durch den politischen Umbruch in Osteuropa gelangten neue Sorten, wie kälteresistente Tomaten, auch nach Westeuropa. Diese Entwicklung und die Einführung von Kühl- und Lufttransporten, mit deren Hilfe auch kaum haltbare Sorten befördert werden können, hat uns neues und exotisches Gemüse beschert. Einwanderer aus China, Westindien und Asien bereichern den Speiseplan ihrer neuen Heimat. Viele bauen die ausgefallenen Sorten, die in Zukunft auf allgemeine Anerkennung stoßen werden, selbst an. Auch Kartoffeln und Tomaten galten einst als „Exoten".

Für Gemüsezüchter und Gourmets sieht die Zukunft wirklich rosig aus!

GEMÜSE IM TREND

Während sich manche Gemüsesorten allgemeiner Beliebtheit erfreuen, haben andere an Popularität eingebüßt und sind nur noch in einzelnen Gerichten oder in Form von regionalen Spezialitäten zu finden. Viele Gemüsesorten konnten sich durchsetzen, weil sie sehr vielseitig und ertragreich sind, eine lange Erntesaison haben und auch in Jahreszeiten zu kaufen sind, in denen wenig Gemüse erhältlich ist. Winterkohl ist dafür ein gutes Beispiel. Regionale Beliebtheit hängt von verschiedenen Kriterien ab, so muss die Pflanze zum Beispiel für ein bestimmtes Klima geeignet sein. Die Wurzelpetersilie ist aufgrund ihrer Robustheit in Mitteleuropa (speziell in Deutschland) sehr verbreitet. In anderen Ländern erfreute sie sich jedoch niemals solcher Beliebtheit, selbst wenn die klimatischen Bedingungen ebenso günstig waren. Welche Gründe kann es dafür geben?
Man könnte argumentieren, dass für dieses Gemüse nie ein Geschmack „entwickelt" wurde. Als die Wurzelpetersilie eingeführt wurde, gab es anderenorts bereits hochwertigere ähnliche Arten, wie zum Beispiel die Pastinake mit ihren größeren Wurzeln oder die etwas feinere Schnittpetersilie. Die Wurzelpetersilie wurde von den Züchtern jedoch vernachlässigt und blieb in Großbritannien ein „Trendgemüse", von dem nur geringe Mengen angebaut wurden.
Verantwortlich für bestimmte Trends sind oft die Lieferanten, die neue Produkte einführen, um neue Märkte zu erschließen, oder berühmte Personen, die als Trendsetter fungieren und deren Gewohnheiten nachgeahmt werden. Das gilt für Kleidung, gute Weine und Unterhaltung ebenso wie für die Küche eines bestimmten Landes. Sehr häufig wird die französische und italienische Küche nachgeahmt, die als Inbegriff des guten Geschmacks gilt. Bei den Salatsorten zum Beispiel liegen derzeit Endivien, Senfkohl und Chicorée stark im Trend, obwohl der Senfkohl eigentlich schon wieder aus der Mode gekommen ist. Diese aus dem Mittelmeerraum stammende Salatsorte war einst äußerst beliebt, verlor jedoch rasch wieder an Popularität. Es wird sich noch herausstellen, ob diese Salatsorte nach ihrem jüngsten Comeback auch in nördlicheren Gebieten Fuß fassen kann, oder ob sie bald wieder in Vergessenheit gerät.

Porree, Karotten und Kohl liegen nicht mehr im Trend.

Gemüse von A bis Z

Allium cepa. Liliaceae

ZWIEBEL

Zweijährig, im Anbau einjährig. Man verwendet die großen Wurzelknollen. Teilweise winterhart. Nährwert: Die meisten Vitamine und Mineralien in geringen Mengen.

Ein Gemüse der Antike, das von den Ägyptern nicht nur als Nahrungsmittel angebaut, sondern auch bei der Mumifizierung in Brustkorb, Becken oder in die Augenhöhlen gelegt wurde. Plinius berichtet von sechs Sorten im Alten Rom, wo sie dank ihrer antiseptischen Eigenschaften geschätzt wurde und in vielen Mythen zu finden ist. In einigen Regionen Irlands galt die Zwiebel als Mittel gegen schütteres Haar: „Man reibe den mit Honig vermischten Zwiebelsaft auf eine kahle Stelle, bis sie sich rötet. Diese Mischung lässt bei richtiger Anwendung selbst auf einem Entenei Haare sprießen".
Im Laufe der Jahrhunderte wurden zahlreiche Zwiebelsorten gezüchtet. Einige sind besonders groß, neuere Sorten sind winterhart, robust und farbenprächtig.

'First Early'

SORTEN

Die *Allium cepa* wird je nach Farbe, Form und Verwendung in verschiedene Gruppen eingeteilt. Die Küchenzwiebel hat eine braune, gelbe oder rote Schale und ist rund, länglich, spindelförmig oder abgeflacht. (In diese Gruppe fallen auch die japanischen Zwiebeln, eine Sorte der ausdauernden *Allium fistulosum*, die als einjährige, winterharte Pflanze gezogen wird.) Die Frühlingszwiebel wird klein geerntet und passt gut zu Salat. Perlzwiebeln lässt man vor der Ernte größer werden.

Küchenzwiebel
Die seit langem beliebte Sorte **'Ailsa Craig'** ist groß, rund, strohfarben und mild im Geschmack.**'Albion'** ist rund, mit weißer, mittelgroßer Zwiebel. **'Express Yellow'** ist eine japanische Zwiebel, die im Sommer ausgesät und im darauf folgenden Jahr geerntet wird. Die Sorte **'Wiener Bronzekugel'** besitzt eine bronzefarbene Schale. Diese Zwiebel wird im Herbst geerntet und lässt sich sehr gut lagern. **'Wiro'**, eine rote Zwiebel, ist besonders gut zur Lagerung geeignet. **'Rijnsburger'** ist groß, hellgelb und rund. Diese Sorte hält sich ausgezeichnet. **'Senshyu Semi-Globe Yellow'** – eine japanische Art mit dunkelgelber Schale. **'Juwarund'** — eine mittelfrühe Sorte, die sich sehr gut lagern lässt. Eine verlässliche Sorte mit abgeflachter Zwiebel ist **'Stuttgarter Riese'**. Sie ist besonders mild im Geschmack. Diese Sorte hält sich gut und treibt langsam aus. **'The Kelsae'** ist eine große, runde Zwiebel mit mildem Fleisch. Sie eignet sich nicht zur Lagerung. **'Zittauer Gelbe'** ist eine weit verbreitete, feinschalige Sorte, die mild und süß im Geschmack und sehr haltbar ist. **'Torpedo'** ist ebenfalls eine milde Sorte, die sich jedoch nicht gut lagern lässt.

'Torpedo'

Lauch-, Bund- oder Frühlingszwiebel
'Ishkura', eine Kreuzung zwischen Porree und Schnittlauch, ist üppig, zart und rasch wachsend mit aufrechten, weißen Stielen und dunkelgrünen Blättern. Sie kann in der Erde bleiben, damit sie dicker wird; trotzdem behält sie ihren Geschmack. **'Frühlingszwiebel weiß'** ist eine Bundzwiebel mit weißer Schale, die auch überwintert werden kann. **'Redmate'** ist eine farbenprächtige Sorte, die nach unten hin rötlich wird und sich ausgezeichnet für Salate eignet. Im Abstand von 7,5 cm versetzen. **'Santa Claus'**, eine weitere rote Sorte ist schon nach 6 Wochen reif, bewahrt den Geschmack und wird geerntet, bis sie die Größe von Porree erreicht hat. Bei kälterem Wetter oder wenn

Knackige Frühlingszwiebeln eignen sich gut für Salate.

sie angehäufelt wird, ist die Farbe intensiver. Bei **'Parade'** handelt es sich um eine sehr frühe Lauchzwiebel für den Ganzjahresanbau. **'Southport White Globe'** ist eine Sorte, die runde, leuchtend weiße Zwiebeln ausbildet. **'Winter White Bunching'** hat schlanke Stiele, starke Blätter und milden Geschmack. Gut zum Überwintern geeignet.

Perlzwiebel
'Barletta' ist eine frühe Sorte mit weißer Schale und guter Schoßresistenz. **'Paris Silverskin'** ist eine beliebte, ausgezeichnete „Cocktailzwiebel", die rasch wächst und auch bei schlechter Bodenqualität gedeiht. Ab Mitte Frühling aussäen und ernten, sobald die Zwiebel etwa die Größe eines Daumennagels hat. **'Shakespeare'** ist eine schmackhafte, kleine, braune Zwiebel, die ideal zum Einlegen ist.

KULTIVIERUNG

Zwiebeln benötigen einen luftigen, sonnigen Standort und fruchtbaren, lockeren Boden. Stecklinge (unreife Zwiebeln, die speziell zum Anpflanzen gezogen werden) sind robuster als Sämlinge und punkto Bodenqualität weniger anspruchsvoll. Perlzwiebeln begnügen sich auch mit weniger anspruchsvollen Böden. Wechseln Sie die Frucht jedes Jahr.

Vermehrung
Um ständig frische Zwiebeln ernten zu können, sollten Sie im Frühjahr und im Herbst aussäen. Es ist vorteilhafter, Steckzwiebeln an Stelle von Samen zu verwenden. Diese reifen rascher, vertragen kühleres Klima sowie schlechtere Bodenqualität und werden nicht weniger stark von der Zwiebelfliege oder vom Mehltau befallen, sind jedoch teurer und neigen zum Schießen. Die neueren Sorten sowie wärmebehandelte Steckzwiebeln mit einem Durchmesser von rund 2 cm sind dafür weniger anfällig. Samen hingegen bieten eine größere Sortenvielfalt. Wenn man die Steckzwiebeln nicht gleich pflanzen kann, müssen sie kühl und hell gelagert werden, damit sie nicht frühzeitig austreiben. Sie können auch

Perlzwiebeln sollten vor der Lagerung sorgfältig geschält werden.

Zum Trocknen ausgelegte Zwiebeln sollten regelmäßig überprüft werden. Entfernen Sie kranke oder beschädigte Zwiebeln.

Zwiebeln aus dem Vorjahr verwenden. Im späten Winter oder im Frühling die Zwiebeln stecken, sobald sich der Boden erwärmt hat. Wärmebehandelte Steckzwiebeln sollten nicht vor dem späten Frühjahr ausgesetzt werden. Die Steckzwiebeln in flache Furchen pflanzen oder vorsichtig in die Erde drücken, bis nur noch die Spitzen zu sehen sind. Mittelgroße Zwiebeln pflanzt man in einem Abstand von 5 cm in Furchen, die 25 cm weit auseinander liegen. Bei größeren Sorten sollte man einen Abstand von 10 cm einhalten.
Samen gegen Ende des Winters bei einer Temperatur von 10–16 °C in Schalen, Töpfen oder Torftöpfen (rund sechs Samen pro Torftopf) aussäen. Die Belüftung allmählich verstärken, um die Sämlinge abzuhärten. Zu Frühlingsbeginn, sobald sie zwei Blätter haben, ins Freiland setzen. Beim Umpflanzen der Sämlinge darauf achten, dass die Wurzeln in das Pflanzloch ragen, und die Unterseite der Zwiebel rund 1 cm unter der Oberfläche liegt.
In kühlen, gemäßigten Zonen können Zwiebeln von Anfang bis Mitte des Frühjahres auch im Freien in einem Saatbeet ausgesät werden. Den Boden mit Glasglocken oder Folie erwärmen, um unzureichende Keimung und Krankheiten zu vermeiden. Damit die Pflanzen nicht von Pilzen befallen werden, vorbehandeltes Saatgut verwenden.

Ist die Erde feucht und krümelig, rund zwei Wochen vor dem Aussäen einen Volldünger einrechen und das Saatbeet glatt treten. Anschließend die Zwiebeln 10–20 mm tief in Reihen mit einem Abstand von 30 cm einpflanzen. Nach der Keimung mittelgroße Zwiebeln auf einen Abstand von 4 cm vereinzeln, große auf einen Abstand von 7–10 cm. Damit die Pflanzen nicht von der Zwiebelfliege befallen werden, nur bei feuchtem Boden vereinzeln. Säen Sie die Samen in Gruppen in einem Abstand von 25–30 cm aus.
Bei japanischen Zwiebeln gibt es wenig Spielraum: Pflanzen Sie zu früh, schießen sie – werden sie zu spät gepflanzt, sind sie zu schwach, um den Winter zu überleben. Um eventuellen Verlust durch den Winter wettzumachen, pflanzt man die Zwiebeln in einem Abstand von 3 cm in Reihen mit einem Abstand von 30 cm. Zur Wintermitte eine Kopfdüngung mit Stickstoff vornehmen.
Perlzwiebeln im Frühjahr entweder breitwürfig oder in Furchen, die so breit wie eine Hacke sind und einen Abstand von 10 cm haben, säen. Entsprechend der gewünschten Größe vereinzeln.
Zwiebeln ernten, sobald die Blätter welk sind. Bundzwiebeln dünn aussäen und die Furchen vor dem Aussäen bei trockenem Wetter gießen. Der Abstand zwischen den Reihen sollte 10 cm betragen. Sobald die Sämlinge groß

‚Senshyu', eine sehr dekorative und verlässliche Sorte.

genug sind, in einem endgültigen Abstand von 1–3 cm vereinzeln. Um stets frische Zwiebeln ernten zu können, sät man im Spätfrühling und Frühsommer in zwei- bis dreiwöchigen Intervallen aus. Bei trockenem Wetter ausreichend gießen.

Anbau
Im Frühwinter gut umgraben, falls erforderlich, reichlich gut verrotteten Stallmist oder Kompost einarbeiten. Nicht auf frisch gedüngtem Boden anbauen. Saure Böden kalken. Vor dem Pflanzen die Erde glatt rechen und Steine entfernen. KörnigenVolldünger einarbeiten (60 g/m²). Im Sommer Erde oder Mulch rund um die Zwiebeln entfernen, damit Sonne hinzukommen kann.

Pflegemaßnahmen
Frühling: Setzlinge pflanzen oder Samen aussäen. Vor allem zu Beginn Unkraut beseitigen.
Sommer: Mulchen, um Wasserverlust und Unkraut zu vermeiden.
Gießen ist nur während einer Hitzeperiode erforderlich.
Herbst: Im Frühherbst die Zwiebeln ernten.
Winter: Setzlinge, die durch Frost oder Vögel aus der Erde gehoben wurden, wieder hineindrücken.

Geschützter Anbau
Zwiebeln müssen nicht geschützt werden. Frühzwiebeln oder Zwiebeln, die überwintert werden, können mit Glasglocken und – bei besonders kaltem und nassem Wetter – mit einem Vlies geschützt werden.
Frühlings- oder Bundzwiebeln können im Spätsommer oder Frühherbst ausgesät, bei rauem Wetter mit Glasglocken geschützt und im nächsten Frühjahr geerntet werden.

Pflanzen in Kübeln
Küchenzwiebeln können auch in Kübeln gezogen werden, der Ertrag ist jedoch gering und kaum lohnenswert.

Ernte und Lagerung
Ernten, sobald sich die Blattspitzen von selbst nach vorne neigen und die Blätter absterben. Die Blätter nicht nach vorne drücken. Zwiebeln und Blätter austrocknen lassen, solange die Pflanzen bei gutem Wetter noch im Boden sind. Vor der Ernte müssen die Blätter rascheln. Bei kaltem Wetter die Zwiebeln auf Säcken, unter Glasglocken oder in einem kalten Schuppen ausbreiten und regelmäßig umdrehen. Dabei die Zwiebeln nicht beschädigen. Beschädigte, weiche, fleckige oder dickhalsige Zwiebeln sofort aufbrauchen. Zwiebeln können in Schalen, Netzen, Strümpfen oder zu einem Zopf geflochten kühl gelagert werden.
Frühlingszwiebeln ernten, bevor sich Knollen ausbilden. Bei trockenem Wetter vor dem Ernten gießen.

Zwiebelzöpfe
Bei dieser Lagerung kann die Luft besser zirkulieren, und die Zwiebeln halten länger. Außerdem sind die Zöpfe hübsch und praktisch. Man kann wie bei Knoblauch die Stiele flechten, die meistens zu kurz sind. Daher besser mit Bast oder starker Schnur zusammenbinden.
Am unteren Ende zwei Zwiebeln zusammenbinden, und dann die Blätter jeder Zwiebel fest um die Schnur wickeln, wobei jede Zwiebel auf der unteren aufliegt. Am Ende des Zopfes einen festen Knoten binden, und den Zopf zum Trocknen aufhängen. Bei Bedarf abschneiden.

Anfälligkeiten
Die Pflanzen mit Netzen vor **Vögeln** schützen.
Die Larven der **Zwiebelfliege** bohren sich in die Zwiebeln. Die Stängel werden gelb und vertrocknen. Sämlinge und junge Pflanzen können absterben. Über den Winter die Erde sorgfältig kultivieren und vor dem Aussäen mit einem Insektizid bearbeiten. Befallene Pflanzen entfernen und die Frucht wechseln.
Weißfäule kann speziell bei Frühlingszwiebeln zu einem Problem werden. Am unteren Stielende erscheint watteähnlicher Schimmel mit kleinen, schwarzen Punkten. Die Blätter werden gelb und sterben ab. Sehr schwer zu bekämpfen. Befallene Pflanzen gemeinsam mit der Erde entfernen und wegwerfen. Nicht kompostieren. Präventiv kann man ein Fungizid in die Furchen stäuben. Nach Befall an anderer Stelle neu aussäen.
Bei Befall der Pflanzen mit **Stängelälchen** verkümmern die Zwiebeln, springen auf, werden weich und sterben ab. Die Pflanzen aus Samen selbst ziehen. Nach einem starken Befall nicht wieder an derselben Stelle anbauen. Befallene Teile entfernen.

Mischkulturen

Petersilie, die zwischen den Zwiebeln gesät wird, soll die Zwiebelfliege abhalten.

Heilkraft

Zwiebeln sind antiseptisch, harntreibend und werden bei Husten und Erkältungen eingesetzt. Gegen Furunkeln kann man Zwiebelwickel auftragen.

Die traditionellen Zwiebelzöpfe sind sehr dekorativ.

Kulinarisches

Zum Würzen von Soßen, Suppen und Eintöpfen sind Zwiebeln unerlässlich. Es gibt kaum ein Rezept, das nicht damit beginnt, dass man „Zwiebeln in Öl oder Fett röstet, sautiert oder anschwitzt, bis sie glasig sind . . ." Sie geben jedoch auch eine köstliche Beilage ab: Geröstet oder im Ganzen gekocht, in Ringe geschnitten, paniert oder fritiert. Sie können Zwiebelringe auch langsam weichkochen, bis eine dicke, süße „Marmelade" entstanden ist. Rohe, gehackte Zwiebeln eignen sich unter anderem für viele Salate;

Die beim Vereinzeln übriggebliebenen Pflanzen können in den Salat gegeben werden.

Bundzwiebeln sind perfekt für Salate, Nudelgerichte, Suppen und Aufläufe. In Frankreich werden sie gehackt, in Butter sautiert und zum Würzen einer Hühnerbrühe mit Nudeln gegeben.

Perlzwiebeln passen hervorragend zu Brot, Käse und eingelegter Roter Bete – der traditionelle „Ploughman's Lunch". Werden sie nicht eingelegt, kann man sie auch frisch zum Salat oder in einen Eintopf geben, rösten oder am Spieß grillen.

Zwiebel- und Walnussmuffins
(20 Muffins)

Dieses wunderbare Rezept stammt aus dem *Hudson Valley Cookbook* von Wally Malouf.

1 große Zwiebel
250 g ungesalzene Butter, geschmolzen
2 große Eier
6 EL Zucker
1 TL Meersalz
1 TL Backpulver
300 g geschälte Walnüsse, grob gehackt
350 g glattes Mehl

Das Backrohr auf 220 °C vorheizen. Die Zwiebeln schälen, vierteln und in der Küchenmaschine fein pürieren. Das Püree sollte 250 g wiegen. Butter, Eier und Zucker schaumig schlagen und Zwiebelpüree zugeben. Dann die restlichen Zutaten nach und nach beimengen und gut vermischen. Die Muffinformen fast bis zum Rand voll füllen und 20 Minuten – oder bis der Teig aufspringt und braun ist –, backen. Warm servieren.

Zwiebel- und Walnussmuffins

Zwiebelkuchen
(4 Personen)

Dieses Gericht aus dem Elsass ist sehr schmack- und nahrhaft. Dazu passt frischer Blattsalat.

90 g Schmalz oder Olivenöl
1 kg Zwiebeln, in Ringe geschnitten
90 g Räucherspeck, gewürfelt
240 ml Sahne
3 Eier, leicht geschlagen
Salz und schwarzer Pfeffer aus der Mühle
Mürbteig zum Auslegen der Kuchenform (20–23 cm)

Schmalz oder Öl erhitzen und die Zwiebeln glasig dünsten. Auf Küchenpapier gut abtropfen lassen. Speck in die Pfanne geben und ein paar Minuten stark anbraten, dann das Fett abtropfen lassen. Sahne und Eier verrühren und gut abschmecken. Zwiebeln und Speck unterrühren und in die mit Mürbteig ausgelegte Form gießen. Im vorgeheizten Rohr bei 220 °C ca. 10–15 Minuten backen. Anschließend nochmals 15 Minuten bei 190 °C backen und warm servieren.

Zwiebelkuchen

Allium cepa var. *aggregatum*. *Liliaceae*

SCHALOTTE

Kleine Zwiebel, die einjährig angebaut wird und zahlreiche Knollen bildet. Winterhart. Nährwert: Die meisten Vitamine und Mineralien in kleinen Mengen.

Die Schalotte ist winterhart, reift rasch, eignet sich für kälteres Klima, verträgt Hitze und wächst bei schlechter Bodenqualität besser als die Küchenzwiebel. Setzlinge sind teurer als Samen und neigen zum Schießen, wenn sie nicht wärmebehandelt sind. Kaufen Sie gesunde Pflanzen, die mehr Ertrag liefern und robust sind, oder bewahren Sie die gesunden Steckzwiebeln bis zum nächsten Jahr auf.

SORTEN

'Atlantic': Diese Sorte kann früh gesät werden und liefert große Zwiebeln, die knackig und schmackhaft sind und sich gut lagern lassen.

'Creation' F1, — wird aus Samen gezogen, ist hervor--ragend, äußerst schoßresistent und lässt sich gut lagern. **'Drittler White Nest'**, eine ältere Sorte, die schmackhafte Knollen verschiedener Größe liefert. Die Sorte **'Giant Yellow Improved'** ist auch nicht zu verachten. Die goldgelben Knollen sind sehr groß und ertragreich.

Ganze, kleine, milde Schalotten verwendet man für Eintöpfe.

'Golden Gourmet' ist mild und für Eintöpfe und Salate geeignet. Eine ertragreiche und leicht zu lagernde Sorte. **'Hative de Niort'** ist äußerst dekorativ mit länglichen, birnenförmigen Zwiebeln, dunkelbrauner Schale und weißem Fleisch. Die Schalottensorte **'Pikant'** ist üppig und schoßresistent. Die Schale ist rötlich braun, das Fleisch sehr würzig und fest. **'Red Potato Onion'** ist äußerst winterhart. Die Schale ist rötlich glänzend, und das rosafarbene Fleisch hält sich gut. **'Sante'** ist groß, rund und würzig mit brauner Schale. Das Fleisch ist weißlich. Eine sehr ertragreiche Sorte, die sich gut lagern lässt, doch zum Schießen neigt und nur ab Mitte bis Ende Frühling angepflanzt werden sollte. Eine mild schmeckende, robuste, goldgelbe Sorte ist **'Topper'**, die ab dem Spätwinter gepflanzt werden kann und sich gut lagern lässt.

KULTIVIERUNG

Vermehrung
Der ideale Setzling hat einen etwa 2 cm großen Durchmesser. Größere Setzlinge bilden mehr Zwiebeln, die jedoch kleiner sind. Sobald der Winter zu Ende ist und sich der Boden leicht erwärmt hat, anpflanzen.
Will man früher ernten, kann man bereits im Spätherbst oder im Winter anpflanzen. Etwa zwei Wochen vor dem Anpflanzen den Boden mit Glasglocken, Vlies oder Folie abdecken. Bei ungünstiger Witterung kann man die Zwiebeln auch in 10 cm großen Komposttöpfen anpflanzen und später umsetzen.
Zwischen den Setzlingen 25 cm und zwischen den Reihen 30–40 cm Abstand halten. Mit einem Handtuch zunächst Löcher in den Boden bohren und die Zwiebeln so einsetzen, dass die Zwiebeln nicht von der Erde erdrückt und die jungen Wurzeln blockiert werden. Die Zwiebelspitzen frei lassen. Man kann auch in 1 cm tiefen Furchen mit einem Abstand von 20 cm pflanzen und die Setzlinge mit Erde bedecken.
F1-Hybride, die aus dem Samen gezogen werden, haben nur eine Zwiebel. Sobald sich der Boden erwärmt hat, sät man die Schalotten im Frühjahr aus. Dabei mit der Hacke ungefähr 1 cm tiefe Furchen ziehen. Später die Pflanzen in einem Abstand von 3–5 cm vereinzeln. Bei größeren Abständen bilden sich wahrscheinlich mehrere Zwiebeln an einer Stelle aus.
Bei kleinen Schalotten können Sie die Blätter verwenden, dies gilt auch für Steckzwiebeln. Will man früher ernten, pflanzt man von Herbst bis Frühling unter Glasglocken, in Saatschalen oder geschützten Komposttöpfen an und setzt die Sämlinge ins Freie, sobald der Boden bearbeitet werden kann. Der Abstand zwischen den Knollen sollte etwa 3 cm betragen.

Anbau
Schalotten lieben geschützte, sonnige Standorte und feuchte, lockere Böden, die im Idealfall für die vorherige Kultur gedüngt wurden. Sie sollten auch im Frühherbst zumindest zweimal umstechen und reichlich gut

Anders als Zwiebeln wachsen Schalotten in kleinen Gruppen.

organisches Material einarbeiten.
Vor dem Anpflanzen den Boden ebnen und Volldünger einrechen (110 g/m²). Für Setzlinge reicht grober Boden, doch Samen benötigen ein Saatbeet mit feinkörnigem Boden.
Bei trockenem Wetter gießen und speziell noch nicht angewachsene Pflanzen vom Unkraut befreien. Besonders vorsichtig mit der Zwiebelhacke arbeiten, da sich beschädigte Knollen keinesfalls zur Lagerung eignen.

Pflegemaßnahmen
Frühling: Setzlinge pflanzen, sobald die Witterung es zulässt. Samen aussäen, wenn der Boden sich erwärmt hat.
Sommer: Pflanzen vom Unkraut befreien. Bei trockener Witterung gießen.
Herbst: Falls erforderlich, gut verrottetes, organisches Material einarbeiten. Setzlinge für frühe Ernte pflanzen.
Winter: Noch vor dem Frühjahr Setzlinge pflanzen.

Geschützter Anbau
Schalotten sind äußerst robust. Bei sehr kaltem Wetter sollten jedoch besonders früh gezogene Pflanzen vorübergehend geschützt werden, speziell wenn das Wasser im Boden schlecht abfließen kann.

Pflanzen in Kübeln
Schalotten wachsen in großen Töpfen oder Kübeln mit Erdkompost. Langzeitdünger dazugeben und Keramikscherben in den Topf legen, damit das Wasser abfließen kann. Bei trockener Witterung gut gießen.

Ernte und Lagerung
Ab Hochsommer, sobald die Blätter absterben, die Zwiebeln vorsichtig ausgraben und bei trockenem Wetter ungefähr eine Woche liegen lassen; ansonsten wie Zwiebeln trocknen. Die grünen Blätter nicht abschneiden, da die Pflanzen sonst von Pilzen befallen und nicht mehr gelagert werden können. Die Zwiebeln vorsichtig lösen, von Erde befreien und die Blätter auseinander schütteln. Danach kühl und trocken in Schalen, Netzen oder alten Strümpfen lagern. Wollen Sie die Blätter verwenden, ernten Sie, wenn diese etwa 10 cm groß sind.

Anfälligkeiten
Schalotten sind ziemlich resistent. Bei früher Anzucht oder Temperaturschwankungen können die Pflanzen schießen. Resistente Sorten verwenden.
Von **Viren** befallene Zwiebeln verkümmern, nur gesunde Pflanzen verwenden.
Falls die Pflanzen von **Mehltau** befallen werden, behandelt man sie ebenso wie Zwiebeln. Oft werden die Setzlinge von **Vögeln** gefressen. Sie können die Spitzen mit Erde bestreuen, die Pflanzen mit Elektrodraht oder Vogelscheuchen schützen.
Zwiebeln, die durch **Frost** aus der Erde gehoben werden, setzt man sofort wieder vorsichtig ein.
Behandeln Sie **Älchen** und **Zwiebelfliegen** ebenso wie bei Zwiebeln.

Mischkulturen

Schalotten können gemeinsam mit Äpfeln oder Erdbeeren angebaut werden. Da sie Schwefel enthalten, wirken sie wie ein Fungizid.

Kulinarisches

Schalotten schmecken erheblich milder als Zwiebeln. Die gelbschaligen Sorten sind größer und haltbarer, die roten hingegen kleiner und schmackhafter. Sie können sie aber auch roh essen, einlegen oder die Blätter wie Frühlingszwiebeln verwenden. Fleischgerichte mit fein gehackten Schalotten bestreuen, aber nicht bräunen, da sie sonst leicht zur Bitterkeit neigen. Schalotten und Kräuter in Weinessig eingelegt und mit Ei und Butter vermischt, ergeben eine perfekte Sauce Béarnaise.

Schalotten halten sich meist besser als Zwiebeln.

Allium ampeloprasum. Liliaceae

PORREE

Zweijährig. Wird einjährig angebaut. Man verwendet die gebleichten Blattstiele. Winterhart. Nährwert: Reich an Kalium und Eisen. Die grünen Blätter enthalten geringe Mengen an Betakarotin und Vitamin C.

Schon in der Bibel wird erwähnt, dass in Ägypten, wo Porree als heilige Pflanze verehrt wurde, Gurken, Melonen, Porree, Zwiebeln und Knoblauch wuchsen. Legte man einen Schwur darauf ab, galt dieser als sehr mächtig. Die seit dem Altertum bekannte Pflanze erregt noch immer Aufsehen. Seit ungefähr 1880 werden in Pubs und Vereinen im Nordosten Englands Wettbewerbe um den größten Porree veranstaltet. Im Jahre 1895 erhielt W. Robson als zweiten Preis ein Pfund und ein Schafsherz. Heute beträgt der erste Preis bei den Weltmeisterschaften über 1300 Pfund. Derzeit werden in der Europäischen Union pro Jahr über 7 Millionen Tonnen geerntet, wobei Frankreich das Hauptanbaugebiet ist.

KULTIVIERUNG

Porree gedeiht an sonnigen, geschützten Standorten mit neutralem bis leicht saurem, lockeren Boden.

Vermehrung
Bei der Keimung müssen Erde oder Kompost eine Mindesttemperatur von 7 °C haben. Daher frühe Sorten geschützt, d. h. im Winter nicht im Freien, sondern bei etwa 13–16 °C in Schalen, Töpfen oder in Torf aussäen. Die Pflanzen umsetzen, sobald sie 2 richtige Blätter haben oder wenn sie sich vornüber neigen. Der Abstand sollte rund 5 cm betragen. Die Pflanzen allmählich abhärten und im Spätfrühling ins Freie setzen. Porree kann auch im Kalthaus, im kalten Frühbeet oder unter Glasglocken gezogen werden. Zwischen Februar und März aussäen, etwas später umtopfen, abhärten und im Spätfrühling ins Freie setzen.
Obwohl sich dafür alle Sorten eignen, gedeiht mittelfrüher und später Porree am besten im Saatbeet. Den Boden mit Glasglocken, schwarzer Folie oder Vlies aufwärmen und fein rechen. Anschließend 3 cm tief in Reihen mit einem Abstand von 15 cm dünn aussäen; bei kaltem Wetter schützen. Porree kann auch direkt im Gemüsegarten in Reihen mit einem Abstand von 30 cm und etwa 3 cm tief ausgesät werden. Die Sämlinge vereinzeln, sobald diese zwei bis drei Blätter haben. Sät man – entweder paarweise oder einzeln – in Torftöpfen aus und lässt nur den stärkeren Sämling stehen, oder man sät pro Zeile drei bis fünf Samen, wird das „Herauspicken" oder Vereinzeln überflüssig.

Anbau
Der Boden sollte fruchtbar und feuchtigkeitsspeichernd sein, daher, speziell bei leichten Böden, im Winter vor dem Anpflanzen reichlich organisches Material einarbeiten. Schwere Böden lockern Sie am besten mit organischem Material und Sand auf, da die Pflanzen bei schweren oder zu nassen Böden nicht gut gedeihen. Vor dem Anpflanzen im Frühling den Boden rechen, ebnen und andrücken. Da es sich um eine langfristige Kultur mit hohem Stickstoffgehalt handelt, sollten Sie zwei Wochen vor dem Anpflanzen Volldünger (60–90 g/m²), Fisch, Blut und Knochen oder Ammoniumsulfat einarbeiten.

SORTEN

Die älteren Sorten werden in zwei große Gruppen eingeteilt, nämlich in lange, dünne und kurze, kompakte Pflanzen. Bei vielen modernen Sorten ist diese Gliederung nicht ganz so eindeutig. Außerdem unterscheidet man frühe, mittelfrühe und späte Porreesorten.
'Blaugrüner Winter' ist eine sehr ertragreiche, mild schmeckende, frühe Sorte mit langem Schaft. **'Merlin'** wird im Frühherbst geerntet und hat einen mittellangen Schaft. Die beliebte Sorte **'Herbstriesen'** ist ebenfalls mittellang und sehr schoßresistent. Bei **'Bandit'** und **'Kajak'** handelt es sich um Sorten mit eher kurzem, dickem Schaft, die gut überwintert werden können. Auch die recht kompakte Sorte **'Carentan'** kann den ganzen Winter über geerntet werden. **'Bleu de Solaise'**, eine französische Wintersorte, können Sie bis zu Frühlingsbeginn ernten.

Hübsche Pflanzen, die in einem Hochbeet ausgestellt sind.

Porreeblüten sind besonders wertvoll, da sie nützliche Insekten anziehen.

Die Pflanzen umsetzen, sobald sie 15–20 cm groß sind. Wenn sie am Boden schleifen, schneidet man die Blattspitzen zurück, jedoch nicht die Wurzeln, wie manchmal empfohlen wird. Trockenen Boden vor dem Anpflanzen gut wässern. Zwischen den Pflanzen etwa einen 15 cm großen Abstand lassen, zwischen den Reihen 30 cm. So werden die Pflanzen mittelgroß und ertragreich.
Hält man in den Reihen einen Abstand von 7–10 cm, werden die Pflanzen dünner. Bei einem beidseitigen Abstand von 15–20 cm erhält man eine ertragreiche Ernte an mittelgroßen Pflanzen. In Torftöpfen hält man einen beidseitigen Abstand von 25 cm ein.
Es gibt zwei Methoden, Porree hell zu halten, von denen ich folgende vorziehe: Mit dem Setzholz wird ein 15–20 cm tiefes Loch gegraben, die Pflanze hineingegeben und ein wenig Wasser eingefüllt, mit dem etwas Erde hinuntergespült wird. Ansonsten bleibt das Loch frei. Die tief eingesetzten Pflanzen sind resistenter gegen Trockenheit, und die Erde fällt nicht so leicht zwischen die Blätter.
Sie können Porree auch 7 cm tief pflanzen und mit der Hacke immer wieder rund um die Stiele 5–7 cm Erde anhäufeln. Nach dem Reifen nicht mehr anhäufeln und darauf achten, dass keine Erde zwischen die Blätter fällt. Bei leichtem Boden kann man besser anhäufeln.
Auf jeden Fall werden die Pflanzen anschließend sorgsam mit Algendünger gegossen. Bei trockener Witterung müssen Sie die Pflanzen täglich bewässern, bis sie angewachsen sind. Danach gießt man nur noch, wenn sie sehr trocken sind. Unkraut von Hand jäten oder vorsichtig mit der Hacke entfernen. Bei jungen Pflanzen eignet sich eine Zwiebelhacke, damit sie nicht verletzt werden. Bei schlechter Bodenqualität im Sommer wöchentlich mit flüssigem Algen- oder Schwarzwurzdünger gießen.

Pflegemaßnahmen
Frühling: Unter Glas gezogenen Porree umsetzen oder ins Freie aussäen.
Sommer: Sämlinge umsetzen, gießen und düngen. Pflanzen regelmäßig mit der Hacke oder durch Mulchen von Unkraut befreien.
Herbst: Pflanzen nach Bedarf ernten.
Winter: Späte Sorten ernten. Im Februar unter Glas aussäen.

Geschützter Anbau
Abgesehen von den frühen Sorten, die unter Glas, Vlies oder im **Frühbeet** ausgesät werden, ist der Porree eine äußerst robuste Freilandpflanze.

Ernte und Lagerung
Frühe Sorten werden von September bis November, mittelfrühe von Dezember bis Januar und späte von März bis April geerntet. Porree vorsichtig mit der Gabel ausgraben und dabei darauf achten, dass keine Blätter zurückbleiben, die später Krankheiten auslösen könnten. Späte Sorten können einige Wochen in einer flachen, rechteckigen Grube, etwa 15–20 cm tief, gelagert werden. Man bedeckt die Pflanzen mit ein wenig Erde und lässt die Spitzen frei. Herrscht zur Erntezeit schlechtes Wetter, können Sie die Pflanzen ausgraben und dicht nebeneinander im Frühbeet lagern. Der Deckel bleibt geöffnet, damit die Pflanzen an wärmeren Tagen gut belüftet werden.

Blaustichiger 'Bleu de Solaise' – eine äußerst dekorative Rabatte.

Anfälligkeiten

Porree wird von denselben Krankheiten befallen wie die Zwiebel. Bei **Lauchrost** bilden sich im Sommer auf den Blättern orangefarbene Pusteln, die in der feuchten Jahreszeit zunehmen.
Später nachwachsende Blätter sind gesund. Mit Pottasche düngen, befallene Teile vernichten und vier bis fünf Jahre keinen Porree an dieser Stelle anpflanzen. Nach Möglichkeit resistente Sorten verwenden. **Schnecken** in der Nacht einsammeln, Fallen aufstellen, biologisch oder mit Aluminiumsulfat bekämpfen. Ältere Pflanzen werden normalerweise nicht von Schnecken angefressen. Bei einem Befall mit **Stängelälchen** schwillt der Schaft an und die Blätter verkümmern. Kranke Pflanzen sofort entfernen und andere Gemüsearten anpflanzen. Zur **Blattfäule** kommt es, speziell in sehr stickstoffhaltigen Böden, bei großer Feuchtigkeit. Die Blattspitzen sind weiß getupft und verkümmern. Mit Fungizid besprühen, größere Abstände einhalten, damit die Pflanzen belüftet werden und mit Pottasche düngen.

Im Rohrdrän gezogenen Porree kann man früh ernten.

Mischkulturen

Porree harmoniert mit Sellerie und hält die Zwiebel- und Karottenfliege ab. Sie können Porree gemeinsam mit Knoblauch, Zwiebeln, Schalotten oder im Anschluss an Frühkartoffeln anbauen. Da er sehr aufrecht wächst, kann er hervorragend mit Blattsalaten, Winterkresse oder Winterportulak kombiniert werden. In diesem Fall sollte der Abstand 30 cm betragen.

KULINARISCHES

Porree kann gekocht, gedünstet, für Terrinen, Eintöpfe und Nudelgerichte verwendet, oder in Blätterteig gewickelt gebacken werden. Er ist ein wichtiger Bestandteil von Suppen und Vichysoße. In Brühe mit ein wenig Wein schmoren und bei mittlerer Hitze backen. Oder geschnittenen Porree in Wasser kochen, durch ein Sieb gießen, in Schinken einrollen und in eine Schüssel legen. Mit würziger Käsesoße bedecken und im heißen Backofen backen, bis der Käse braun ist. Jungen Porree in Ringe schneiden oder hacken und in den Salat geben.

Porree-Ricotta-Kuchen
(4 Personen)

4 große Porreestangen, geschnitten
2 EL Olivenöl
2 fein gehackte Knoblauchzehen
225 g Ricotta
2 EL Pinienkerne
3 EL Rosinen, in warmem Wasser aufgeweicht
1 Ei
Salz und schwarzer Pfeffer aus der Mühle

Für den Teig
90 g Butter
175 g glattes Mehl
3 EL Wasser
1 Prise Salz

Die Butter in das Mehl abbröseln und mit Wasser zu einem Teig verarbeiten. Salzen und mit Mehl bestäuben. In Frischhaltefolie wickeln und im Kühlschrank 30 Minuten ruhen lassen.

Porree in grobe Ringe schneiden, 10 Minuten schwach dünsten und durch ein Sieb gießen. Backofen auf 190 °C vorheizen. Öl in einer Pfanne erhitzen und Knoblauch bei schwacher Hitze leicht anbraten. Danach Porree hinzufügen und mit Öl bedecken. 5 Minuten kochen lassen, dabei ab und zu umrühren.
Von der Platte nehmen. In einer Schüssel Ricotta mit Pinienkernen und Rosinen vermengen und mit einem Ei binden. Porree hinzufügen, gut vermischen und würzen.
Teig vorsichtig für eine Kuchenform mit 20 cm Durchmesser ausrollen, mit der Gabel anstechen und 10–15 Minuten backen. Die Porree-Ricotta-Mischung in die Form füllen und weitere 30 Minuten backen.
Mit Blattsalat servieren.

Porree in Landschinken gewickelt und mit Käsesoße überbacken.

Barbarea verna (B. praecox). Cruciferae

FRÜHE WINTERKRESSE

Frühes Barbarakraut. Zweijährige oder kurzlebige ausdauernde Pflanze. Wird einjährig kultiviert. Man verwendet die jungen Blätter. Winterhart. Nährwert: Wenige Kalorien. Reich an Eisen, Kalzium, Betakarotin und Vitamin C.

Die Winterkresse galt als *Herba Sanctae Barbarae*, „Kraut der Heiligen Barbara", der Schutzpatronin der Bergleute und Soldaten, die auch bei Unwettern angerufen wurde. Sie wächst rasch, ist robust und hat rosettenförmig angeordnete, gelappte, glänzende Blätter sowie gelbe Blüten. Die in Südwesteuropa heimische Pflanze wird seit dem 17. Jahrhundert kultiviert. In England wird sie seit dem 18. Jahrhundert kaum mehr angebaut, obwohl sie dort heimisch wurde und man sie noch heute wild wachsend findet. In Amerika wird sie nach wie vor einjährig gezogen. Die würzigen Blätter stellen eine beliebte Alternative zur Brunnenkresse dar und sind weitaus einfacher zu kultivieren.

KULTIVIERUNG

Die Winterkresse liebt schattige, feuchte Standorte und feuchte, fruchtbare Böden. Im Sommer im Halbschatten unter Laubbäumen anpflanzen.

Vermehrung
Aussäen, sobald der Boden bearbeitet werden kann. Für die Sommerernte sät man im zeitigen Frühling oder zu Beginn des Sommers aus, für die Ernte von September bis März im Hochsommer. In Schalen oder Modulen aussäen und später umsetzen. Man kann auch in 1 cm tiefen Furchen aussäen und auf 15–20 cm vereinzeln. Der Keimvorgang dauert im Frühling etwa drei Wochen, im Hochsommer etwa eineinhalb Wochen. Lässt man einige Pflanzen schießen, erhält man zusätzliche Sämlinge, die man im folgenden Jahr in Reihen setzt und gut gießt.

Winterkresse im Frühling

Anbau
Vor dem Aussäen gut verrotteten Mist oder Kompost einarbeiten. Im Spätsommer ausgesäte Pflanzen unter Glas ziehen. Bei Hitze und Trockenheit besteht die Gefahr, dass sie schießen, daher oft gießen. Blütenstiele sofort entfernen.

Pflegemaßnahmen
Frühling: Aussäen, gut gießen.
Sommer: Bei Trockenheit gießen, damit die Pflanzen nicht schießen.
Herbst: Winterernte aussäen und Sämlinge unter Glas ziehen.
Winter: Beete für das Frühjahr vorbereiten. Pflanzen in geschützten Lagen ernten.

Geschützter Anbau
Die Herbst- und Winterernte fällt besser aus, wenn man die Pflanzen im Kalthaus, im Frühbeet oder unter Folie zieht.

Pflanzen in Kübeln
In feuchtigkeitsspeicherndem Torfersatz ziehen, gut bewässern und alle drei Wochen mit verdünntem, flüssigem Volldünger gießen.

Ernte
Nach 7 Wochen mit einer Länge von 7–10 cm ernten. Zarte, junge Blätter rund 3 cm über dem Boden abschneiden. Bis die Pflanzen angewachsen sind, nur wenige ernten. Zur Reinigung die Blätter in Wasser legen und anschließend abspülen.

Anfälligkeiten
Junge Pflanzen können von **Erdflöhen** befallen werden. Mit Derris besprühen.

MISCHKULTUREN

Winterkresse eignet sich ausgezeichnet für Rabatten. Kann zwischen größeren Pflanzen, z. B. Mais und Kohl, angebaut werden.

KULINARISCHES

Die würzigen Blätter können an Stelle von Brunnenkresse verwendet werden oder als Garnierung, in Salaten und auf Broten. Sie können sie auch wie Spinat kochen und daraus eine Suppe zubereiten. Gut zu Reis, Nudelsalaten und als Röstgemüse.

Salat aus Kresse, Sardellen und Gerste

300 g Perlgerste
4 EL natives Olivenöl
2 EL Weißweinessig
2 EL fein gehackter Dill
4 Sardellenfilets, grob geschnitten
350 g Kresse, gewaschen und getrocknet
1 Gurke, gewürfelt
Salz und schwarzer Pfeffer aus der Mühle

Gerste in siedendem Wasser weich kochen und durch ein Sieb gießen. Auf die Seite stellen. Dressing: Öl und Essig mit Dill vermengen und abschmecken. In einer anderen Schüssel die Gerste mit den Sardellen vermengen, Kresse und Gurke hinzufügen und über das Dressing gießen. Gut verrühren.

Allium sativum. Alliaceae

KNOBLAUCH

Ausdauernd. Wird einjährig kultiviert. Man verwendet die intensiv schmeckenden Zwiebeln. Teilweise winterhart.
Nährwert: Enthält Vitamine und Mineralien.

Knoblauch wird aufgrund seines Geschmacks und seiner Heilwirkung weltweit geschätzt. Ursprünglich stammt er aus Westasien und wird schon seit dem Altertum in Ägypten, China und Indien kultiviert. Sein Ruf als „Allheilmittel" wurde von der modernen Wissenschaft bestätigt. Die Ägypter verabreichten ihn den an den Pyramiden arbeitenden Sklaven zum Schutz gegen Infektionen. Hippokrates verschrieb ihn gegen Gebärmuttertumore. Im Europa des Mittelalters sollte er böse Geister fernhalten. Heute werden weltweit fast drei Millionen Tonnen dieses Gemüses produziert.

SORTEN

Es gibt viele regionale Züchtungen, die an das Klima und die Tageslänge angepasst wurden. Kaufen Sie Pflanzen, die für Ihre Gegend geeignet sind. **'California Late'** ist im Mittelmeerraum sehr verlässlich und kann gut gelagert werden. **'Cristo'** ist eine hervorragende, große Sorte mit langer Ruhezeit, die bis zu 15 Zehen pro Zwiebel liefert. **'Germidor'** reift früh und liefert große Zehen. Die Zwiebeln dieser Sorte sind rot. Sie sollte noch vor Jahresende gepflanzt werden. *Allium sativum* var. *ophioscordon* wird als **'Rocambole'** verkauft und aufgrund des gewundenen Stiels auch „Schlangenknoblauch" genannt. Die Zwiebeln sind ebenfalls rot. **'Long Keeper'** eignet sich gut für kühles, gemäßigtes Klima. Die Schale der festen Zwiebeln ist weiß. **'Solent Wight'**, eine neue Sorte mit großen Zehen und mildem Geschmack, ist sehr ertragreich.

Knoblauchsorte 'Solent Wight'

KULTIVIERUNG

Vermehrung
Knoblauch wird für gewöhnlich aus den gesunden Zehen gezogen. Kaufen Sie nach Möglichkeit gegen Nematoden und Viren resistente Pflanzen.
Zehen mit einem Mindestdurchmesser von 13 mm im Spätherbst oder zu Frühlingsbeginn 2,5 cm tief in einem Abstand von 10 cm stecken. Der Reihenabstand sollte 15–20 cm betragen.
Knoblauch ist überraschend winterhart und benötigt eine ein- bis zweimonatige Ruheperiode, während der die Temperatur 0–10 °C betragen sollte, damit die Zwiebeln die richtige Größe erreichen. Daher pflanzt man am besten im Spätherbst. Eine lange Vegetationsperiode begünstigt den Reifeprozess.
Bei schweren Böden können die Zehen im Winter jederzeit in Töpfen oder Modulen mit Kompost auf Lehmbasis unter Zugabe von Sand angebaut werden. Sobald die Witterung es zulässt, werden die Pflanzen ins Freie gesetzt.
Die Zehen senkrecht mit der flachen Seite nach unten stecken. Die Stecktiefe entspricht der doppelten Zehenlänge und liegt mindestens 3 cm unter der Oberfläche. In guten Böden kann man bis zu 10 cm tief pflanzen und so den Ertrag steigern. Die Zehen vorsichtig und nicht zu fest in die Erde drücken, damit sich die Wurzeln frei entfalten können.
Am Blattwachstum erkennt man die Zwiebelgröße. Die Zwiebel bildet sich im Sommer, wenn die Tage lang sind.

Anbau
Knoblauch gedeiht an offenen, sonnigen Standorten mit leichtem, lockeren Boden. Bei schwerem Boden in Furchen anbauen oder die oberste Schicht mit Sand oder Kies auflockern.
Bei hohen Niederschlagsmengen gedeiht Knoblauch nicht so gut. Bei schlechter Bodenqualität sollten Sie etwa 10 Tage vor dem Anpflanzen einen Volldünger einrechen. Knoblauch kann auch auf Böden angebaut werden, die für die vorige Kultur gedüngt wurden. Saure Böden kalken. Die Frucht wechseln und Knoblauch nicht im Anschluss an Zwiebeln anbauen. Die Knoblauchzwiebeln die ganze Saison über von Unkraut befreien.

Pflegemaßnahmen
Frühling: Mulchen, um den Unkrautwuchs einzudämmen. Bei Bedarf gießen.
Sommer: Von Unkraut befreien.
Herbst: Zehen einsetzen.
Winter: Zehen in Gefäße setzen und im Frühling ins Freie pflanzen.

Geschützter Anbau
Für frühe Ernten kann Knoblauch auch im Kalthaus angepflanzt werden.

Pflanzen in Kübeln
Knoblauch kann in Töpfen, Blumenkästen oder sonstigen Gefäßen in feuchtigkeits-

speicherndem, lockerem Kompost gezogen werden. Damit sich die Knoblauchzwiebeln entwickeln können, regelmäßig gießen und an einen sonnigen Platz stellen.

Ernte und Lagerung
Im Hoch- oder Spätsommer, sobald sich Blätter und Stiele gelb verfärben, die Zwiebeln vorsichtig ausgraben und in der Sonne trocknen. Erntet man zu spät, schrumpfen die Zwiebeln und werden anfälliger für Krankheiten. Mit den Knoblauchzwiebeln vorsichtig umgehen, da sie leicht beschädigt werden. Bei ungünstiger Witterung in Schalen trocknen lassen. Kühl und trocken im Haus oder in der Garage lagern. Die Stiele zu Bündeln binden und aufhängen. Sie können auch einen Zopf flechten oder den Knoblauch in Netzen lagern. Pflanzen, die geschossen sind, können Sie nach wie vor zum Kochen verwenden.

Anfälligkeiten

Die **Zwiebelfliege** legt ihre Eier an der Unterseite der Knoblauchzwiebel ab, und die Larven dringen ein. Die Pflanze verfärbt sich gelb und stirbt ab. Fruchtwechsel betreiben, die Stelle im Winter umgraben, unter Vlies anbauen und den Boden vor dem Aussäen chemisch behandeln.
Echter Mehltau ist in der feuchten Jahreszeit ein großes Problem. Auf den Blättern bilden sich graue Flecken.
Weißfäule, die als grauer Schimmel auf den Wurzeln erscheint, lässt die Blätter gelb werden. Befallene Pflanzen ausgraben und wegwerfen. An dieser Stelle acht Jahre lang weder Knoblauch noch Zwiebeln anbauen.
Stängel- oder Stockälchen: Die Sämlinge verkümmern, und die Stiele verrotten. Befallene Pflanzen ausstechen. Frucht wechseln.

Knoblauchanbau in Thailand

Mischkulturen

Setzt man Knoblauch neben Rosen, hält er Blattläuse ab. Harmoniert auch mit Blattsalat, Roter Bete, Bohnenkraut, Mangold und Erdbeeren. Sollte nicht neben Erbsen und Bohnen gezogen werden.

Heilkraft

Mit Knoblauch werden Viren, Bakterien und Pilze wirkungsvoll bekämpft. Gut auch bei Verdauungs- und Darmbeschwerden sowie Insektenstichen. Enthält zwei Chemikalien, die zusammen das Allicin bilden, das dem Knoblauch seinen typischen Geruch verleiht. Kräuterexperten meinen, man könnte eine Erkältung vertreiben, indem man Knoblauch auf die Fußsohlen reibt. Welche Kombination von Gerüchen! Jüngste Forschungsergebnisse bestätigen, dass Knoblauch den Cholesterinspiegel und somit das Herzinfarktrisiko senkt. Bei täglichem Knoblauchgenuss kommt es auch seltener zu Dickdarmkrebs und anderen Krebsarten.

Kulinarisches

Knoblauch wird fast ausschließlich als Gewürz für eine Vielzahl von Gerichten wie Braten, Eintöpfe und Nudelgerichte verwendet. Junge Pflanzen werden im Ganzen zum Salat gegeben.

La Gasconnade
(6–8 Personen)

Jeanne Strang beschreibt dieses Rezept aus der Gascogne in *„Goose Fat and Garlic"* wie folgt:

1 Lammkeule
12 Sardellenfilets
500 g Knoblauch
175 ml Bouillon

Der „Gigot" (Lammkeule) wird mit Knoblauchzehen und klein geschnittenen Sardellenfilets gespickt. Dazu schneidet man das Fleisch leicht ein.
Zusätzlich sollten Sie Sardellenfilets auf die Keule legen. Sie verlaufen beim Braten und haben denselben Effekt, als würde das Fleisch am Spieß gebraten werden.
Die Keule im vorgeheizten Ofen bei 230 °C 20 Minuten braten, danach die Hitze auf 180 °C reduzieren. Anschließend pro 500 g Gewicht noch weitere 15 Minuten braten.
Während der Braten schmort, den restlichen Knoblauch schälen und in kochendem Wasser blanchieren, bis die Zehen fast gar sind. Dann 20 Sekunden in kaltes Wasser legen und durch ein Sieb gießen. Bouillon erhitzen, Bratensaft aus der Pfanne und Knoblauch hinzufügen, die Soße aufkochen und eindicken. Als Beilage zum Gigot servieren.

Pestou
Dabei handelt es sich um eine Version der klassischen Knoblauch-Basilikum-Butter, die besonders gut zu Nudeln passt und in Italien zu Fisch gegessen wird.
Für 50 g Butter nimmt man zwei große Knoblauchzehen, 5–6 frische Basilikumblätter, 2 Teelöffel Parmesan und eine Prise Salz. Knoblauch in einem Mörser zerstoßen, Basilikumblätter von Hand zerkleinern und gemeinsam mit der Butter und dem Käse zum Knoblauch geben. Nun vermengen.

Aioli
Mit Knoblauch abgeschmeckte Majonäse verfeinert Suppen und Eintöpfe wie die Bouillabaisse.
2 Knoblauchzehen in einem Mörser zerstoßen, 2 Eidotter hineinrühren, in einen Messbecher gießen und 300 ml Öl erst langsam, sobald die Mischung dicker wird, schneller hineintropfen lassen. Das ergibt etwa 400 ml Majonäse.

La Gasconnade

Apium graveolens var. *dulce*. *Umbelliferae*

SELLERIE

Zweijährig. Wird einjährig angebaut. Man verwendet die fleischigen Blattstiele und die Blätter. Nährwert: Wenige Kohlenhydrate, kalorienarm, hoher Kaliumgehalt.

Diese zweijährige Pflanze ist in Europa und Asien heimisch und wächst im Marschland von Flüssen, speziell dort, wo das Wasser leicht salzhaltig ist. Der lateinische Name *Apium* stammt vom keltischen Wort „apon", „Wasser" ab, der sich auf den bevorzugten Lebensraum der Pflanze bezieht, während *graveolens* „stark duftend" bedeutet, eine Anspielung auf das Aroma dieser Pflanze. Die Stiele des wilden Selleries sind sehr bitter, wodurch sich diese von der var. *dulce* – der süßen Art – unterscheidet. Von dieser Sorte stammen die genießbaren Züchtungen ab. Der Sellerie war im 17. Jahrhundert besonders in Italien sehr beliebt und breitete sich in den nächsten 200 Jahren über ganz Europa und Nordamerika aus. Der „Bleichsellerie" (so genannt, weil seine Stiele gebleicht werden müssen) ist sehr robust und kann von Spätherbst bis Frühlingsbeginn geerntet werden. Die neuen selbstbleichenden und die grünen Sorten haben eine kürzere Vegetationszeit und sind weniger robust. Sie können vom Hochsommer bis in den Herbst hinein geerntet werden. Der etwas kleinere „Schnittsellerie" ist nicht so fleischig, doch sehr schmackhaft.

SORTEN

Bleichsellerie
Man unterscheidet weiße, rosafarbene und die robusteren roten Sorten:
Bei **'Avalon'** handelt es sich um eine grüne Sorte, die in Furchen angepflanzt wird. Sie sollte während des Wachstums immer wieder angehäufelt werden. **'Ramon'** ist eine mittelfrühe, dunkelgrüne Sorte vom Typ 'Tall Utah', die kräftige, steil aufgerichtete Stiele hat und sehr ertragreich ist. **'Hopkins Fenlander'**, eine späte, grüne Sorte mit mittellangen Stielen, hat keine Fäden und ist sehr schmackhaft. Die rote Sorte **'Standard Bearer'** reift anscheinend am spätesten von allen Selleriesorten.

Selbstbleichende Sorten
Dazu gehören: **'Celebrity'**, eine frühe Sorte mit langen, knackigen Stielen, deren Herz einen leichten Nussgeschmack hat. Sehr resistent gegen Schießen. Hat von allen selbstbleichenden Sorten die wenigsten Fäden. **'Goldgelber Selbstbleichender'** hat ein kompaktes, goldgelbes Herz, das knackig und schmackhaft ist. Diese Sorte hat keine Fäden. **'Greensleeves'**, eine grüne Sorte, liefert schmackhafte, grüne Stangen. **'Ivory Tower'** hat lange, weiße, fadenlose und knackige Stiele. **'Lathom'** ist eine robuste, frühe Sorte mit knackigen Stielen, die voller Geschmack sind. **'Tall Utah Triumph'** hat lange, fleischige, zarte, grüne Stiele und kann im Spätsommer bis Anfang Herbstbeginn geerntet werden. Mit Hilfe von Folie auch länger.

Grüne amerikanische Sorten braucht man nicht zu bleichen.

Schnittsellerie
Hat eine lange Erntezeit und ist sehr robust. Wird für gewöhnlich als Samenmischung verkauft, es sind jedoch auch Pflänzchen erhältlich:
‚French Dinant' eignet sich hervorragend zum Trocknen und ist sehr schmackhaft.
'Soup Celery d'Amsterdam' ist üppig und aromatisch und liefert dünne Stiele sowie zahlreiche Blätter. *Apium*

Unter Glas gezogener Sellerie

Gesunder, gut wachsender Sellerie ist einen Versuch wert.

graveolens, der wild wachsende Sellerie, sieht ähnlich aus wie Schnittsellerie, schmeckt jedoch bitter und wird eher zu medizinischen als kulinarischen Zwecken eingesetzt.

KULTIVIERUNG

Sellerie eignet sich für kühles Klima und gedeiht bei Temperaturen zwischen 15–21 °C an luftigen Plätzen. Er benötigt reichhaltige, fruchtbare, durchgehend feuchte, jedoch lockere Böden mit einem pH-Wert von 6,5–7,5. Vor dem Pflanzen saure Böden kalken.

Vermehrung
Sellerie kann ab Mitte Frühling in Anzuchtschalen mit feuchtem Saatkompost ausgesät werden. Die Saat dünn ausstreuen und nicht mit Kompost zudecken, da sie zum Austreiben Licht braucht. Die Schale in einem Frühbeet oder bei 13–16 °C unter Glas aufstellen. Das Austreiben kann einige Wochen dauern, haben Sie etwas Geduld. Sobald zwei Blätter zum Vorschein kommen, die Sämlinge in einem Abstand von 6 cm in Schalen mit feuchtem Saatkompost oder einzeln in 7 cm-Töpfe setzen und warten, bis sie angewachsen sind.
Die Pflanzen abhärten und im späten Frühjahr ins Freie setzen. Die Pflanzen sollten etwa 5 bis 7 Blätter haben. Niedrige Temperaturen nach dem Austreiben bewirken später oft, dass die Pflanzen schießen. Bis die Setzlinge angewachsen sind, sollte die Temperatur nicht länger als 12 Stunden unter 10 °C fallen. Wenn sie die Größe zum Umsetzen erreicht haben, sind die Pflanzen besonders anfällig. Daher sollte man sie mit Glasglocken abdecken und nicht versuchen, das Wachstum zu bremsen, indem man sie ins Freie setzt. Es ist wesentlich besser, mit einer scharfen Schere die Pflanzen auf eine Größe von etwa 7 cm zurückzuschneiden und in der Wärme zu lassen, bis es im Freien warm genug ist. Das Zurückschneiden der Pflanzen scheint das Verpflanzen zu vereinfachen. Pflanzt man in Modulen mit Saatkompost an, ist der Schock beim Umsetzen ins Freiland, der auch zum Schießen führen kann, weniger groß. Wenn Sie nicht die entsprechend richtigen Bedingungen für die Aussaat haben, können Sie auch Pflänzchen kaufen.
Sellerie kann auch an Ort und Stelle ausgesät werden, doch das Austreiben erfolgt ungleichmäßig, daher lohnt sich die Mühe nicht. Die niedrige Keimrate des Sellerie kann durch „Flüssigsäen" gesteigert werden. Wenn möglich, sollte man vorbehandelte Samen verwenden, um Blattfleckenkrankheit zu vermeiden. Mehrere Aussaaten in einem Abstand von 3 Wochen verlängern die Erntesaison.
Schnittsellerie wird im späten Frühjahr bis in den Spätsommer in Schalen mit Saatkompost gesät. Härten Sie die Sämlinge ab und setzen Sie sie in einem Abstand von 15 cm aus. Man kann auch Torftöpfe verwenden, wobei man pro Topf 6–8 Samen aussät. Jeder Topf sollte in einem Abstand von 20 cm gesetzt werden. Ein paar Pflanzen bis zum nächsten Jahr schießen lassen und die so entstandenen Sämlinge mit den empfohlenen Abständen aussetzen.

Anbau
Bleichsellerie wird anders angepflanzt als die selbstbleichenden Arten. Um erstere zu setzen, hebt man im Spätherbst oder zu Frühjahrsbeginn eine 40–50 cm breite und 30 cm tiefe Furche aus, in die man möglichst viel verrotteten Kompost und Mist einarbeitet. Benötigen Sie mehr als eine Furche, sollten Sie einen Abstand von 120 cm einhalten. Man kann Bleichsellerie auch anbauen, indem man die Furche bis auf eine Tiefe von 7–10 cm auffüllt und die restliche Erde zum Anhäufeln aufhebt. 7 bis 10 Tage vor dem Pflanzen recht man am Grund in der Furche ausgewogenen Volldünger ein (60–90 g/m^2).
Sellerie ist leichter zu bearbeiten, wenn man ihn in einzelne Reihen setzt, deren Pflanzen einen Abstand von 30–45 cm haben. In Doppelreihen gesetzt, sollten die Pflanzen in einem Abstand von 25 cm paarweise und nicht versetzt angeordnet werden. Das vereinfacht das

Sellerie kann auch in großen Kübeln angebaut werden.

Bleichen. Nach dem Anpflanzen ausreichend gießen. Sobald die Pflanzen eine Größe von rund 30 cm erreicht haben, durch Anhäufeln bleichen. Vorher die Stiele unter den Blättern mit Bast oder einem weichen Faden lose zusammenbinden. Feuchte Erde bei Bedarf anhäufeln. Rund um die Stiele die Erde in einem Durchgang etwa 7 cm hoch anhäufeln. Diesen Vorgang ca. alle drei Wochen, insgesamt zwei bis drei Mal wiederholen, bis nur noch die Pflanzenspitzen frei sind. Nicht die Blätter anhäufeln oder Erde in das Herz der Pflanze füllen. Bei Frost die Pflanzen mit Gestrüpp, Stroh oder Ähnlichem schützen. Die Pflanzen können auch mit „Krägen" gebleicht werden. Dazu nimmt man 20–25 cm breite Streifen aus Zeitungspapier, Packpapier oder dicker, schwarzer PE-Folie, die im Idealfall mit Papier beschichtet sein sollte, damit die Pflanzen nicht schwitzen. Auch Plastikregenrinnen können diesen Zweck gut erfüllen. Man beginnt mit dem Bleichen, sobald die Pflanzen eine Größe von rund 30 cm erreicht haben und bindet den Kragen lose um die Pflanze, damit er sich ausdehnen kann. Ungefähr ein Drittel der Pflanze bleibt frei. Wenn die Pflanze größer wird, können Sie alle zwei bis drei Wochen weitere Krägen hinzufügen. Nicht vergessen, die Krägen regelmäßig abzunehmen, um Schnecken zu entfernen. An ungeschützten Stellen stützt man die Krägen mit einem Stöckchen. Die Spitze des Stöckchens sollte mit einem Blumentopf, einer Filmhülse oder einem Tischtennisball verdeckt werden, um sich nicht die Augen zu verletzen. Die selbstbleichenden Sorten müssen nicht angehäufelt werden. Sie sind auch weniger anspruchsvoll, was den Boden betrifft, und eignen sich besonders für schwere oder überfeuchtete Böden. Sie haben jedoch keine tiefen Wurzeln und müssen daher während der Vegetationsperiode regelmäßig gedüngt und gegossen werden. Selbstbleichende Sellerie wird auf Bodenhöhe angepflanzt. Vor dem Anpflanzen im Frühling arbeitet man reichlich verrottetes organisches Material ein. Die Abstände können beliebig gewählt werden. Die Pflanzen sollten in Vierecken und nicht in versetzten Reihen angeordnet werden. Abstände von ca. 15 cm sichern einen hohen Ertrag an sehr zarten Stangen mit kurzen Stielen. Bei einem optimalen Abstand von ca. 30 cm erzielen Sie längere, gut gebleichte Stangen und bei einem Abstand von 25 cm erreichen die Stiele mittlere Länge. Pflanzen Sie die Krone in Bodenhöhe und geben Sie Stroh um die äußeren Pflanzen, damit sie beim Reifen leichter bleichen. Damit die Ernte qualitativ hochwertig wird, sollte der Sellerie während der gesamten Vegetationsperiode ausgiebig gegossen werden, die Erde darf nicht austrocknen. Bei trockener Witterung gießen Sie pro Woche bis zu 20 l Wasser/m^2. Sobald die Pflanzen gut angewachsen sind, sollten Sie mit Stroh oder Kompost mulchen, um Feuchtigkeit zu speichern und Unkraut zu bekämpfen. Nach dem Umsetzen alle 4 bis 6 Wochen mit kornförmigem oder flüssigem Volldünger bearbeiten. Die Frucht wechseln, jedoch Sellerie nicht neben Pastinak setzen, da beide Pflanzen von der Selleriefliege befallen werden. Vermeiden Sie alles, was das Wachstum der Pflanzen beeinträchtigen könnte, da das zum Schießen führen könnte. Die Sämlinge erst umsetzen, wenn die Erde warm ist. Regelmäßig gießen, düngen und rund um die Pflanzen vorsichtig mulchen oder hacken.

Pflegemaßnahmen
Frühling: Den Boden vorbereiten. Samen aussäen und frühere Pflanzen unter Glasglocken setzen.
Sommer: Im Frühsommer ins Freie setzen, die Erde feucht halten und regelmäßig jäten. Auf Schädlinge und Krankheiten achten.
Herbst: Vorsichtig mit der Gartengabel ausgraben.
Winter: Mit Stroh oder Gestrüpp abdecken, damit die Ernte bei starkem Frost fortgesetzt werden kann.

Geschützter Anbau
Frisch umgesetzte Pflänzchen einige Wochen mit Glasglocken oder Vlies schützen, bis sie gut angewachsen sind. Dies ist speziell in kühleren Regionen sehr wichtig.

Ernte und Lagerung
Sellerie vorsichtig mit der Gartengabel ausgraben, dabei die Wurzeln lockern. Mit Hilfe von Gestrüpp, Stroh oder ähnlichem Material, mit dem die Pflanzen abgedeckt werden, kann man sie bei kaltem Wetter leichter ausgraben. Selbstbleichender Sellerie wird ab Mitte Sommer bis zum Frühherbst geerntet. Die letzten Pflanzen vor dem ersten Frost ernten und an kühler, frostsicherer Stelle lagern. So halten sie einige Wochen. Fünf Wochen nach dem Anpflanzen Schnittsellerie regelmäßig ernten.

Sellerie trägt üppige Blätter

Heilkraft

Die Kulturvarietäten sollen sich zur Behandlung von Rheumatismus und als harntreibendes Mittel eignen.

Das dichte Blattwerk des Sellerie verhindert Unkraut.

Anfälligkeiten

Die Larven der **Selleriefliege** hinterlassen braune Bläschen auf den Blättern. Starker Befall behindert das Wachstum. Unter Vlies anbauen, befallene Blätter entfernen, keine Sämlinge mit befallenen Blättern pflanzen oder bei den ersten Anzeichen eines Befalls mit organischem Insektizid besprühen. Nicht in der Nähe von Pastinaken anbauen.
Schnecken sind ein großes Problem, speziell bei schwerem Boden. Biologische Mittel oder Fallen verwenden, von Hand einsammeln oder Schneckenkorn aus Aluminiumsulfat verwenden.
Die **Karottenfliege** befällt Wurzeln sowie Stielenden und behindert das Wachstum. Vor dem Anpflanzen ein Insektizid einrechen, unter Vlies anbauen, die Pflanzen mit feinem, 50–75 cm hohem Maschendraht schützen.
Bei der **Blattfleckenkrankheit** bilden sich auf den älteren Blättern braune Tupfen, die auf die jüngeren übergreifen. Vorbehandelten Samen verwenden oder mit Fungizid besprühen.
Bei **Heller Blattfleckenkrankheit (Frühem Mehltau)** entstehen auf den Blättern kleine, gelbe Tupfen. Bei Feuchtigkeit kommt es auch zur Schimmelbildung. Die Krankheit breitet sich rasch aus. Mit Bordeaux-Mischung oder einem Insektizid besprühen. Am Ende der Saison Pflanzenreste vernichten.

Mischkulturen

Sellerie wirkt günstig auf Kohl, da er schädliche Schmetterlinge fernhält. Er wächst gut mit Bohnen, Tomaten und speziell mit Porree zusammen. Zur Blüte zieht der Sellerie besonders nützliche Insekten an.

Kulinarisches

Die knackigen Selleriestangen, die meist roh gegessen werden, eignen sich speziell im Winter für Salate. Sie sind ein Hauptbestandteil von Waldorf Salat, der zu gleichen Teilen aus gehackten roten Äpfeln und Sellerie besteht, mit Walnüssen garniert und mit Majonäse angemacht wird. Sellerie passt gut zu Käse – mit Streichkäse oder Pastete gefüllte Stangen sind ein appetitanregendes „Häppchen". Das Herz ist besonders schmackhaft. Gekochten Sellerie kann man für Suppen und Eintöpfe verwenden oder anrösten. Die Herzen 10 Minuten in siedendem Wasser garen, dann 45 Minuten zugedeckt im Backofen braten. Eignet sich als Beilage zu gebratenem Fleisch.

Die Blätter können wie Petersilie zum Verfeinern von Fleischgerichten verwendet werden. Mit frischen oder getrockneten Blättern können Sie Suppen und Füllungen verfeinern. Schnittsellerie eignet sich für Salate, Suppen und Eintöpfe. Die Samen können ebenfalls verwendet werden.
In einer Plastiktüte bleibt Sellerie im Kühlschrank bis zu drei Tage lang frisch. Nicht über einen längeren Zeitraum im Wasser stehen lassen.
Zum Einfrieren die Stangen waschen und in 3 cm große Stücke schneiden, drei Minuten blanchieren, abkühlen, abseihen und in Gefrierbeutel geben. Tiefgefrorenen Sellerie nur für gekochte Speisen verwenden.

Sellerie und Zucchini mit Blauschimmelkäse-Dip
(4 Personen)

2 TL Olivenöl
1 TL Chilipulver
$^1/_2$ TL Paprika
1 Knoblauchzehe, gepresst
4 Basilikumblätter, grob gehackt
4 Zucchini, der Länge nach geschnitten
4 Stangen Sellerie, in 7 cm lange Stücke geschnitten
Schnittlauch zum Garnieren

Für den Dip
4 EL Hüttenkäse
2 EL krümeliger Roquefort
50 g Jogurt
Salz und Pfeffer aus der Mühle

In einer schweren Bratpfanne Chilipulver, Paprika, Knoblauch und Basilikum bei geringer Hitze mit Olivenöl anbraten. Dann die Zucchini mit der angeschnittenen Seite nach unten bei starker Hitze bräunen lassen. Anschließend wenden und auf der anderen Seite anbraten.
Die Zutaten für den Dip in einer kleinen Schüssel vermischen. Auf 4 kleinen Tellern abwechselnd Zucchini und Selleriestangen fächerförmig anrichten und in der Mitte mit dem Dip auffüllen. Mit fein gehacktem Schnittlauch garnieren und servieren.

Apium graveolens var. *rapaceum. Umbelliferae*

KNOLLENSELLERIE

Wurzelsellerie. Zweijährig, im Anbau einjährig. Die Wurzel ist genießbar. Winterhart. Nährwert: Reich an Kalium. Geringe Mengen an Vitamin C.

Eine wunderbare Gemüseart, die Sie unbedingt anbauen sollten. Diese Sellerieart mit dicker Wurzel ist schon seit langem in Europa bekannt. Der englische Schriftsteller und Samenhändler Stephen Switzer brachte die Samen zu Beginn des 18. Jahrhunderts aus Alexandria mit und beschrieb die Frucht in seinem Buch *„Growing Foreign Kitchen Vegetables“* als ein hervorragendes, vielseitiges Wintergemüse, das ähnlich wie Stangensellerie schmeckt, jedoch robuster und widerstandsfähiger ist.

SORTEN

Der verdickte Teil des Stammes, die Knolle, ist genießbar, die unterhalb wachsenden Wurzeln werden entfernt. **'Prinz'** hat eine mittelgroße Knolle mit wenigen Seitentrieben, die man gut lagern kann. Das Fleisch bleibt beim Kochen weiß. Die bekannte Sorte **'Alba'** ist mittelgroß, rund und wohlschmeckend. Bleibt beim Kochen weiß. Sehr gute Schoßresistenz. Bei **'President'** handelt es sich um eine Sorte mit großen Knollen, heller Schale, reinweißem Fleisch und guter Schoßresistenz. Sie ist sehr widerstandsfähig gegen Selleriemosaikvirus. **'Wiener Riesen'** ist eine Sorte mit brauner Schale, reinweißem Fleisch und großen Knollen. **'Balder'** hat runde, mittelgroße Wurzeln, die sowohl roh, als auch gekocht hervorragend schmecken. Die Knolle des **'Briliant'** ist glatt mit weißem Fleisch, das sich nicht verfärbt. **'Monarch'** ist eine beliebte Sorte, die sehr glatt und fleischig ist. **'Regent'** liefert große, feste Wurzelknollen mit weißem Fleisch, das sich beim Kochen nicht verfärbt.

KULTIVIERUNG

Vermehrung
Der Knollensellerie hat eine lange Vegetationszeit. Zu Frühlingsbeginn in Anzuchtschalen bei 18 °C oder ab Mitte Frühling im Kalthaus, unter Glasglocken oder im Frühbeet aussäen. Mehrere Samen gemeinsam entweder in einem Topf oder in Saattöpfen aussäen. Kräftige Sämlinge umsetzen, sobald sie ungefähr 1 cm hoch und groß genug sind, dass sie bearbeitet werden können. In Töpfe mit 7 cm Durchmesser oder in Anzuchtschalen pflanzen. Dabei einen Abstand von 6 cm einhalten. Die Temperatur sollte 13–16 °C betragen. Die Pflanzen abhärten. Sobald es wärmer wird und die Frostgefahr gebannt ist, ins Freie setzen.
Beim Umsetzen ist der Knollensellerie kälteempfindlich. Sämlinge nicht bei niedrigen Temperaturen aussetzen, sonst könnten sie später schießen. Die Temperatur halten und die Spitzen der Pflanzen mit einer scharfen Schere auf 8 cm – die Idealgröße zum Umsetzen – zurückschneiden.

Kultivierung
Knollensellerie braucht reichhaltige, fruchtbare, feuchtigkeitsspeichernde Böden und eignet sich für feuchtere Stellen im Garten. Im Herbst so viel gut verrotteten Stallmist oder Kompost einarbeiten wie möglich. Zwischen den Pflanzen einen Abstand von 30–40 cm einhalten. Die Kronen nicht mit Erde bedecken. Sie sollten in Bodenhöhe gepflanzt werden. Fest einsetzen und regelmäßig und reichlich gießen. Im Hochsommer die äußeren Blätter entfernen, damit die Krone freiliegt und das Knollenwachstum angeregt wird. Seitentriebe entfernen.

Pflegemaßnahmen
Frühling: Sämlinge setzen, abhärten. Von Unkraut befreien.
Sommer: Bei trockenem Wetter gießen. Mulchen, um die Feuchtigkeit zu speichern. Einmal pro Woche speziell bei schlechter Bodenqualität mit Jauche düngen.
Herbst: Erntebeginn. Mit Stroh bedecken, um das Ausgraben zu erleichtern.
Winter: Boden vorbereiten. Samen unter Glas aussäen.

Geschützter Anbau
Knollensellerie profitiert nur als Sämling vom geschützten Anbau.

Ernte und Lagerung
Knollensellerie kann den Winter über geerntet werden. Die Pflanzen ernten, wenn sie

Knollensellerie

einen Durchmesser von 7–13 cm erreicht haben, obwohl sie auch noch geerntet werden können, wenn sie größer sind, ohne an Geschmack einzubüßen. Im Idealfall bleibt Knollensellerie im Boden, bis er gebraucht wird.
Bevor die Winterkälte ausbricht, die Pflanzen mit Stroh, Gestrüpp oder Vlies abdecken, damit der Boden nicht friert. Ist der Boden schwer oder wird er für andere Pflanzen gebraucht, den Knollensellerie ausgraben, die äußeren Blätter entfernen und die Blätter in der Mitte stehen lassen. Wurzeln abschneiden und in einem kühlen Schuppen in Kisten mit feuchtem Torfersatz oder Sand lagern.
Man kann die Pflanzen auch ernten und an einer anderen Stelle im Garten in eine Furche legen und die Knollen mit Erde bedecken. Auf diese Weise können sie mehrere Wochen gelagert werden.
Die Knollen können tiefgefroren werden. In Würfel schneiden, 3 Minuten blanchieren, trocknen, in Gefrierbeutel geben und einfrieren.
Im Gemüsefach des Kühlschranks halten sie eine Woche.

Anfälligkeiten

Bei Knollensellerie treten dieselben Probleme auf, wie bei Sellerie. **Vor Schnecken schützen.** Schnecken mit Aluminiumsulfat bekämpfen, in der Nacht absammeln und natürliche Feinde anlocken. Salatblätter oder nasses Papier auflegen, das lockt Schnecken an. **Karottenfliegen** werden durch Karotten angezogen. Vor dem Anpflanzen Bromophos einrechen. Unter Vlies anbauen oder vor oder nach dem Aussäen ein 75 cm hohes, feines Netz spannen.
Die **Selleriefliege** ist nicht so problematisch wie bei Sellerie. Braune Blätter, auf denen sich Bläschen bilden, abpflücken oder unter Vlies anbauen.

Mischkulturen

Knollensellerie wächst gut an Stellen, an denen im Vorjahr Hülsenfrüchte angebaut wurden und gedeiht auch gut neben Bohnen, Kohl, Porree, Tomaten und Zwiebeln.

Heilkraft

Das Öl des Knollenselleries hat beruhigende Wirkung und gilt als Heilmittel bei Hautproblemen und Rheuma. Außerdem wirkt es angeblich potenzfördernd. Knollensellerie ist reich an Kalzium, Phosphor und Vitamin C.

Warnung

Knollensellerie wirkt harntreibend. Schwangere Frauen oder Menschen mit Nierenfunktionsstörung sollten nicht zuviel davon essen.

Kulinarisches

Knollensellerie enthält kaum Kalorien und eignet sich gut für eine Diät.
Die Knolle sorgfältig waschen und schälen. Beim Schneiden verfärbt sie sich rasch, daher sofort in Wasser mit etwas Zitronensaft geben. Rohe, geriebene Knollensellerie kann einem Wintersalat beigemengt werden. Eventuell die Scheiben oder Würfel zuvor in kochendem Wasser blanchieren. In Frankreich wird er in Würfel geschnitten und mit Majonäse und Dijon-Senf als „Céleri-rave rémoulade" serviert.
Die Knolle ist in Suppen oder Eintöpfen schmackhaft. Sie eignet sich auch für Lamm oder Rindfleisch. Püriert oder mit Pfeffer, Salz und Butter abgeschmeckt ist sie eine ideale Beilage für intensiv schmeckendes Wild. Die Blätter schmecken sehr intensiv und können als Garnierung für Salate oder getrocknet verwendet werden. Die Stiele können gekocht gegessen werden.
Vielleicht probieren Sie Chips aus Knollensellerie: Eine geschälte Wurzel im Ganzen in Salzwasser weich kochen. In Scheiben schneiden und mit Butter und Öl anbraten, bis sie zart gebräunt sind. Die Chips eignen sich hervorragend als Beilage für Wild oder gegrillte Steaks.
Gekochter und in Scheiben geschnittener Knollensellerie kann mit Käsesoße, die mit französischem Senf abgeschmeckt wurde, serviert werden.

Engelhai mit Knollensellerie
(4 Personen)

750 g Engelhai, in Stücke geschnitten
1 große Zwiebel, in Ringe geschnitten
1 Karotte, streifig geschnitten
50 g Knollensellerie, in Streifen geschnitten
75 g Butter
1 EL Mehl
2 TL französischer Senf
2 EL griechisches Jogurt
1 EL Sahne
Salz und schwarzer Pfeffer aus der Mühle

Den Fisch würzen, das Gemüse putzen und schneiden. Die Hälfte der Butter in einer schweren Bratpfanne erhitzen und den Fisch 7–8 Minuten garen. Immer wieder wenden, bis er durch ist. Vom Herd nehmen und warm stellen.
Das Gemüse mit der restlichen Butter in der Pfanne kurz anbraten, bis es weich ist. Mehl einrühren und ein paar Minuten köcheln lassen. Danach Senf, Jogurt und Sahne hinzufügen. Gut verrühren und nochmals aufkochen. Anschließend den Fisch hinzugeben, gut mit der Soße bedecken und heiß servieren.

Armoracia rusticana. Cruciferae

MEERRETTICH

Kren. Ausdauerndes Kraut. Wird manchmal einjährig angebaut. Die fleischigen Wurzeln sind sehr geschmacksintensiv. Nährwert: Reich an Vitamin C und Kalzium, mittlerer Gehalt an Kohlenhydraten.

Der aus Südrussland und der östlichen Ukraine stammende Meerrettich ist heute in allen Zonen mit gemäßigtem Klima zu finden. Er wird seit dem klassischen Altertum als Kulturpflanze gezogen und vermutlich von den Römern, die ihn als Heilmittel und Gewürz verwendeten, in Europa eingeführt. Zwar meinte man, dass „er zu stark für zarte, empfindliche Mägen sei", doch in Deutschland wurde er häufig von der Landbevölkerung gegessen. In Frankreich ist er als „Moutarde des Allemands" bekannt. Aufgrund seiner Robustheit und der Fähigkeit, aus dem winzigsten Wurzelteilchen neu zu wachsen, ist er sehr stark verbreitet, wird jedoch manchmal auch zu einem bösartigen Unkraut im Garten. Der Name „Meerrettich" hat nichts, wie man vielleicht vermuten könnte, mit dem Meer zu tun, sondern bedeutet einfach „mehr" oder „größerer Rettich".

SORTEN

Die *Armoracia rusticana* wird bis zu 90 cm groß. Die breiten, länglichen, dunkelgrünen Blätter haben gezackte Ränder. Die dicken Pfahlwurzeln reichen 60 cm und tiefer in die Erde. ***Armoracia rusticana* 'Variegata'** hat weiß verzierte Blätter und eignet sich als Zierpflanze. Diese Sorte schmeckt jedoch nicht so intensiv wie die ursprüngliche Form.

KULTIVIERUNG

Da Meerrettich nur schwer auszurotten ist, sollten Sie alle Pflanzen im Spätherbst oder Winter ausgraben und einige Nebenwurzeln für den Anbau im nächsten Frühjahr aufbewahren. Man kann ihn auch stehen lassen und im Frühling teilen.

Vermehrung
Meerrettich aus Wurzeln oder Jungpflanzen ziehen. Im Spätherbst oder Winter die Kronen ausstechen, Wurzelableger in Bleistiftdicke mit einer Länge von 15–20 cm abschneiden und im feuchten Sand kühl und frostgeschützt lagern. Im Frühling in einem Abstand von 60 cm Löcher mit einem Setzholz ausheben, die tief genug sind, so dass die Spitze der Wurzel 5–7 cm tief mit Erde bedeckt ist. In jedes Loch ein Wurzelstück mit dem dicken Ende nach oben stecken und mit Erde auffüllen.

Meerrettich erkennt man leicht an den paddelförmigen Blättern.

Kultivierung
Meerrettich ist für zu schattige Plätze ungeeignet, wächst aber auf jedem halbwegs lockeren Boden. Die Wurzeln gedeihen in guter, lockerer Erde. Im Winter vor dem Anpflanzen verrotteten Kompost einarbeiten. Bei Fruchtwechsel sollte Meerrettich auf eine mit Mist behandelte Pflanze, wie zum Beispiel die Bohne, folgen. Nach dem Anpflanzen einen Volldünger verwenden, nach Bedarf gießen.

Pflegemaßnahmen
Frühling: Wurzelstücke einsetzen.
Sommer: Düngen, gießen und von Unkraut befreien.
Herbst: Die ganzen Kronen ausgraben, große Wurzeln zum Kochen aufbewahren, die anderen zum Weiteranbau.
Winter: Den Boden zum Aussetzen vorbereiten.

Pflanzen in Kübeln
Man kann das Wachstum von Meerrettich einschränken, indem man ihn in einen Eimer mit Abflusslöchern setzt und diesen in die Erde versenkt. Erde mit organischem Material anreichern oder Kompost auf Lehmbasis mit mittlerem Düngeranteil verwenden. Reichlich gießen. Falls erforderlich, im Herbst und Winter die Pflanzen teilen.

Ernte und Lagerung
Im Herbst, wenn der Geschmack am intensivsten ist, die Kronen ernten und die eingelagerten Wurzeln verwenden. Die Wurzeln kühl und dunkel lagern, da sie austreiben, wenn sie Licht ausgesetzt werden. Im Sommer nach Bedarf ausgraben.

Anfälligkeiten
Nicht in Böden mit **Kohlhernie** pflanzen. Die **Helle Blattfleckenkrankheit,** weiße Tupfen mit dunklen Rändern, befällt nur die Blätter.

Mischkulturen

Verstärkt die Widerstandsfähigkeit von Kartoffeln.

Meerrettich 'Variegata' ist eine ungewöhnliche Zierpflanze.

Heilkraft

Meerrettich ist ein schweiß- und harntreibendes, verdauungsförderndes und stimulierendes Mittel. Nachgewiesen ist auch antimikrobische Wirkung gegen einige Mikroorganismen. Er soll auch blutstillend sein, Narbenbildung verhindern und Magenkrämpfe lösen. Den Dampf der geriebenen Wurzeln kann man inhalieren, um Erkältungen zu behandeln. Hoher Schwefel- und Kaliumgehalt.

Warnung

Reiben Sie Meerrettich am besten in der Küchenmaschine, damit Ihnen nicht die Tränen in die Augen steigen.

Aprikosen- und Meerrettichsoße

Kulinarisches

Die Wurzel bleibt im Gemüsefach des Kühlschranks etwa 2 Wochen frisch, besser ist es jedoch, geriebene Wurzeln in Gefrierbeuteln einzufrieren und bei Bedarf aufzutauen. Die Würzelchen abschneiden, unter fließendem, kaltem Wasser waschen, um die Erde zu entfernen. Anschließend reiben oder in der Küchenmaschine raspeln, dabei die Mitte entfernen. Man kann ihn auch in Weißweinessig lagern (in Rotwein- oder Apfelessig verfärbt sich die Wurzel). Meerrettichsoße, die mit Milch oder Öl und Essig hergestellt wird, ist die traditionelle Beilage zu Roastbeef, Spargel und geräuchertem Fisch, wie zum Beispiel Makrelen. Man kann Meerrettich auch in Schlagsahne, Jogurt oder Saure Sahne einrühren und mit Salz, Zucker und ein wenig Essig abschmecken. Erst kurz vor dem Anrichten reiben, da er sonst den Geschmack verliert. Mein Vater rührte die Meerrettichsoße immer erst an, als das Roastbeef aufgeschnitten wurde: Ein Teelöffel davon war absolut tödlich, so dass man gleich ein Glas Wasser hinterher trinken musste! Mit Schinken, auf Folienkartoffeln und mit kaltem Fleisch servieren. Geriebener Meerrettich kann zu Tafelspitz, Kohlsalat, Dips und Soßen serviert werden.
Mit Butter vermischt und gekühlt ist er eine Alternative zu Knoblauchbutter und passt gut zu Steak.

Aprikosen- und Meerrettichsoße

Servieren Sie diese feine Soße zu Brathuhn. Für Fisch nimmt man Fenchel statt Estragon.

500 g Aprikosen, entkernt
Saft einer halben Zitrone
Zucker
1–2 EL frisch geriebener Meerrettich
1 EL frisch gehackter Estragon
Salz und weißer Pfeffer aus der Mühle

Die Aprikosen in ein wenig Wasser aufweichen und pürieren. Anschließend Zitronensaft hinzufügen, mit Zucker abschmecken und Meerrettich und Estragon untermengen. Nach Geschmack würzen.

Asparagus officinalis. Liliaceae

SPARGEL

Ausdauernd. Wird wegen der schlanken, jungen Triebe und der hübschen Blätter angebaut. Teilweise winterhart. Nährwert: Reich an Kalium und Folsäure. Geringe Mengen an Betakarotin und Vitamin E.

Die Gattung *Asparagus* liefert uns ein weites Spektrum an robusten Blattpflanzen sowie eine der weltweit beliebtesten Gemüsearten. Sein herrlicher Geschmack, sein zartes Fleisch und seine interessante Form machen den Spargel zu einem kulinarischen Erlebnis ganz besonderer Art. Diesem Genuß wird bereits seit über 2000 Jahren gefrönt. Plinius der Ältere beschreibt die Anbaumethoden der Römer, um Pflanzen mit gebleichten Stielen zu erhalten, und erwähnt eine Kulturpflanze, von der drei „Stangen" ein Pfund wogen. Einst nahm man an, diese Stangen stammten von in der Erde vergrabenen Widderhörnern. Wilder Spargel wächst in Europa, Asien und Nordwestafrika auf trockenen Wiesen, Sanddünen, Kalksteinklippen und an Vulkanhängen.

SORTEN

'Ruhm von Braunschweig' ist eine mittelfrühe, sehr ertragreiche, alte Bleichspargelsorte. **'Schwetzinger Meisterschuß'** ist ebenfalls sehr ertragreich. Eine weitere verbreitete Sorte ist **'Huchels Leistungsauslese'**. **'Lukullus'** ist sehr ertragreich und hat lange, schlanke, gerade Stangen. Eine vorwiegend männliche Sorte. Bei den **'Limbras'**-Sorten handelt es sich um neue holländische Hybridzüchtungen. **'Martha Washington'**, eine in den USA verbreitete Sorte, ist sehr ertragreich, hat lange Stangen und ist resistent gegen Brand.

KULTIVIERUNG

Spargel gedeiht an offenen, geschützten Standorten mit lockeren Böden. Da ein Beet bis zu 20 Jahre genutzt werden kann, ist eine gute Vorbereitung erforderlich.

Die im Herbst reifenden Spargelfrüchte. Die Früchte der weiblichen Pflanzen sehen hübscher aus.

Vermehrung
Spargel kann aus Samen gezogen werden, obwohl es einfacher und weniger zeitraubend ist, Kronen zu pflanzen. Die Samen 2 Tage vor dem Aussäen im Frühling einweichen, dann in Furchen mit einem Abstand von 50 cm in einer Tiefe von 3 cm aussäen. Die Sämlinge auf einen Abstand von 15 cm vereinzeln, sobald sie 7 cm groß sind. Man kann auch im Spätwinter unter Glas bei 13–16 °C direkt in Modulen, Töpfen oder Schalen aussäen. Umsetzen, abhärten und im Frühsommer ins Freie setzen. Männliche Pflanzen sind produktiver, daher im nächsten Jahr alle weiblichen Pflanzen entfernen (erkennbar an ihren Früchten), bevor sie die Früchte abwerfen. Im Frühling nächsten Jahres die verbleibenden männlichen Kronen an ihren endgültigen Standort umsetzen.

Anbau
Im Herbst oder Winter vor dem Anpflanzen gut verrottetes Material einarbeiten. Saure Böden auf einen pH-Wert von 6,5–7,5 kalken. Unkraut entfernen. 1 bis 2 Wochen vor dem Anpflanzen die Erde hacken und Volldünger (90 g/m^2) einrechen. Einjährige Kronen wachsen schnell an. Bei 2- bis 3-jährigen Kronen wird nach dem Umsetzen oft das Wachstum gebremst. Ab Mitte Frühling anpflanzen. Die Wurzeln sind leicht verletzlich; vor dem Anpflanzen mit Säcken abdecken; vorsichtig behandeln. Die Kronen entweder in einem Abstand von 30–45 cm in Einzelreihen pflanzen oder in Beeten mit 2–3 Reihen, die 30 cm voneinander entfernt sind. Hat man mehrere Beete, sollten diese einen Abstand von 90 cm haben. Vor dem Anpflanzen eine 30 x 20 cm breite Furche ausheben und etwa 10 cm hoch Erde anhäufeln. Die Kronen entlang der Oberseite pflanzen, die Wurzeln ausbreiten und 5 cm hoch mit feiner Erde bedecken. Wenn die Stängel wachsen, allmählich mit Erde bedecken. Im Herbst sollte die ganze Furche mit Erde voll sein. Die Beete von Hand oder mit der Hacke vorsichtig jäten, damit die flachen Wurzeln nicht verletzt werden. An ungeschützten Stellen stützen, damit die Kronen nicht beschädigt werden, und entsprechend gießen.
Nach der Ernte einen Volldünger verwenden, um das Wachstum anzuregen, und die Pflanzen für das nächste Jahr anhäufeln. Im Herbst die gelb gefärbten Stängel auf 2–5 cm

Spargelwurzeln abschneiden

über dem Boden zurückschneiden und das Beet herrichten. Das Laub häckseln und zu Kompost verarbeiten. Jeden Frühling einen Volldünger verwenden, sobald das Wachstum eingesetzt hat. Mit Mist zu mulchen bewirkt, die Unkrautbildung einzuschränken und die Feuchtigkeit zu bewahren.

Pflegemaßnahmen
Frühling: Samen säen und Kronen pflanzen. Im späten Frühling ernten.
Sommer: Von Unkraut befreien und nach Bedarf gießen. Ab Mitte des Sommers die Ernte beenden.
Herbst: Gelbes Laub zurückschneiden und Beet herrichten.
Winter: Neue Beete vorbereiten, organisches Material einarbeiten und Unkraut entfernen.

Geschützter Anbau
Die Kronen mit Vlies oder Glasglocken vor spätem Frost schützen.

Ernte und Lagerung
Schneiden Sie die Stangen nicht vor dem dritten Jahr ab. Die Ernte dauert 6 Wochen im ersten Jahr und 8 Wochen in den darauf folgenden Jahren. Im Hochsommer nicht mehr ernten, da ansonsten im nächsten Jahr die Stangen dünn werden können. Wenn die Stangen 10–20 cm lang sind, ca. 3–5 cm unter der Erde mit einem scharfen Messer oder einem gezackten Spargelmesser schräg abschneiden.

Anfälligkeiten
Die schwarz-gelben **Spargelkäfer** und ihre kleinen grauen Larven treten im Hochsommer auf und greifen Stiele und Blätter an.

Mischkulturen

Sie können Spargel gemeinsam mit Tomaten, Petersilie und Basilikum anbauen, falls der Boden dafür geeignet ist.

Heilkraft

Spargel wird zur Behandlung von Rheumatismus, Gicht und Zystitis verwendet. Manchmal kann das Asparagin nicht aufgelöst werden, und der Urin nimmt einen starken Geruch an – eine unangenehme, aber harmlose Nebenwirkung.

Warnung

Die Früchte sind giftig.

Kulinarisches

Spargel sollte so frisch wie möglich verwendet werden, am besten innerhalb einer Stunde nach dem Ernten. Im Kühlschrank hält er sich in einer Plastiktüte bis zu drei Tage. Zum Einfrieren Bündel machen, dicke Stangen 4 Minuten, dünne 2 Minuten blanchieren. In einem Plastikbehälter einfrieren.
Spargel wird am besten gedünstet oder gekocht und mit heißer Butter serviert. Kalt schmeckt er mit Vinaigrette, Parmesan oder Majonäse. Die Spitzen können Sie für Salate oder Pizzen verwenden.
Zum Kochen die Stangen waschen, unterhalb der Spitzen schälen und in kaltem Wasser einweichen, bis alles andere fertig ist. In Stangen mit gleicher Länge sortieren (ungefähr 20 Stangen bei dünneren Sorten und 6–8 bei dickeren), mit einem weichen Bindfaden oder Bast einmal unten und einmal unter den Spitzen zusammenbinden. Die Bündel aufrecht in kochendes Salzwasser stellen und die Spitzen aus dem Wasser schauen lassen. Zudecken und bei schwacher Hitze 10–15 Minuten *al dente* kochen, danach durch ein Sieb gießen und servieren. Nicht zu weich kochen: Die Spitzen sollten fest sein, und die Stangen sollten nicht abknicken. Das Kochwasser kann für Suppe verwendet werden.

Spargelrisotto
(4 Personen)

6 Morcheln, frisch oder getrocknet
1 großer Bund dünner Spargel, in 2,5 cm große Stücke geschnitten
25 g Butter
1½ EL Olivenöl
2 rote Zwiebeln, fein gehackt
300 g Risottoreis
600 ml kochende Hühnerbrühe
1 EL frischer Majoran (oder 1 TL getrockneter)
2 EL Mascarpone
Salz und Pfeffer aus der Mühle
frisch geriebener Parmesan

Die frischen Morcheln etwa 10 Minuten in Salzwasser einweichen und gut waschen. Trocken tupfen und in Stücke schneiden. Getrocknete Morcheln vor dem Schneiden 30 Minuten in warmem Wasser einweichen.
Spargel 1 Minute in kochendem Wasser blanchieren, abseihen und zur Seite stellen.
In einer Pfanne mit schwerem Boden Butter und Öl erhitzen und Zwiebeln und Morcheln sautieren, bis sie weich sind. Reis einrühren, bis er gut mit Öl und Butter bedeckt ist. Eine Tasse Hühnerbrühe und Majoran hinzufügen und bei schwacher Hitze kochen. Dabei umrühren, bis die Flüssigkeit verdampft ist. Die Hühnerbrühe tassenweise hinzufügen und weiter kochen, bis der Reis weich und die Konsistenz cremig ist. Spargel sowie Mascarpone unterrühren und gut würzen. Mit Parmesan servieren.

Spargelrisotto

Beta vulgaris var. *cicula. Chenopodiaceae*

MANGOLD

Schnittmangold, Beißkohl. Zweijährig, im Anbau einjährig. Blätter und Blattrippen sind genießbar. Winterhart. Nährwert: Hoher Natrium- und Eisengehalt. Reich an Betakarotin bzw. Vitamin A.

Unter den Überbegriff „Mangold“ fällt auch der ausdauernde Spinat und Spinatbete. Der „echte“ Spinat und der Neuseelandspinat hingegen gehören beide zu einer anderen Familie. Mangold ist ein naher Verwandter der Roten Bete und wird schon seit dem Altertum wegen seiner hübschen und recht schmackhaften Blätter angebaut. Da er im Mittelmeerraum heimisch ist, war er den alten Griechen gut bekannt, die die Wurzeln des Mangolds gemeinsam mit Senf, Linsen und Bohnen aßen. Aristoteles beschrieb im 4. Jahrhundert v. Chr. roten Mangold, und Theophrastos berichtet von hell- und dunkelgrünen Sorten. Die Römer brachten die Pflanze nach Mittel- und Nordeuropa, von dort breitete sie sich langsam aus, bis sie im Mittelalter bereits bis in den Fernen Osten gelangt war und im 17. Jahrhundert bis nach China. 1596 schrieb der elisabethanische Arzt John Gerard: „. . . er wuchs bei mir, bis er acht Ellen hoch war und brachte eine Vielzahl grober Samen hervor.“ Wenn dieses Maß stimmt, wäre sein Mangold rund drei Meter hoch gewesen. Ich frage mich, wo diese Sorte heute wächst – oder war sein Maßstab doch falsch geeicht?

SORTEN

Die leuchtend roten Stiele von 'Ruby Chard' sind spektakulär.

Mangold hat breite, rote oder weiße Stiele und Blattrippen. **'Grüner Schnitt'** ist ein grüner, starkwüchsiger Sommerspinat. **'Lukullus'** dagegen ist eine robuste, ertragreiche Sorte, die helle, grüngelbe Blätter mit fleischigen Rippen liefert. Sie verträgt hohe Temperaturen, ohne dass sie gleich zu schießen beginnt. **'Rhubarb Chard' ('Ruby Chard')** hat herrliche, leuchtend rote Blattstiele und dunkelgrüne, runzelige Blätter. Ideal für Rabatten und „Potagers“. Bei zu raschem Wachstum schießt er gern. **'Vulkan'** ist eine Mangoldsorte mit schönen roten Stielen und dunkelgrünen, süßlich schmeckenden Blättern.
'Glatter Silber' ist eine ähnliche, wenn auch kleinwüchsigere Sorte mit dennoch großen, dunkelgrünen Blättern und breiten, silberweißen Rippen.
'Erbette', eine italienische Mangoldsorte, ist wohlschmeckend und hat eine hervorragende Textur. Bei dieser Sorte können Sie sogar mehrmals ernten.

Ausdauernder Spinat schießt nur selten.

KULTIVIERUNG

Obwohl Mangold auf vielen Böden gedeiht, sind sonnige oder leicht schattige Standorte mit reichhaltigem, feuchtigkeitsspeicherndem, lockerem Boden am besten geeignet. Bei schlechter Bodenqualität können die Pflanzen leicht schießen. Daher im Winter vor dem Anpflanzen gut verrottetes, organisches Material einarbeiten. Der ideale pH-Wert beträgt 6,5–7,5. Saure Böden kalken.
Die Idealtemperatur zum Wachsen beträgt 16–18 °C, obwohl das Spektrum sehr groß ist. Die Pflanzen überleben auch bei winterlicher Kälte von bis zu –14 °C und ertragen Sommerhitze leichter als echter Spinat, der zum Schießen neigt.

Vermehrung
Damit Sie das ganze Jahr über ernten können, sollten Sie zweimal aussäen, einmal im Frühling für die Sommerernte und ein zweites Mal in der Hochsommermitte oder im Spätsommer. Die spätere Ernte ist normalerweise weniger ertragreich.
In 1–2 cm tiefen Furchen 3–4 Samen in 25 cm voneinander entfernten Gruppen aussäen. Der Abstand zwischen den Reihen sollte bei Mangold 50 cm, bei Spinat 40 cm betragen. Wenn die Sämlinge groß genug sind, um bearbeitet werden zu können, verein-

zeln und den stärksten Sämling stehen lassen. Man kann auch Schalen aussäen und auf den endgültigen Abstand umsetzen, sobald die Pflanzen groß genug sind. Mangold eignet sich speziell als nachwachsende Kultur. Das Saatbeet gründlich vorbereiten und die Samen in Furchen aussäen, die die Breite einer Hacke haben.

Anbau
Die Pflanzen von Unkraut befreien oder mit gut verrottetem, organischem Material mulchen. Die Erde stets feucht halten. Bei Trockenheit benötigen die Pflanzen ca. 9–13 Liter pro Woche, sind jedoch erstaunlich resistent gegen Dürre. Schwächere Pflanzen kann man mit körnigem oder flüssigem Volldünger pflegen.

Pflegemaßnahmen
Frühling: Im Frühling in Gruppen aussäen. Vereinzeln und den stärksten Sämling stehen lassen.
Sommer: Falls erforderlich, jäten, gießen und düngen. Im Hoch- oder Spätsommer ein zweites Mal aussäen und nach Bedarf ernten.
Herbst: Im Spätherbst mit Glasglocken oder Vlies schützen.
Winter: Die Stelle umgraben, an der im nächsten Jahr angepflanzt wird. Überwinternde Pflanzen ernten.

Geschützter Anbau
Obwohl sie robust genug sind, um den Winter im Freien zu überstehen, liefern Pflanzen, die mit Glasglocken, Frühbeet, Folientunneln oder Vlies geschützt werden, qualitativ hochwertigere Blätter.

Pflanzen in Kübeln
Mangold kann in Kübeln angebaut werden und dient auch als Zierpflanze. Entweder Sämlinge einsetzen oder direkt in Kompost auf Lehmbasis oder Gartenerde aussäen.

Ernte und Lagerung
Im Frühling ausgesäte Pflanzen können oft schon zu Sommerbeginn geerntet werden. Erst die äußeren Blätter ernten, dann die inneren, dabei am unteren Stielende abschneiden. Reißt man die Blätter ab, können die Wurzeln beschädigt werden. Feste Blätter wählen, verkümmerte Blätter entfernen. Regelmäßig ernten, damit die Blätter nachwachsen. Ernten Sie deshalb die Blätter auch dann, wenn Sie sie nicht brauchen.
Mangold kann vom Sämlingsstadium bis zur Reife als nachwachsende Pflanze gezogen werden. Die Sämlinge abschneiden, wenn sie etwa 5 cm groß sind. Nach 2–3 Ernten bis zu einer Größe von rund 8 cm nachwachsen lassen.
Halbreife Pflanzen werden Blatt für Blatt geerntet, reife Pflanzen etwa 3 cm über dem Boden abschneiden, dann wachsen sie wieder nach.
Mangold und ausdauernder Spinat werden am besten frisch verwendet. Die Blätter (ohne Stiele) halten sich im Kühlschrank in einer Plastiktüte oder im Gemüsefach 2–3 Tage.

Mangold ist sehr ertragreich

Anfälligkeiten

Mangold ist relativ problemlos. Sie sollten jedoch auf **Mehltau** achten, wenn Sie Samen in dichten Gruppen aussäen. Er tritt in Form von braunen Flecken auf den Blättern auf.
Die Sämlinge werden manchmal von **Vögeln** angefressen, daher die Pflanzen schützen. Bei Anbau unter Kohlpflanzen oder Bohnen sind sie ebenfalls geschützt.

Mischkulturen

Gedeiht gut mit allen Arten von Bohnen – ausgenommen Stangenbohnen – sowie mit Kohl, Zwiebeln und Salat. Kräuter wie Salbei, Thymian, Minze, Dill, Ysop, Rosmarin und Knoblauch können ebenfalls mit Mangold angebaut werden.

Heilkraft

Die Blätter enthalten viele Vitamine, Mineralien und sind reich an Eisen- und Magnesium. In der Naturheilkunde wird der Saft als schleimlösendes Mittel verwendet. Die Blätter neutralisieren Säuren und entschlacken, daher nicht zuviel davon essen!

Kulinarisches

Ausdauernder Spinat kann leicht gekocht, gedünstet oder roh gegessen werden. Mangold muss länger kochen. Probieren Sie ihn gedünstet mit Butter oder Sauerampfer. Aus den Blättern kann man Suppe machen, und die Blattrippen können gekocht und wie Spargel serviert werden. 'Rhubarb Chard' schmeckt milder als andere Sorten.

Spinatbete-Beignets
(4 Personen)

Diese deftigen Beignets passen gut zu Lachs oder Kabeljau.

750 g Spinatbete, gut gewaschen
etwas Butter
2 große Eier, getrennt
1 EL geriebener Parmesan
1 EL geriebene Zitronenschale
Olivenöl zum Braten
Salz und Pfeffer aus der Mühle
Muskatnuss, gerieben

Die Blätter vorbereiten, die Blattrippen entfernen und grob hacken. 2–3 Minuten ohne Zugabe von Wasser dünsten, abseihen, fein hacken und mit der Butter in die Pfanne geben. Kochen, bis die ganze Flüssigkeit verdampft ist.
5 Minuten abkühlen lassen, dann Eidotter, Parmesan und Zitronenschale unterrühren. Wenn die Mischung fast kalt ist, steif geschlagenes Eiweiß untermengen und mit Salz, Pfeffer und einer Prise Muskat abschmecken. Löffelweise in heißes Fett geben und 1–2 Minuten frittieren, kurz wenden. Gut abseihen und heiß servieren.

Beta vulgaris var. *vulgaris*. *Chenopodiaceae*

ROTE BETE

Rote Rübe. Zweijährig, im Anbau einjährig. Die dicke Wurzel und die jungen Blätter sind genießbar. Winterhart. Nährwert: Etwas mehr Kohlenhydrate als andere Gemüsearten. Reich an Folsäure und Kalium.

Rote Bete ist eine Selektion der Wildbete, die über Jahrhunderte wegen ihrer essbaren Wurzel gezüchtet wurde.
Zu dieser Familie gehören auch der Mangold und die Zuckerrübe. Die bereits von den Assyrern angebaute Gemüseart war bei den alten Griechen sehr beliebt und wurde dem griechischen Gott Apollo geopfert. Bei den Römern war Rote Bete sogar beliebter als Kohl, sie kannten daher zahlreiche Rezepte. In England tauchte sie im 14. Jahrhundert auf und wurde erstmals im Jahr 1558 als „Rote Bete" bezeichnet, wie wir sie heute in Deutschland kennen. Allerdings war sie zu diesem Zeitpunkt in Nordeuropa eine Seltenheit. Die für die Rote Bete typische rote Farbe ist Zellsaft, doch gibt es auch andersfarbige Sorten.

SORTEN

Man unterscheidet runde/kugelförmige, spitze/lange, flache und ovale Sorten. Damit nicht so stark vereinzelt werden muss, wurde Monogerm-Saatgut entwickelt.

Runde Sorten
Die Rübe von **'Action'** ist blutrot und glatt. Eine Sorte mit guter Schoßresistenz für frühe Aussaaten. **'Wodan'** ist ebenfalls eine frühe Sorte, die weniger leicht schießt. Kann als Baby-Rote-Rübe zum Einlegen gezogen werden. Auch **'Little Ball'**, die kleinste Sorte, eignet sich zum Einlegen und für Salate. **'Pablo'** ist eine ertragreiche, robuste Hybride mit glatter Schale, dunkelrotem Fleisch und guter Schoßresistenz. Von

'Burpees Golden' ist eine besonders schmackhafte Sorte.

'Rote Kugel' gibt es zahlreiche Selektionen. Eine weitere runde Sorte ist **'Libero'**, die stark verbreitet ist. **'Monogram'**, eine dunkelrote, monogerme Sorte, mit glatter Schale und reichhaltigem rotem Fleisch ist wohlschmeckend und robust. Auch die Sorte **'Monopoly'** ist monogerm und schoßfest. Ihre Schale ist rauh. **'Regala'** hat sehr dunkle Wurzeln und ist auch im ausgewachsenen Stadium ziemlich klein. Diese Sorte eignet sich hervorragend zum Anbau in Gefäßen und ist schoßfest.

Lange Sorten
'Forono' ist sehr schmackhaft und hat große, zylindrische Wurzeln. Die Schale ist glatt und schön gefärbt. Da die Rüben kaum holzig werden, eignen sie sich für Sommersalate und zur Lagerung. Sie schießen jedoch leicht und sollten daher ab April ausgesät werden. **'Rocket'**, eine neue Sorte, hat lange, glatte Wurzeln. Die Rübe von **'Halanga'** ist ebenfalls lang und zylindrisch.

Andere Sorten
'Albina Vereduna' ist eine wunderbare, kugelförmige, weiße Sorte mit glatter Schale und süßem Fleisch, das den Vorteil hat, keine Flecken zu hinterlassen. Die zusammengerollten Blätter können als Gemüse verwendet werden und sind voller Vitamine. Eignet sich nicht gut zur Lagerung und neigt dazu zu schießen. **'Barbabietola di Chioggia'** ist eine milde, italienische Sorte mit Tradition. Wird sie aufgeschnitten, sieht man im Inneren ungewöhnliche weiße „Ringe". Sie verleiht Salaten ein exotisches Aussehen. Beim Kochen verfärbt sie sich hellrosa. Ab April aussäen. **'Burpees Golden'** hat eine schöne, orangefarbene Schale und schmackhaftes gelbes Fleisch. Die Rüben erntet man am besten, solange sie noch klein sind. Sieht in Salaten toll aus und verfärbt sich beim Kochen nicht. Der Saft bleibt beim Schneiden erhalten, und die Blätter können als Gemüse verwendet werden. Gut zur Lagerung geeignet und schießt nur selten. **'Ägyptische Plattrunde'** hat glatte Wurzeln mit dunkelrotem, herrlichem Fleisch. Sie wurde erstmals 1869 in der Gegend um Boston angebaut. Die dunklen, ovalen Wurzeln von **'Cylindra'** schmecken süß und halten hervorragend. Aufgrund ihrer Form ist sie ideal zum Aufschneiden und läßt sich gut kochen. Als junge Pflanze ernten.
Als „Babyrüben" lassen sich **'Pronto'**, **'Action'** und **'Monaco'** ausgezeichnet ziehen.

'Cylindrica' lässt sich gut in Scheiben schneiden.

Rote Bete 'Boltardy'

KULTIVIERUNG

Vermehrung

Bei den meisten Sorten sind die Samen korkartige Früchte, die 2 bis 3 einzelne Samen enthalten, daher muss man stark vereinzeln. Monogerm-Sorten, die je Frucht nur einen Samen enthalten, reduzieren diesen Arbeitsaufwand. Sie enthalten einen natürlichen Hemmstoff, der das Austreiben verzögert oder sogar verhindert. Weichen Sie die Samen $^1/_2$ bis 1 Stunde vor dem Aussäen ein oder waschen Sie sie gründlich ab. Bei Bodentemperaturen unter 7 °C erfolgt das Austreiben langsam und ungleichmäßig. Daher frühe Pflanzen in Torftöpfen aussäen, „flüssigsäen", in Furchen oder Gruppen säen, nachdem der Boden zuvor mit Glasglocken erwärmt wurde. Diese können nach dem Aussäen an Ort und Stelle bleiben, bis das Wetter wärmer wird. Bis April Sorten verwenden, die nicht so leicht schießen. Danach können alle Sorten verwendet werden.

Die ersten Pflanzen im späten Winter oder zu Frühlingsbeginn unter Glasglocken etwa 2 cm tief aussäen, dabei einen Abstand von 3 cm einhalten, zwischen den Reihen einen Abstand von 25 cm. Die Pflanzen auf einen endgültigen Abstand von 10 cm vereinzeln. Man kann auch 2–3 Samen in Gruppen mit einem Abstand von 10 cm säen und vereinzeln, sobald die Sämlinge 2 Blätter haben. Der stärkste Sämling bleibt stehen. Runde Sorten können mehrfach ausgesät werden, indem man im Frühbeet 3 Samen pro Torftopf anpflanzt, auf 4–5 Sämlinge vereinzelt und danach die Torftöpfe in einem Abstand von 10 cm anpflanzt, sobald die Pflanzen rund 5 cm groß sind. Frühe Pflanzen können auch dünn in breiten, flachen, ca. 2 cm tiefen Furchen ausgesät werden, ähnlich wie Erbsen. Vereinzeln, sobald die Sämlinge einander berühren. Die großen können im Ganzen verwendet werden. Baut man Rote Bete unter Vlies oder einer ähnlichen Schutzbedeckung an (die man verwendet, sobald die Sämlinge gut angewachsen sind), kann der Ertrag um bis zu 50 % gesteigert werden. Die Abdeckung 4–6 Wochen nach dem Aussäen entfernen. Ab April können die Samen bei warmem Wetter ohne den Schutz von Glasglocken ausgesät und auf einen Abstand von 7,5–10 cm ausgedünnt werden.

Zum Einlegen gezogene Rote Bete sollte einen Durchmesser von 5 cm haben. Sät man in Reihen mit einem Abstand von 7 cm und dünnt die Pflanzen auf einen Abstand von 7 cm aus, erhält man die richtige Größe.

Zwischen Mai und Juni wird die Haupternte ausgesät, für die eine runde oder längliche Sorte verwendet wird. Man erntet den ganzen Sommer über für die Winterlagerung. In Furchen oder Gruppen säen und im Reihenabstand von 20 cm auf einen endgültigen Abstand von 10 cm vereinzeln, oder einen Abstand von 12–15 cm in und zwischen den Reihen einhalten.

Um ohne Unterbrechung Rote Bete ernten zu können, sät man runde Kulturvarietäten, die im April geerntet werden, ab Februar in vierwöchigen Intervallen unter Glas aus. Für die Ernte im Spätherbst sät man in Gegenden mit mildem Klima von Früh- bis Hochsommer aus (für eine Winterernte auf 10 cm vereinzeln). Für die Winterlagerung sät man Ende Mai, Anfang Juni.

Anbau

Rote Bete gedeiht an offenen Standorten auf fruchtbarem, leichtem, lockerem Boden, der für die vorherige Kultur mit Mist gedüngt wurde. Der pH-Wert sollte 6,5–7,5 betragen, saure Böden daher kalken. Sorten, die im Herbst reifen, vertragen auch schwerere Böden, Sorten mit langen Wurzeln gedeihen bei Temperaturen um 16 °C.

2–3 Wochen vor dem Aussäen Langzeitdünger verwenden (30–60 g/m²) und das Saatbeet fein rechen.

Um qualitativ hochwertige Rote Bete zu erhalten, muss man darauf achten, dass das Wachstum nicht eingeschränkt wird. Bei einer Dürreperiode alle 2 Wochen 10 Liter/m² gießen. Aber nicht zuviel, da ansonsten die Blätter zu stark wachsen und die Wurzeln klein bleiben. Gießt man zu wenig, ist der Ertrag gering, die Wurzeln werden holzig und spalten sich, sobald es regnet. Vorsichtig mit der Hacke jäten, da verletzte Wurzeln austrocknen. Eine Zwiebelhacke verwenden oder um die Pflanzen mulchen. Durch Mulchen mit gut verrottetem Kompost oder verbrauchtem Pilzkompost eine 5 cm hohe Schicht auftragen, damit die Feuchtigkeit gespeichert bleibt.

'Red Ace' wächst sehr gut.

Pflegemaßnahmen

Frühling: Frühe Sorten unter Glas oder Glasglocken aussäen. Ab Frühlingsmitte kann ohne Schutz ausgesät werden.
Sommer: Jeden Monat aussäen, die frühen Pflanzen ernten, die Stelle von Unkraut befreien und bei Bedarf gießen. Die Haupternte aussäen.
Herbst: Spätere Pflanzen und einzulagernde Pflanzen ernten.
Winter: In Gegenden mit mildem Klima überwinternde Pflanzen im Freien lassen und mit Gestrüpp, Stroh oder ähnlichem Material abdecken. Sie können die Pflanzen auch ernten und unter Dach lagern.

Geschützter Anbau

Frühe Pflanzen unter Glas in Torftöpfen anbauen und unter Glasglocken umsetzen. Ziehen Sie die Pflanzen unter Glasglocken oder Bedeckungen, die rund 6 Wochen nach dem Aussäen entfernt werden.

Pflanzen in Kübeln

Will man die Pflanzen nicht ausstellen, werden nur die kugelförmigen Sorten in rund 20 cm großen Gefäßen, Trögen oder Tüten angebaut. In einer Tiefe von ca. 2 cm zwischen April und August dünn aussäen und auf 10–15 cm vereinzeln. Regelmäßig gießen, vom Unkraut befreien, und ernten, wenn sie so groß wie ein Tennisball sind.

Ernte und Lagerung

Die Reifezeit von Roter Bete beträgt 60–90 Tage. Immer ernten, bevor sie holzig und somit ungenießbar wird. Rote Bete für Salate im späten Frühling oder Herbst ernten, die Haupternte beginnt im Hochsommer. Frühe Sorten ernten Sie am besten, sobald sie die Größe eines Golfballs haben. Erreichen die späteren Pflanzen diese Größe, jede zweite zum Kochen verwenden. Den Rest stehen lassen, bis sie so groß sind wie ein Tennisball. Die Wurzeln vorsichtig ausgraben, Erde abschütteln und Blätter abdrehen – nicht abschneiden, da sie sonst auslaufen und Sie sich ganz schmutzig machen. Verletzte Wurzeln sofort verwenden. Zur Lagerung bestimmte Bete bis Oktober ernten, in Kisten mit feuchtem Torfersatz, Sand oder Sägemehl geben und zwischen den Wurzeln einen Spalt frei lassen. In einem kühlen, frostsicheren Schuppen lagern. Die Wurzeln halten sich bis Mitte des folgenden Frühjahres. Langwurzelige zieht man zur Lagerung, doch auch die meisten anderen Sorten eignen sich dafür. In mildem Klima und bei lockeren Böden können sie überwintern, benötigen jedoch eine dichte Bedeckung. Dies hilft auch bei der Ernte.

Anfälligkeiten

Rote Bete ist normalerweise unproblematisch, kann jedoch von folgenden Krankheiten befallen werden:

Die **Schwarze Bohnenblattlaus** bildet dichte Kolonien auf den Blättern. Gelbe Flecken zwischen den Blattadern, die auf **Magnesiummangel** hinweisen, bilden sich zuerst auf älteren Blättern und können bei stark alkalischen Böden zum Problem werden.

Raue Stellen auf den Wurzeln und nasse, braune Flecken mit Ringen in der Mitte sind ein Zeichen für **Bormangel**. Es kann auch zu korkähnlichen „Auswüchsen" auf den Trieben und Blattstielen kommen.
Achten Sie darauf, dass die Sämlinge vor **Vögeln** geschützt werden.

Mischkulturen

Rote Bete gedeiht gemeinsam mit Kohlrabi, Karotten, Gurken, Blattsalat, Kohl und den meisten Bohnenarten (Stangenbohnen ausgenommen). Dill und Florentinischer Fenchel locken die natürlichen Feinde an. Da sie mit so vielen Pflanzen harmonieren und die kleinen Wurzeln innerhalb von 9–13 Wochen reifen, eignet sich Rote Bete gut als Zwischenfrucht.

Weitere Nutzung

Speziell die Blätter der roten Sorten sehen hübsch aus und sind ideal für ein Randbeet oder einen „Potager". Der Magnesiumgehalt der Blätter beträgt 25 %, was zum wertvollen Bestandteil des Komposthaufens wird.

Heilkraft

Wird in der Naturheilkunde bei Gastritis, Hämorrhoiden und Verstopfung verwendet; leicht kardiotonisch. Jüngste Forschungen haben ergeben, dass mindestens ein Glas roher Rote-Bete-Saft pro Tag hilft, Krebs zu bekämpfen.

Warnung

Der Saft macht starke Flecken, die nur schwer aus der Kleidung zu entfernen sind.

Kulinarisches

Die Wurzeln werden roh gegessen. Probieren Sie sie gerieben als Rohkost, gekocht und frisch eingelegt. Junge „Spitzen" können wie Spinat gekocht und als Gemüse serviert werden. Speziell die roten, gelben, weißen und zweifarbigen Sorten verleihen Salaten Geschmack und Farbe. Salat aus Bohnen und Roter Bete ist besonders schmackhaft.
In kaltem Wasser waschen; Wurzel und Stiele nicht beschädigen und die Schale nicht entfernen, da durch das Ausfließen Geschmack und Farbe verloren gehen. Je nach Größe bis zu 2 Stunden in Salzwasser kochen, danach die Schale vorsichtig abreiben. Schmeckt wunderbar heiß serviert als Gemüse oder man lässt sie abkühlen. Sie können sie einlegen oder frisch in Salaten verwenden. Rote Bete kann auch gebacken werden und dient als Grundlage für Borschtsch, wenn sie zusammen mit weißer Brühe gekocht wird. Auch hervorragend für Chutney und zur Herstellung von Wein.
Zum Einfrieren kleine Rüben verwenden, die nicht dicker als 5 cm sind. Waschen, kochen, schälen und abkühlen lassen, dann die Wurzeln in Scheiben oder Würfel schneiden und in einem festen Gefäß einfrieren. Innerhalb von 6 Monaten verbrauchen. In einer Plastiktüte oder im Gemüsefach des Kühlschranks bleiben sie bis zu 2 Wochen frisch.

Würziger Rote-Bete-Salat
(4 Personen)

750 g Rote Bete, gewaschen und geputzt
Saft von einer halben Zitrone
1/2 TL Kümmel
1/2 TL Zimt
1/2 TL Paprika
1 EL Orangenblüten-Wasser
2 EL Olivenöl
Salz und schwarzer Pfeffer aus der Mühle
2 EL gehackte Petersilie
Blattsalat (farbige Sorten, gemischt mit grünen Blättern, z. B. Feldsalat)

Die Rote Bete in einem Dampfkochtopf 20 bis 30 Minuten weich kochen. Nach dem Abkühlen schälen und in Scheiben schneiden – die verbleibende Flüssigkeit aufbewahren. In Zitronensaft wenden und mit der Flüssigkeit, den Gewürzen, dem Orangenwasser und dem Olivenöl bedecken. Würzen, zudecken und kalt stellen. Mit Petersilie bestreuen und auf Tellern in einem Salatbett anrichten.

Würziger Rote-Bete-Salat

Brassica oleracea var. *gemmifera*. *Cruciferae*

ROSENKOHL

Zweijährig, im Anbau einjährig. Man verwendet die Blattknospen und Spitzen. Winterhart. Nährwert: Reich an Vitamin C, Betakarotin, Folsäure, Vitamin E und Kalium.

Diese Gemüseart ist erstmals als Ableger einer Kohlpflanze um 1750 in der Nähe von Brüssel entdeckt worden, und war bereits um 1800 in England und Frankreich verbreitet. Die belgische Version war möglicherweise nicht die erste: eine Pflanze mit dem Namen *Brassica capitata polycephalos*, „ein Kohl mit vielen kleinen Köpfen", war bereits 1587 in D'Alechaps *Historia Generalis Plantarum* abgebildet. Die Röschen, die in kühleren Zonen eines der wichtigsten Wintergemüse darstellen, sind äußerst robust und sehr ertragreich, jedoch etwas mühsam zu putzen. Auch hier schmecken die selbstgezogenen Knospen weitaus besser als die gekauften. Frisch geerntete Röschen schmecken absolut köstlich, und Sie sollten sie unbedingt probieren.

Röschen noch fest ernten.

SORTEN

Man unterscheidet frühe, mittlere und späte Sorten, die von Anfang bis Mitte Herbst, Mitte Herbst bis Mitte Winter und Mitte Winter bis Anfang Frühling geerntet werden. Die frühen sind kleiner und wachsen schneller als die robusteren, späten Sorten, die größer und ertragreicher sind. Bei entsprechendem Platz kann man aus jeder Gruppe eine Sorte anbauen, um die Saison zu verlängern. Sie können auch mittlere und späte Sorten anbauen, die Sie im Winter und zu Frühlingsbeginn ernten können – zu einer Zeit, in der kaum anderes Gemüse erhältlich ist. Obwohl die älteren, frei bestäubten Sorten sehr schmackhaft sind, weiß man, dass die modernen, kompakten F1-Hybriden qualitativ besser sind. Sie liefern einen hohen Ertrag an einheitlichen, haltbaren Röschen entlang des gesamten Stammes und knicken nicht so leicht um. **'Citadel'** (mittelfrüh) liefert mittelgroße, dunkelgrüne Sprossen, die sich gut einfrieren lassen. **'Falstaff'** ist eine robuste, sehr ertragreiche, rote Sorte mit schmackhaften Knospen. Da sich die Röschen beim Kochen verfärben, sollten sie nur gedünstet werden.

'Oliver' (sehr früh) ist eine sehr ertragreiche Sorte, die große, schmackhafte Röschen liefert und gegen Mehltau resistent ist. **'Peer Gynt'** (früh bis mittelfrüh) liefert mittelgroße Röschen. Die etwas unterhalb wachsenden Sprossen bleiben oft geschlossen, bis man die reifen aberntet. Regelmäßig pflücken. **'Rampart'** (spät) trägt wohlschmeckende, haltbare Röschen, die zu Saisonende oft bitter werden. Resistent gegen Mehltau und Ringfleckigkeit. **'Rubine'**, eine rote Sorte, sollte man unbedingt in Rabatten setzen. Der Ertrag ist gering, die Röschen jedoch sehr schmackhaft. Bei **'Widgeon'** (mittelfrüh) handelt es sich um eine wohlschmeckende Sorte, die mittelgroße Röschen liefert.

'Rubine', eine rote Sorte, eignet sich auch als Zierpflanze.

'Oliver' voll ausgereift

KULTIVIERUNG

Rosenkohl gedeiht an geschützten, sonnigen Standorten und verträgt keinen Wind. Der Boden sollte feucht sein, ohne dass sich stehende Nässe bildet, und einen pH-Wert von 6,5 haben.

Vermehrung
Frühe Sorten Ende des Winters oder zu Frühlingsbeginn aussäen, mittelfrühe von April bis Mai und späte ab April. Die Samen in einer Schale mit feuchtem Saat- oder Allzweckkompost 2 cm tief dünn aussäen und zum Austreiben im Kalthaus, Frühbeet oder an einem geschützten Platz im Freien aufstellen. Die Sämlinge in eine größere Saatschale mit Allzweckkompost setzen, sobald sie groß genug sind, um bearbeitet zu werden. Einen Abstand von 4–5 cm einhalten. Beim Aussäen in Torftöpfen sind die Wurzeln beim Umsetzen besser geschützt. Zwei Samen pro Torftopf setzen und nach dem Austreiben den schwächeren entfernen. Frühe Sorten im späten Winter bei 10–13 °C ins Frühbeet und nach dem Abhärten an den endgültigen Standort setzen. Einige größere Sorten fallen leicht um, wenn man sie in Torftöpfen zieht; werden sie tief eingesetzt, bildet sich eine lange Pfahlwurzel. Diese Methoden sind der Aussaat im Saatbeet vorzuziehen, die Platz beansprucht, den man für andere Pflanzen verwenden könnte und in dem die Sämlinge leicht von Schädlingen und Krankheiten befallen werden können. Falls erforderlich, den Boden mit Glasglocken oder Folie anwärmen. Frühe Aussaaten vor kalter Witterung schützen. Spätere Aussaaten müssen nicht geschützt werden. Ist die Erde trocken, vor dem Aussäen gießen. Saatbeet einebnen, festigen und fein rechen, danach die Samen in Reihen mit einem Abstand von 20 cm in einer Tiefe von 2 cm dünn aussäen. Sind die Sämlinge groß genug, um sie zu bearbeiten, auf 7–10 cm vereinzeln. An den endgültigen Standort umsetzen, sobald sie eine Größe von 10–15 cm erreicht haben. Die unter einer Bedeckung gezogenen Sämlinge nach und nach abhärten, bevor sie an ihren endgültigen Standort gesetzt werden.

Kultivierung
Einige Monate vor dem Pflanzen speziell bei leichten oder schweren Böden oder bei schlechter Bodenqualität gut verrotteten Mist oder Kompost einarbeiten. Der Boden sollte nicht frisch gedüngt sein, da zu hoher Stickstoffgehalt zum vorzeitigen Erblühen der Röschen führt.
Die frühen, kleineren Sorten in einem beidseitigen Abstand von etwa 60 cm pflanzen, die mittelgroßen in einem Abstand von 75 cm und die großen in einem Abstand von 90 cm. Weitere Abstände bewirken größere Röschen, bessere Luftzirkulation und weniger Probleme mit Pilzen, während bei geringeren Abständen kleinere, kompakte Sprossen entstehen, die zur selben Zeit reifen.
Die Pflanzen so einsetzen, dass die untersten Blätter knapp über dem Boden sind. An einem Blatt ziehen – bewegt sich die ganze Pflanze mit, wurde sie nicht fest genug eingesetzt. Bei leichten Böden eine 7–10 cm tiefe Furche graben, die Pflanzen auf den Grund setzen und die Furche mit Erde auffüllen. Diese Stütze verleiht den Pflanzen zusätzlichen Halt. Die Pflanzen gießen, bis sie 3–4 Wochen nach dem Umsetzen gut angewachsen sind. Falls möglich, 5–7 cm hoch mit Stroh mulchen.
Die Beete von Unkraut befreien. Sobald die Pflanzen gut angewachsen sind, ist kein Düngen erforderlich. In Dürreperioden sollte jede Pflanze ca. 150 ml pro Tag erhalten, um das gleichmäßige Wachstum zu sichern, das für eine gute Ernte erforderlich ist. Kranke oder gelbe Blätter sofort entfernen. Häufelt man rund um den Stiel Erde auf 7–12 cm an, ist die Pflanze zusätzlich gegen heftigen Winterwind geschützt. Die großen Sorten sollten normalerweise mit einem Stöckchen gestützt werden. An ungeschützten Stellen müssen auch sehr kleine Sorten gestützt werden. Ein Aufhalten des Wachstums durch Entfernen des Vegetationspunkts ist nur bei F1-Hybriden zu empfehlen, die im Herbst reifen und zum

Rosenkohl stellt seine Robustheit im Schnee unter Beweis.

'Falstaff' – was hätte Shakespeare wohl gesagt?

Einfrieren gezogen werden. Das Wachstum kann gebremst werden, wenn die untersten Röschen einen Durchmesser von 1 cm erreichen. So wachsen die Röschen gleichmäßig entlang des Stammes. Bremst man das Wachstum nicht, kann man über einen langen Zeitraum ernten. Rosenkohl wird alle 3–4 Jahre angebaut, am besten im Anschluss an Erbsen oder Bohnen (Rosenkohl profitiert vom Stickstoff im Boden). Im Spätsommer erhalten die Pflanzen durch Düngung mit flüssigem Pottaschedünger einen zusätzlichen Wachstumsschub. Kleine Blattsalate wie 'Little Gem' für die Sommer- und Herbsternten zwischen Rosenkohl anpflanzen, für die Winterernte Winterportulak oder Winterkresse. Pflanzen nach der Ernte sofort ausgraben, die Blätter auf den Kompost geben, die Stiele häckseln.

Pflegemaßnahmen

Frühling: Im Freien in Saatbeeten aussäen, vereinzeln und von Unkraut befreien.
Sommer: Ins Freie umsetzen und in Dürreperioden gießen.
Herbst: Frühe Sorten ernten; bei Bedarf stützen.
Winter: Frühe Sorten unter Glas aussäen. Späte Sorten ernten.

Geschützter Anbau

Frühe Aussaaten, die im Freien in einem Saatbeet gezogen werden, sollten mit Glasglocken oder Vlies geschützt werden. Schützt man die Pflanzen auch weiterhin mit Vlies, verhindert man Schädlinge wie Kohlfliege, Erdfloh, Blattlaus und Vögel.

Ernte und Lagerung

Die Röschen pflücken, wenn die untersten walnussgroß sind und eng zusammenstehen. Mit einem Messer ruckartig nach unten abziehen oder abschneiden, dabei auch erblühte Röschen und gelbe, kranke Blätter entfernen. Nach dem Abernten können die Spitzen wie Kohl gekocht werden. Bei kaltem Winterwetter einige Pflanzen ausstechen und zum Abernten in einem Schuppen aufhängen. Sie halten einige Wochen.

Anfälligkeiten

Rosenkohl ist sehr robust, kann jedoch von den üblichen Kohlschädlingen befallen werden.
Bei Feuchtigkeit tritt **Falscher Mehltau** in Form von gelben Flecken auf den Blättern auf, mit watteartigem Schimmel an der Unterseite. Alle befallenen Blätter entfernen oder mit Fungizid besprühen. Tritt Mehltau auf Sämlingen auf, für bessere Belüftung sorgen und die Abstände vergrößern. **Echter Mehltau** tritt als weiße, pulverige Ablagerung auf Trieben, Stielen und Blättern auf. Bei starkem Befall wird die Pflanze gelb und stirbt ab. Das Problem tritt verstärkt auf, wenn die Wurzeln zu trocken sind. Gießen und mulchen, kranke Blätter entfernen und mit Fungizid besprühen.
Die **Kohlhernie**, die alle Kreuzblütler befällt, sollte um jeden Preis vermieden werden. Die Wurzeln schwellen an und krümmen sich, junge Pflanzen verdorren an heißen Tagen, erholen sich zwar über Nacht, doch das Wachstum wird gebremst, und die Pflanzen gehen ein. Das Problem tritt verstärkt bei sauren Böden auf, in denen sich stehende Nässe bildet. Die Sporen bleiben bis zu 20 Jahre im Boden. Beziehen Sie Kohl nur von zuverlässigen Händlern oder bauen Sie selbst an. Setzt man die Pflanzen vor dem Aussetzen in 10- bis 15-cm-Töpfe, können die Wurzeln gut anwachsen, wodurch die Symptome von Kohlhernie gemildert werden. Stehende Nässe vermeiden. Saure Böden auf einen neutralen pH-Wert kalken. Durch Anhäufeln bilden sich oft neue Wurzeln. Erkrankte Pflanzen nach Möglichkeit mit der ganzen Wurzel entsorgen.
Zur **Ringfleckigkeit** kommt es verstärkt in feuchten, kalten Jahreszeiten und auf gut gedüngten Böden. Sie ist besonders gut auf älteren Blättern zu sehen, auf denen sich braune Tupfen mit dunklem Mittelpunkt bilden. Befallene Pflanzen entfernen und verbrennen, die Frucht wechseln.

Kulinarisches

Rosenkohl so kurz wie möglich dünsten oder kochen, so dass er *al dente* und nicht zu weich wird. Kleine Röschen können gehackt zum Salat gegeben werden – 'Rubine' und 'Falstaff' eignen sich dafür besonders gut. Rosenkohl kann bis zu 3 Tagen in einer Plastiktüte im Kühlschrank gelagert werden. Nur kleine Röschen einfrieren. 3 Minuten blanchieren, abkühlen lassen, durch ein Sieb gießen, danach trocknen und in Plastiktüten geben.

Gerösteter Rosenkohl
(4 Personen)

Sieht besonders hübsch mit roten Sorten wie 'Falstaff' oder 'Rubine'aus.

2 EL Speiseöl
2 EL Sojasoße
500 g Rosenkohl, geputzt und in feine Ringe geschnitten
2 EL Haselnüsse, grob gemahlen
Salz und Pfeffer aus der Mühle

Öl in einem Wok gut erhitzen, Sojasoße und Rosenkohl dazugeben. Bei starker Hitze 2–3 Minuten braten. Mit den Nüssen bestreuen, würzen und servieren.

Gerösteter Rosenkohl

Mischkulturen

Setzt man ihn zwischen reifende Zwiebeln, profitiert Rosenkohl von den Wurzelresten und der festen Erde.

Brassica napus. var. *rapifera. Cruciferae*

SPEISERÜBE

Zweijährig, im Anbau einjährig. Die kugelförmige Wurzel und die jungen Blätter sind genießbar. Winterhart. Nährwert: Wenige Kohlenhydrate. Kalorienarm. Vitamine und Mineralien in kleinen Mengen.

Schon Theophrastos kannte um 400 v. Chr. diese alte Rübenwurzel. Viele der alten Sorten wurden nach griechischen Orten benannt. Plinius führte 12 verschiedene Arten von *rapa* und *napus* an. Unter der Sammelbezeichnung Speiserübe laufen folgende Gemüsearten: Mairübe, Herbstrübe, Kleine Speiserübe (Teltower Rübchen) und Stielmus oder Rübstiel. Die Speiserübe wurde 1541 in Kanada eingeführt und 1609 nach Virginia gebracht, wo sie rasch von den Indianern übernommen wurde. In Irland verwendete man sie an Halloween zur Herstellung von Laternen, lange, bevor der Kürbis dafür populär wurde.

SORTEN

Speiserüben sind einfach anzubauen und schmackhaft. Die Blätter (Rübenspitzen) schmecken ebenfalls hervorragend.

Frühe Sorten (Mairüben) **'Holländische Weiße'** ist kugelrund und weiß. **'Runde Weiße Rotköpfige'** ist eine alte Sorte mit runder oder leicht abgeflachter Wurzel, die an der Oberfläche rötlich violett und unter der Erde weiß ist. **'Schneeball'** ist eine schnell reifende, weiße Sorte mit zartem Geschmack, von der man auch die Blätter verwenden kann. Bei **'Tokyo Cross'** handelt es sich um eine hervorragende F1-Hybride, die kleine, schmackhafte Mairüben liefert, die innerhalb von 35–40 Tagen reifen. Die noch kleinen Rüben können Sie von Spätsommer bis Frühherbst ernten.

Herbstrüben
'Goldball' ist eine kleine, runde, gelbe Sorte, die rasch

Eine rotköpfige Sorte

'Tokyo Cross' ist verlässlich und schmeckt ungewöhnlich.

wachsen sollte, damit das Fleisch saftig bleibt. Schmackhaft, winterhart und hervorragend zur Lagerung geeignet. **'Weseler'** ist halblang und rotköpfig, die Rübe stumpf. Bei **'Teutoburger'** handelt es sich um eine halblange, hellgelbe, walzenförmige Rübe. **'Ulmer Ochsenhörner'** ist eine Sorte mit rötlich bläulichem Kopf und großer, weißer, gebogener Rübe.

KULTIVIERUNG

Speiserüben gedeihen am besten bei ca. 20 °C an einem geschützten, offenen Standort in leichtem, fruchtbarem, lockerem Boden. Die Sommeraussaat kann auch im Halbschatten vorgenommen werden, vorausgesetzt, der Boden ist ausreichend feucht. Der pH-Wert sollte 5,5–7,0 betragen. Saure Böden müssen gekalkt werden.

Vermehrung
Frühe Pflanzen Mitte Frühling aussäen, sobald der Boden bearbeitet werden kann, oder im späten Winter bzw. zu Frühlingsbeginn unter Glasglocken oder Vlies.
Das Saatbeet gut vorbereiten und frühe Sorten 2–3 cm tief in Furchen dünn aussäen, wobei die Reihen einen Abstand von 25 cm haben sollten. Danach auf einen endgültigen Abstand von 10–15 cm vereinzeln. Man kann auch rasterförmig aussäen: Mit einem Stöckchen 15 cm große Quadrate markieren, und wo sie sich kreuzen, jeweils drei Samen säen. Nach dem Auskeimen den stärksten Sämling vereinzeln.
Herbstrüben ab Hochsommer bis Spätsommer in 2 cm tiefen Furchen mit 30 cm Abstand aussäen und auf 15–25 cm vereinzeln. Es ist wichtig, die Sämlinge zu vereinzeln, solange sie nicht größer als 2 cm sind und die ersten Blätter kommen, damit die Wurzeln sich gut entwickeln können. Nach dem Vereinzeln die Erde festigen: Speiserüben, die wegen ihrer Blätter angebaut werden, nicht vereinzeln. Möchte man die Blätter ernten, bereitet man das Saatbeet vor und verteilt die Samen innerhalb eines kleinen Bereichs oder sät in 10–15 cm von einander entfernten Reihen dünn aus, sobald es der Zustand des Bodens erlaubt. Frühe Sorten im Frühling, frostharte Sorten im Spätsommer oder Frühherbst aussäen. Kleine Herbstrüben überwintern und wachsen im

Die beliebte Sorte 'Schneeball'

Frühling rasch, wodurch sie als frühe Sorten eingesetzt werden können, speziell wenn sie mit Glasglocken oder Vlies geschützt werden. Damit man länger ernten kann, sät man von Frühjahr- bis Sommeranfang mehrmals frühe Sorten aus.

Anbau
Wurde der Boden nicht für die vorige Frucht gedüngt, im Herbst zweimal umgraben, gut verrottetes, organisches Material einarbeiten und über den Winter verwittern lassen. 1 Woche bis 10 Tage vor dem Aussäen Unkraut und Pflanzenreste entfernen und Volldünger einrechen (60 g/m²). Ebenso wie die anderen Kohlarten gedeiht die Speiserübe nicht gut in lockeren Böden, daher die Erde fein rechen und mit dem Rechen festigen oder festtreten. Trockene Erde vor dem Aussäen gut gießen, dabei auf einem Brett stehen, damit sie nicht zusammengedrückt wird. Jede Reihe mit Stöcken markieren, die Aussaat beschriften und datieren. Die Pflanzen entweder von Hand oder mit der Hacke vorsichtig von Unkraut befreien. Die Speiserübe muss während der gesamten Vegetationszeit ständig gegossen werden, damit sie nicht schießt oder kleine, holzige Wurzeln bekommt, die sich nach einer Dürreperiode, einem Regen, oder wenn sie plötzlich gegossen werden, spalten könnten. Sie braucht bei trockener Witterung bis zu 10 Liter/m² Wasser pro Woche. Dadurch werden Größe und Qualität der Pflanzen verbessert, der Geschmack jedoch verringert. Fruchtwechsel mit anderen Kohlarten.

Pflegemaßnahmen
Frühling: Saatbeet vorbereiten, frühe Sorten unter Glasglocken aussäen.
Sommer: Frühe Sorten alle 2–3 Wochen aussäen, damit sie nacheinander geerntet werden können. Pflanzen von Unkraut befreien und nach Bedarf gießen. Herbstrüben von Früh- bis Spätsommer aussäen.
Herbst: Frühe Sorten von Mitte bis Ende Herbst unter Glasglocken aussäen. Herbstrüben vereinzeln.
Winter: Herbstrüben ernten und lagern.

Geschützter Anbau
Den Boden im späten Winter oder zu Frühlingsbeginn 2–3 Wochen mit Glasglocken, Vlies oder schwarzer Folie abdecken, bevor die frühen Sorten ausgesät werden. Frühe Pflanzen im Spätsommer schützen. Herbstrüben, die wegen der Blätter angebaut werden, können nach der Aussaat im Herbst unter Glasglocken gezogen und im Winter gepflückt werden.

Pflanzen in Kübeln
Schnell reifende, frühe Sorten gedeihen in großen Gefäßen mit lockerem Kompost auf Erdbasis, der mit organischem Material angereichert wird. Ausreichend gießen.

Ernte und Lagerung
Mairüben ernten, solange sie jung und zart sind. Will man sie roh essen, sollten sie die Größe eines Golfballs haben. Wenn sie gekocht werden, kann man sie jederzeit ernten, bis sie so groß sind wie ein Tennisball. Wie Rettich mit der Hand aus der Erde ziehen. Die Rüben, die Mitte Herbst zur Verwendung im Winter ausgestochen werden, sind größer, weniger frostempfindlich und reifen langsamer. Damit sie ihren Geschmack bewahren, erntet man sie, sobald sie reif sind. Andere Rüben kann man im Boden lassen und bei Bedarf mit der Gabel ausgraben. Kühl lagern und innerhalb von ein paar Tagen aufbrauchen. In nasskalten Zonen sticht man die Wurzeln besser aus, damit sie nicht schlecht werden. Blätter abdrehen, Erde entfernen, die Wurzeln in eine Kiste zwischen trockenen Torfersatz, Sägemehl oder Sand legen und kühl lagern. Rübstiele können bei einer Größe von 10–15 cm geerntet werden. Man schneidet sie ca. 2,5 cm über dem Boden ab. Hält man die Erde feucht, treiben sie mehrmals aus.

Anfälligkeiten
Der gelb-schwarz gestreifte **Erdfloh** frisst die Blätter der Sämlinge an und behindert das Wachstum. Bei **Schildläusen** sterben junge Pflanzen ab, es entsteht schwarzer Schimmel auf den Blättern. Die Larven der **Kohlfliege** fressen die Wurzeln. Nach dem Umsetzen besonders anfällig. **Echter Mehltau** behindert das Wachstum. Bei starkem Befall sterben die Blätter ab.

MISCHKULTUREN

Zieht man Speiserüben zusammen mit Erbsen und Wicken, werden Blattläuse abgehalten. Speiserüben eignen sich zum Anbau zwischen größeren Pflanzen und als Zwischenfrucht.

HEILKRAFT

Zur Behandlung von Erkältungen wurde früher mit braunem Rohrzucker bestreuter Rübensaft eingesetzt.

Glasierte Speiserüben

KULINARISCHES

Speiserüben serviert man roh in Salaten oder gekocht in Butter geschwenkt und mit gehackter Petersilie. Herbstrüben vor dem Kochen schälen. Sie können sie pürieren, braten oder für Suppen und Eintöpfe verwenden.

Glasierte Speiserüben
Junge, kleine Rüben waschen und in 1 cm große Würfel schneiden (oder im Ganzen verwenden). 3 Minuten kochen und durch ein Sieb gießen. Ein wenig Butter mit Olivenöl in einer Bratpfanne schmelzen, die mit ein wenig Zucker bestreuten Rüben bei großer Hitze unter ständigem Rühren braten, bis sie braun und karamelisiert sind. Schmeckt besonders gut mit der Sorte 'Snowball'.

Rübenspitzen
Gut waschen, Stiele, die Fäden haben, entfernen. Grob hacken. Die Spitzen über siedendem Wasser dünsten, bis sie weich sind. Warm servieren, in einer Vinaigrette aus Olivenöl und Zitronensaft wenden und mit fein gehacktem Knoblauch bestreuen. Man kann sie auch wie Spinat kochen: Die gewaschenen Blätter in eine Pfanne geben, Salz, Pfeffer und ein wenig Butter hinzufügen und 10 Minuten in dem Wasser dünsten, das auf den Blättern zurückbleibt. Durch ein Sieb gießen und sofort servieren.

Brassica napus var. *napobrassica*. *Cruciferae*

KOHLRÜBE

Steckrübe, Wruke. Zweijährig. Wird einjährig angebaut. Die kugelförmige Wurzel und die jungen Blätter sind genießbar. Winterhart. Nährwert: Niacin (Vitamin B) und Vitamin C in kleinen Mengen. Wenig Kohlenhydrate.

Die gelbe Kohlrübe ist eines der robustesten Wurzelgemüse und das perfekte Wintergemüse in kühlen, gemäßigten Klimazonen. Die im 16. Jahrhundert in Frankreich und Südeuropa bekannte Pflanze kam 1755 über Holland nach Großbritannien, wo sie sich rasch etablierte. Ebenso wie die Speiserübe wurde sie zuerst als Viehfutter verwendet und sollte zur Steigerung der Milchproduktion während der mageren Monate führen. In Zeiten, in denen andere Lebensmittel knapp waren, griff die ländliche Bevölkerung auf die Kohlrübe zurück, was ihr den Beinamen „Bauerngemüse" einbrachte. Die Kohlrübe zu verachten, ist ein großer Fehler, denn sie ist robust, anspruchslos und eine der am leichtesten anzubauenden Gemüsearten. Die neuen Sorten sind resistent gegen Krankheiten, schmackhaft und können gemeinsam mit Rosenkohl, Butter, Sahne und Gewürzen zubereitet werden.

SORTEN

'Acme' hat runde Wurzeln mit hellroter Schale. Die Blätter werden leicht vom Echten Mehltau befallen. **'Angela'** liefert rote Wurzeln und ist resistent gegen Echten Mehltau. **'Wilhelmsburger Gelbe'** ist eine kugelförmige, gelbfleischige Sorte mit mildem Geschmack. Bei **'Lizzy'** handelt es sich um eine runde Sorte mit roten Blättern, gelbem, weichem Fleisch und süßem, nussigem Geschmack, die weniger schnell schießt. **'Marian'** ist rot, mit gelbem Fleisch, sehr schmackhaft und wächst rasch. Diese Sorte liefert große Wurzeln und ist besonders resistent gegen Kohlhernie und Echten Mehltau.

KULTIVIERUNG

Vermehrung

Die Kohlrübe hat eine lange Vegetationsperiode und sollte in kühleren Klimazonen bei warmer Witterung von Frühlingsbeginn bis Frühsommer gesät werden. In 2 cm tiefen Furchen mit einem Abstand von 40–50 cm säen und die Sämlinge auf 20–30 cm vereinzeln, sobald sich die ersten Blätter bilden und sie nicht größer als 2 cm sind. So ist gutes Wurzelwachstum gewährleistet. Nach dem Vereinzeln den Boden festigen.

Anbau

Kohlrüben gedeihen an geschützten, offenen Standorten in fruchtbarem, lockerem, jedoch feuchtigkeitsspeicherndem Boden. Es darf sich keinenfalls stehende Nässe bilden. Die Sommeraussaat kann auch im Halbschatten erfolgen, solange den Pflanzen genügend Feuchtigkeit zugeführt wird. Die Rüben gedeihen am besten bei einem pH-Wert von 5,5–7,0, daher müssen stark saure Böden gekalkt werden. Falls der Boden nicht für die vorige Kultur gedüngt wurde, im Herbst zweimal umgraben, gut verrottetes, organisches Material einarbeiten und über den Winter „verwittern" lassen. 1 Woche vor dem Aussäen Unkraut und Pflanzenreste entfernen und Volldünger einrechen (60 g/m²). Ebenso wie die anderen Kohlarten wächst die Kohlrübe nicht gut in lockeren Böden, daher die Erde fein rechen und mit dem Rechen festigen. Trockene Erde vor dem Aussäen gut gießen; Jede Reihe mit Stöcken markieren, Aussaat beschriften und datieren. Die Pflanzen entweder von Hand oder mit der Hacke

Für guten Pflanzenwuchs ist auf die Abstände zu achten.

vorsichtig jäten. Die Kohlrübe muss während der gesamten Vegetationszeit gegossen werden, damit sie nicht schießt oder kleine, holzige Wurzeln bekommt, die sich spalten können. Sie braucht bei trockener Witterung bis zu 10 Liter/m² Wasser pro Woche. Dadurch werden Größe und Qualität der Pflanzen verbessert, der Geschmack jedoch verringert. Die Kohlrübe sollte mit anderen Kohlarten im Fruchtwechsel angebaut werden. Die Blätter können blanchiert und als Wintersalatgemüse roh gegessen werden. Bis Winterbeginn ein paar Wurzeln ausstechen, die Blätter zurückschneiden und die Wurzeln unter dem Gewächshaustisch einpflanzen oder aufrecht in Holzkisten stellen, die mit Torfersatz, humusreicher Gartenerde oder einer dicken Strohschicht gefüllt werden. Mit umgedrehten Kisten oder schwarzer Folie abdecken, damit kein Licht darauf fällt, und in den Keller, in die Garage oder in einen Schuppen stellen. Nach 3–4 Wochen entstehen Triebe, die bei einer Länge von 10–12 cm geerntet werden können.

Pflegemaßnahmen
Frühling: Für frühe Aussaaten die Erde mit Glasglocken aufwärmen.
Sommer: Pflanzen gießen und von Unkraut befreien.
Herbst: Frühe Sorten ernten.
Winter: Pflanzen ausstechen und lagern.

Geschützter Anbau
Im späten Winter oder zu Frühlingsbeginn den Boden 2–3 Wochen mit Glasglocken, Vlies oder schwarzer Folie abdecken, bevor man die frühen Pflanzen aussät. Die Sämlinge sollten geschützt werden, bis sie gut angewachsen sind.

Ernte und Lagerung
Die Ernte beginnt etwa ab Herbstbeginn. Die Kohlrübe ist äußerst winterhart und kann bis zur Verwendung im Boden bleiben, obwohl sie dann leicht holzig wird. Sie wird geerntet, sobald sie

'Acme', mit roter Schale und langen Wurzeln

ungefähr die Größe einer Grapefruit hat, und in der Garage oder im Schuppen gelagert. Die Blätter abdrehen und die Wurzeln in eine stabile Kiste zwischen Torfersatz, Sägemehl oder Sand legen.
Kleine Rüben sind schmackhafter und fleischiger, daher sollte man die Wurzeln ernten, bevor sie ihre maximale Größe erreichen.

Anfälligkeiten
Die Kohlrübe wird von denselben Schädlingen befallen wie die Speiserübe.
Echter Mehltau tritt in Form von pulverigen, weißen Ablagerungen auf Trieben, Stielen und Blättern auf und schränkt das Wachstum ein. Bei starkem Befall werden die Blätter gelb und sterben ab. Das Problem tritt besonders dann auf, wenn die Wurzeln trocken sind, und wenn es tagsüber warm und trocken, in der Nacht aber kalt ist.

Die Kohlrübe ist sehr anfällig für **Kohlhernie** – eine Krankheit, die um jeden Preis vermieden werden muss. Die Wurzeln schwellen an und verformen sich, junge Pflanzen verwelken an heißen Tagen, erholen sich zwar über Nacht, doch das Wachstum wird behindert und die Pflanzen sterben ab. Das Problem tritt bei sauren, nassen Böden auf. Die Sporen bleiben bis zu 20 Jahre im Boden.
Der gelb-schwarz gestreifte **Erdfloh** frisst die Blätter der Sämlinge an und behindert das Wachstum.

MISCHKULTUREN

Die Kohlrübe harmoniert besonders mit der Erbse.

HEILKRAFT

Kohlrüben werden in der Naturheilkunde zur Behandlung von Husten, Nierensteinen und Keuchhusten verwendet. Die Wirksamkeit konnte jedoch nicht nachgewiesen werden.

KULINARISCHES

Kohlrüben können in Scheiben oder Würfel geschnitten und wie Pastinaken gebraten oder für Eintöpfe verwendet werden.
Sie schmecken jedoch auch hervorragend, wenn man sie püriert und mit Kartoffelbrei als Beilage zu Fisch oder Fleisch serviert.
Vor dem Kochen die äußere Schale abziehen, in Scheiben oder Würfeln schneiden und 30 Minuten kochen. Vor dem Anrichten gut abseihen.

Neeps
(4 Personen)

Die traditionelle Beilage zu Haggis (Innereien vom Schaf) und Tatties (Kartoffelbrei), ein Gericht das in der Burns Night in Schottland mit viel Whisky hinuntergespült wird.

750 g Kohlrüben
Salz und schwarzer Pfeffer
1 Prise Muskatnuss
Butter oder Olivenöl

Rüben putzen, schneiden und in so viel Wasser kochen, dass sie nicht anbrennen, bevor sie weich sind. In einer Küchenmaschine zerkleinern und den Saft durch ein Sieb abtropfen lassen. Würzen und nochmals mit Olivenöl oder Butter erhitzen.

Neeps, Tatties und Haggis

Brassica oleracea var. *acephela. Cruciferae*

GRÜNKOHL

Kraus-, Braun- oder Winterkohl. Zweijährig, im Anbau einjährig. Man verwendet die jungen Blätter und Triebe. Winterhart. Nährwert: Reich an Kalzium, Eisen, Betakarotin, Vitamin E und C.

Grünkohl ist robust und daher ein ideales Wintergemüse. Außerdem treten bei ihm nicht die typischen Probleme anderer Kohlarten auf, die beim Anbau zu beachten sind. Er gehört zu den ersten Kohlarten, die kultiviert wurden, und ist ein Verwandter der wild wachsenden *Brassica oleracea*, die an der europäischen Westküste heimisch ist. Das keltische „kale" leitet sich von „coles" oder „caulis" ab, das die Griechen und Römer für verschiedene Kohlarten verwendeten. Die deutsche Bezeichnung „Kohl" hat denselben Ursprung. Man nimmt an, dass der Grünkohl, erstmals 1669 in Nordamerika erwähnt, tatsächlich dort schon viel früher eingeführt wurde.

SORTEN

Man unterscheidet Schnittkohl, Grünkohl und Stauden- oder Blattkohl.
Die Sorten werden auch nach dem Strunk eingeteilt, der unterschiedlich lang sein kann, angefangen von ca. 30–40 cm hohen Sorten bis zu Sorten, die bis zu 90 cm hoch und 60 cm dick werden. Die neue Sorte **'Jersey Kale'** wird wegen ihres geraden Strunks angebaut, der bis zu 2,20 m hoch wird und in getrockneter Form zu Spazierstöcken verarbeitet werden kann.

Schnittkohl (*Brassica napus* var. *pabularia*)
Ein Verwandter der Kohlrübe, der wegen der Blätter und nicht wegen der Wurzel angebaut wird. Er variiert in Form und Farbe und hat breitere Blätter als der Grünkohl. Diese Art muss an Ort und Stelle gesät werden und darf nicht umgesetzt werden. Sie wird später als alle anderen Arten geerntet. **'Hungry Gap'** ist eine späte Sorte, die Mitte bis Ende Frühling geerntet wird. **'Laciniato'**, eine italienische Sorte, hat gezackte Blätter. Blätter und Blattrippen des **'Ragged Jack'** sind rosa gefärbt. **'Red Russian'** hat grüne, krause Blätter und schmeckt hervorragend. **'True Siberian'** wächst rasch und hat blaugrüne, krause Blätter. Kann über den Winter geerntet werden.

Grünkohl
Grünkohl hat normalerweise dunkel- oder blaugrüne, stark krause Blätter. **'Darkibor'** ist außergewöhnlich winterhart und hat dunkelgrüne, krause Blätter. **'Niedriger Blauer Krauser'** hat bläulich grüne Blätter, ist äußerst winterhart und schießt langsam. **'Niedriger Grüner Krauser'** ist kompakt, winterhart und leicht anzubauen. Ideal für kleine Gärten oder Stellen, die dem Wind ausgesetzt sind. **'Fribor'** ist winterhart, wird bis zu 50 cm hoch und reift über den Winter. **'Pentland Brig'**, eine Kreuzung zwischen krausem und glattem Kohl, wird wegen seiner jungen Blätter, Seitentriebe und jungen Blütenköpfe (die wie Brokkoli gekocht werden) angebaut. Ein hervorragendes Gemüse. **'Showbor'** ist ein „Minigemüse". **'Spurt'** liefert zarte, dunkelgrüne, krause Blätter. Kann 6–8 Wochen nach dem Aussäen geerntet werden und hat eine lange Ernteperiode. Eignet sich auch als nachwachsende Kultur. **'Hoher Grüner Krauser'** eignet sich hervorragend zum Einfrieren und ist sehr widerstandsfähig gegen Kohlhernie und Kohlfliegen. **'Thousand Head'** ist eine hohe, alte Sorte mit glatten Blättern, die äußerst winterhart ist. Kann im Winter und Frühling geerntet werden.

Der Name 'Ragged Jack' ist bezeichnend, da die Blätter einen interessanten Kontrast zum Grünkohl darstellen.

Stauden- oder Blattkohl
Hat glatte Blätter, die milder schmecken und größere Hitze vertragen als Grünkohl. **'Champion'** hat dunkelgrüne Blätter, die ähnlich wie die des Kohls sind, ist winterhart und schießt nur selten. Die Blätter von **'Georgia'** sind bläulich grün mit weißen Rippen. Verträgt schlechte Bodenqualität und große Hitze. **'Hicrop Hybrid'** ist mild, süß und schießt nur selten.

Der dicke Strunk des Grünkohls lässt ihn wie ein Bäumchen aussehen.

KULTIVIERUNG

Vermehrung
Zu Frühlingsbeginn in Schalen mit feuchtem Saatkompost oder in Torftöpfen aussäen. In Gegenden mit milderem Klima kann man für die Sommerernte auch im Freien in Saatbeeten aussäen. Ab Ende Frühling für die Herbst- und Winterernte aussäen. Sie können auch in 1 cm tiefen Furchen direkt im Freien aussäen und allmäh-

lich auf den endgültigen Abstand vereinzeln oder im endgültigen Abstand 3 Samen in Gruppen aussäen und den stärksten Sämling stehen lassen. Sobald die Sämlinge 10–15 cm hoch sind, die Reihen am Vorabend gießen, dann am frühen Abend umsetzen, dabei die niedrigsten Blätter knapp über dem Boden lassen. Nach dem Anpflanzen mit flüssigem Algendünger düngen, bis die Sämlinge fest angewachsen sind. Der endgültige Abstand sollte bei kleinen Sorten 50 cm betragen, größere Sorten sollten in einem Abstand von 60–75 cm gesetzt werden.
Staudenkohl wird in Gegenden mit kühlen Sommern im späten Frühling und in heißeren Zonen im Spätsommer ausgesät.
Schnittkohl im Frühsommer an Ort und Stelle dünn in Furchen mit 60–75 cm Abstand aussäen und, sobald sie die richtige Größe haben, auf einen endgültigen Abstand von 50 cm vereinzeln.

Kultivierung
Grünkohl ist äußerst winterhart: einige Sorten vertragen sogar Temperaturen bis –15 °C, andere wiederum hohe Sommertemperaturen. Er verträgt schlechte Bodenqualität besser als die meisten anderen Kohlarten, gedeiht jedoch am besten an sonnigen Standorten in lockerem Boden mit mittlerem Stickstoffgehalt. Zu große Mengen an Stickstoff führen zu übermäßigem Wachstum und Anfälligkeit. Saure Böden kalken.
Das Saatbeet vorbereiten, solange die Erde feucht ist. Den Boden leicht hacken, dabei das Unkraut entfernen und die Erde festigen. Überwinternde Pflanzen sollten im Frühling mit flüssigem Stickstoff oder Korndünger (60 g/m²) gedüngt werden.
Die Pflanzen von Unkraut befreien, ausreichend gießen, bevor es heiß wird, mit einer 5 cm hohen Schicht an organischem Material mulchen und im Herbst festigen oder bei größeren Pflanzen Erde anhäufeln, um sie vor Wind zu schützen. Eventuell mit

'Hoher Grüner Krauser'

einem Stöckchen stützen. Grünkohl baut man am besten dort an, wo vorher Erbsen oder Frühkartoffeln gezogen wurden. Mit anderen Kohlarten abwechseln.

Pflegemaßnahmen
Frühling: Frühe Pflanzen unter Schutz aussäen. Mitte Frühling in Schalen säen oder im Freien in einem Saatbeet.
Sommer: Sämlinge umsetzen, düngen und gut gießen. Von Unkraut befreien. Regelmäßig ernten.
Herbst: Pflanzenstiele festigen, wenn nötig stützen.
Winter: Regelmäßig ernten.

Geschützter Anbau
Ab Mitte Winter frühe Aussaaten als nachwachsende Kulturen im Gewächshaus oder in mildem Klima im Freien unter Glasglocken ziehen. In Furchen aussäen, die die Breite einer Hacke haben, Samen dünn verteilen oder in die Furchen streuen, danach auf 7 cm vereinzeln. Krauskohl ab Mitte Winter unter Schutz aussäen und ab Mitte Frühling im Freien aussäen.

Ernte und Lagerung
Die jungen Blätter mit einem Messer abschneiden, sobald sie 10–12 cm lang sind. Gleichmäßig abernten. Damit immer wieder junge Blätter nachwachsen und die Erntesaison verlängert wird, regelmäßig abschneiden. Die älteren Triebe sind bitter und hart. Nachwachsende Kulturen ernten, sobald die Pflanzen ca. 5–7 cm groß sind, oder auf 10 cm vereinzeln und bei einer Länge von 12–15 cm abschneiden.

Anfälligkeiten
Grünkohl ist resistent gegen Kohlfliegen und Kohlhernie. **Weiße Fliegen, Kohlraupen** und **Erdflöhe** sind eine Gefahr. Die Raupen fressen die Blätter an. Regelmäßig nach Eiern absuchen. Auf Blattlausbefall achten.

MISCHKULTUREN

Grünkohl wird gemeinsam mit Mais und Erbsen angebaut.

KULINARISCHES

Die jungen Blätter der späten Sorten schmecken besser, wenn sie Frost abbekommen haben. Gut waschen und in etwas Wasser maximal 8 Minuten kochen. Mit Butter oder Einbrenne servieren – eine ideale Beilage zu Eiern, gebratenem Fisch, Speck und anderem fetten Fleisch. In manchen Teilen Nordamerikas wird Grünkohl mit Schweinskopf serviert, und der Saft wird mit heißen Maisfladen gegessen.
Krauskohl kann für Salate, Suppen oder Eintöpfe verwendet werden. Er kann mit einer Soße serviert oder mit Zwiebeln, Petersilie, Gewürzen, Speck oder Schinken geschmort werden.
Junge Triebe vor dem Einfrieren eine Minute blanchieren, dann abkühlen, abseihen und hacken. Grünkohl hält sich ca. 3 Tage im Kühlschrank oder in einer Plastiktüte.

Gerösteter Grünkohl
(4 Personen)

750 g junger Grünkohl
3 EL Erdnuss- oder Olivenöl
Salz und schwarzer Pfeffer aus der Mühle
Saft einer halben Zitrone

Grünkohl gut waschen und in einer Salatschleuder trocknen. Grob hacken. Öl in einem Wok oder in einer schweren Bratpfanne erhitzen, und sobald das Öl raucht, Grünkohl hinzufügen und unter ständigem Rühren 3 Minuten kochen. Würzen und Zitronensaft hinzufügen. Mit Zitronenschale garnieren. Kochend heiß zum Eintopf oder Braten servieren.

Gerösteter Grünkohl

Brassica oleracea var. *botrytis. Cruciferae*

BLUMENKOHL

Einjährige oder ausdauernde Pflanze, die wegen der unreifen Blütenstände angebaut wird. Teilweise winterhart. Nährwert: Reich an Vitamin C. Andere Vitamine sind nur gering vorhanden.

Man nimmt an, dass der Blumenkohl aus Zypern stammt. Die ältesten Aufzeichnungen reichen bis ins 6. Jahrhundert v. Chr. zurück. Auch tausend Jahre später wurde der Blumenkohl in Zypern angebaut und war als „Zypernkohl", bekannt. Ein italienischer Reisender schrieb 1593 aus Zypern, dass dort große Mengen an Kohl und Blumenkohl wuchsen und man „für einen Quattrino fast mehr bekam, als man tragen konnte". In einem Werk von 1597 erwähnt John Gerard den Blumenkohl als „Cole flowery". Gelehrte in Spanien beschrieben im 12. Jahrhundert drei Sorten, die aus Syrien stammen, wo Blumenkohl seit über tausend Jahren von den Arabern angebaut und weiterentwickelt wurde. 1699 meinte John Evely, der beste Samen würde aus Aleppo, Nordsyrien, kommen. Nach 1700 wurden die Anbaumethoden verbessert, und Ende des 18. Jahrhunderts war der Blumenkohl bereits in ganz Europa verbreitet. So meinte damals Dr. Johnson: „Von allen Blumen im Garten ist mir der Blumenkohl die liebste." Doch Mark Twain schrieb verächtlich: „Blumenkohl ist nichts weiter als gut erzogener Kohl." Aber dies ist natürlich reine Ansichtssache.

'Dok Elgon' ist eine robuste Sorte für die Herbsternte.

SORTEN

Man unterscheidet Sorten für die Frühlings-, Sommer-, Herbst- und Winterernte, doch viele Sorten wachsen zu verschiedenen Jahreszeiten. **'All the Year Round'** wird im Spätherbst oder Frühling für die Frühlings- oder Sommerernte gesät. Liefert qualitativ hochwertige, weiße Köpfe. Ideal für mehrmalige Aussaat. **'Alverda'** hat gelbgrüne Köpfe. Für die Herbsternte zwischen Spätfrühling und Mitte Hochsommer aussäen. **'Celesta'** ist eine Standardsorte für die Frühsommer- bis Herbsternte. **'Neckarperle'** ist ebenfalls eine beliebte Sorte für den Herbstanbau. **'Early Snowball'** ist eine kleine, kompakte Sorte, die gut in mildem Klima wächst. Die Köpfe verfärben sich bei Schlechtwetter nicht. **'Limelight'** ist eine interessante, hellgrüne Sorte für die Herbsternte. **'Minaret'** hat kleine, schmackhafte, grüne Blumen. Im Spätherbst ernten. **'Orange Bouquet'** ist goldgelb und verfärbt sich nicht. Bei **'Purple Cape'** handelt es sich um eine winterharte, violette Art, die im späten Winter bis Mitte Frühling geerntet wird. Schmeckt roh oder gekocht. Beim Kochen verfärben sich die Köpfe grün. **'Snowball Self Blanching'** ist sehr ertragreich. Die Blume wird durch die Blätter gebleicht. **'Snowcap'**, eine sehr späte Sorte, wird im Winter geerntet. **'Veitch's Autumn Giant'** ist eine riesige Pflanze mit großen Blättern und massiven Köpfen, die bis zu 30 cm Durchmesser haben. Sehr schmackhaft. Gut zur Lagerung geeignet. **'Walcheren Winter 3 – Armando April'** ist eine überwinternde Sorte. Winterhart und schmackhaft. **'Walcheren Winter 4 – Markanta'** zählt zu den robustesten überwinternden Pflanzen und hat reinweiße Köpfe. Bei **'White Rock'** wird die Blume durch zahlreiche Blätter geschützt. Eine sehr vielseitige Sorte.

Kultivierung

Vermehrung

Zu Beginn so vorgehen wie unter „Geschützter Anbau" (S. 236) beschrieben, außer es ist anderes angegeben. Die Pflanzen können umgesetzt werden, wenn die Sämlinge 5–6 Blätter haben. Vorher gießen und soviel Erde wie möglich an den Wurzeln lassen. Mehrmals säen, um das ganze Jahr über ernten zu können.
Pflanzen für die Ernte im Frühsommer sollten Sie Mitte Herbst aussäen und über den Winter abdecken. Im Spätwinter abhärten, ab Mitte Frühling umsetzen, sobald sich der Boden erwärmt hat und bearbeitet werden kann. Pflanzen im Abstand von 50 cm setzen und zwischen den Reihen einen Abstand von ca. 60 cm einhalten. Abdecken, bis die Pflanzen gut angewachsen sind.
Sommerblumenkohl zu Frühlingsbeginn unter einer Bedeckung aussäen oder im Freien in einem Saatbeet, vorausgesetzt der Boden ist warm und kann bearbeitet werden. Mitte Frühling umsetzen und ab Hochsommer bis zum Herbst ernten. Oben beschriebene Abstände einhalten.
Mitte Frühling Blumenkohl aussäen, der im Frühsommer umgesetzt und vom Spätsommer bis zum Frühherbst geerntet wird. In und zwischen den Reihen einen Abstand von 50 cm einhalten, oder 50 cm zwischen den Pflanzen und 60 cm zwischen den Reihen.
Ende Frühling Blumenkohl aussäen, der Mitte Sommer umgesetzt und von Mitte bis Ende Herbst geerntet wird. In und zwischen den Reihen einen Abstand von 60 cm einhalten.
Wenn Sie genügend Platz zur Verfügung haben, können Sie überwinternde Sorten aussäen. Vergessen Sie jedoch nicht, dass diese beinahe ein Jahr lang im Boden bleiben können. In Saatbeeten im Freien aussäen, im Hochsommer umsetzen. Wintersorten, die ab Mitte Winter bis zu Frühlingsbeginn geerntet werden, sollten zu beiden Seiten einen Abstand von 65 cm haben. Diejenigen, die zwischen Mitte April und Juni abgeschnitten werden, sollten einen Abstand von 60 cm zwischen und in den Reihen aufweisen. Die meisten Sorten benötigen einen Frostschutz, damit die Köpfe nicht beschädigt werden.

Die Ernte von kommerziell angebautem Blumenkohl.

Kultivierung

Blumenkohl gedeiht an geschützten, sonnigen Standorten in tiefem, feuchtigkeitsspeicherndem, lockerem Boden mit einem pH-Wert von 6,5–7,5. Im Herbst vor dem Anpflanzen gut verrottetes, organisches Material einarbeiten und saure Böden bei Bedarf kalken. Auch überwinternde Arten nicht bei Frost pflanzen. Vor dem Anpflanzen rechen: Der Boden sollte zwar fest, jedoch nicht zu fest sein.
Die Pflanze vom Auskeimen bis zur Ernte reichlich gießen, da bei einer Wachstumshemmung die Köpfe nicht so gut gedeihen. Sie brauchen mindestens alle 2 Wochen 20 Liter Wasser je m^2.
Der Blumenkohl benötigt einen mittleren Stickstoffgehalt, zu viel Stickstoff im Boden führt jedoch zu weichem Blätterwachstum. Bei überwinternden Arten muss der Stickstoffanteil niedrig sein, da sie sonst zu weich werden, um das kalte Wetter zu überstehen.
Durch regelmäßiges Hacken oder Mulchen die Pflanzen von Unkraut befreien.
Bei Sommersorten ein paar Blätter über die Köpfe biegen, um sie vor der Sonne zu schützen. Die Wintersorten auf gleiche Weise vor Eis und Schnee schützen. Mit Gartenbast können die Blätter leicht festgebunden werden.
Ist das Wetter heiß und trocken, Pflanzen ab und zu besprühen, damit sie feucht und kühl bleiben. Ab und zu die Köpfe auswickeln und prüfen, ob sich keine Schädlinge verstecken. Nachdem der Kopf abgeschnitten wurde, die

Die Röschen von 'Purple Cape' sind dunkel, was den Geschmack nicht beeinträchtigt.

Dichte Blätter schützen die reifende Blume.

Pflanzen mit einem flüssigen oder kornförmigen Volldünger (15 g/m²) düngen, damit die Seitentriebe besser wachsen. Fruchtwechsel betreiben.

Pflegemaßnahmen
Frühling: Frühe Pflanzen unter Glas und im Freien in Saatbeeten aussäen. Gut gießen und von Unkraut befreien. Ins Freie setzen.
Sommer: In Saatbeeten unter Glas oder im Freien aussäen. Umsetzen, ernten.
Herbst: Überwinternde Pflanzen aussäen. Ernten.
Winter: Boden für das nächste Jahr vorbereiten. Ernten.

Geschützter Anbau
Im Frühbeet oder unter Glasglocken aussäen und nach dem Auskeimen auf ca. 5 cm vereinzeln oder 2–3 Samen in Gruppen mit dem erforderlichen Abstand aussäen und vereinzeln. Dabei den stärksten Sämling stehen lassen. Im Saatbeet weiterwachsen lassen oder in kleine Töpfe umsetzen. Man kann auch direkt in kleinen Töpfen aussäen und entsprechend der Jahreszeit im Frühbeet oder Kalthaus auskeimen lassen. Größere Sämlinge umsetzen. An warmen Tagen belüften, dann abhärten und umsetzen.

'All Year Round', eine beliebte Sorte für den kommerziellen Anbau.

Ernte und Lagerung
Blumenkohl nach und nach ernten, solange er noch klein ist. Werden die Köpfe braun oder beginnen sich die Röschen zu teilen, ist es bereits zu spät. Am Morgen ernten. Bei Frost sollte man mit der Ernte bis zum Mittag warten. Blumenkohl kann bis zu 3 Wochen gelagert werden, indem man die ganze Pflanze aussticht, die Erde von den Wurzeln schüttelt und die Pflanzen kopfüber in einem kühlen Schuppen aufhängt. Die Köpfe ab und zu besprühen, damit sie frisch bleiben. Nur eng zusammenstehende Köpfe einfrieren. 3 Minuten in Wasser mit einem Schuss Zitronensaft blanchieren. Abkühlen, abseihen, in Gefrierbeuteln einfrieren. Blumenkohl hält sich eingewickelt ca. 1 Woche im Gemüsefach des Kühlschranks.

Anfälligkeiten

Achtung vor **Kohhernie, Kohlfliege, Raupen** und **Vögeln.**

Mischkulturen

Mit Rosmarin, Thymian, Salbei, Zwiebeln, Rüben und Mangold anbauen.

Heilkraft

Eine weitere Gemüseart, die angeblich das Krebsrisiko senkt, speziell das von Darm- und Magenkrebs.

Kulinarisches

Blumenkohl in Röschen teilen, kochen oder dünsten. Mit Käse oder Bechamelsoße und geriebenem Muskat oder Mandelblättern servieren. Sie können ihn auch panieren und backen. Die Röschen können roh mit Majonäse und anderen Dips gegessen oder in Suppen, Soufflés und Pickles verarbeitet werden.

Blumenkohl mit Chili und schwarzen Senfkörnern

(4 Personen)

In Indien wird Blumenkohl oft in Curry-Gerichten, aber auch allein verwendet, wie in diesem Rezept aus Südindien, das ich vom Küchenchef des Chola Hotels in Madras erhalten habe.
Man verwendet für dieses Gericht gewaschenen oder weißen Dhal.

5 EL Öl
1/2 TL Asafetida
1 TL schwarze, ganze Senfkörner
1 TL Urad Dhal
2 scharfe, rote Chilischoten, getrocknet und ganz
6 scharfe, grüne Chilischoten, frisch und ganz
750 g Blumenkohl, in mundgerechte Röschen zerteilt
1 Prise Salz
2 EL frische Kokosnuss, gerieben

Entweder ein Karhari oder eine schwere Bratpfanne verwenden. Das Olivenöl stark erhitzen und Asafetida, dann die Senfkörner hinzufügen. Sobald die Körner aufplatzen, Dhal hinzufügen, der sich rot färbt. Nun die Chilischoten hinzufügen und solange kochen, bis sich die roten Schoten dunkel färben. Blumenkohl hinzufügen und ca. 1 Minute kochen. 1 EL Wasser beimengen, mit Salz abschmecken, umrühren und nach Bedarf Wasser zugeben. 4–5 Minuten kochen. Danach die Temperatur reduzieren und zugedeckt noch 5 Minuten köcheln lassen, bis die gesamte Flüssigkeit verdampft ist. Blumenkohl nicht anbrennen lassen. Kokosnuss einrühren und Chilischoten entfernen, außer das Gericht soll sehr scharf sein. Ich habe Sie gewarnt!

Blumenkohl mit Chili und schwarzen Senfkörnern.

Blumenkohl-Soufflé

(4 Personen)

500 g Blumenkohlröschen
1 EL Butter
1 EL glattes Mehl
150 ml Milch
3 große Eier, getrennt
4 EL geriebener Käse
1 Prise Muskat
Salz und schwarzer Pfeffer aus der Mühle

Blumenkohl in Salzwasser dünsten oder *al dente* kochen. Durch ein Sieb gießen und fein würfeln. Warm stellen. In einer schweren Pfanne Mehl und Butter ca. 1 Minute anschwitzen. Milch einrühren und unter ständigem Rühren aufkochen lassen, bis die Sauce dicker wird. Dann von der Platte nehmen und Eidotter einrühren. Dabei gut schlagen. Käse und Blumenkohl hinzufügen und gut würzen. Eiweiß steif schlagen und mit einem Löffel unterheben. In eine mit Butter gefettete Auflaufform füllen und auf der mittleren Schiene des vorgeheizten Backofens bei 190 °C etwa 30–35 Minuten backen, bis die Oberseite schön braun ist. Sofort servieren.

Brassica oleracea var. *capitata*. *Cruciferae*.

KOHL

Zweijährig, im Anbau einjährig. Man verwendet die Blätter. Teilweise frosthart. Nährwert: Speziell die grünen Sorten und die äußeren Blätter sind reich an Betakarotin und Vitamin C und enthalten auch Vitamin E.

Das lateinische Wort *Brassica* kommt von *„bresic"*, dem keltischen Wort für Kohl, einer Pflanze, die schon jahrhundertelang im östlichen Mittelmeerraum und Kleinasien kultiviert wird. Die Römer dachten, der Kohl wäre aus Jupiters Schweiß entstanden, als er damit beschäftigt war, zwei widersprüchliche Orakel zu deuten, und schätzten sowohl wild wachsenden als auch kultivierten Kohl als Allheilmittel, das nach allzu starkem Alkoholgenuss eingesetzt wurde.

Im Laufe der Jahrhunderte wurden zahlreiche Sorten entwickelt. In Südeuropa verwendete man hitzeresistente Pflanzen, während Kelten und Skandinavier zahlreiche robuste Sorten züchteten. Nach 814 gab es auch weiße Kohlarten; in der deutschen Literatur tauchte Rotkohl zum ersten Mal um 1150 auf.

Im 16. Jahrhundert nahmen Estienne und Liébault an, dass dieser durch Gießen mit Rotwein oder Anzucht an heißen Standorten entstanden war. Im 13. Jahrhundert waren „Kohlköpfe" schon weit verbreitet, und in einem deutschen Kräuterhandbuch von 1543 werden drei verschiedene Arten von 'Savoy' erwähnt.

Der frostharte Kohl 'January King' überlebt selbst den härtesten Winter.

SORTEN

Kohl teilt man normalerweise nach der Erntezeit ein. Die verschiedenen Sorten umfassen Köpfe mit losen Blättern sowie spitze, zylindrische oder kugelrunde Formen, bei denen auch die Dichte der Blätter variiert.

Frühkultur
Frühlingskohl ist traditionsgemäß eher spitz, doch gibt es heute auch runde Sorten. Man kann auch die jungen Blätter verwenden.
Eine bekannte frühe Sorte ist **'Vorbote'**. Bei **'Langendijker Früher'** handelt es sich ebenfalls um eine schmackhafte, sehr frühe Sorte. **'Pixie'** ist ein weiterer, sehr früher Kohl mit kompaktem Herz. Ideal für kleine Gärten.

Sommerkultur
Sorten, die im Sommer geerntet werden, haben traditionsgemäß spitze Köpfe.
'Famosa' ist ein hervorragender „Kopfkohl", der ab dem Frühsommer geerntet werden kann. **'Hispi'** ist verläßlich und trägt spitze, qualitativ hochwertige Köfpe, die sehr schmackhaft sind. Da die Pflanzen rasch reifen, können sie eng zusammen gepflanzt werden. **'Wiener Winter'** ist eine Sorte mit dunklen Blättern und spitzem Kopf, die im Sommer nach und nach ausgesät werden kann. **'Ruby Ball'** ist ein farbenprächtiger, roter Zierkohl, der sehr verlässlich und speziell für Salate geeignet ist.

Spätsommer-/Herbstkultur
Kohlarten, die im Spätsommer oder Herbst geerntet werden, haben normalerweise runde oder „kugelförmige" Köpfe.
'Golden Acre', ist kompakt und süß und hat runde, graugrüne Köpfe. Diese Sorte kann mit engem Abstand gesetzt werden und gedeiht auch bei schlechter Bodenqualität. Bei **'Quickstep'** sind Farbe und Qualität gut. **'Stonehead'** hat kompakte Köpfe und reift

früh. Resistent gegen Gelb- und Schwarzfäule.

Winter/Winterlagerung
Winterkohl ist für gewöhnlich kugel- oder trommelförmig. Der weißblättrige holländische Kohl (der normalerweise für Kohlsalat verwendet wird) reift zwischen Mitte und Ende Herbst und kann geerntet und eingelagert oder bei milder Witterung stehen gelassen werden. Die äußerst frostharten, schmackhaften und hübsch aussehenden Savoy-Sorten mit ihren gekräuselten, grünen Blättern reifen von Mitte Herbst bis zum Spätwinter.
'Ice Queen' ist ein sehr beliebter Savoy-Kohl, **'January King 3'** ist ein hervorragender Savoy-Kohl mit trommelförmigem Kopf, der besonders winterhart und resistent gegen Frost ist. Er reift von Mitte Herbst bis zu beginn des Winters. Bei **'Multiton'** handelt es sich um eine Lagersorte.

KULTIVIERUNG

Vermehrung
Sämlinge, die in Schalen, Torftöpfen oder Saatbeeten gezogen wurden, können ca. 5 Wochen nach dem Aussäen umgesetzt werden. Die Abstände können der gewünschten Kopfgröße angepaßt werden. Bei engeren Abständen erhält man kleinere Köpfe, bei weiteren etwas größere Köpfe.
Frühlingskohl von Hoch- bis Spätsommer aussäen und von Herbstbeginn bis Mitte Herbst umsetzen. In und zwischen den Reihen einen Abstand von 25–30 cm einhalten. Über den Winter mit Glasglocken oder Bedeckungen schützen, damit die Pflanzen früher geerntet werden können. Als Frühjahrsgemüse geeignete Sorten anbauen, dabei einen Abstand von 25 cm einhalten, oder Frühlingskohl in einem Abstand von 10–15 cm setzen und jung ernten.
Nach und nach Kohl für die Sommer- und Herbsternte aussäen, dabei frühe und späte Sorten verwenden, um die Erntezeit zu verlängern (siehe Sorten). Die ersten Aussaaten sollte man zu Ende des Winters bis Frühlingsbeginn bei 13–16 °C im Frühbeet oder Warmhaus vornehmen, dann umsetzen und ab Mitte Frühling ins Freie setzen. Nach der ersten Aussaat kann man eine weitere im Frühbeet, unter Glasglocken oder Bedeckungen vornehmen. Bis zum späten Frühling ungeschützt aussäen.
Im Früh- oder Hochsommer umsetzen, dabei entsprechend der gewünschten Kopfgröße einen Abstand von 35–50 cm einhalten.
Von Mitte bis Ende Frühling die im Winter reifenden Sorten unter Glas oder im Freien aussäen und zu Beginn des Sommers umsetzen. Einen Abstand von 50 cm einhalten.

Anbau
Kohl gedeiht bei 15–20 °C und sollte nicht bei Temperaturen über 25 °C umgesetzt werden. Einige überwinternde Sorten überstehen Temperaturen bis –10 °C.
Er benötigt reichhaltige, fruchtbare, feuchtigkeitsspeichernde Böden mit einem pH-Wert von 5,5–7,0. Einige Wochen vor dem Anpflanzen gut verrottetes, organisches Material einarbeiten und bei Bedarf kalken. Vor dem Anpflanzen die Erde glatt rechen und festtreten, jedoch nicht zu fest.
Frühlingskohl nach dem Anpflanzen nicht düngen, da sonst das Wachstum übermäßig gefördert wird und die Nährstoffe vom Winterregen ausgeschwemmt werden. Bis Frühlingsbeginn mit dem Düngen warten. Am besten eignet sich Korn- oder Flüssigdünger.

Ein Querschnitt durch diesen Rotkohl bietet einen bizarren Anblick

'Ruby Ball', ein besonders hübscher und schmackhafter Rotkohl.

'Stonehead', eine verlässliche, frühe Sorte.

Sommer-, Herbst- und Winterkohl muss nach dem Umsetzen gedüngt werden und gedeiht noch besser durch eine weitere Düngung mit Korn- oder Flüssigdünger während der Vegetationszeit.
Damit er stärker wird, sollte man Frühlings- und Winterkohl immer wieder anhäufeln. Sind die Bedingungen gut und die Pflanzen gesund, kann man Frühlings- oder Frühsommersorten ein zweites Mal ernten. Nachdem der Kopf abgeschnitten wurde, den Stiel 15 mm tief über kreuz einschneiden. An dieser Stelle bilden sich später mehrere kleine Köpfe.
Pflanzen feucht halten und durch regelmäßiges Hacken, Jäten oder Mulchen von Unkraut befreien. Mit anderen Kohlarten abwechseln.

Pflegemaßnahmen
Frühling: Sommer-, Herbst- und Winterkohl aussäen und umsetzen. Ernten.
Sommer: Frühlingskohl aussäen. Ernten.
Herbst: Frühlingskohl umsetzen. Ernten.
Winter: Sommerkohl aussäen. Ernten.

Ernte und Lagerung
Frühlingskohl wird zur Frühlingsmitte geerntet; Sommer- und Herbstsorten können ab dem Hochsommer bis Mitte Herbst geerntet werden. Winterkohl kann vom Spätherbst bis Mitte Frühling geerntet werden.
Frühlings- und Sommersorten werden unmittelbar nach der Ernte gegessen. Der weiße, holländische Winterkohl und einige Rotkohlarten können geerntet und drinnen gelagert werden. Gesunde und unbeschädigte Pflanzen auswählen, vor dem ersten Frost ausgraben und an einer kühlen, etwas feuchten, frostgeschützten Stelle lagern. Die losen, äußeren Blätter entfernen und die Köpfe auf ein Vorratsregal oder auf den Boden auf Stroh legen. Man kann die Köpfe auch in Netzen aufhängen. Sie können auch in einem Frühbeet gelagert werden, das gut belüftet ist, damit die Köpfe nicht schimmeln. Die Lagerung kann bis zu 5 Monaten dauern.

Die Abstände zwischen den Pflanzen bestimmen die Größe der Kohlköpfe.

Nur sehr gute, frische, knackige Köpfe einfrieren. Waschen, grob schneiden, eine Minute blanchieren und in Gefrierbeutel oder stabile Plastikbehälter geben.
Wickelt man Kohl in eine Frischhaltefolie und lagert ihn im Kühlschrank, bleibt er rund 1 Woche frisch.

Anfälligkeiten

Kohl leidet unter den üblichen Schädlingen wie **Kohlfliegen, Kohlhernie, Blattläusen und Vögeln.**

Mischkulturen

Kohl gedeiht gemeinsam mit Kräutern wie Dill, Minze, Rosmarin, Salbei, Thymian und Kamille. Er harmoniert mit anderen Gemüsesorten, wie z. B. Zwiebeln, Knoblauch, Erbsen, Sellerie, Kartoffeln, Saubohnen und Rüben. Wie alle Kohlarten profitiert er vom Stickstoff, der nach dem Anbau von Hülsenfrüchten im Boden zurückbleibt. Die Annahme, dass er nicht mit Wein, Oregano und Alpenveilchen angebaut werden sollte, stammt aus dem Altertum. Im 16. Jahrhundert war bekannt, dass „Weingärten an Orten, wo Kohl wächst, schlechteren Wein geben".

Heilkraft

Kohl soll das Risiko von Darmkrebs senken, das Immunsystem anregen und Bakterien abtöten. Sein Saft soll Geschwüre verhindern oder heilen.
Kochen zerstört einige aktive Bestandteile, daher hat Kohl einen höheren Nährwert, wenn man ihn roh isst.
Ein Hausmittel sind heiße Kohlblätter, die auf den Fußsohlen gelegt werden und fiebersenkende Wirkung haben sollen. Gibt man die Blätter auf eine Wunde, können sie Eiter oder einen Splitter herausziehen.

Kulinarisches

Kohl sollte so kurz wie möglich in ein wenig Wasser gekoscht werden, damit die Vitamine nicht zerstört werden. Den Kohl in kochendes Wasser geben, das nicht aufhören sollte zu sieden, während man die jüngeren Blätter vom Herz auf die äußeren, älteren Blätter legt. Zudecken, 3 Minuten kochen und durch ein Sieb gießen. Man kann die Blätter auch 6–8 Minuten dünsten.
Den Kohl zu braten, geht fast genauso schnell. Man kann ihn auch backen, schmoren und sogar füllen oder als Ersatz für Weinblätter bei Dolmades verwenden.
Roh und geschnitten isst man Weiß- oder Rotkohl in Salaten. Englischer Kohlsalat (Coleslaw) ist eine Mischung aus geschnittenem Kohl, Karotten, Apfel und Sellerie mit French Dressing oder einem Dressing aus Majonäse und Rahm. Der Name Coleslaw setzt sich zusammen aus „Cole", dem alten Wort für Kohl, und dem holländischen Wort „Slaw", das Salat bedeutet.
Rotkohl kann man in Essig einlegen und Weißkohl in Salzwasser (wie Sauerkraut).

Czerwona Kapusta
(6 Personen)

In Polen und Tschechien erfreut sich Rotkohl besonderer Beliebtheit. Bei diesem Gericht werden verschiedene Zutaten kombiniert. Dies ist eine erfrischende Abwechslung zur üblichen Zubereitung.

1 kg Rotkohl, fein geschnitten
1 TL Salz
1 EL Butter
1 EL glattes Mehl
150 ml Rotwein
2 TL Zucker
1 Prise geriebene Nelken
1 Prise Zimt
schwarzer Pfeffer aus der Mühle

Colcannon

Kohl in ein Sieb geben und mit Salz bestreuen. 15 Minuten stehen lassen, danach mit kaltem Wasser gut abwaschen. In eine schwere Pfanne mit kochendem Wasser geben und bei geringer Hitze kochen, bis der Kohl gerade gar ist. Durch ein Sieb schütten und warm stellen. Ein wenig Kochwasser aufheben.
In einer Pfanne Butter bei mittlerer Hitze mit Mehl anschwitzen. 2 Minuten kochen, dabei nicht anbrennen lassen. Mit dem Kochwasser aufgießen, sodass eine dicke Soße entsteht. Nun den Kohl dazugeben. Würzen, Rotwein, Zucker, Nelken und Zimt hinzufügen. Gut vermischen und 5 Minuten garen lassen. Servieren.

Czerwona Kapusta

Colcannon
(4 Personen)

Dieses berühmte irische Gericht wurde angeblich früher mit Krauskohl zubereitet, heute macht man es jedoch meistens mit Kohl. Savoy-Kohl verwenden.

500 g Kartoffeln, geschält und gekocht
1 Porree, geputzt, geschnitten und mit ein wenig Sahne oder Milch gekocht
500 g Kohl, geschnitten und gekocht
4 EL Butter
Salz und schwarzer Pfeffer aus der Mühle

Kartoffeln pürieren und würzen, danach den Porree mit dem Kochwasser einrühren. Anschließend Kohl hinzufügen und bei geringer Hitze gut vermengen. Auf einer warmen Platte anrichten und in der Mitte aushöhlen. Warm stellen. Butter schmelzen, abschmecken und in die Mulde gießen. Heiß servieren.

Brassica oleracea Gongylodes Cruciferae

KOHLRABI

Zweijährig, im Anbau einjährig. Man verwendet die runden Wurzeln. Winterhart. Nährwert: Reich an Vitamin C, Mineralien in kleinen Mengen.

Diese seltsam aussehende Gemüseart mit dem charakteristischen Namen hat einen runden, verdickten Stiel. Der Name „Kohlrabi", der sich aus „Kohl" und „Rabi", Rübe, zusammensetzt, beschreibt genau ihren Geschmack, wenn man sie kocht. Roh schmeckt die Kohlrabi frisch und nussig. Die in Nordeuropa im 15. Jahrhundert entdeckte Pflanze könnte schon Jahrhunderte früher existiert haben, da eine ähnliche Gemüseart bereits um 70 n. Chr. von Plinius beschrieben worden war. Sie hat einen hohen Nährwert, ist sehr schmackhaft und widerstandsfähiger gegen Trockenheit als die meisten anderen Kohlarten. Man kann sie dort anbauen, wo es für Kohlrüben zu trocken ist. Eine Gemüseart, die öfter angebaut und gegessen werden sollte.

SORTEN

'Azur Star' ist eine sehr frühe Sorte, die eine interessante, dunkelblaue Schale hat und nur selten schießt. **'Wiener Grüne'**, eine früh reifende Sorte, ist außen grün und innen weiß. **'Lanro'**, ebenfalls außen grün und innen weiß, die auch dann nicht verdirbt, wenn sie erst später geerntet wird. Die Schale von **'Wiener Rote'** ist rot, das Fleisch weiß. Für die Winterernte wird diese Sorte erst spät ausgesät. **'Rowel'** ist saftig und süß im Geschmack, die Schale grün und das Fleisch weiß und knackig. Sie wächst, ohne holzig zu werden. **'Trero'** ist süß, einheitlich, robust und wird nur selten holzig. **'Wiener Weiße'** ist außen hellgrün und zart im Geschmack. Andere Sorten eignen sich besonders für eine frühe Ernte und können als „Minigemüse" serviert werden.

'Wiener Rote'

KULTIVIERUNG

Vermehrung
Im Allgemeinen werden grüne Sorten für die Sommerernte von April bis Juli ausgesät, und die robusteren roten Sorten von Mitte Sommer bis Mitte Herbst für die Winterernte. Wiederholt aussäen, damit regelmäßig geerntet werden kann.
Frühe Aussaaten bei 10–15 °C im Frühbeet mit Anzucht- oder Allzweckkompost können von Mitte Winter bis Frühlingsbeginn erfolgen. Mitte Frühling abhärten und umsetzen, solange die Pflanzen nicht höher als 5 cm sind. Lässt man sie größer werden, oder sät man bei Bodentemperaturen von unter 10 °C aus, können sie schießen. Die Sämlinge mit Glasglocken oder Vlies schützen, bis sie gut angewachsen sind.
Vor dem Aussäen die Furchen gießen und spätere Pflanzen in 1 cm tiefen Furchen dünn aussäen. Zwischen den Reihen einen Abstand von 30 cm einhalten. Die Sämlinge auf einen endgültigen Abstand von 15–20 cm vereinzeln, sobald sie ca. 3 cm hoch sind und die ersten Blätter erscheinen.
Es ist wichtig, sofort zu vereinzeln, da ansonsten das Wachstum behindert werden kann. Sie können auch je 3 Samen in Gruppen mit einem Abstand von 15 cm aussäen und nur den stärksten Sämling stehen lassen.
Kohlrabi können gut in Torftöpfen angebaut und danach an ihrem Standort eingepflanzt werden.
Als „Minigemüse" sind sie ideal für den kleinen Garten. Sorten wie 'Rolano', 'Logo', 'Korist' und 'Kolibra' aussäen. Zwischen den Pflanzen ca. 2,5 cm Abstand lassen und in Reihen pflanzen.
Nach 9–10 Wochen ernten, sobald die Pflanze die Größe eines Golfballs erreicht hat.

Kultivierung
Der ideale Standort ist sonnig, der Boden leicht, fruchtbar, humusreich und locker. Im Winter vor dem Anpflanzen falls erforderlich organisches Material einarbeiten und saure Böden auf einen pH-Wert von 6–7 kalken. Vor dem Anpflanzen muss der Boden fest sein, da Kohlrabi (ebenso wie andere Kohlarten) in loser Erde nicht gut wächst. Den Boden mit der Hacke auflockern und Pflanzenreste entfernen, danach die Erde vorsichtig festtreten oder mit dem Rechen festigen. Anschließend einen Volldünger (90 g/m²) einrechen und einebnen. Kohlrabi müssen die ganze Saison über gleichmäßig gegossen werden. Wird das Wachstum eingeschränkt, können sie holzig werden. Während der Trockenperiode benötigen sie wöchentlich ca. 8 Liter Wasser/m². Verzögert sich das Wachstum, mit flüssigem Stickstoffdünger düngen. Mulchen, um Unkraut zu vermeiden und die Feuchtigkeit zu bewahren.
Kohlrabi mit anderen Kohlarten abwechseln.

Pflegemaßnahmen
Frühling: Saatbeet vorbereiten und Samen an Ort und Stelle unter Glasglocken aussäen.
Sommer: In regelmäßigen Abständen aussäen, damit man wiederholt ernten kann. Die robusteren roten Sorten später aussäen. Wenn nötig, jäten und gießen.
Herbst: Mitte Herbst aussäen und mit Glasglocken schützen. Im Winter ernten.
Winter: Im späten Winter frühe Pflanzen in Modulen oder Schalen aussäen. Den Boden für Aussaaten im Freien vorbereiten.

Geschützter Anbau
Frühe und späte Pflanzen sollten im Freien mit Glasglocken oder Bedeckungen geschützt werden.

Pflanzen in Kübeln
Kohlrabi sind ideal für den Anbau in Kübeln, speziell wenn sie als „Minigemüse“ gezogen werden. In Kompost auf Lehmbasis mit mittleren Düngergehalt anpflanzen und regelmäßig gießen. Alle 2–3 Wochen mit flüssigem Volldünger gießen.

Ernte und Lagerung
Kohlrabi reifen rasch und können 2 Monate nach dem Aussäen geerntet werden. Die Pflanzen ausgraben, wenn sie größer als ein Golfball, aber noch kleiner als ein Tennisball sind. Größere Knollen werden oft holzig und geschmacklos. Bei den neueren Sorten tritt dieses Problem weniger auf. Nach Bedarf ernten. Bei besonders kaltem Wetter können die Pflanzen geerntet und in Kisten mit Sand oder Sägemehl gelagert werden. Die äußeren Blätter entfernen, den Mittelteil jedoch stehen lassen, dadurch bleiben die Kohlrabi frisch. Während der Lagerung verlieren sie etwas an Geschmack.

Kulinarisches

Sehr kleine Kohlrabi müssen nicht geschält werden. Doch die harte, äußere Schale der älteren Wurzeln muss vor dem Kochen entfernt werden. Die jungen können gestutzt, abgeschrubbt und im Ganzen oder geschnitten 20–30 Minuten gekocht werden. Danach abseihen, schälen und mit geschmolzener Butter oder Einbrenne servieren oder pürieren. Gekochte Kohlrabi können auch paniert und gebacken werden. Man kann Kohlrabi in die Suppe oder den Eintopf geben, gefüllt servieren, wie Knollensellerie, oder mit Käsesoße zubereiten. Selbst mit Basilikum abgerundet und gedünstet schmecken sie hervorragend. Sie können sie auch roh, z. B. in einem Salat, genießen.

Kohlrabi in Butter gegart

'Rowel' wird am besten geerntet, solange sie klein ist.

Anfälligkeiten

Da sie rasch reifen, treten die für andere Kohlsorten typischen Krankheiten, darunter auch Kohlhernie, bei Kohlrabi nur selten auf.
Vögel können speziell an jungen Pflanzen ernsthafte Schäden anrichten. Man sollte die Pflanzen mit Netzen, Käfigen, Elektrodraht oder Vogelscheuchen schützen.
Erdflöhe – mit schwarzen gelben Streifen – fressen die Blätter der Sämlinge an und behindern das Wachstum. Die Pflanzen und Erde um die Pflanzen gut mit einem Insektizid bestreuen oder die Flöhe abnehmen, indem man mit einer Klebefalle oder mit einem in Klebstoff getauchten Holzstückchen über die Pflanzen streicht. Die Insekten werden angelockt, bleiben am Klebstoff hängen und können vernichtet werden.
Die Larven der **Kohlfliege** behindern das Wachstum und lassen die Pflanze verwelken und absterben. Beim Umsetzen die Pflanzen mit 15 cm großen Stücken Plastikfolie oder Karton oder mit einer Gummiunterlage für Teppiche schützen. Vom Rand zur Mitte hin aufschlitzen und über die Stiele stülpen. Dadurch werden die erwachsenen Tiere am Eierlegen gehindert.

Mischkulturen

Kohlrabi wachsen gut mit Bete und Zwiebeln.

Brassica oleracea var. *italica*. *Cruciferae*

BROKKOLI

Spargelkohl. Ausdauernde Pflanze, die wegen ihrer Blütenknospen einjährig angebaut wird. Teilweise winterhart. Reich an Betakarotin, Vitamin C, Folsäure und Eisen. Mittlerer Kalziumgehalt.

Frühe Formen des Brokkoli, der angeblich aus dem östlichen Mittelmeerraum stammt, waren bei den Römern sehr beliebt und wurden von Plinius im ersten Jahrhundert n. Chr. beschrieben. Die Pflanze breitete sich von Italien nach Nordeuropa aus und gelangte im 18. Jahrhundert nach England. In seinem Gartenlexikon bezeichnete 1724 Philip Miller ihn als „Sprossen-Blumenkohl" oder „Italienischen Spargel". Brokkoli ist ein italienisches Wort, das sich vom lateinischen *brachium* ableitet, das „Arm" oder „Zweig" bedeutet. Calabrese, der Brokkoli sehr ähnlich ist, jedoch größere Blütenstände hat, trägt ebenfalls einen italienischen Namen, der „aus Kalabrien" bedeutet. Diese herrliche Gemüseart wurde von Katharina von Medici 1560 in Frankreich eingeführt, von wo aus sie sich über ganz Europa verbreitete. Wahrscheinlich haben ihn italienische Einwanderer nach Amerika mitgebracht. Brokkoli wird hauptsächlich um New York und Boston angebaut.

Calabrese sollte man essen, bevor die Knospen gelb werden und die Blüten sich öffnen.

SORTEN

Alte Sorten von ausdauerndem Brokkoli sind nach wie vor erhältlich; am meisten sticht **'Nine Star'** hervor, eine Sorte mit vielen, kleinen, weißen Köpfen. Der Ertrag kann gesteigert werden, wenn man einige Köpfe abschneidet, bevor sie schießen.

Brokkoli
Dieses hervorragende Wintergemüse liefert wiederholt kleine Blütenknospen, die über einen langen Zeitraum von Winterbeginn bis Ende Frühling geerntet werden können. Hervorragend bei schlechter Bodenqualität und Kälte. „Rote" Sorten sind robuster als die „weißen", die später reifen, jedoch weniger ertragreich sind. **'Christmas Purple Sprouting'** reift früh bei gutem Wetter. Gerade rechtzeitig für das Weihnachtsessen. **'Purple Sprouting'** kann ab Frühlingsbeginn geerntet werden. **'Purple Sprouting Early'** ist unproblematisch, robust und äußerst frosthart. Kann ab dem Spätwinter geerntet werden. Die ähnliche Sorte **'Purple Sprouting Late'** wird ab Mitte Frühling geerntet. **'White Sprouting'** schmeckt hervorragend und hat weiße Seitensprossen, die an winzigen Blumenkohl erinnern. **'White Sprouting Early'** ist die weiße Version von **'Purple Sprouting'**. **'White Sprouting Late'** ist ab Mitte Frühling zu ernten.

Calabrese
Hat einen großen, zentralen Blütenstand, der von zahlreichen, kleineren Seitensprossen umkränzt wird, die sich bilden, nachdem der große Kopf geerntet wurde. Reift rund 3 Monate nach dem Aussäen und kann ab Sommer bis zum ersten Frost geerntet werden. **'Broccoletto'** reift rasch, ist süß und hat nur einen Blütenkopf. **'Citation'** ist eine frühe bis mittlere Sorte mit schmackhaften, blaugrünen Blütenköpfen, die resistent gegen Falschen Mehltau ist, jedoch oft hohle Stengel bekommt und frühzeitig blüht. **'Early Emerald Hybrid'** liefert im Verlauf der Saison üppige, blaugrüne Köpfe. Bei **'Green Comet'** handelt es sich um eine frühe Sorte mit großem, dunkelgrünen Blütenstand und zahlreichen Seitensprossen. **'Green Sprouting'**, eine alte, italienische Sorte, reift früh. **'Mercedes'** hat ebenfalls eine kurze Reifezeit und liefert qualitativ hochwertige, blaugrüne Stengel mit großen, flachen Köpfen. **'Ramoso'** (**'DeCicco'**), eine alte, italienische Sorte für die Früh-

lings- oder Herbsternte, kann über einen langen Zeitraum geerntet werden. Schmackhaft und zart. Lässt sich gut einfrieren. **'Romanesco'** ist zart, hervorragend im Geschmack und hat limonenfarbene Köpfe. Wie Spargel servieren.

KULTIVIERUNG

Vermehrung
Für das Saatbeet des Brokkoli die Erde fein rechen. Den ganzen Frühling über aussäen, mit den frühen Sorten beginnen. In einem Saatbeet in Furchen 1 cm tief und dünn aussäen, dabei einen Abstand von 30 cm einhalten und auf 15 cm vereinzeln, sobald die Pflanzen an ihren endgültigen Standort umgesetzt werden. Sie können auch 2–3 Samen in Gruppen mit einem Abstand von 15 cm aussäen und nur den stärksten Sämling stehen lassen. Für die Ernte zu Frühlingsbeginn die früh reifenden Sorten im Spätsommer oder Frühherbst unter Dach in Schalen aussäen. Sobald die Sämlinge ca.15 cm hoch sind, ins Kalthaus oder Frühbeet setzen. Abhärten und vom späten Winter bis Mitte Frühling ins Freie umsetzen. Man kann auch 2 Sämlinge pro Modul aussäen und den stärkeren stehen lassen. Der endgültige Abstand zwischen den Pflanzen sollte innerhalb der Reihen und zwischen den einzelnen Reihen ca. 70–80 cm betragen. Brokkoli benötigt viel Platz und hat eine lange Wachstumsphase. Calabrese kann nach und nach zwischen Mitte Frühling und Mitte Sommer ausgesät werden. Die Ernte erfolgt im Frühsommer oder Herbst. Er lässt sich nicht gut umsetzen und wird besser an Ort und Stelle ausgesät. 2–3 Samen in Gruppen aussäen und den stärksten Sämling stehen lassen. Verkürzt man den Abstand, bilden sich nicht so viele Seitentriebe, sondern kleine Spitzen, die gut eingefroren werden können. Bei

Die beliebte und üppige Sorte 'Purple Sprouting'.

Die Sorte 'Romanesco' fällt durch ihre ungewöhnlichen limonengrünen Röschen auf.

größeren Abständen steigert sich der Ertrag. Der Mindestabstand zwischen den Pflanzen beträgt 7 cm, zwischen den Reihen 60 cm. Am besten ist es, einen Abstand von 15 cm zwischen den Pflanzen und 30 cm zwischen den Reihen einzuhalten.

Kultivierung

Brokkoli gedeiht an warmen, sonnigen Standorten. Der Boden sollte tief, feuchtigkeitsspeichernd, jedoch locker sein und einen mittleren Stickstoffgehalt aufweisen. Bei zu hohem Stickstoffgehalt kommt es zu übermäßigem Blattwachstum. Flache, sandige Böden und windige Stellen eignen sich nicht.
Brokkoli ist eher kopflastig, daher rund um den Stiel 7–13 cm hoch anhäufeln, damit die Pflanzen nicht vom Wind geknickt werden. Größere Sorten mit Stöckchen stützen. Durch Wind und Frost gelockerte Stängel befestigen. Die Pflanzen regelmäßig mit der Hacke jäten oder mit organischem Material 5 cm hoch mulchen.
Noch vor Beginn der trockenen Witterung regelmäßig gießen und nicht austrocknen lassen. Calabrese braucht alle 2 Wochen mindestens 20 Liter/m^2. Sollte Wasserknappheit herrschen, reicht es auch aus, 2–3 Wochen vor der Ernte einmal gründlich zu gießen.
Nachdem der Kopf entfernt wurde, mit flüssigem Volldünger düngen oder körnigen Dünger aufstreuen (15 g/m^2), damit die Seitentriebe besser wachsen.

Pflegemaßnahmen

Frühling: Frühe Brokkoli unter Glas aussäen, die späteren Sorten in Saatbeeten. Calabrese aussäen.
Sommer: Pflanzen gießen und von Unkraut befreien. Calabrese nach dem Ernten des Blütenstandes gießen.
Herbst: Calabrese ernten, Pflanzenreste entfernen und vernichten.
Winter: Brokkoli ernten.

Ernte und Lagerung

Sobald sich die Köpfe gebildet haben und noch bevor sich die Blüten öffnen, Brokkoli auf einer Länge von 15–20 cm abschneiden. Es ist wichtig, regelmäßig zu ernten, damit sich vermehrt Seitensprossen bilden und die Erntezeit auf 6–8 Wochen verlängert wird. Die Pflanze niemals komplett abernten oder blühen lassen, da sich sonst keine Seitensprossen mehr bilden und die bereits vorhandenen Stangen holzig werden.
Brokkoli kann in einer Plastiktüte bis zu 3 Tage im Kühlschrank aufbewahrt werden. Zum Einfrieren 15 Minuten in Salzwasser aufweichen, abspülen und trocknen lassen. 3–4 Minuten blanchieren, abkühlen lassen und abseihen. In Gefäßen einfrieren.
Die reifen Mittelköpfe von Calabrese mit einem scharfen Messer abschneiden, solange sie fest und die Knospen geschlossen sind. Dann bilden sich innerhalb von 2–3 Wochen vermehrt Seitentriebe. Regelmäßig pflücken.
Calabrese kann bis zu 5 Tage im Kühlschrank gelagert werden und lässt sich gut einfrieren.

Anfälligkeiten

Pollenkäfer, Tauben und **Mehlblattläuse** stellen oft ein Problem dar.
Regelmäßig nach Raupen absuchen.

Mischkulturen

Ideal mit Rosmarin, Thymian, Salbei, Zwiebeln, Knoblauch, Bete und Mangold.

Brokkoli eignet sich hervorragend für den Gemüsegarten.

Kulinarisches

Harte Blätter von den Stielen entfernen und die Röschen vor dem Kochen vorsichtig in kaltem Wasser abwaschen. Kocht man sie unmittelbar nach dem Pflücken 10 Minuten in Salzwasser, bleibt der Geschmack am besten erhalten. Man kann sie auch dünsten: Die Stangen aufrecht 15 Minuten in 5 cm hohes, leicht köchelndes Wasser stellen, den Topf dabei zudecken. Vorsichtig durch ein Sieb gießen und mit Einbrenne, Sauce Hollandaise oder Bernaise, geschmolzener Butter oder Vinaigrette servieren. Nach einem italienischen Kochbuch wird Calabrese in Weißwein geschmort oder in Öl sautiert und mit Parmesankäse serviert. In Sizilien wird Calabrese mit Sardellen, Oliven und Rotwein geschmort.
Brokkoli-Fritters können Sie in Paniermehl tauchen und dann backen.
Angebratene Röschen kann man eine Minute blanchieren und dann gemeinsam mit Tintenfisch und Meeresfrüchten braten. Ein weniger ausgefallener (jedoch praktischer) Vorschlag ist es, Brokkoli an Stelle von Blumenkohl mit Käsesoße zu servieren.

Penne mit Brokkoli, Mascarpone und Dolcelatte

500 g Brokkoliröschen
150 g Mascarpone
200 g süße Sahne
2 EL Crème Fraîche
1 EL Balsamico-Essig
1 EL trockener Weißwein
450 g Penne
2 EL Kapern
4 EL schwarze Oliven
1 EL Haselnüsse, gehackt
Salz und Pfeffer aus der Mühle

Brokkoliröschen über einem Topf mit kochendem Wasser 2–3 Minuten dünsten. Mit kaltem Wasser abspülen und zur Seite stellen. In einer schweren Pfanne Mascarpone, süße Sahne, Crème Fraîche, Essig und Wein schwach erhitzen. Brokkoli hinzufügen. Nudeln *al dente* kochen und durch ein Sieb gießen. Darüber die heiße Soße gießen, mit Kapern, Oliven und Haselnüssen bestreuen und gut vermischen. Abschmecken und servieren.

Brassica rapa var. *pekinensis*. *Cruciferae*

CHINA-KOHL

Ein- oder zweijährig. Blätter, Stiele und Blütenstände sind genießbar. Teilweise winterhart. Nährwert: Mittlerer Gehalt an Folsäure und Vitamin C.

Chinakohl wurde erstmals in China um das 5. Jahrhundert n. Chr. erwähnt, wuchs jedoch niemals wild. Wahrscheinlich handelte es sich um eine Kreuzung zwischen Pak-Choi und Speiserübe. Chinesische Händler und Siedler brachten ihn nach Ostindien und Malaysien, und um 1400 tauchte Chinakohl auch in der chinesischen Kolonie Malakka auf. Um 1751 schickten europäische Missionare die Samen in ihre Heimat, wo diese Gemüsesorte zunächst als etwas exotisch galt. Einen weiteren Versuch, den Chinakohl in Europa einzuführen, unternahm ein französischer Züchter im Jahre 1845. Sein Vorrat war jedoch bald erschöpft, und die Aussaat ging verloren. 1970 produzierte Israel die erste große Ernte auf kommerzieller Basis und exportierte die Pflanzen auch nach Europa.

Ungefähr zur selben Zeit wurden sie in den USA als „Napa-Kohl" vertrieben, benannt nach dem kalifornischen Tal, in dem sie gezogen wurden. Heute ist diese Gemüsesorte auch in der westlichen Welt sehr beliebt.

SORTEN

Bei diesen Pflanzen unterscheidet man zwischen hohen, schlanken Sorten mit breiten Blattrippen und niedrigen, tonnenförmigen Arten mit feinen Blattrippen und kurzen, gedrungenen Köpfen. Die langen, geraden Blätter der hohen Sorten können zum Bleichen der inneren Blätter locker zusammen gebunden werden. Diese Sorten wachsen langsam, können auch ca. 70 Tage nach dem Anbau geerntet werden und neigen leicht zum Schießen. Sie schmecken süßlich und sind sehr lagerfähig.

Die Blätter der gedrungenen Sorten liegen sehr eng zusammen und bilden ein kompaktes „Herz". Sie reifen nach ca. 55 Tagen und sind im allgemeinen ziemlich schoßfest. Es gibt auch einige selbstbleichende Sorten.

'Jade Pagoda' ist eine hohe Sorte mit kompakten, knackigen Blättern, deren Reifezeit etwa 65 Tage beträgt. Nicht kälteempfindlich. **'Kasumi'**, eine tonnenförmige Sorte, hat einen kompakten Kopf und hohe Schoßresistenz. Bei **'Nerva'** handelt es sich um eine ähnliche Sorte mit kurzer Reifezeit und dunkelgrünen, dichten Blättern. Die frühe Sorte **'Ruffles'** schmeckt hervorragend und hat weiche, hellgrüne Köpfe ohne festes Herz. Frühe Aussaaten schießen leicht. **'Santo Serrated Leaved'**, eine Sorte mit lockerem Kopf hat hübsch gezackte Blätter und gute Sämlinge. Sehr resistent gegen Kälte. **'Shantung'** beansprucht mehr Platz und hat zarte, hellgrüne Blätter und feste Herzen. **'Tip Top'** ist eine robuste, frühe Sorte. Sie wird im Frühling angepflanzt und kann nach ca. 70 Tagen geerntet werden.

Chinakohl, der sich öffnet, ist fertig zum Pflücken.

Kultivierung

Vermehrung
Chinakohl, ideal für kühle Witterung, schießt oft im Spätfrühling und Sommer. Resistente Sorten verwenden, erst ab Mitte Sommer aussäen. Die Wahrscheinlichkeit, dass die Pflanzen schießen, wird größer, wenn die jungen Pflanzen niedrigen Temperaturen oder Trockenheit ausgesetzt werden oder nach dem Umsetzen schlecht wachsen.
Für die Haupternte von Mitte bis Spätsommer 2–3 Samen gruppenweise im Freien aussäen, dabei zwischen und in den Reihen einen Abstand von 30–35 cm einhalten. Beim Vereinzeln den stärksten Sämling stehen lassen.
Sparsam in Furchen aussäen und auf den endgültigen Abstand vereinzeln oder in Torftöpfen oder Töpfen aussäen. Sobald die Pflanzen 4–6 Blätter haben, setzt man sie vorsichtig um, damit die Wurzeln nicht verletzt werden. Bei trockenem Boden gründlich gießen.
Sorten „mit lockerem Kopf" breitwürfig als nachwachsende Kulturen säen. Die ersten Aussaaten Anfang Frühling im Kalthaus oder Frühbeet vornehmen. Sobald die Erde bearbeitet werden kann, im Freien unter Glasglocken oder Vlies aussäen. Sommeraussaaten wachsen schnell und werden in kühlen Sommern oft „zäh". Die letzte Aussaat im Frühherbst unter einer Abdeckung vornehmen.
Die Sämlinge schneiden, sobald sie ein paar Zentimeter groß sind, und wieder austreiben lassen. Man kann auch Samen austreiben lassen.

Kultivierung
Chinakohl gedeiht in tiefer, feuchtigkeitsspeichernder, lockerer Erde mit organischem Material.
Man sollte nicht auf sehr leichten, schweren oder schlechten Böden anbauen, außer man verbessert sie mit organischem Material. Sie können auch in erhöhten Beeten oder Furchen anbauen. Vor dem Anpflanzen die Erde gründlich umgraben. Saure Böden sollten gekalkt werden, da der ideale pH-Wert 6,5–7,0 beträgt. Wo Kohlhernie auftreten kann, sollte der Boden weniger sauer sein.
Chinakohl wächst besser an offenen Plätzen, verträgt im Hochsommer aber auch etwas Schatten.
Die Pflanzen während der gesamten Vegetationsperiode gründlich gießen und nicht austrocknen lassen. Sie haben flache Wurzeln und brauchen daher oft ein wenig Wasser. Auch Mulchen ist empfehlenswert. Bei unregelmäßigem Gießen kann sich der Kopf nicht richtig entwickeln und fault. Um den Stiel der umgesetzten Pflanzen Volldünger streuen oder bei Bedarf mit flüssigem Volldünger gießen, damit die Pflanzen stärker wachsen. Die Pflanzen von Unkraut befreien.
Im Spätsommer die Blätter der Sorten mit Herz mit Bast hochbinden. (Bei selbstbleichenden Sorten nicht erforderlich.) Chinakohl mit anderen Kohlarten abwechseln.

Pflegemaßnahmen
Frühling: Frühe, nachwachsende Kulturen unter Abdeckungen, spätere Pflanzen im Freien aussäen.
Sommer: Von Mitte bis Ende Sommer in Furchen aussäen. Oft und wenig gießen, mulchen und von Unkraut befreien. Ernten.
Herbst: Rasch reifende oder nachwachsende Sorten im Freien aussäen. Spätere Pflanzen unter Bedeckungen aussäen. Ernten.
Winter: Nachwachsende, unter Abdeckungen angebaute Sorten ernten.

Geschützter Anbau
Man kann früher ernten, wenn man Sorten, die nicht so schnell schießen, zwischen Spätfrühling und Frühsommer aussät. Die ersten 3 Wochen nach dem Auskeimen benötigen die Pflanzen eine Temperatur von 20–25 °C, damit sie nicht schießen. Abhärten, umsetzen, danach die Pflanzen mit Glasglocken oder Abdeckungen schützen.

Thailändische Arbeiter pflücken in der Abendsonne auf einem Hochbeet angebauten Chinakohl.

Pflanzen, die im Spätsommer ausgesät werden, sollten unter Abdeckungen umgesetzt werden. Zwischen den Pflanzen einen Abstand von 15 cm einhalten und als nachwachsende Pflanzen anbauen.

Pflanzen in Kübeln
Die rasch wachsenden Sorten liefern die besten Ergebnisse. Einen Topf mit 25 cm Durchmesser und Kompost auf Lehmbasis unter Zugabe von organischem Material verwenden und am Boden eine dicke Schicht eines Materials anbringen, durch die das Wasser abfließen kann. Mitte Frühling Samen in flachen Töpfen oder Torftöpfen 1 cm tief in einem Abstand von 2 cm aussäen. Die Sämlinge einzeln in Töpfe umsetzen, sobald sie 3–4 Blätter haben.

Ernte und Lagerung
Im Herbst können Sie kälteresistente Sorten einige Wochen im Freiland lassen, solange es trocken ist. Mit Glasglocken vor Kälte und Nässe schützen. Pflanzen ausstechen und in ein Frühbeet setzen oder mit der Wurzel aus der Erde nehmen und auf Stroh oder Gestrüpp lagern und eventuell abdecken. An warmen Tagen belüften.
Als nachwachsende Sämlinge, als halbreife oder reife Pflanzen oder wegen der Blütentriebe ernten.
Die Sämlinge schneiden, sobald sie 2–5 cm groß sind. Halbreife oder reife Pflanzen können mit einem scharfen Messer ca. 2 cm über dem Boden abgeschnitten werden. Danach treiben sie neu aus. Nach mehreren Ernten bildet sich ein Blütenkopf. Junge Blütentriebe ernten, bevor sich die Blüten öffnen.
Reife Köpfe ernten, solange sie fest sind.
Chinakohl hält einige Wochen im Gemüsefach des Kühlschranks. Vor der Lagerung gut waschen. Die Köpfe können in einem frostgeschützten Schuppen oder einem Keller bis zu 3 Monate gelagert werden. Pflanzen während der Lagerung überprüfen und kranke oder verletzte Blätter entfernen.

Anfälligkeiten

Chinakohl kann von den üblichen Kohlschädlingen und -krankheiten befallen werden. Besonders sollte man die Pflanzen vor Erdflöhen, Schnecken, Raupen, Kohlhernie und Echtem Mehltau schützen. Unter Vlies oder feinen Netzen gedeihen die Pflanzen gut.

Mischkulturen

Bei gemeinsamen Anbau mit Knoblauch und Dill werden Raupen abgehalten. Die Pflanzen der Haupternte gedeihen gut im Anschluß an Erbsen, Frühkartoffeln und Saubohnen. Späte Sorten harmonieren mit Rosenkohl. Ideal zwischen langsamer wachsenden Gemüsearten.

Oft baut man Chinakohl an, damit sich darauf Schnecken, Erdflöhe und Blattläuse niederlassen und die anderen Pflanzen verschonen. In den USA setzt man ihn zwischen Maispflanzen, um Würmer aufzunehmen.

Ein Feld mit Chinakohl bei Kanchanaburi, Thailand.

Warnung

Um das Listerioserisiko zu senken, sollte man Chinakohl niemals in Plastiktüten aufbewahren.

Kulinarisches

Chinakohl nur kurz kochen, damit Geschmack und Nährstoffe erhalten bleiben. Dünsten, kurz kochen, braten oder roh essen. (Sämlinge schmecken besser gekocht.) Die Blätter passen gut zu Salaten mit Blattsalat, grünem Paprika, Sellerie, Rettich und Tomaten. Sie schmecken auch hervorragend als warmer Salat, gebraten und mit Orangen gemischt. Oder man verwendet sie in Suppen, als Beilage zu Fisch, Huhn, Pute und für Füllungen.
Die äußeren Blätter können zerkleinert, wie Sellerie zubereitet und in Butter geschwenkt werden. In Korea, China und Japan legt man die Köpfe zum Konservieren in Salzlauge ein.

Süßsaurer Chinakohl
(4 Personen)

2 EL Olivenöl
1 Zwiebel oder mehrere Schalotten, in Ringe geschnitten
2 EL Weißweinessig
2 TL Zucker
6 EL gehackte Tomaten im Saft
750 g Chinakohl, fein geschnitten
Salz und schwarzer Pfeffer aus der Mühle

Öl in einer schweren Pfanne erhitzen und die Zwiebeln kochen, bis sie weich sind. Essig, Zucker und Tomaten einrühren und gut vermischen. Chinakohl hinzufügen und abschmecken.
10 Minuten zugedeckt kochen, bis der Chinakohl weich ist. Ab und zu umrühren. Heiß servieren.

Süßsaurer Chinakohl

Capiscum annuum. Solanaceae

PAPRIKA & CHILI

Spanischer Pfeffer, Pfefferoni. Einjährige oder kurzlebige, ausdauernde Pflanze, die wegen ihrer Früchte angebaut wird. Teilweise winterhart. Nährwert: Sehr reich an Vitamin C und Betakarotin.

Sowohl Gemüse- als auch Gewürzpaprika stammt von einer wilden Art ab, die in Mittel- und Südamerika heimisch ist. Der Name *Capiscum* kommt vom lateinischen *capsa*, „Kapsel". Wahrscheinlich wurde der Gewürzpaprika (Chili) zuerst kultiviert. In sehr alten, mexikanischen Siedlungen fand man Samen, die auf 7000 v. Chr. zurückgehen. Bei den Azteken war Chili sehr verbreitet. Diese Pflanze war eine der vielen Entdeckungen, die Kolumbus in der Neuen Welt machte. Er dachte, er hätte schwarzen Pfeffer gefunden, der zur damaligen Zeit äußerst teuer war, daher auch die Bezeichnung „Spanischer Pfeffer". Mit den spanischen und portugiesischen Entdeckern eroberte dieses Gewürz die ganze Welt. Gemüsepaprika gelangte 1493 nach Spanien, 1548 nach England und 1585 nach Mitteleuropa. Die Spanier verwenden roten Gemüsepaprika für das würzige Gericht Pimentón und zum Füllen von grünen Oliven.

Der scharfe Geschmack der Chilischote wird durch den hohen Capsaicin-Gehalt bewirkt, der in Scoville-Einheiten gemessen wird. Milder Chili hat ungefähr 600 Einheiten. Nehmen Sie sich vor den 'Habanero'-Sorten in acht, die zwischen 200 000 und 350 000 Einheiten haben!

Paprika hält sich 14 Tage.

SORTEN

Der größere, glockenförmige, milde Gemüsepaprika gehört zur Familie der *Capiscum annuum grossum*. Im unreifen Stadium sind alle Sorten grün. Die kleineren, schärferen Chilischoten, die als Gewürz verwendet werden, gehören zur Familie der *C. a. longum*.

Gemüsepaprika
'Big Bertha' ist eine der größten Sorten und wird bis zu 18 cm lang und 10 cm breit. Ideal für kühlere Klimazonen und zum Füllen. **'Frühzauber'** trägt kleinere, gelbgrüne, rotreifende Früchte. **'Neusiedlers Ideal'** – die österreichische Standardsorte. **'Pusztagold'** trägt gelb reifende Früchte. Die kleine, neue Sorte **'Red Skin'** eignet sich zum Anbau in Töpfen und Anzuchttüten. Die Form der Früchte ist länglich und blockig. Das Ungewöhnliche an **'Sweet Chocolate'** ist die schokoladenbraune Farbe. Kann im Ganzen eingefroren werden.

Gewürzpaprika (Chili)
'Anaheim' liefert über einen längeren Zeitraum spitze Früchte, die nicht allzu scharf sind. **'Cayenne'** hingegen ist sehr scharf und trägt mittelgroße, spitze Früchte mit dünner Schale, die beim Einlagern noch schärfer werden. Die pikanten, gelben, spiralförmigen Früchte von **'Milder Spiral'** werden beim Reifen blutrot. **'Italian White Wax'** besitzt spitze Früchte, die sich gut zum Einlegen eignen und mild schmecken, solange sie jung sind. **'Jalapeno'** ist äußerst scharf und kann über einen langen Zeitraum geerntet werden. Eine weitere sehr scharfe Sorte ist **'Large Red Cherry'**. Die runden Früchte mit dicker Schale verfärben sich beim Reifen kirschrot, daher wird diese Sorte auch „Kirschpfefferoni" genannt. Ideal zum Trocknen und Konservieren sowie für Curry-Gerichte und Soßen. Bei **'Red Chili'** handelt es sich um eine sehr ertragreiche, äußerst scharfe Sorte zum Einlegen und Trocknen. Die Früchte sind schmal und spitz. **'Ring of Fire'** ist, wie der Name schon sagt, sehr scharf. Wird früh geerntet und liefert kurze, dünne Schoten, die Cayenne ähneln. **'Serrano'** ist ebenfalls äußerst scharf und hat üppige, orange-rote Früchte, die gut getrocknet werden können. Absolut tödlich ist jedoch **'Tabasco Habanero'**!

Kultivierung

Vermehrung
Von Mitte bis Ende Frühling in Schalen, Torftöpfen oder Töpfen mit feuchtem Saatkompost bei ca. 21 °C unter Glas aussäen. Nach dem Auskeimen die Temperatur allmählich absenken. Sobald 3 Blätter vorhanden sind, in 8–10 cm große Töpfe umsetzen. Sobald sich genügend Wurzeln ausgebildet haben, in 10–15 cm große Töpfe umpflanzen. Die Pflanzen an den endgültigen Standort umsetzen, wenn sie ca. 10 cm hoch sind und die ersten Blüten hervorbringen. In kühlen, gemäßigten Zonen Pflanzen für den Anbau im Freien abhärten und im späten Frühling bzw. Frühsommer, sobald der Boden warm und die Frostgefahr gebannt ist, umsetzen.
Bei Standardsorten einen Abstand von 40–50 cm einhalten; ganz kleine Sorten sollten in einem Abstand von 30 cm gesetzt werden.

Kultivierung
Paprika und Chili gedeiht im Freien in wärmeren Regionen, noch besser jedoch in kühleren Zonen unter einer Bedeckung. Die Pflanzen können in milden Gebieten im Freien angebaut werden, gedeihen jedoch besser, wenn man sie mit Glasglocken oder Vlies abdeckt. Chili verträgt schwankende Temperaturen

Bei kühlem Klima gedeiht Paprika am besten unter Glas.

und unterschiedlich starke Regenfälle besser und gedeiht auch in etwas weniger fruchtbarer Erde. Die Blüten fallen ab, wenn die Nachttemperatur unter 15 °C sinkt. Der Boden sollte feuchtigkeitsspeichernd, locker und für die vorherige Kultur gedüngt worden sein. Sie können auch im Herbst oder Winter vor dem Anpflanzen gut verrottetes, organisches Material einarbeiten. Vor dem Anpflanzen Korndünger einrechen (130 g/m^2). Die Erde feucht halten und von Unkraut befreien. Mulchen ist empfehlenswert. Falls erforderlich, mit flüssigem Volldünger düngen. Zu große Mengen an Stickstoff können ein Abfallen der Blüten bewirken.
Sind die Zweige schwach und dünn, die Vegetationspunkte von den Stielen entfernen, wenn die Pflanze ca. 30 cm hoch ist, damit sich mehr Zweige bilden. Normalerweise verzweigen sie sich von alleine. Falls erforderlich, mit einem Stöckchen stützen.

Pflegemaßnahmen
Frühling: Samen unter Bedeckungen aussäen. Sobald die Frostgefahr gebannt ist, umsetzen oder in einem Kalthaus ziehen.
Sommer: Die Pflanzen von Unkraut befreien. Bei warmem Wetter das Kalthaus belüften. Ernten.
Herbst: Im Freien gezogene Pflanzen abdecken. Ernten.
Winter: Den Boden für die Pflanzen vorbereiten.

Geschützter Anbau
In kühlem, gemäßigtem Klima gedeihen die Pflanzen besser unter Glas, Folie, Glasglocken oder im Frühbeet. Am Rand des Gewächshauses den Boden vorbereiten (siehe Anbau). Die Erde nur mit lauwarmem Wasser besprühen, damit die Pflanzen feucht bleiben und Früchte bilden können.
Mitte Frühling die Pflanzen unter Glas, im späten Frühjahr unter Glasglocken aussäen. Bei heißem Wetter gut belüften. Zieht man Minipflanzen, sollte man die Töpfe täglich umdrehen, damit die Pflanzen gleichmäßig wachsen.

Paprika gibt es in vielen verschiedenen Farben: Dieser hier ist schwarz.

Unter Glasglocken gezogene Pflanzen werden möglicherweise zu groß. Fixe Glocken können umgedreht und mit Stöcken gestützt werden. Man kann auch Folien verwenden.

Pflanzen in Kübeln
Unter Bedeckungen oder im Freien anbauen. In 20- bis 25-cm-Töpfen mit Kompost auf Lehmbasis und mittlerem Düngemittelanteil oder in Anzuchttüten anpflanzen. Ganz kleine Sorten können auch in Töpfen auf dem Fensterbrett gezogen werden. Den Kompost feucht halten und mit lauwarmem Wasser besprühen, speziell während der Blüte, damit sich die Früchte bilden können. Bei warmem Wetter häufiger besprühen.

Ernte und Lagerung
Solange Paprika und Chili grün sind, mit der Schere ernten oder die Pflanzen 2–3 Wochen reifen lassen, bis die Früchte ihre Farbe verändert haben. Pflückt man sie, solange sie grün sind, wird der Ertrag gesteigert.
Paprika kann bis zu 14 Tage an einem feuchten, kühlen Standort bei 13–15 °C gelagert werden.
Gegen Ende der Saison die Pflanzen mit der Wurzel herausnehmen und in einem frostgeschützten Schuppen oder einem Gewächshaus an den Wurzeln aufhängen. Die Früchte reifen so noch einige Monate.
Chili wird schärfer, je reifer die Früchte werden. Frischer Chili hält sich in einer Papiertüte im Kühlschrank bis zu 3 Wochen, oder man lagert sie in einer luftdichten Dose in einem dunklen Schrank.
Chili kann getrocknet oder im Ganzen verwendet bzw. zu Pulver gemahlen werden.
Paprika und Chili kann man gut einfrieren.

Je länger Chili reift, desto schärfer wird er.

Anfälligkeiten

Unter Bedeckungen können **Spinnmilben** auftreten. **Schnecken** können Sämlinge, Stiele, Blätter und Früchte beschädigen. Absterbende Blüten oder Blätter sofort entfernen.

Mischkulturen

Die Familie der *Capsicum* gedeiht gut mit Basilikum, Okras und Tomaten.

Heilkraft

Capsaicin verstärkt die Blutzirkulation und wird als Muskeltonikum verwendet. Angeblich hilft es dem Körper, Alkohol abzubauen, wirkt schleimlösend und schafft Abhilfe bei Bronchitis und Emphysemen. 10 bis 20 Chilitropfen täglich mit Wasser verdünnt getrunken (oder dreimal pro Woche ein scharf gewürztes Gericht), reinigt die Luftwege und verhindert oder heilt chronische Bronchitis und Erkältungen. Chili wirkt schmerzstillend und steigert das Wohlbefinden.

Warnung

Sorgen Sie für ausreichende Belüftung, wenn Sie Chili verwenden. Bei reizbarer Haut sollten Sie Gummihandschuhe verwenden und niemals die Augen oder andere empfindliche Stellen berühren, wenn Sie mit Chili arbeiten.

Kulinarisches

Paprika bereichert die Tafel mit Farbe und Geschmack. Man kann sie roh in Salaten essen, rösten, grillen oder braten, mit Reis, Fisch oder Fleisch füllen und für zahlreiche Eintöpfe und Reisgerichte verwenden.
Chili wird auch für Chili con Carne und Curry-Gerichte verwendet. Entfernt man die Innenrippen und die Samen, ist er weniger scharf.
Paprika wird auch getrocknet und gemahlen. Cayennepfeffer besteht aus getrocknetem, gemahlenen Chili.
Wenn Chili zu scharf ist, kann er Sodbrennen verursachen – Gurken, Reis, Brot und Bohnen sind ein gutes Gegenmittel. Das in Jogurt und Butter enthaltene Fett überzieht die Zunge wie ein Film und hat lindernde Wirkung, wenn man zu scharf gegessen hat. Wasser dagegen hat die gegenteilige Wirkung.
Wenn Sie noch nie Chili gegessen haben, sollten Sie sich erst langsam an den scharfen Geschmack dieses Gewürzes gewöhnen.
Zu scharfer Chili kann Magen- und Darmbeschwerden verursachen.

Frau Krauses Paprika-Haschee
(6 Personen)

William Woys Weaver zitiert in „Pennsylvania Dutch Country Cooking" dieses Rezept von Frau Eugene F. Krause aus Bethlehem, die zu Anfang des Jahrhunderts lebte und für ihr Paprika-Haschee berühmt war.

6 grüne Paprika, ohne Samen und fein gehackt
6 rote Paprika, ohne Samen und fein gehackt
4 Zwiebeln, fein gehackt
2 kleine Chilischoten, ohne Samen und fein gehackt
1 1/2 EL Selleriesamen
375 ml Apfelessig
250 g brauner Zucker
1 1/2 TL Meersalz

Paprika, Zwiebeln, Chili und Selleriesamen in eine beschichtete Pfanne geben. In einer weiteren Pfanne Essig erhitzen, Zucker und Salz darin auflösen. Rasch aufkochen lassen und danach über die Paprikamischung gießen. Dann bei mittlerer Hitze ca. 15 Minuten, oder bis der Paprika an Farbe verliert, kochen. In heiße, sterilisierte Einmachgläser gießen, versiegeln und 15 Minuten ins Wasserbad stellen. Das Haschee vor dem Verzehr mindestens 2 Wochen im Glas ruhen lassen.

Duvec
(4 Personen)

Ein kroatisches Rezept mit feinem Geschmack. Ideal als eingängiges Menü und zur Verwertung von Resten.

1 Zwiebel, fein geschnitten
2 EL Olivenöl
2 Knoblauchzehen, fein geschnitten
3 rote, grüne oder gelbe Paprika, ohne Samen und in Würfel geschnitten
500 g Tomaten, geschält und ohne Samen
100 g Reis, gekocht
500 g zubereitetes Fleisch (Reste)
450 ml Brühe
Salz und schwarzer Pfeffer aus der Mühle

In einer schweren Pfanne bei mittlerer Hitze Zwiebeln in Öl anrösten, bis sie weich sind. Eine feuerfeste Form fetten und eine Schicht Zwiebeln und Knoblauch hineingeben, darüber eine Schicht Paprika, dann Tomaten, Reis und klein geschnittenes Fleisch. Wiederholen, bis alle Zutaten aufgebraucht sind, dazwischen würzen. Brühe hineingießen, zudecken und im vorgeheizten Ofen bei 180 °C ca. 45 Minuten kochen. Deckel abnehmen und nochmals 15 Minuten garen lassen und servieren.

Frau Krauses Paprika-Haschee

Cicer arietinum. Leguminosae

KICHERERBSE

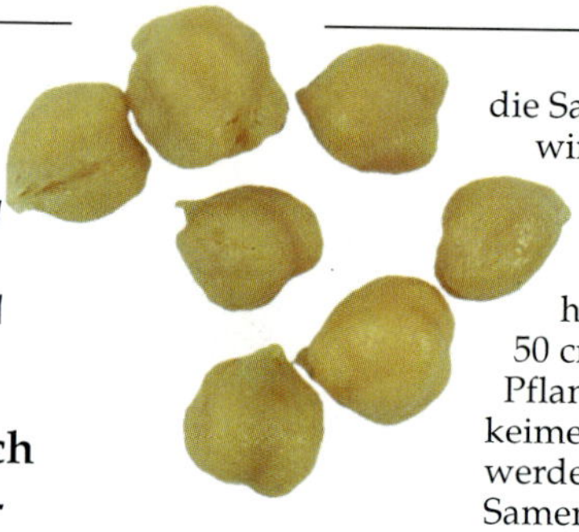

Einjährig. Sprossen, Samen, junge Triebe und Blätter sind genießbar. Empfindlich. Nährwert: Reich an Proteinen, Phosphor, Kalium, den meisten Vitaminen des B-Komplexes, Eisen und Ballaststoffen.

Kichererbsen stammen aus den fruchtbaren, nördlichen Gebieten des Nahen Ostens. In Jericho entdeckte man Hinweise darauf, dass sie bereits um 6500 v. Chr. kultiviert wurden. In Griechenland stieß man bei Ausgrabungen auf Samen, die darauf hindeuten, dass die Kichererbse unter den ersten landwirtschaftlichen Pflanzen war, die aus dem Nahen Osten nach Europa kamen. Heute wird sie weltweit in subtropischen oder mediterranen Zonen angebaut. Sie reift bei mäßig warmem, trockenem Wetter innerhalb von 4–6 Wochen. Nach Erbsen und Bohnen ist sie die drittwichtigste Hülsenfrucht der Welt. 80% des Ertrages stammt aus Indien. Die Kichererbse wird frisch oder getrocknet gegessen, zu Mehl gemahlen, als Kaffeeersatz und Futtermittel verwendet. Die Pflanze wird bis zu 30 cm groß, ihre Blätter setzen sich aus bis zu acht gezahnten Einzelblättern zusammen. Die kleinen weißlichen oder bläulichen Blüten bilden eine kleine, flache Kapsel mit ein bis zwei runden Samen, von denen jeder einen kleinen „Schnabel" hat.

SORTEN

Die Sorte **'Kabuli'**, die glatte Samen hat, wird im gesamten Mittelmeerraum und im Nahen Osten angebaut, während **'Desai'**, eine Sorte mit runzeligen Samen, in Äthiopien, Afghanistan und Indien am häufigsten vorkommt. Bei den folgenden handelt es sich um indische Sorten:
'Annegeri', eine sehr ertragreiche Sorte mit gelblich braunen Samen; hat tiefe Wurzeln und benötigt gute Erde, die jedoch grobkörnig sein sollte.
'Avrodhi' hat mittelgroße, braune Samen und ist resistent gegen Welke.
'Bheema' hat große, glatte, hellbraune Samen und eignet sich für trockene, regenarme Zonen.

KULTIVIERUNG

Kichererbsen gedeihen auf leichtem, fruchtbarem, lockerem Boden bei direkter Sonneneinstrahlung.

Vermehrung
Im Mittelmeerraum wird die Saat während der Wintermonate breitwürfig oder in Furchen ausgesät, in subtropischen Zonen nach der Regenzeit. Breitwürfig aussäen ist sehr einfach. Man bereitet den Boden vor, recht ihn und gleicht ihn aus, lässt das Unkraut auskeimen und jätet es vor der Aussaat mit der Hacke. Danach die Saat gleichmäßig verstreuen und den Boden zweimal rechen – erst in eine Richtung, dann in einem Winkel von 90 °, damit die Saat gleichmäßig bedeckt wird. Kichererbsen können auch in 6–10 cm tiefen Furchen ausgesät werden, wobei die Reihen einen Abstand von 50 cm haben sollten und die Pflanzen nach dem Auskeimen auf 25 cm ausgedünnt werden. Man kann auch 3–4 Samen in Gruppen mit einem Abstand von 25 cm aussäen und den stärksten Sämling stehen lassen.

Kultivierung
Vor dem Anpflanzen die Stelle gut umgraben und bei schlechter Bodenqualität organisches Material einarbeiten. Danach fein rechen und, falls das Saatbeet trocken ist, vor dem Aussäen gut gießen. Stattdessen kann man auch die Saat eine Stunde einweichen. Im Anfangsstadium die Pflanzen von Unkraut befreien. Sobald die Pflanzen größer werden, breiten sie sich aus und verdrängen so das Unkraut. Kichererbsen vertragen Trockenheit, doch gießt man sie vor der Blüte, und wenn die Erbsen beginnen anzuschwellen, kann man den Ertrag steigern. Mit anderen Hülsenfrüchten

Zwei Kichererbsen, die noch in der Kapsel sind.

Eine Sorte mit lila Blüten, die in den USA angebaut wird.

abwechseln. Die Wurzeln nach der Ernte im Boden lassen, da sie Stickstoff enthalten.

Pflegemaßnahmen
Frühling: Den Boden umgraben, falls erforderlich, organisches Material einarbeiten.
Sommer: Pflanzen von Unkraut befreien. Bei Trockenheit kurz vor der Blüte oder Erbsenbildung gießen.
Herbst: Pflanzen ernten.
Winter: Boden umgraben, falls erforderlich, organisches Material einarbeiten.

Geschützter Anbau
In kühleren Zonen zu Frühlingsbeginn unter Glas oder auf einem Fensterbrett in kleinen Töpfen mit feuchtem Saatkompost aussäen. Im späten Frühjahr abhärten, und sobald die Frostgefahr gebannt ist, ins Freie setzen. Zieht man die Pflanzen unter Glasglocken oder Folie, wird der Ertrag gesteigert.

Pflanzen in Kübeln
Die Pflanzen können in Gefäßen angebaut werden, der Ertrag ist jedoch gering.

Ernte und Lagerung
Die Pflanzen können nach 4–6 Wochen geerntet werden. Ernten, sobald Blätter und Kapseln braun werden: Nicht zu lange stehen lassen, da die Kapseln sonst aufgehen und die Samen herausfallen. Stiele abschneiden und zusammenbinden, an einem warmen, trockenen Platz kopfüber aufhängen und trocknen lassen. Die trockenen Samen in luftdichten Dosen aufbewahren.

Zum Kochen können die Erbsen auch frisch verwendet werden. Frische Erbsen verderben jedoch rasch und sollten sobald wie möglich aufgebraucht werden.

Sprossen keimen
Sprossen immer mit unbehandelten Samen keimen, da die zur Anzucht bestimmten Samen oft mit Chemikalien behandelt werden. Die Samen über Nacht oder einige Stunden lang in kochendem Wasser einweichen, in ein Sieb stürzen und abwaschen. Einige Schichten feuchtes Küchen- oder Löschpapier in ein Einmachglas legen und darüber eine Schicht Samen geben. Aus einem Stück Musselin ein Viereck ausschneiden und mit einem Gummiband am Glasrand befestigen. Das Glas an einem hellen Platz aufstellen und die Temperatur konstant bei rund 20 °C halten. Direktes Sonnenlicht meiden. Die Samen 3–4 mal am Tag mit Wasser abwaschen, dabei Wasser ins Glas füllen und wieder abgießen. Ernten, wenn die Sprossen ca. 12 mm lang sind.

Anfälligkeiten
Wenn die Pflanzen an **Wurzelfäule** leiden, werden sie schwarz und trocknen aus. Stehende Nässe vermeiden. Das saure Sekret aus den Drüsenhärchen ist ein wirksames Mittel gegen andere Schädlinge.
Der **Minierer** frisst die Pflanzen an und vernichtet Kapseln und Samen. Mit Pyrethrum besprühen.

Heilkraft

Die Blätter wirken adstringierend und werden zur Behandlung von Bronchitis verwendet. Gekochte Blätter werden auch bei Verstauchungen aufgelegt. Das Exsudat wird zur Behandlung von Verstopfung, Durchfall und Dysenterie verwendet. Die Samen wirken anregend, tonisierend und aphrodisierend. In Ägypten werden sie bei Kopfschmerzen, Halsschmerzen und Husten angewendet. Gemahlene Samen helfen gegen Schuppen.

Warnung

Die Härchen der Pflanze und der Samenkapseln können Hautreizungen hervorrufen. Daher bei der Ernte Handschuhe tragen.

Kulinarisches

Mit ihrem Eiweißgehalt von 20 % sind Kichererbsen ein Fleischersatz und ideal für Kinder und werdende oder stillende Mütter. Die Erbsen werden frisch oder getrocknet verwendet. Sie werden zu Mehl gemahlen (das für streng vegetarische Gerichte verwendet wird) und mit Weizen vermischt. Die ganzen Pflanzen braten, rösten, oder kochen. Für Kuskus zerdrückt man gekochte Kichererbsen zu einer Paste, die man mit Oliven- oder Sesamöl mischt, mit Zitrone und Knoblauch abschmeckt und auf Pitta-Brot oder Cracker streicht. Kichererbsen verwendet man auch zur Herstellung von „Dhall" sowie für würzige Beilagen, Gemüse-Currys und Suppen. Die jungen Triebe und Blätter werden wie Spinat zubereitet, in der Suppe gekocht, für Currys verwendet oder mit Gewürzen gebraten.

Pürierte Kichererbsen
(4 Personen)

300 g getrocknete Kichererbsen, über Nacht eingeweicht
2 EL Olivenöl
1 Zwiebel, in feine Ringe geschnitten
3 Knoblauchzehen, fein geschnitten
300 g Tomaten, geschält, entkernt und gehackt
Salz und schwarzer Pfeffer aus der Mühle

Kichererbsen abseihen, in eine schwere Pfanne geben, mit frischem Wasser bedecken und weich kochen. Je nach Alter der Kichererbsen dauert das bis zu 1 $^{1}/_{2}$ Stunden. Durch ein Sieb gießen und pürieren.
In einer Bratpfanne das Öl erhitzen, die Zwiebel anschwitzen, Knoblauch hinzufügen und 30 Sekunden braten. Tomaten hinzufügen und 5 Minuten garen, dann das Püree dazugeben. Gut würzen und servieren.

Cichorium endivia. Compositae

ENDIVIE

Winterendivie, Eskariol. Ein- oder zweijährig, im Anbau einjährig. Man verwendet das gebleichte Herz und die Blätter. Nährwert: Reich an Eisen, Kalium und Betakarotin. Enthält Vitamine des A- und B-Komplexes.

Der Ursprung der Pflanze ist ungeklärt. Sicher ist, dass die Endivie bereits lange vor Christi Geburt von den Ägyptern verzehrt wurde und zu den bitteren Kräutern gehört, die beim Passahmahl verwendet wurden. Sie wird bei Ovid, Horaz, Plinius und Dioskurides erwähnt und war bei Griechen und Römern als Kulturpflanze sehr beliebt. Um 1548 wurde sie in England, Deutschland, Holland und Frankreich eingeführt und von zahlreichen Autoren beschrieben. In Frankreich wurde sie zunächst vor allem für medizinische Zwecke verwendet – „um den schwachen Magen aufzubauen" sowie bei Gicht und Augenentzündungen. Die europäischen Kolonialherren brachten sie 1806 nach Amerika und schufen eine Verwirrung, die noch heute in amerikanischen Kochbüchern zu finden ist. Der französische Name – *Chicorée frisée* – „krauser Chicoree" wurde in den USA für die hier beschriebene Pflanze übernommen, die „Chicory" genannt wird.

SORTEN

Man unterscheidet zwei verschiedene Arten. Eskariol ist aufrecht und hat große, breite Blätter. Frisée hat eine flache Rosette mit krausen Blättern, die wirklich hübsch aussehen. Die gekrausten Sorten werden im Allgemeinen für die Sommerernte verwendet. Der robustere, breitblättrige Eskariol ist kälteunempfindlich, resistent gegen Krankheiten und gedeiht gut im Winter. **'Escariol Grüner'** hat engstehende, breite, dunkelgrüne Blätter, die sich beim Bleichen cremig weiß verfärben. **'En Cornet de Bordeaux'**, eine alte Sorte, ist sehr schmackhaft, äußerst frosthart und gut zu bleichen. Bei **'Bubikopf'**, handelt es sich um eine grüne, selbstbleichende Standardsorte für den Herbstanbau. **'Grüne große Krause'** liefert kompakte Köpfe mit dunkelgrünen, krausen Blättern. **'Ione'** hat hellgrüne, sehr fein gekrauste Blätter, die ein festes Herz bilden und ist mild im Geschmack. Bei **'Limnos'** handelt es sich um eine robuste Sorte, die nicht leicht schießt und breite, aufrechte Blätter hat. Das Herz ist gelb. **'Riccia Pancalieri'** hat sehr stark gekrauste Blätter mit weißen, rosigen Mittelrippen. **'Salad King'** ist üppig, äußerst frosthart und hat große, dunkelgrüne, feine krause Blätter. **'Sanda'** ist robust und resistent gegen Verbrennen der Spitzen, Kälte und Schießen. **'Scarola Verde'** hat breite, grün-weiße Blätter und große Köpfe. Bei Hitze neigt sie zum Schießen. **'Très Fine Maraichère' ('Coquette')** hat fein gekrauste Blätter. Diese hervorragende, milde Sorte gedeiht in den meisten Böden gut. **'Weschelkopf' (‚Wallone')** hat große Köpfe mit engstehenden, fein gekrausten Blättern. Robust und winterhart.

Die Blätter schmecken bitter.

Die Endivie gedeiht an offenen Standorten.

KULTIVIERUNG

Vermehrung
1 cm tief an Ort und Stelle, im Saatbeet, in Ton- oder Torftöpfen aussäen, später umsetzen. Zwischen den Pflanzen und Reihen 30–40 cm Abstand lassen. Die Endivie treibt am besten bei 20–22 °C aus. Frühe Pflanzen unter Bedeckungen anbauen und Sommerpflanzen vor der Sonne schützen.
Für die Herbsternte ab Hochsommer bis Herbst aussäen, für die Winterernte im Spätsommer krause oder frostharte Eskariol-Typen aussäen. Nachwachsende Pflanzen und diejenigen, deren Blätter halbreif geerntet werden, das ganze Jahr über säen. Frühe und späte Aussaaten unter Glas vornehmen.

Kultivierung
Die Endivie gedeiht an offenen Plätzen, die Sommer-

pflanzen vertragen auch Schatten. Der Boden sollte leicht und speziell bei Winterpflanzen locker und nicht zu reichhaltig sein. Falls erforderlich, vor dem Anpflanzen organisches Material einarbeiten. Zu hoher Stickstoffgehalt bewirkt übermäßiges Wachstum und Anfälligkeit für Pilzkrankheiten.
Die Endivie wächst in der kühlen Jahreszeit und gedeiht am besten bei 10–20 °C, verträgt jedoch auch leichten Frost. Bei den robusteren Sorten kann die Temperatur sogar auf –9 °C sinken. Bei Hitze werden die Pflanzen leicht bitter, obwohl die krausen Sorten auch höhere Temperaturen vertragen. Die jungen Pflanzen schießen gern, wenn es längere Zeit unter 5 °C hat. Die Pflanzen von Unkraut befreien. Mulchen und bei trockenem Wetter gut gießen. Falls erforderlich, etwas düngen.
Durch Bleichen werden die Blätter weniger bitter. Viele der neueren Sorten haben Köpfe mit engstehenden Blättern, die selbstbleichend sind. Feuchte Blätter verfaulen leicht, daher bei trockener Witterung bleichen oder die Pflanzen 2–3 Tage unter Glasglocken trocknen lassen. Die äußeren Blätter 2–3 Wochen vor der Ernte mit Bast zusammenbinden und die Pflanze mit Karton oder Teller abdecken. Mit einer Glasglocke vor Regen schützen. Sie können auch die ganze Pflanze mit einem Eimer oder Blumentopf abdecken. Das Bleichen dauert rund 10 Tage. Nur wenige Pflanzen bleichen, da sie danach rasch verderben.

Der robustere 'Batavian'

Frisée sieht hübsch aus.

Pflegemaßnahmen
Frühling: Frühe Pflanzen unter Glas oder Glasglocken aussäen. Späte Pflanzen unter Bedeckungen ernten.
Sommer: Gezackte Sorten im Freien zum Umsetzen in Saatbeeten oder *in situ* aussäen. Die früh gesäten Pflanzen von Unkraut befreien und feucht halten. Ernten.
Herbst: Im Freien unter Abdeckungen aussäen. Ernten.
Winter: Unter Abdeckungen aussäen und ernten.

Geschützter Anbau
Für die Sommerernte Mitte Frühling robuste Sorten unter Abdeckungen bei 20 °C in Schalen oder Torftöpfen aussäen und nach dem Austreiben und Umsetzen 3 Wochen für eine Temperatur von mindestens 5 °C sorgen, damit die Pflanzen nicht schießen. Für die Ernte im Winter und zu Frühlingsbeginn die Pflanzen im Frühherbst von Samenschalen oder Torftöpfen unter Abdeckungen setzen. Nachwachsende Kulturen zu Frühlingsbeginn bzw. Herbstbeginn unter Abdeckungen aussäen.
Bei wenig Licht gedeiht die Endivie besser als Kopfsalat und eignet sich im Winter auch für den Anbau unter Glas.

Pflanzen in Kübeln
Direkt in großen Gefäßen mit Kompost auf Lehmbasis unter Zugabe von organischem Material aussäen oder in solche Gefäße umsetzen. Kompost feucht und unkrautfrei halten. Falls erforderlich, das Wachstum mit flüssigem Volldünger verstärken.

Ernte und Lagerung
Je nach Sorte und Saison wird die Endivie ab 7 Wochen nach dem Aussäen geerntet. Sämlinge nachwachsender Kulturen können nach ca. 5 Wochen geerntet werden. Einige Sorten können nur einbis zweimal geschnitten werden, bevor sie schießen. Die Blätter nach Bedarf abpflücken oder mit einem scharfen Messer ca. 2 cm über dem Boden abschneiden und die Wurzel neu austreiben lassen. Im Herbst kann die ganze Pflanze ausgestochen und zum Bleichen kühl und dunkel gelagert werden. Die Blätter sind nicht lagerfähig und werden besser frisch gegessen. Man kann sie bis zu 3 Tage in einer Plastiktüte im Gemüsefach des Kühlschranks aufbewahren.

Anfälligkeiten

Die Pflanzen vor **Schnecken** und **Blattläusen** schützen. Winterpflanzen gut gießen und mulchen, um ein Verbrennen der Spitzen zu verhindern.

Mischkulturen

Die Endivie eignet sich als Zwischenfrucht.

Kulinarisches

Die Endivie wird – mit oder an Stelle von anderen Blattsalaten – hauptsächlich für Salate verwendet. Dadurch, dass sie leicht bitter und knackig ist, schmeckt sie interessanter als die anderen Blattsalate. Passt gut zu intensiv schmeckenden Dressings und wird oft mit Speck oder Croutons serviert. Bei reifer Endivie verwendet man die inneren Blätter für Salate. Die äußeren können als Gemüse gekocht werden. Die Endivie kann auch geschmort werden. Sie können die Blätter auch zerkleinern und mit heißem Knoblauch, Sardellenfilets und ein wenig Olivenöl oder Butter servieren.

Warmer Salat mit grünem und rotem Paprika
(6 Personen)

Die etwas bittere Endivie (Frisée) lässt sich in den Wintermonaten gut mit anderen Blattsalaten wie Feldsalat oder Brunnenkresse kombinieren und kann auch mit süßlich schmeckendem Paprika ergänzt werden.

1 großer Kopf Endiviensalat, gewaschen und grob gehackt
1 großer Feldsalat, gewaschen
2 große, rote Paprika
3 EL Olivenöl
3 Knoblauchzehen, fein geschnitten
1 EL frische Kräuter
Salz und schwarzer Pfeffer aus der Mühle

Für das Dressing:
3 EL natives Olivenöl
1 EL Weißweinessig
Salz und schwarzer Pfeffer aus der Mühle

Die Salate waschen, putzen und in einer großen Schüssel anrichten. Paprika entkernen und in dünne Streifen schneiden. Öl in einer schweren Pfanne erhitzen und Paprika unter ständigem Rühren sautieren. Nach 5 Minuten Knoblauch hinzufügen und noch eine Minute dünsten. Paprika zum Salat geben. Dressing zubereiten und Kräuter sowie Gewürze hinzufügen. Den Salat zu gegrilltem Fisch oder Huhn servieren.

Cichorium intybus. Compositae

CHICORÉE

Zichorie, Witlof, Fleischkraut, Radicchio. Ausdauernde Pflanze, die einjährig angebaut wird. Die gebleichten Blätter und Wurzeln sind genießbar. Äußerst winterhart. Nährwert: mittlerer Gehalt an Kalium.

Der von Europa bis nach Zentralrussland und Westasien verbreitete Chicorée wird seit Jahrhunderten angebaut. Von Plinius erfahren wir, dass *cichorium* eine griechische Version des ägyptischen Namens ist. Außerdem erwähnt er die Verwendung der Pflanze für medizinische Zwecke und das Bleichen der Blätter für Salate. Die großblättrigen Sorten werden seit langem getrocknet, gemahlen, geröstet und zu Kaffee verarbeitet, der speziell zur Zeit Napoleons in England beliebt war, als eine Blockade den Export von Lebensmitteln behinderte. Er hat einen spezifischen Duft und wird gerne als Ersatz für koffeinfreien Kaffee verwendet. Im 19. Jahrhundert berichtete John Lindley, dass gerösteter Chicorée mit einer Vielzahl an Substanzen wie Mangold, Eichenrinde, Sägemehl von Mahagoni und sogar gebackener Pferdeleber versetzt wurde.

In seiner „Histoire des Legumes" von 1912 beschreibt Gibault, wie man um 1840 das Bleichen des Chicorée entdeckte und ausprobierte. Der oberste Gärtner des botanischen Gartens von Brüssel wollte Winterchicorée im Frühbeet ziehen. Er stach einige Wurzeln aus, schnitt die Blätter ab und pflanzte sie in die Erde. In der nächsten Saison ging er ebenso vor. Er hielt seine Entdeckung geheim, doch nach seinem Tode lüftete seine Witwe sein Geheimnis; heute ist diese Methode weit verbreitet. Vielleicht wird aufgrund dieser Entdeckung diese Pflanze in den USA „Belgian endive" („belgische Endivie") genannt.

'Radicchio'

SORTEN

Chicorée hat einen charakteristischen, leicht bitteren Geschmack. Die meisten Sorten sind frosthart, für die Winterernte geeignet und haben farbenprächtige, hübsche Blätter. Es gibt drei Arten. „Treibzichorie" oder „Witloof" („weißes Blatt") liefert dicke, blättrige Köpfe, die gebleicht werden. Unter „Rotem Chicorée" oder „Radicchio" versteht man ältere Sorten, die auf die kürzeren Tage und kälteren Herbsttemperaturen reagierten, indem sie sich rot färbten. Die neueren Sorten sind rot und reifen rascher. 'Fleischkraut' oder 'Zuckerhut' wächst anders als Chicorrée im Tageslicht heran und liefert große Blätter, die ähnlich wie Kopfsalat sind und im Herbst geerntet werden.

'Brüsseler Witloof' ist einer der bekanntesten Treibzichorien, die auch wegen der Wurzeln angebaut wird. **'Grumolo Verde"** wird nicht getrieben, ist sehr kälteresistent und hat abgerundete Blätter. **'Magdeburg'** wird wie **'Brüsseler Witloof'** hauptsächlich wegen der Wurzeln angebaut, die nach rund 17 Wochen reifen. Man kann auch die jungen Blätter ernten. **'Palla rossa Zorzi Precoce'** ist ein Radicchio mit zartwürzigem Geschmack. Verfärbt sich besser bei kühlem Wetter. **'Rossa di Treviso'**, ein weiterer Radicchio, hat knackige, grüne Blätter, die bei kühlem Wetter tiefrot und weiß geädert werden. Verträgt auch leichten Frost und geht auf das 16. Jahrhundert zurück. Bei **'Rossa di Verona'** handelt es sich um eine Radicchio-Sorte, die stärkeren Frost verträgt. **'Zuckerhut'** wird ebenfalls nicht getrieben und hat süße Blätter. **'Witloof Zoom'**, eine Treibzichorie, liefert hochwertige Blätter.

KULTIVIERUNG

Vermehrung

Zwischen Spätfrühling und Frühsommer Treibzichorie in 1 cm tiefen Furchen mit ei-

Einige hübsche Sorten

'Zuckerhut' – eine nicht getriebene Sorte.

nem Abstand von 25–30 cm dünn aussäen. Sobald sich die ersten Blätter bilden, auf 20 cm vereinzeln.
Frühen Radicchio unter Abdeckungen in Anzuchtschalen und Torftöpfen aussäen, danach abhärten, im Frühling umsetzen. Zuerst die früh reifenden Sorten säen. Für die Herbsternte von Anfang bis Mitte Sommer aussäen und für die Winterernte von Mitte bis Ende Sommer. Im Herbst unter Bedeckungen setzen. In und zwischen den Reihen auf 25–40 cm vereinzeln.

Nicht getriebene oder Zuckerhut-Sorten können im späten Winter unter Bedekkungen breitwürfig oder in breiten Furchen ausgesät werden. Sobald sich der Boden erwärmt, bis zum Spätsommer im Freien aussäen. Die letzte Ernte im Frühherbst unter Bedeckungen aussäen.

Im Abstand von 25–30 cm aussäen. Nachwachsende Winterpflanzen ab Hochsommer aussäen und im Herbst in geschlossene Räume umsetzen.

Kultivierung
Chicorée gedeiht am besten an offenen, sonnigen Plätzen, verträgt jedoch auch etwas Schatten. Die Erde sollte fruchtbar, locker und mit etwas organischem Material angereichert sein. Nicht auf frisch gedüngtem Boden anbauen, da sich sonst die Wurzeln spalten.
Radicchio wächst auf den meisten Böden, außer auf Kies oder sehr schwerem Ton. Der ideale pH-Wert beträgt 5,5–7. Erde vor dem Aussäen fein rechen. Volldünger auftragen (30 g/m^2).
Unkraut durch regelmäßiges Hacken oder Mulchen entfernen. Bei trockenem Wetter öfter gießen, damit die Pflanzen nicht schießen.
Bei leichtem Boden und milden Wintern geeignete Sorten an Ort und Stelle ziehen. Zwischen Spätherbst und Winterbeginn die Blätter auf 2,5 cm zurückschneiden. Über den Stümpfen 15–20 cm hoch krümelige Erde aufschichten und mit Stroh oder vermoderten Blättern abdecken. Wenn die Spitzen nach ca. 8–12 Wochen durchkommen, die Erde entfernen und die Köpfe ca. 2 cm über dem Ansatz abschneiden. Während die „Chicons" heranreifen, die Erde feucht halten.

Pflegemaßnahmen
Frühling: Frühen Radicchio unter Bedeckungen aussäen, ab Mitte Frühling umsetzen. Zuckerhut-Sorten als nachwachsende Kultur aussäen.
Sommer: Frühen Radicchio ernten und Haupternte aussäen. Zuckerhut im Freien als nachwachsende Kultur für die Herbsternte aussäen.
Herbst: Von Früh- bis Hochsommer ausgesäten Radicchio ernten. Späte Pflanzen für den Winter aussäen. Treibzichorien ausstechen oder im Freiland verfrühen. Zuckerhut-Sorten unter Glas aussäen.
Winter: Bis zum Frühling unter Glas verfrühen. Zuckerhut-Sorten unter Glas aussäen.

Geschützter Anbau
Nicht getriebene Sorten werden für die frühe oder späte Ernte unter Glas gezogen.
Im Herbst Freiland-Radicchio mit Glasglocken oder Vlies schützen, um die Vegetationszeit zu verlängern.

Pflanzen in Kübeln
Chicorée kann in großen Gefäßen oder Beeten mit Kompost auf Lehmbasis angebaut werden.

Verfrühen

Bei schwerem Boden „Chicons" (gebleichte Köpfe) unter Glas verfrühen, wenn der Winter sehr kalt ist oder früher geerntet werden soll.

Wenn Ende Herbst die Blätter absterben, die Wurzeln vorsichtig ausstechen, gespaltene Wurzeln entfernen und diejenigen verwenden, die an der Spitze mindestens 3–5 cm Durchmesser haben.

Die restlichen Blätter auf 1 cm, Wurzeln auf 20–25 cm zurückschneiden. Waagrecht in Kisten mit trockenem Sand, Torfersatz oder Sägemehl stellen und kühl lagern. Sie können auch von den eingelagerten Pflanzen Wurzeln entfernen.

5 bis 6 Wurzeln in einem 20-cm-Topf mit Sand oder leichter Erde einpflanzen, dabei die Krone 1 cm herausstehen lassen. Um die Wurzeln feuchten Torf oder Kompost anhäufen. Wenig gießen und mit schwarzer PE-Folie, einem leeren Blumentopf oder einer leeren Kiste abdecken. Die Temperatur bei 10–15 °C halten. Man kann auch in einem dunklen Keller oder unter einem Gewächshaustisch bleichen (siehe auch Wachstum).

Die gebleichten „Chicons" je nach Raumtemperatur nach ca. 4 Wochen abschneiden. Die Wurzeln treiben neu aus und liefern kleinere Triebe, die erneut gebleicht werden können.

Auf Holzregalen gezogener 'Witloof' wird im Dunklen gebleicht.

Ernte und Lagerung

Chicorée, der wegen seiner Wurzeln angebaut wird, nach dem ersten Frost ernten.

Die Köpfe der reifen Zuckerhut-Sorten im Spätherbst mit einem scharfen Messer 2 cm über dem Boden abschneiden und sofort verwenden oder frostgeschützt lagern.

Nachwachsende Kulturen unter Glasglocken neu austreiben lassen.

Radicchio-Blätter bei Bedarf pflücken, aber nicht zuviel auf einmal abernten. Man kann auch den Kopf abschneiden und die Wurzeln neu austreiben lassen.

Die Köpfe können – in Folie oder Papier gewickelt, damit sie nicht bitter werden – im Kühlschrank gelagert werden. Nicht getriebener Chicorée bleibt ca. 1 Monat frisch.

ANFÄLLIGKEITEN

Die Pflanzen werden selten von Schädlingen oder Krankheiten befallen, können jedoch verfaulen.

MISCHKULTUREN

Blauer Chicorée eignet sich auch als Zierpflanze.

HEILKRAFT

Chicorée soll verdauungsfördernd, harntreibend und entzündungshemmend wirken. Als Tonikum für Leber und Gallenblase wird er gegen Rheumatismus, Gicht und Hämorrhoiden eingesetzt. Manche empfehlen seine Verwendung „bei Ohnmacht und Herzleiden".

KULINARISCHES

Alle Arten von Chicorée eignen sich hervorragend als Wintersalat, speziell wenn man die Farben rot, grün und weiß mischt. Mit Tomaten oder süßem Dressing können Sie ihm etwas von seinem bitteren Geschmack nehmen. Selbst angebaute „Chicons", die im Dunkeln gelagert wurden, sind oft weniger bitter. Ein hervorragendes leichtes Gericht erhalten Sie, wenn Sie ein kräftiges Dressing (mit Zitronensaft anstatt Essig angemacht) über die Blätter gießen, einige Sardellenfilets und zerkrümelte hart gekochte Eier hinzufügen und mit ein paar Oliven verzieren.
Als Beilage zu kaltem Fleisch und Wild kann man Chicorée mit Orangenscheiben, Zwiebeln und gehackten Walnüssen anrichten. Als Beilage zum Braten wird er in Butter, Zitronensaft und Sahne geschmort. Radicchio kann ebenfalls geschmort werden, verliert aber seine Farbe.
Zur Herstellung von Kaffeeersatz werden die Wurzeln nach der Ernte getrocknet und gemahlen.

Chicorée mit Schinken-Käse-Soße
(4 Personen)

4 Köpfe Chicorée
8 Scheiben Räucherschinken
2 EL Butter
2 EL glattes Mehl
2 TL Dijon-Senf
150 ml Milch
genügend Sahne, damit die Soße cremig wird
4 EL Gruyére-Käse
Salz und schwarzer Pfeffer aus der Mühle

In einem Topf Salzwasser zum Sieden bringen und Chicorée-Köpfe hinzufügen. 5 Minuten blanchieren, abseihen und vorsichtig etwas Wasser ausdrücken.

Chicorée mit Schinken-Käse-Soße.

Jeden Kopf in zwei Teile schneiden und in eine Schinkenscheibe einwickeln. Anschließend eine Schicht Chicorée in eine feuerfeste Form legen.
Backofen auf 200 °C vorheizen. Käse-Soße zubereiten: Butter in einer schweren Pfanne zum Schmelzen bringen und Mehl einrühren. 2 Minuten kochen, dann Senf hinzufügen. Nach und nach Milch dazugeben und die dicker werdende Soße gut rühren. Anschließend Sahne und Käse hinzufügen. Den Käse bei schwacher Hitze 5 Minuten schmelzen lassen. Abschmecken.
Käse-Soße über den Chicorée gießen und 20 Minuten im Rohr bräunen lassen. Sofort servieren.

Geschmorter Chicorée
(4 Personen)

Speziell im Südwesten Frankreichs und in der Provence wird Chicorée oder belgische Endivie geschmort und mit gebratenem Fleisch, z. B. Lamm oder Beef, serviert.

2 TL Butter
1 rote Zwiebel, fein gehackt
2 Scheiben Räucherspeck, gewürfelt
4 Köpfe Chicorée, geputzt
150 ml Hühnerbrühe mit Weißwein vermischt
Saft von einer halben Zitrone
Salz und schwarzer Pfeffer aus der Mühle

Eine Kasserolle mit der Hälfte der Butter gut einfetten. Die restliche Butter in einer kleinen Pfanne bei mittlerer Hitze erhitzen. Zwiebel und Speck kurz anbraten und zur Seite stellen.
Chicorée in die Kasserolle geben. Ein wenig Hühnerbrühe und Weißwein hinzufügen, mit Salz und Pfeffer würzen, zudecken. Bei schwacher Hitze kurz anschwitzen. Dann umdrehen und auf der anderen Seite anbraten.
Ein wenig Flüssigkeit hinzufügen. Die Flüssigkeit sollte verdampfen, sodass die Chicorée schließlich braun und zart werden. (Möglicherweise muss man den Deckel für kurze Zeit entfernen.) Zwiebel und Speck hinzufügen und rasch anbraten. Zitronensaft darüber träufeln, würzen und sofort servieren.

Geschmorter Chicorée

Colacasia esculenta var. *esculenta*. *Araceae*

TARO

Wassertaro, Kolokasie, Wasserbrotwurzel. Ausdauerndes Kraut. Blätter, Triebe und Knollen sind genießbar. Frostempfindlich. Nährwert: Knolle reich an Stärke. Blätter reich an Vitamin A und B_2.

Die seit rund 7000 Jahren kultivierte Taro wurde erstmals in Indien auf Terrassen gezogen, auf denen heute Reis wächst. Im Zuge eines von der Royal Geographical Society organisierten Wettbewerbs wurde sie aus Südostasien importiert. Ziel dieses Wettbewerbs war es, ein billiges Nahrungsmittel für die Sklaven auf den westindischen Zuckerplantagen zu finden.

Paradise Park, Hawaii: Auf den leicht geneigten Blättern kann das Wasser gut abfließen.

SORTEN

Die Taro hat eine große, zylindrische Knolle mit fasrigen Wurzeln und einige wenige Nebenknollen. Die aufrechten Stängel, die bis zu 1,8 m hoch werden, tragen große, herzförmige Blätter mit Rippen, die an der Unterseite hervorstehen. Kultivierte Pflanzen blühen selten und werden nach der Farbe des Fleisches eingeteilt, das zwischen rosa und gelb variiert, sowie nach der Farbe der Stängel, die grün, rosarot bis fast schwarz sein können.

KULTIVIERUNG

Vermehrung
Die Taro wird aus sogenannten „Schößlingen" gezogen, die aus einem kleinen Wurzelstück oder aus kleinen Seitenknollen bestehen. Zwischen den Pflanzen einen Abstand von 60 cm, zwischen den Reihen einen Abstand von 1 m oder generell einen Abstand von 60–90 cm einhalten. Vor dem Einpflanzen sollten Sie Dünger in das Pflanzloch einarbeiten.

Kultivierung
Die Taro bevorzugt ziemlich schwere, fruchtbare und feuchte Böden, die reich an organischem Material sind und einen pH-Wert von 5,5–6,5 haben. Bei Bedarf Kompost oder gut verrotteten Mist einarbeiten. Die Taro braucht viel Wasser und verträgt auch stehende Nässe, daher eignet sie sich besonders zum Anbau an Flüssen. Bei hohem Wasserspiegel ist ein Hochbeet empfehlenswert. Bei trockenem Wetter stark bewässern.
Auf gut gedüngtem Boden kann 12 Wochen vor der Haupternte zwischen den Reihen noch ein zweites Mal angepflanzt werden.

Pflegemaßnahmen
Frühling: Bereits ausgetriebene Knollen geschützt anpflanzen.
Sommer: Pflanzen gut düngen, gießen, von Unkraut befreien.
Herbst: Pflanzen ernten.
Winter: Den Boden für das nächste Jahr vorbereiten.

Geschützter Anbau
Bereits ausgetriebene Knollen im Frühling am Rande des Gewächshauses einsetzen. Die Temperatur bei 21 °C halten und Pflanzen und Boden mit weichem, lauwarmem Wasser besprühen. Die Pflanzen sollten sehr feucht sein.
Alle 3–4 Wochen mit Pottasche düngen. Ist das Wachstum zu langsam, zusätzlich mit Stickstoff düngen.

Die Blüten sind von einem größeren Blütenblatt umhüllt.

Pflanzen in Kübeln
Die Taro kann als Besonderheit in 20 bis 30 cm großen Töpfen mit Torfersatz angebaut werden. Nach dem Anpflanzen befeuchten und den Topf während der gesamten Vegetationszeit in eine flache Schale mit lauwarmem Wasser stellen. Siehe Geschützter Anbau (Seite 236).

Anfälligkeiten

Bei **Blattbrand** bilden sich auf den Blättern kreisrunde Wasserflecken. Anschließend stirbt die Pflanze ab. Unter Glas gezogene Pflanzen sind anfällig für **Blattläuse.** Auch vor **Spinnmilben** und **Echtem Mehltau** schützen.

In den Tropen – wie hier auf Hawaii – ist die Taro eine wichtige Nutzpflanze.

Kulinarisches

Die Knollen können gebacken, gebraten oder gekocht werden und mit würzigen Soßen oder Eintöpfen kombiniert werden. Große Knollen, die oft trocken und zäh sind, sollten langsam geschmort werden.
Die Blätter (bei denen die Mittelrippe entfernt wurde) können gefüllt, gekocht oder gedünstet mit Butter gegessen werden. Besonders große Blätter nicht essen, da sie oft zäh sind. Auf den Westindischen Inseln bereitet man aus Taroblättern, Okra, Krabbenfleisch und Kokosnussmilch eine Suppe zu, die Callaloo genannt wird.
Junge, gebleichte Triebe können wie Spargel zubereitet werden.

Palusima
Dieses Gericht stammt aus Westsamoa oder Polynesien. Pro Person nimmt man 200 g Taro. Schälen und grob hacken, danach 5–10 Minuten in Salzwasser kochen. Durch ein Sieb gießen und in Kokosmilch – etwa zur Hälfte bedeckt – kochen, bis die Soße eindickt. Pürieren. Pürierte Taro in die gedünsteten Blätter füllen und mit einem Zahnstocher verschließen. (Man kann auch Bananen-, Spinat- oder Kohlblätter füllen.) In einer leicht eingefetteten Form im vorgeheizten Rohr bei 180 °C 15 Minuten backen. Mit weißem Fisch, wie z. B. Kabeljau, servieren.

Palusima

Ernte und Lagerung
Die Reifezeit beträgt 7 bis 11 Monate. Beim Ernten wird die große Knolle ausgegraben. Einige kleine Knollen zum Kochen verwenden, die anderen zur Anzucht der neuen Pflanzen aufheben. Unbeschädigte Knollen getrocknet etwa 4 Wochen lagern. Gewaschene Blätter halten sich im Kühlschrank einige Tage.

Warnung

Obwohl durch Selektion im Laufe der Jahre der Gehalt an Kalziumoxilat in der Schale verringert werden konnte, ist es äußerst wichtig, Handschuhe zu tragen oder die Hände mit etwas Speiseöl einzureiben. So lassen sich beim Schälen entstehende Hautreizungen vermeiden. Achten Sie immer darauf, die Taroknollen oder Taroblätter vor dem Essen gut zu kochen.

Colocasia esculenta var. *antiquorum. Araceae*

EDDO

Ausdauernd, im Anbau einjährig. Die Knollen sind genießbar. Frostempfindlich. Nährwert: Reich an Stärke, Magnesium, Kalium und Vitamin C.

Diese Taroart, die in Indien und Südostasien heimisch ist, wurde erstmals vor 2000 Jahren in China kultiviert. Heute wird sie in allen feuchttropischen Gebieten angebaut. Die mittlere Knolle wird von zahlreichen kleineren umgeben, die geerntet werden, und ist somit anders als die Taro, die nur eine Knolle besitzt. Die braunen, behaarten Knollen können über 2 kg wiegen. Das Fleisch ist normalerweise weiß, kann jedoch auch gelb, rosa oder orangefarben sein, schmeckt ähnlich wie Kartoffeln, hat jedoch einen interessanten, nussigen Geschmack. Die Knollen sollten niemals roh gegessen werden, da alle Sorten Kalziumoxilat-Kristalle enthalten, die die Haut reizen können.

SORTEN

'Euchlora' hat dunkelgrüne Blätter mit violetten Rändern und Blattstielen. Die Blattstiele von **'Fontanesii'** sind dunkelrot oder violett, die Blätter dunkelgrün mit violetten Adern und Rändern.

KULTIVIERUNG

Vermehrung
In feuchttropischen Gebieten kann das ganze Jahr über Eddo angebaut werden. Bei gemäßigtem Klima können die Pflanzen mit Glas oder Folie geschützt bei einer Mindesttemperatur von 21 °C gezogen und im Frühling angepflanzt werden. Kleine Knollen oder ein Knollenstück mit ruhenden Knospen einzeln im Abstand von 60–75 cm in Pflanzlöcher einsetzen. Ableger von der Knollenspitze mit einigen Blättern und einem Vegetationspunkt können direkt in die Erde gepflanzt werden, wo sie rasch wachsen. Volldünger in das Pflanzloch geben.

Anbau von Eddos

Kultivierung
Eddos wachsen in humusreichen, leicht sauren, feuchtigkeitsspeichernden Böden an sonnigen Standorten oder im Halbschatten. Vor dem Anpflanzen den Boden vorbereiten und Unkraut entfernen.

Pflegemaßnahmen
Frühling: Knollen anpflanzen, falls geschützter Anbau möglich ist.
Sommer: Alle 3–4 Wochen mit Pottasche düngen. Eventuell Stickstoff hinzufügen. Bei trockener Witterung nach Bedarf düngen und anhäufeln. Jäten.
Herbst: Nach Bedarf ernten.
Winter: Bei Anbau unter Glas Beete für das nächste Jahr vorbereiten.

Geschützter Anbau
Wenn genügend Platz im Gewächshaus oder Folientunnel vorhanden ist, lohnt sich der Anbau von Eddos. Im Frühling bereits ausgetriebene oder vorgekeimte Knollen in Anzuchttüten oder 20- bis 30-cm-Töpfen mit Torfersatz-Kompost setzen. Warm und feucht halten: Boden und Pflanzen mit weichem, warmem Wasser besprühen.

Ernte und Lagerung
Die Reifezeit von Eddos beträgt 5 bis 6 Monate. Man erntet, sobald die Stiele gelb werden und anfangen abzusterben. Die Knollen vorsichtig mit der Gabel ausgraben. Einige zum Essen, andere zum Einpflanzen aufbewahren. Gut getrocknete Knollen können einige Monate gelagert werden.

Gesundheit
Die in den Knollen vorhandenen Stärkekörner sind sehr klein und leicht verdaulich.

Eddo-Suppe

KULINARISCHES

Die Knollen können gekocht, gebacken, gebraten, püriert und zu Suppe verarbeitet werden.

ANFÄLLIGKEITEN

Im Freien gezogene Eddos sind normalerweise recht robust. Baut man jedoch unter Glas an, sind sie anfällig für **Blattläuse** und **Blattfleckenkrankheiten.** Auch **Spinnmilben** können zum Problem werden, besonders bei geringer Feuchtigkeit. Nach dem Ernten können die Knollen von **Falschem Mehltau** befallen werden, daher ist es besonders wichtig, sie vor der Lagerung gut zu trocknen. Befallene Knollen vernichten.

WARNUNG

Beim Anfassen und Schälen von Eddos Handschuhe tragen oder die Hände mit Speiseöl einreiben, damit kein Ausschlag entsteht.

Cucumis sativus. Cucurbitaceae

GURKE

Einjährige Kletterpflanze. Die länglichen oder runden, fleischigen ·rüchte sind genießbar. Frostempfindlich. Nährwert: Reich an Kalium. Enthält Betakarotin in kleinen Mengen.

)ie ursprünglich in Zentralasien beheimatete, wild wachsende Gurke .t nur noch selten zu finden, doch wird diese auf der ganzen Welt verreitete Salatfrucht bereits seit Jahrhunderten kultiviert und wuchs rstmals um 2000 v. Chr. in Mesopotamien in den ersten Gemüsegärten ler Welt. Rund 1000 Jahre später wurden in Indien Gurken angebaut. m 1. Jahrhundert n. Chr. zogen die Römer sie in Körben oder in Beeen, die auf Rollen standen und nach dem Stand der Sonne ausgerichet werden konnten. Gegen Abend wurden die Pflanzen wieder in ¿ästen oder sogenannte „Gurkenhäuser" gebracht, die mit geöltem 'uch überzogen waren, das *specularia* genannt wurde. Besonders 'iberius mochte dieses Gemüse und aß angeblich eine Gurke am Tag.)ie frühen Sorten waren etwas bitter; sie wurden gekocht und mit Öl, ;ssig und Honig zubereitet. Bis zum 19. Jahrhundert wurden sie häufig ür Suppen, Eintöpfe oder als gekochtes Gemüse verwendet. Nach nglischen Rezepten aus dem 18. Jahrhundert wurden Gurken mit halb ;ekochten Tauben gefüllt. Kopf und Federn des Tieres blieben dran: Es ollte so aussehen, als würde der Kopf aus der Gurke herauswachsen.)anach wurde das Ganze in Brühe gekocht und der Taubenkopf mit 3erberitzen garniert. Die damaligen englischen Köche müssen einen eltsamen Sinn für Humor gehabt haben.

<olumbus brachte die Gurke nach Amerika. Angeblich wurde das Gemüse bereits 1494 auf Haiti angepflanzt und 1609 von Siedlern in Virginia gezogen. Ungefähr zur gleichen Zeit warnten die französischen Autoren Estienne und Liébault: „Man achte darauf, dass die Saat nicht lt sei, denn eine drei Jahre alte Saat bringt Rettiche hervor." Anscheiend war ihre Erde ebenso fruchtbar wie ihre Phantasie!

Männliche und weibliche Blüten wachsen auf derselben Pflanze.

Die Arten mit glatter Haut werden über 30 cm lang.

SORTEN

Aus dem Samenkatalog erhält man eine Vorstellung davon, wie viele Sorten es gibt. Es gibt Treibgurken für den Anbau unter Glas oder Folie – viele dieser Sorten können in kühleren Zonen auch an einem geschützten Platz im Freien oder in wärmeren Zonen im Freien wachsen –, Arten, die auch in kühleren Gegenden im Freien angebaut werden können, als Sämlinge jedoch geschützt werden müssen, Einlege- oder Gewürzgurken, runde Sorten, japanische Kletterpflanzen sowie niedrigwachsende Sorten.

Treibgurken
'Crystal Apple', eine kleine, gelbe, runde Gurke, üppig und leicht anzubauen. Wächst im Kalthaus und im Freiland. **'Danimas'** ist eine robuste, „rein weibliche" Gurke für Gewächs- oder Kalthaus. Bei **'Telegraph'** handelt es sich um eine beliebte, verlässliche Sorte mit glatter Schale. **'Telegraph Improved'** ist schmackhaft, üppig und hat längliche Früchte. **'Yamato'** liefert ebenfalls hervorragende, lange, dünne Früchte.

Freilandgurken
Die Früchte von **'Bianco Lungo di Parigi'** sind mittelgroß. Die Schale ist hell. **'Burpless Tasty Green'** ist

zart, schmackhaft und knackig, resistent gegen Mehltau und Hitze. **'Chicago Pickling'** ist sehr ertragreich und resistent gegen Krankheiten. Die Früchte von **'Crystal Lemon'** sind würzig und haben die Größe einer Zitrone. Ideal zum Einlegen, Aufschneiden oder Füllen. Bei **'Long Green Improved'** handelt es sich um eine robuste, sehr produktive und verlässliche Sorte mit großen, schmackhaften Früchten, die auch zum Einlegen verwendet werden können. **'Marketmore'** ist glatt, schmackhaft und ideal für kühlere Gegenden. Resistent gegen Echten und Falschen Mehltau. **'Boothby Blond'** wird seit Generationen von der Familie Boothby in den USA angebaut, jedoch nicht verkauft. Viele der älteren Sorten werden aus den Samen gezogen, die von der Vorjahresernte übrigbleiben.

Gurken zum Einlegen
Bei **'Arena'** handelt es sich um eine ertragreiche Hybride, die im Freien gezogen wird und qualitativ hochwertige, dunkelgrüne Früchte liefert. **'Athene'** wird im Freien oder im Kalthaus angebaut. **‚Gherkin'** wächst rasch und liefert kleine, dornige Früchte. **'Hokus'** ist ideal für Essiggurken und für den Anbau im Freien. Bei **'Midget'** handelt es sich um eine üppige und kompakte Sorte. **'National Pickling'** ist kurz und stumpf und hat kleine, glatte Früchte. Eine sehr ertragreiche und robuste Sorte, die 1929 von der National Pickle Packers Association in Großbritannien eingeführt wurde. **'Vert de Massy Cornichon'** ist sehr schmackhaft. Die Früchte kann man als Essiggurken einlegen, solange sie klein sind, oder reifen lassen.

Kultivierung

Vermehrung
Zum Anbauen von Gurken im Freien ab Mitte Frühling 2 Samen 1–2 cm tief in einem 5–7 cm großen Topf aussäen und bei 20 °C im beheizten Frühbeet oder Gewächshaus austreiben lassen. Nach dem Austreiben den stärkeren Sämling vereinzeln, mit lauwarmem Wasser befeuchten und an kleine Stöckchen binden. Mit flüssigem Volldünger gießen.
Viel Licht an die Pflanzen lassen und abhärten. Nachdem die Frostgefahr gebannt ist, die Pflanzen vorsichtig umsetzen. Zwischen den Pflanzen 90 cm Abstand lassen. Bis sie angewachsen sind, mit Glasglocken oder Vlies schützen.
Um die Erntesaison zu verlängern, mehrmals aussäen. Man kann die Pflanzen auch vorkeimen lassen oder zwischen Spätfrühling und Frühsommer 2–3 Samen 1–2 cm tief unter Konfitüregläsern oder Glasglocken an Ort und Stelle aussäen, sobald die Bodentemperatur rund 20 °C erreicht hat. Den stärksten Sämling stehen lassen.
Da sich Gurken nicht gut umsetzen lassen, ist diese Methode besser geeignet.

Kultivierung
Freilandgurken benötigen reichhaltige, fruchtbare, lockere Böden und geschützte, sonnige Standorte. Ein paar Wochen vor dem Anpflanzen Löcher oder längere Furchen graben, die mindestens 45 cm breit und 30 cm tief sind. Zur Hälfte mit Mist oder Gartenkompost füllen, danach die Erde zurückschütten und auf ca. 15 cm über dem Boden anhäufeln.

Bessere Früchte erhält man durch Stützen der Pflanzen, obwohl sie traditionsgemäß als Kriechpflanzen angebaut werden.
Sobald die Pflanzen 5–6 Blätter haben, die Vegetationspunkte aus den Stielen entfernen, abwarten bis sich 2 Seitentriebe gebildet haben und von diesen wieder die Spitzen abzwicken. Freilandgurken werden von Insekten befruchtet, daher die männlichen Blüten nicht wie bei Treibhausgurken entfernen. Gurken zum Einlegen werden ebenso angebaut.
Japanische Sorten auf Spalieren, Gittern, Draht- oder Nylonnetzen aufziehen. Den Vegetationspunkt abzwicken, sobald die Stiele das obere Ende der Stütze erreicht haben. Regelmäßig gießen.
Sobald sich Früchte bilden, alle 2 Wochen mit Pottasche düngen.
Pflanzen von Unkraut befreien und Erde feucht halten.

'Boothby Blond' aus den USA

Leichter Schatten ist wichtig, wie hier bei 'Telegraph'.

Pflege
Frühling: Ab Mitte Frühling geschützt aussäen.
Sommer: Nach dem letzten Frost Freilandgurken anpflanzen. Gewächshaus warm und feucht halten. Am Spalier aufziehen und ernten.
Herbst: Ernten.
Winter: Kühl lagern.

Geschützter Anbau
Ab Mitte Frühling unter Abdeckung oder im beheizbaren Frühbeet bei 21–25 °C aussäen. Um ungleichmäßiges Austreiben zu vermeiden, lässt man die Saat auf feuchtem Küchenpapier in einem geschlossenen Plastikbehälter vorkeimen und gibt sie in einen Belüftungskasten oder Plastikbehälter. Nach etwa 3 Tagen, sobald die Saat ausgetrieben hat, in 7 cm große Saatkomposttöpfe stecken. Wenn nicht beheizt werden kann, ab dem späten Frühjahr aussäen. 8 cm große Töpfe mit Saatkompost füllen und die Saat 1 cm tief stecken. Treibhausgurken brauchen feuchte Luft und Temperaturen um 20 °C. Der Boden sollte reichhaltig, feuchtigkeitsspeichernd und locker sein, daher beim Anpflanzen am Rand des Gewächshauses organisches Material einarbeiten. Noch besser ist es, in Töpfen mit Dünger auf Erdbasis oder in Anzuchttüten oder unbehandelten Strohballen mit einem Kompostbeet anzubauen.
Ein Stöckchen in die Pflanze stecken und dieses befestigen. Den stärksten Stiel festbinden

und den Vegetationspunkt entfernen, sobald er das Gewächshausdach erreicht hat, dabei unterhalb jeder Frucht die beiden Seitenblätter abzwicken.
Treibhausgurken sollten nicht mit Pollen befruchtet werden, da sie sonst bitter werden: die männlichen Blüten entfernen. Weibliche Blüten erkennt man an den Schwellungen.
Regelmäßig mit lauwarmem Wasser besprühen; den Kompost befeuchten. Sobald die Früchte wachsen, alle 2 Wochen mit Pottasche düngen.
Gurken für den Anbau im Freien können in kühleren Regionen im Frühbeet oder Kalthaus angebaut werden. Nicht am Spalier ziehen. An warmen Tagen gut belüften und regelmäßig besprühen.

Pflanzen in Kübeln
Arten für den Anbau unter Glas in Töpfen oder Anzuchttüten aussäen (siehe unter Geschützter Anbau, S. 236). Glattschalige Sorten können in einer Tüte oder einem 30 x 20 cm großen Gefäß an einem sonnigen Standort im Freien gezogen werden. Im Spätfrühling oder Frühsommer 3 Samen 2 cm tief aussäen. Bis auf den stärksten Sämling vereinzeln. Sobald die Pflanze 6–7 Blätter hat, die Vegetationspunkte abzwicken. Die Seitentriebe an Netzen oder Stöckchen befestigen. Erde feucht halten. Sobald sich Früchte bilden, mit Pottasche düngen. Ideal ist 'Bush Champion'.

Ernte und Lagerung
Die Früchte sollten keinesfalls geerntet werden, bevor sie richtig reif sind. Im 16. Jahrhundert ließ man die Früchte stehen, bis sie braun-gelb gesprenkelt waren und sehr intensiv schmeckten.
Gurken, die im Freien gezogen werden, reifen von Hochsommer bis Anfang Herbst. Wenn sie die gewünschte Größe erreicht haben, mit einem scharfen Messer abschneiden.
Um einen maximalen Ertrag zu erzielen, sollte man die Früchte regelmäßig ernten. Im Gemüsefach des Kühlschranks halten sich die Gurken einige Tage. Das abgeschnittene Ende mit Plastikfolie bedecken, und die Gurke so rasch wie möglich aufbrauchen oder mit dem Stielende nach unten in einen Krug mit etwas Wasser stellen. Wie Kürbisse können auch Gurken in Netzen kühl gelagert werden.

Anfälligkeiten

Spinnmilben, Blattläuse, Schnecken und Echter Mehltau können auftreten. **Mosaikvirus** erkennt man an den gesprenkelten, verdorrten Blättern. Junge, befallene Pflanzen und Blätter der älteren Pflanzen verbrennen. Ältere Pflanzen können sich erholen, obwohl sie weniger ertragreich sind.

Mischkulturen

Freilandgurken gedeihen im Schatten von Mais und Sonnenblumen und harmonieren mit Erbsen, Bohnen, Rote Bete oder Karotten.
Kletterpflanzen können sich an Mais und Bohnen hochranken

Heilkraft

Die alten Römer verwendeten Gurken zum Heilen von Skorpionbissen, schlechten Augen und zum Vertreiben von Mäusen. Frauen mit Kinderwunsch banden sich Gurken um die Taille, die auch die Ammen trugen und die weggeworfen wurden, sobald das Kind geboren war.

Kulinarisches

Die Gurken essen, solange das Stielende noch fest ist. Einige Leute beharren darauf, dass geschälte Gurken besser schmecken; andere meinen, Aussehen und Geschmack der Schale wären eine Bereicherung.
Gurken werden aufgeschnitten für Salat verwendet, schmecken jedoch auch gut zum Lachssandwich. Als Beilage zu Gerichten aus dem Nahen Osten mit Jogurt und Minze mischen oder eine kalte Suppe zubereiten. Bei Verwendung als Beilage die Gurken schälen, entkernen, würfeln, in ein wenig Wasser sowie Butter 20 Minuten dünsten, bis sie weich sind. Mit Schlagsahne zu Fisch servieren.

Gurken-Käse-Mousse
(4 Personen)

1 halbe Gurke, in großen Stücken
275 g Streichkäse
1–2 EL Minzblätter
2 TL Weißweinessig
2 1/2 TL Gelatine
150 ml Gemüsebrühe
Salz und schwarzer Pfeffer aus der Mühle
zum Garnieren Radicchioblätter und Minze

Gurke mit Streichkäse, Minze und Essig in der Küchenmaschine pürieren. Gelatine bei schwacher Hitze in ein wenig Brühe auflösen. Abkühlen lassen, danach die restliche Brühe einrühren. Zum Streichkäse geben, würzen und vermengen. Die einzelnen Portionen auf Radicchioblättern anrichten und vor dem Servieren ca. 2 Stunden kalt stellen. Mit einigen dünnen Gurkenscheiben und Minzblättchen garnieren.

Gurken-Käse-Mousse

Crambe maritima. Cruciferae

MEERKOHL

Ausdauernd. Wird wegen der gebleichten, jungen Triebe angebaut. Winterhart. Nährwert: Enthält reichlich Vitamin C.

Der an der Küste Nordeuropas sowie der Ostsee und dem Schwarzen Meer wachsende Meerkohl wurde erst wild geerntet und verkauft, bevor er kultiviert wurde. Im 19. Jahrhundert galt er als eine der beliebtesten Gemüsesorten und wurde von zahlreichen Gärtnern in den riesigen Küchengärten gezogen, die den großen Herrenhäusern angeschlossen waren. Heute wird er nur selten angebaut, vermutlich weil die Größe, zu der man ihn zur damaligen Zeit heranzog, ihm den Ruf verliehen hatte, sehr arbeitsaufwendig zu sein. Doch ist er leicht im Garten anzubauen und schmeckt einfach köstlich!

Meerkohl in der frischen Seeluft.

SORTEN

'Lily White' ist sehr ertragreich, schmeckt gut und hat helle Stiele. Auch namenlose Selektionen der wilden Pflanze sind erhältlich.

Meerkohl blüht im Sommer und duftet süß.

KULTIVIERUNG

Vermehrung
Meerkohl kann aus Samen gezogen werden, wird jedoch meist in Form von Ablegern aus Krone und Seitenwurzeln angepflanzt. Die Ableger schneidet man im Herbst ab, nachdem die Blätter abgestorben sind. Man kann sie in Gärtnereien kaufen oder selbst bleistiftdicke, ca. 7,5–15 cm lange Wurzeln abschneiden. An der Wurzelspitze gerade abschneiden und an der Wurzelbasis schräg, damit man Spitze und Basis auseinanderhalten kann. Bis zum Anpflanzen in Sand lagern.

Kultivierung
Meerkohl gedeiht an sonnigen Standorten in tiefem, reichhaltigem, lockerem Boden mit neutralem pH-Wert. Im Winter vor dem Anpflanzen mit gut verrottetem Kompost anreichern. Bei schwereren Böden Sand oder Kies einarbeiten bzw. im Hochbeet anpflanzen. Meerkohl kann ca. 5–7 Jahre genutzt werden, bevor er ausgetauscht werden muss, daher sollte der Boden gut vorbereitet werden. Zwei Wochen vor dem Anpflanzen Volldünger einrechen. Vor dem Anpflanzen zu Frühlingsbeginn alle Knospen abstreifen und nur die stärkste stehen lassen. Die Ableger in einem Abstand von 50 cm einsetzen und 2–5 cm hoch mit Erde bedecken. Regelmäßig gießen, ab und zu düngen, Blütenstiele entfernen und von Unkraut befreien. Im Herbst die gelben Blätter abschneiden. Von Spätherbst bis Mitte Winter die Kronen mit einem Eimer, Blumentopf (mit verschlossenen Abflusslöchern) oder einem anderem Gefäß abdecken und rundherum Stallmist, Stroh oder Blätter anhäufeln.
Die Ernte im Spätfrühling abschließen, Volldünger einrechen und mit gut verrottetem Mist oder Kompost mulchen. Die Beete von Unkraut befreien und bei Trockenheit gut gießen. Erntet man erst im zweiten Jahr, wird die Pflanze kräftiger.

Pflegemaßnahmen
Frühling: Pflanzen im Freien verfrühen.
Sommer: Bei Trockenheit gießen, ab und zu düngen, von Unkraut befreien.
Herbst: Gelbe Blätter entfernen.
Winter: Kronen für Ableger ausstechen.

Geschützter Anbau
Zum Verfrühen die Kronen ausgraben. Sobald die Blätter abgestorben sind, die Hauptwurzel auf 15 cm zurückstutzen, Seitentriebe entfernen. In Kisten mit einem Abstand von 10 cm anpflanzen oder immer 3 in einen ca. 25 cm großen Topf setzen, der mit reichhaltiger Erde aus

Gebleichter Meerkohl sieht wie eine bizarre Skulptur aus.

dem Meerkohlbeet gefüllt ist, oder mit Kompost auf Lehmbasis und hohem Düngeranteil. Mit umgestülpten Töpfen oder Folie abdecken. Kompost feucht halten. Bei 10–13 °C kann man nach 5–6 Wochen ernten, bei 16–21 °C schon früher. Im Keller, Heizraum oder unter den Glashaustischen lagern und die Kronen regelmäßig ausgraben. Bei kaltem Wetter die Kronen ausstechen und bis zur Verwendung in feuchtem Sand lagern.

Ernte und Lagerung
Sobald die gebleichten Sprossen 7–20 cm lang sind, die Erde um die Triebe entfernen und die Stiele mit einem scharfen Messer durchschneiden, dabei ein Stückchen Wurzel mitnehmen. Im Freien gezogene Pflanzen können von Spätherbst bis Frühlingsbeginn geerntet werden. Nach der Ernte die Wurzeln der unter Glas gezogenen Pflanzen vernichten.

ANFÄLLIGKEITEN

Nicht in Beeten pflanzen, die von **Kohlhernie** befallen sind. **Erdflöhe** fressen runde Löcher in die Blätter. Sämlinge mit einem Insektizid besprühen.

SONSTIGES

Meerkohl sieht auch im Blumenbeet hübsch aus. Er bildet eine Rosette mit großen, gewellten, weißlich beschichteten Blättern und großen Büscheln weißer Blüten, die im Sommer nach Honig duften.

Meerkohl, unter traditionellen Terrakottagefäßen gezogen.

KULINARISCHES

Am besten wird Meerkohl frisch gegessen, aber er hält sich im Gemüsefach des Kühlschranks 2–3 Tage.
Die Stiele waschen und mit Bast bündelweise zusammenbinden, danach dünsten oder leicht kochen, bis sie weich sind – kocht man sie zu lange, werden sie zäh und verlieren an Geschmack.
Im 19. Jahrhundert reichte man Meerkohl mit Béchamelsoße oder Butter auf Toast.
Meerkohl mit Béchamelsoße, Sauce Hollandaise oder geschmolzener Butter mit Zitronengeschmack ist auch eine hervorragende Vorspeise.
Die jungen, blühenden Triebe können Sie, wenn sie leicht gekocht sind, essen.

Meerkohl Gratinée
(4 Personen)

Passt hervorragend zu gebratenem Schinken.

750 g gut gewaschener Meerkohl
Béchamelsoße:
50 g Butter
2 EL Mehl
1 TL Dijon Senf
150 ml Milch oder Crème fraiche
4 EL intensiver Cheddarkäse
Salz und schwarzer Pfeffer aus der Mühle

Meerkohl gut waschen, zusammenbinden und in kochendem Salzwasser *al dente* kochen. Durch ein Sieb gießen und in eine feuerfeste Form geben.
Béchamelsoße zubereiten und mit Cheddarkäse abschmecken. Soße über den Meerkohl gießen und im vorgeheizten Ofen bei 200 °C 15 Minuten backen. Heiß servieren.

Cucurbita maxima, Cucurbita moschata und *Cucurbita pepo. Cucurbitaceae*

KÜRBIS

RIESENKÜRBIS, GARTENKÜRBIS, ZUCCHINI

Einjährig. Man verwendet die oft farbenprächtigen Früchte, die sehr groß werden können. Frostempfindlich. Nährwert: Reich an Betakarotin, mittlerer Gehalt an Vitamin C und Folsäure.

An der Küste von Coromandel
wächst der junge Kürbis schnell
und in den Wäldern lebet froh
der Yonghy-Bonghy-Bo ...
Gedicht von Edward Lear (1812–88)

Der Kürbis stammt ursprünglich aus Amerika, und man nimmt an, dass er bereits seit 5000 bis 10 000 Jahren kultiviert wurde. Die wilden Früchte wurden aufgrund ihres Samens gepflückt. Erst später entdeckte man, dass das Fleisch des Kürbis süß schmeckte. Viele Sorten gelangten schon bald nach der Entdeckung Amerikas im 16. Jahrhundert nach Europa, wo sie nicht nur in der Küche Verwendung fanden. Die Samen wurden zerstampft und zusammen mit Hafermehl zum Bleichen von Sommersprossen und Muttermalen verwendet. Estienne und Liébault schrieben 1570: „Damit Kürbisse lange halten, ohne zu verderben, muss man sie mit dem Saft einer Hauswurze besprühen." Im 17. Jahrhundert wurden sie als Brotfülle verwendet oder gekocht und mit viel Butter serviert. Der englische Name „pumpkin" kommt vom griechischen Wort „pepon" für Melone, was „von der Sonne gekocht" bedeutet. Die französische Bezeichnung „potron" heißt „großer Pilz", und der in den USA verwendete Begriff „squash" stammt vom indianischen Wort „askutasquash" – ungekocht oder roh gegessen – ab.

Zur Familie der Kürbisgewächse gehört eine Vielzahl von Früchten, die nicht nur gut schmecken, sondern auch sehr dekorativ sind. Fast nichts macht einen Gemüsegarten so schön wie Kürbisse, die im goldenen Herbstlicht reifen.

Winterkürbis

.ittle Gem' stammt aus der gleichen Gruppe wie die Zucchini, ıat jedoch runde Früchte.

SORTEN

ı der Familie der *Cucurbita* ındet man niedrigwachsende ›der kriechende einjährige 'flanzen, die manchmal ıußerst robust sind und eine 'ielzahl an essbaren Früchten ınd/oder Zierfrüchten her-'orbringen. Oft teilt man die 'rüchte nach ihrer Form oder Ērntezeit ein – Drehhals-ürbis, Sommerkürbis, Vinterkürbis etc. In Wirklich-eit überschneiden sich diese Einteilungen. Einige Sorten ind sehr vielseitig und wer-len als junge oder reife Frucht verschieden zuberei-et. Für zusätzliche Verwir-rung sorgen die lokalen Un-erschiede bei der Namensgebung. Hier werden die verschiedenen Sorten nach der Gattung eingeteilt. Die Familie der *Cucurbita maxima* hat große, vielseitige Früchte und umfasst den Großteil der traditionellen Kürbisse und der Winter-kürbisse, unter denen sich auch einige Zierfrüchte befin-den. Die reifen Früchte, die sehr haltbar sind, haben eine ziemlich harte Schale. Das gelbe Fleisch muss gekocht werden. Die Pflanzen gedei-hen bei geringer Feuchtigkeit bei 20–27 °C, obwohl einige auch kühlere Temperaturen vertragen. **'Atlantic Giant'** ist nichts für schwache Gemüter – er kann über 300 kg schwer werden. **'Banana Pink'** ist lang, breit und gebogen mit hellrosa Schale. Bei **'Big Max'** handelt es sich um einen Riesenkürbis mit grober, rötlich-orangefar-bener Schale und hellem Fleisch. Ideal für Kuchen, Ausstellungen und als „Riesengemüse". Das feste, süße Fleisch von **'Buttercup'** schmeckt hervorragend. Die Schale ist dunkelgrün mit schmalen, hellen Streifen. Ideal für Suppen, zum Ba-cken und für Kürbiskuchen. **'Gelber Zentner'** hat sehr große, plattrunde Früchte mit gelblich-rotem Fruchtfleisch. Bei **'Queensland Blue'** handelt es sich um eine attraktive, kleine Sorte mit blaugrauer Schale, die sehr schmackhaft ist. **'Turk's Turban'** (**'Turk's Cap'**), ein herrlicher Zierkürbis, ist orangefarben mit beigen und grünen Tupfen. Der Name sagt alles über seine Form. **'Warted Hubbard'** ist ein kleiner, runder Kürbis mit dunkelgrüner, warziger Schale und orangegelbem Fleisch. Hält sich gut. **'Whangaparoa Crown Pumpkin'**, eine Sorte mit harter, grauer Schale, ausgeprägter Krone und orangefarbenem Fleisch; hält sich gut.

Die Familie der *Cucurbita pepo* umfasst Sommerkürbisse, darunter auch Zucchini und deren größere Version, den Melonenkürbis, sowie nicht lagerfähige Winter- und Zierkürbisse wie Spaghetti- und Drehhalskürbis. Die Schale ist weich, besonders solange die Früchte noch nicht ausgereift sind und roh gegessen werden können. Eine Sorte, **'Little Gem'** benötigt 4 Monate zum Reifen und eignet sich nur für wärmere Zonen.

Sommerkürbis
'Early Golden Summer Crookneck' reift früh und hat

'Crown Prince' – eine eher blass aussehende Sorte.

'Crown of Thorns'

helle, gelbe Früchte, die hervorragend schmecken und geerntet werden, sobald sie ca. 10 cm lang sind. **'Early Prolific Straight Neck'** ist zitronengelb und hat fein strukturiertes Fruchtfleisch. **'Vegetable Spaghetti' ('Spaghetti Squash')** verfärbt sich nach dem Reifen hellgelb. Die Früchte werden im Ganzen gekocht oder gebacken. Höhlt man das Fleisch aus, sehen sie wie Spaghetti aus. **'White Patty Pan' ('White Bush Scallop')** ist ungewöhnlich flach mit wellenförmigem Rand und wird besser im Ganzen geerntet und gekocht, sobald die Früchte einen Durchmesser von 7,5 cm haben. Buschig und daher ideal für kleine Gärten. **'Yellow Bush Scallop'** ist eine alte Sorte mit grobem, hellgelbem Fleisch und leuchtend gelber Schale.

Melonenkürbis
Diese längliche Version des Sommerkürbis ist seit langem beliebt.
'Long Green Trailing' ist eine üppige Sorte mit langen Früchten, die dunkelgrün sind mit hellen Streifen.
'Tiger Cross', eine frühe, niedrigwachsende Sorte, ist ertragreich und qualitativ hochwertig. Resistent gegen Gurkenmosaikvirus. **'Tender and True'** ist ebenfalls niedrigwachsend und früh. Resistent gegen Gurkenmosaikvirus. Die jungen Früchte können wie Zucchini verwendet werden.

Zucchini
Die Früchte eines Melonenkürbis, die jung geerntet werden und in den USA unter dem Namen „squash"

bekannt sind.
Bei den folgenden handelt es sich um niedrigwachsende Sorten, die ideal für kleinere Gärten sind. **'Ambassador'** ist sehr ertragreich, hat dunkelgrüne Früchte und kann über einen längeren Zeitraum geerntet werden. **'Sperlings Goldfieber'** liefert hohe Erträge an goldgelben Früchten. Regelmäßig ernten. **'DeNice à Fruit Rond'**, eine runde Sorte, pflücket man, sobald die Früchte die Größe eines Golfballs haben. Schmeckt hervorragend. **'Gold Rush'**, eine kompakte, niedrigwachsende Sorte mit gelben Früchten, kann über einen längeren Zeitraum geerntet werden. **'Spacemiser'** ist eine kompakte, üppige Sorte für Feinschmecker. Auch **'Supremo'** liefert sehr schmackhafte, dunkelgrüne Früchte.

Winterkürbis
Winterkürbisse haben normalerweise weißes oder hellgelbes Fleisch, während der Riesenkürbis grobes, orangefarbenes Fleisch hat. **'Ebony Acorn' ('Table Queen')** ist eine alte, früh reifende Sorte mit dünner, dunkelgrüner Schale und hellgelbem, süßem Fleisch, das sich zum Backen eignet. Die Pflanze ist niedrig wachsend. Bei **'Jack be Little'** handelt es sich um einen Minikürbis mit stark gerippten Früchten, die eine orangefarbene Schale haben. Man kann sie essen, auch wenn sie sich eher als herbstliche Zierfrüchte eignen.
'Small Sugar' hat runde, orangefarbene Früchte, die bis zu 20 cm Durchmesser haben. Das Fleisch ist zart, gelb und hervorragend für Kuchen geeignet. Reift ab Spätherbst.
In die Gruppe der *Cucurbita moschata* fallen verschiedene Kürbisarten, die im Spätherbst oder Winter geerntet werden. Die großen, runden Früchte haben eine glatte, zähe Schale. Sie gehören zu den ersten kultivierten Sorten und sind in den Tropen sehr verbreitet, da sie besonders hitzeresistent sind.
'Butternut' hat hellbraune, kompakte, keulenförmige Früchte mit hellem, orangefarbenen Fleisch. Läßt sich gut lagern und wächst auch in kühleren Regionen. **'Early Butternut'** hat gekrümmte, schmale Früchte mit dicker Spitze. Diese niedrigwachsende Sorte reift rasch und hält sich gut. **'Kentucky Field' ('Large Cheese')** ist abgeflacht, die Schale leicht gerippt und hellbeige. **'Triple Treat'** hat helle, orangefarbene, runde Früchte. Die Samen schmecken besonders gut roh, gebraten oder geröstet. Diese Sorte lässt sich leicht schneiden und eignet sich daher besonders für Halloween. Die Schale von **'Waltham Butternut'** ist glatt und hellbraun, das Fleisch hat einen nussigen Geschmack. Ideal zur Lagerung und äußerst ertragreich.

Der ertragreiche 'Gold Rush'.

Kultivierung

Vermehrung
An Ort und Stelle oder in kühleren Gegenden in Töpfen aussäen, da die Saat bei einer Temperatur unter 13 °C nicht auskeimt.
Von Mitte bis Ende Frühling die Saat über Nacht einweichen, dann einen Samen rund 3 cm tief in einen 7 cm großen Topf oder in einen Torftopf mit feuchtem Allzweck- oder Saatkompost stecken und im beheizbaren Frühbeet oder auf einem warmen Fensterbrett bei 20–25 °C aufstellen. Sobald die Sämlinge groß genug sind, nach dem Austreiben in 15 cm große Töpfe umsetzen und darauf achten, dass die Wurzeln nicht verletzt werden. Kompost feucht halten.
Pflanzen allmählich abhärten und im späten Frühjahr oder Anfang Sommerbeginn, sobald die Frostgefahr gebannt ist, umsetzen. Bis die Pflanzen gut angewachsen sind, mit

Farbenprächtige Kürbisse in allen Formen.

Glasglocken schützen.
Im späten Frühling oder Frühsommer, sobald der Boden warm ist und bearbeitet werden kann bzw. die Frostgefahr gebannt ist, kann man auch an Ort und Stelle anbauen.
Ein 30–45 cm großes, quadratisches Loch ausheben und 7–10 Tage vor dem Anpflanzen zur Hälfte mit gut verrottetem Mist füllen. In die Mitte 2–3 Samen rund 3 cm tief in die Erde stecken und mit einem Konfitüreglas oder einer abgeschnittenen Plastikflasche abdecken.
Nach dem Auskeimen auf den stärksten Sämling vereinzeln, die Bedeckung entfernen und die Stelle mit einem Stöckchen markieren, damit Sie später wissen, wo Sie gießen sollen. Man kann den Boden auch wie oben beschrieben vorbereiten und die Sämlinge umsetzen.
Den der Pflanze entsprechenden Abstand einhalten. Buschige Sorten sät man auf erhöhten Beeten mit einem Abstand von 60–90 cm aus, der Reihenabstand beträgt ca. 90–120 cm. Kriechpflanzen sollten einen Abstand von 120–180 cm haben und einen Reihenabstand von 180–360 cm.

Der äußerst seltsam aussehende 'Turk's Turban' hält sich einige Monate lang.

Kultivierung

Kürbisse gedeihen an sonnigen Standorten in fruchtbarer Erde, die mit organischem Material angereichert wurde und einen pH-Wert von 5,5–6,8 aufweist.
Es empfiehlt sich, schwarze Folie aufzulegen und die Ränder mit Erde zu beschweren. Das wärmt den Boden, verdrängt das Unkraut, speichert Feuchtigkeit und

'White Patty Pan' sieht wie eine fliegende Untertasse aus.

schützt die reifenden Früchte. Man kann auch eine dicke Strohschicht oder Vlies verwenden, oder die reifenden Früchte auf Dachziegeln, ein Stück Karton oder ähnliches legen, damit sie nicht faulen.
Die Bestäubung sollte von Hand vorgenommen werden, speziell bei kaltem Wetter, wenn weniger Insekten fliegen. Die weiblichen Blüten haben unmittelbar hinter den Blütenblättern eine kleine Verdickung, die den nachwachsenden Kürbis darstellt. Der Stiel der männlichen Blüten ist durchgehend dünn. Bei trockenem Wetter eine voll erblühte männliche Blüte abnehmen, die Blütenblätter zurückbiegen und Pollen auf das Stigma der weiblichen Blüte stäuben. Man kann den Pollen auch mit einem feinen Pinsel auftragen. Bei heißem Wetter gibt es möglicherweise weniger weibliche als männliche Blüten.
Die Pflanzen benötigen besonders während der Bildung der Blüten und Früchte reichlich Wasser und Dünger, und zwar bis zu 10 Liter Wasser pro Woche, obwohl sie sich niemals mit Wasser voll saugen sollten.
Alle 2 Wochen mit flüssigem Volldünger düngen. Die Pflanzen, die unter Folie angebaut werden, müssen gelegentlich gedüngt werden. Die Spitzen der Haupttriebe der Kriechpflanzen abzwicken, sobald sie 60 cm lang sind, damit sie sich weiter verzweigen. Zu lange Spitzen ebenfalls abschneiden.
Kriechpflanzen können auch an Spalieren gezogen werden. Bei begrenztem Platzangebot kann man einen Kreis aus Pflöcken aufstellen und die Stiele um die Pflöcke ranken lassen.
Damit die Früchte groß werden, sollte man pro Pflanze nur 2–3 Stück wachsen lassen. Die Pflanzen von Unkraut befreien.

Pflegemaßnahmen

Frühling: Unter Glas oder im Freien aussäen.
Sommer: Reichlich düngen und gießen. Die Pflanzen von Unkraut befreien. Zucchini und Melonenkürbis ernten.
Herbst: Kürbisse ernten, reifen lassen, vor Frost schützen.
Winter: Winterkürbisse bis Mitte Winter oder länger lagern.

Geschützter Anbau

In kühleren Regionen oder zur Beschleunigung des Wachstums unter Glas aussäen und umsetzen.
Pflanzen mit Glasglocken oder Abdeckung schützen, bis sie gut angewachsen sind. Für die frühere Ernte die buschigen Sorten verwenden.

Pflanzen in Kübeln

Zucchini, Melonenkürbisse, buschige und mäßig robuste Sorten können in Anzuchttüten oder Gefäßen mit mindestens 35 cm Durchmesser nd einer Tiefe von 30 cm ezogen werden. Kompost uf Lehmbasis unter Zugabe on gut verrottetem organichem Material verwenden. Jnter Glas aussäen und späer umsetzen oder sofort im 'reien aussäen. Die Pflanzen ;ut gießen und den Kompost ıicht austrocknen lassen.)ie Pflanzen können an 2 m ıohen, starken Stöcken beestigt werden. Vegetationsounkte abzwicken, sobald die itiele die Spitze erreichen. Haupt- und Nebenstiele fest ın die Stöcke binden.)ie Pflanzen von Hand beitäuben.

Ernte und Lagerung
Zucchini und Sommerkürbisse pflücken, sobald sie ca. 10 cm lang und noch jung und zart sind. Melonenkürbisse erntet man, wenn sie ausgewachsen sind. Den Daumennagel vorsichtig neben dem Stiel in die Schale drücken. Sinkt er mühelos ein, kann man den Melonenkürbis ernten. Abschneiden und ein kleines Stielende auf der Pflanze stehen lassen. Darauf achten, dass keine Druckstellen entstehen. Regelmäßig ernten.
Die Früchte können ca. 8 Wochen kühl gelagert werden. Zucchini bleiben in einer Plastiktüte im Kühlschrank ca. 1 Woche frisch und sind zum Einfrieren geeignet. In 1 cm breite Scheiben schneiden, 2 Minuten blanchieren, abkühlen, durch ein Sieb gießen und trocknen lassen. In Gefrierbeutel einfrieren.
Das Fruchtfleisch der Winterkürbisse kann ohne Geschmackverlust gekocht und anschließend eingefroren werden.
Gegen Ende der Vegetationszeit alle Blätter entfernen, die Schatten auf die Früchte werfen. Winterkürbisse werden von Spätsommer bis Herbst geerntet, müssen jedoch vor dem ersten Frost geerntet werden. Wenn sie reif sind, beginnen die Blätter rasch abzusterben, die Schale wird hart und die Stiele springen auf.
Nach der Ernte lässt man die Früchte ca. 14 Tage im Freien, da sie in kalter Witterung mehr Geschmack und höheren Zuckergehalt bekommen, die Schale härter und der Stiel versiegelt wird.
Mit Jute, Stroh oder ähnlichem vor starkem Frost schützen.
In kühleren Gegenden kann man sie unter Glas oder auf einem sonnigen Fensterbrett ziehen. Lagern Sie sie in einem frostgeschützten Schuppen, halten die Kürbisse bis in den Winter hinein.
Winterkürbisse müssen bei einer Mindesttemperatur von 10 °C gelagert werden. Sie halten bis zu 6 Monate, können jedoch auch schon früher verderben. Einige japanische Sorten sind sogar noch länger haltbar.

Melonenkürbisse sind Kriechpflanzen, man kann sie jedoch auch auf Gittern ziehen.

Die essbaren Blüten des Melonenkürbisses.

MISCHKULTUREN

Zum Stützen und Beschatten eignen sich Zucchini und Melonenkürbisse neben Mais sowie Hülsenfrüchten, die den nötigen Stickstoff liefern.

ANFÄLLIGKEITEN

Sobald die Früchte welken, öfter gießen und düngen. **Blattläuse, Echter und Falscher Mehltau** sowie **Schne-cken** sind ein Problem. Bei Befall mit **Gurkenmosaikvirus** werden die Blätter gelb gesprenkelt und runzlig, und die Früchte verfaulen.
Befallene Pflanzen sofort vernichten. Blattläuse bekämpfen, die den Virus übertragen.

Kulinarisches

Die Blüten aller Sorten können zum Salat gegeben oder mit Reis und Hackfleisch gefüllt und paniert werden. Vor dem Pflücken Fleisch, Reis und Panade vorbereiten, da die Blüten rasch welken. Sie können auch püriert und zu Suppe verarbeitet werden. Die jungen Triebe werden gedünstet oder gekocht. Kürbisfleisch wird für Torten verwendet. Die Samen in Öl backen und salzen. So werden „Pepitos" zubereitet.
Die Früchte können Sie füllen, dünsten, braten, für Curry-Gerichte verwenden, zu Konfitüre verarbeiten oder einlegen.

Zucchiniomelette
(2 Personen)

Mit jungen Zucchini lässt sich ein schmackhaftes Omelette zubereiten, das schön aussieht, wenn Sie gelbe und grüne Früchte verwenden.

5 Eier
300 g Zucchini
4 EL Olivenöl
1 EL frische Basilikumblätter (auf Wunsch rote)
1 EL frische Thymianblätter
Salz und schwarzer Pfeffer aus der Mühle

Eier mit Salz und Pfeffer quirlen und zur Seite stellen. Zucchini grob würfeln. Die Hälfte des Öls erhitzen, die Zucchini einige Minuten sautieren und vom Herd nehmen.
In einer Omelettepfanne das restliche Öl erhitzen und Eier, Zucchini und Kräuter hinzufügen. Bei schwacher Hitze vorsichtig rühren und das Omelette stocken lassen. Mit einem Teller wenden, dann die andere Seite bräunen lassen.
Als abwechslungsreiches Abendgericht servieren.

Kürbis-Kibbeh
(4 Personen)

Als Mittelpunkt vieler Gerichte aus dem Nahen Osten sollten diese „Bällchen" lauwarm serviert werden. Dieses Rezept erhielt ich von Arto der Haroutunian.

200 g frisch gekochtes Kürbisfleisch
400 g Bulgur
150 g glattes Mehl
1 Zwiebel, fein gehackt
Salz und schwarzer Pfeffer aus der Mühle
Füllung:
2 Schalotten, fein gehackt
250 g Spinat, gewaschen
150 g gekochte Kichererbsen, durch ein Sieb gegossen
50 g gehackte Walnüsse
50 g getrocknete Aprikosen
1/4 TL Sumach (von zypriotischem Delis)
1 EL Zitronensaft
Salz und schwarzer Pfeffer aus der Mühle
Öl zum Braten

In einer großen Schüssel das Kürbisfleisch mit der Gabel zerdrücken. Bulgur und Mehl hineinsieben, Zwiebel und Gewürze hinzufügen. 10–15 Minuten kühl ruhen lassen. Wenn der Teig zu hart ist, einen Esslöffel Wasser hinzufügen und gut kneten.
Für die Füllung die Schalotten kurz in Öl dünsten, bis sie leicht braun sind. Spinat dazumischen und unter ständigem Rühren ein paar Minu ten anbraten lassen. Dann die restlichen Zutaten hinzufügen und gut verrühren.
Hände anfeuchten, damit der Teig nicht anklebt. Aus der Bulgur-Kürbis-Mischung ovale Täschchen formen, die rund 8 cm lang und gerade groß genug zum Füllen sein sollten. An einer Stelle eine Öffnung lassen und jeden Kibbeh mit der Spinat-Aprikosen-Mischung füllen. Danach die Öffnung mit den Fingern verschließen.
Die Kibbehs auf jeder Seite ein paar Minuten in heißem Öl backen und auf Küchenpapier abtropfen lassen. Der Teig reicht für etwa 20 bis 24 Kibbehs.

Zucchiniomelette

Kürbis mit Balsamico-Essig

Pro Person nimmt man 100 g Eichelkürbis, den man halbiert und entkernt. In eine eingefettete, feuerfeste Form füllen und pro Portion mit 1 Esslöffel Balsamico-Essig, 2 Esslöffeln flüssigem Honig und 1 Esslöffel Zitronensaft übergießen. Im vorgeheizten Backofen bei 180 °C 40 Minuten backen, dazwischen einmal wenden.

Melonenkürbis mit Schinken und Käse

500 g Melonenkürbis
2 EL Butter
1 kleine Zwiebel, fein geschnitten
75 g Räucherschinken, gewürfelt
150 ml Crème fraîche
4 EL geriebener, reifer Cheddarkäse
Salz und schwarzer Pfeffer aus der Mühle

Melonenkürbis grob würfeln und weich dünsten. Von der Platte nehmen und warm stellen. Für die Soße Zwiebel in der Butter rösten. Schinken hinzufügen und nochmals 5 Minuten braten, dabei ab und zu umrühren. Crème fraîche, Melonenkürbis und Gewürze untermengen und das Ganze in eine eingefettete, feuerfeste Form füllen. Mit Käse garnieren und im vorgeheizten Rohr bei 225 °C 15 Minuten backen.

Traditionelle Halloween-Laternen

Sonstiges

Zu Halloween verwendet man ausgehöhlte Kürbisse als Laternen. Aus reifen Melonenkürbissen können Sie sogar Wein herstellen.

Heilkraft

In Äthiopien werden Kürbissamen als Abführmittel verwendet. Weltweit werden sie zum Vertreiben von Darmwürmern eingesetzt. Winterkürbisse sollen das Krebsrisiko senken.

Warnung

Vorsicht beim Ernten von großen Kürbissen; die Knie, nicht den Rücken beugen.

Cynara cardunculus. Compositae

CARDY

Cardone, Spanische Artischocke. Ausdauernd. „Herz" und gebleichte Blattrippen werden verwendet. Frostempfindlich. Nährwert: Reich an Kalium.

Diese nahe Verwandte der Artischocke findet man wildwachsend im Mittelmeerraum und Nordafrika. Die Kulturvarietäten sind als Gemüse beliebt, bei dem – ähnlich wie bei Sellerie – die Stiele im Herbst gebleicht werden. Die Pflanze wurde bereits vor Christi Geburt angebaut; die Römer bezahlten einen hohen Preis für dieses Gemüse, das als Zutat für Eintöpfe und Salate verwendet wurde. 1658 kam die Cardy nach England, doch konnte sie trotz ihrer Beliebtheit in Europa niemals richtig Fuß fassen. Heute findet man sie eher im Kräuterbeet, wo die kräftigen, gezackten Blätter und die hohen Stängel mit den distelähnlichen, violetten Blüten hervorstechen.

SORTEN

'Gigante di Romagna' ist eine verlässliche Sorte mit langen Stielen. **'Plein Blanc Inerma Ameliora'** wird bis zu 120 cm hoch und hat weiße Rippen, die gut strukturiert und schmackhaft sind. Bei **'Tours'** handelt es sich um eine hohe, robuste Sorte. Achtung vor den langen Stacheln!

Cardys als Zierpflanzen

KULTIVIERUNG

Cardys bevorzugen sonnige, geschützte Standorte mit leichten, fruchtbaren Böden.

Vermehrung
Mitte Frühling 3–4 Samen 3 cm tief gruppenweise im Freien aussäen, dabei zwischen den Pflanzen einen Abstand von 50 cm einhalten und zwischen den Reihen einen Abstand von 1,5 m. Nach dem Austreiben den stärksten Sämling vereinzeln. In kühleren Gegenden oder falls der Frühling auf sich warten lässt und der Boden noch kalt ist, nicht im Freien aussäen. Im beheizten Frühbeet oder unter Glas 3 Samen in 7 cm großen Töpfen oder in Torftöpfen mit feuchtem Saatkompost bei ca. 13 °C aussäen. Vereinzeln, den stärksten Sämling stehen lassen und vor dem Umsetzen ins Freie abhärten. Im späten Frühling, sobald die Frostgefahr gebannt ist, umsetzen. Nach dem Anpflanzen gut gießen und vor direkter Sonneneinstrahlung schützen.

Kultivierung
Im Herbst oder zu Frühlingsbeginn vor dem Aussäen oder Anpflanzen der Sämlinge die Erde zweimal umgraben und mit gut verrottetem, organischem Material anreichern. Man kann auch in 40–50 cm breiten, 30 cm tiefen Furchen anpflanzen, die man im Spätherbst oder zu Frühlingsbeginn aushebt. Reichlich Mist oder Kompost einarbeiten und bis auf 7–10 cm unterhalb der Oberfläche auffüllen. Die restliche Erde zum Anhäufeln verwenden. Vor dem Anpflanzen Volldünger einrechen (60 g/m^2). An einem Tag im Spätsommer oder Frühherbst, wenn Blätter und Herz trocken sind, mit dem Bleichen beginnen: Die Stiele mit Bast oder einer weichen Schnur unterhalb der Blätter zu einem großen Büschel zusammenbinden (Arme und Hände mit langen Ärmeln und Handschuhen schützen). Mit Zeitungspapier, Wellpappe, braunem Packpapier oder schwarzer Folie feste „Krägen" um die Stängel wickeln. Auch mit Teilen einer Regenrinne lässt sich das Licht wirkungsvoll fernhalten. Die Krägen speziell an ungeschützten Stellen mit Stöcken stützen. Man kann die Pflanzen auch anhäufeln. Die Stiele mit Heu, Gestrüpp oder Stroh abdecken, das mit einer Schnur befestigt und mit Erde bedeckt wird, die in einem Winkel von 45° angehäufelt wird. Die erste Methode ist schneller.
Cardys müssen ab dem Frühsommer bis zum Frühherbst regelmäßig gegossen und alle 2 Wochen mit Flüssigdünger gedüngt werden. Von Hand oder mit der Hacke jäten, oder besser noch mit einer 5 cm hohen Schicht organischen Materials mulchen, sobald die Pflanzen fest angewachsen sind.

Pflegemaßnahmen
Frühling: Im Freien oder unter Glas aussäen.
Sommer: Regelmäßig düngen und gießen. Von Unkraut befreien.
Herbst: Mit einem Messer ernten. Beet vorbereiten.

Die Blüten ähneln denen der Artischocke.

Winter: Bis zur Verwendung kühl und trocken lagern.

Geschützter Anbau
Die umgesetzten Pflanzen oder die Sämlinge mit Glasglocken bzw. Vlies vor spätem Frost schützen.

Pflanzen in Kübeln
In großen Gefäßen mit Kompost auf Lehmbasis unter Zugabe von organischem Material oder in lockeren Böden anbauen. Den Blättern viel Platz lassen. Regelmäßig gießen und düngen. Kompost nicht austrocknen lassen. Mit „Krägen" bleichen.

Ernte und Lagerung
Das Bleichen dauert ca. 3–4 Wochen. Sobald die Pflanzen geerntet werden können, ausstechen, Wurzeln abschneiden und die äußeren Blätter entfernen. Cardys können im Boden bleiben, bis sie gebraucht werden, müssen aber mit Gestrüpp, Stroh oder einem ähnlichen Material vor Frost geschützt werden. Ist starker Frost zu erwarten, die Pflanzen ausstechen und im Schuppen oder Keller lagern.

Anfälligkeiten
Cardys sind robust, können aber von **Echtem Mehltau** befallen werden, der sich schlimmer auswirkt, wenn die Pflanze an den Wurzeln trocken ist.
Die Samen werden von **Mäusen** gefressen. Die Samen in Paraffin tauchen oder Fallen aufstellen.

Kulinarisches

Die Mittelrippen der Blätter und die dünn geschnittenen Herzen werden roh in Salaten, oder als Zutat in Suppen und Eintöpfen gegessen. Oft werden sie auch als Alternative zu Fenchel oder Sellerie verwendet. Sie können sie in Salzwasser mit einem Schuss Zitronensaft ca. 30 Minuten kochen, bis sie gerade weich sind. Sobald man sie aufschneidet, sollte man sie sofort in Wasser mit einem Schuß Zitronensaft tauchen, damit die Schnittflächen nicht braun werden.
In Spanien und einigen Ländern Südamerikas werden die getrockneten Blüten des Cardy als Ersatz für Lab verwendet.

Lammterrine mit Cardys
(4 Personen)

Terrinen (oder Eintöpfe) sind in Nordafrika weit verbreitet. Cardys verleihen diesem marokkanischen Gericht seinen typischen Geschmack.

750 g Lammfleisch
3 Knoblauchzehen, gepresst
1 TL gemahlener Ingwer
1 Prise Safran
1/4 TL Gelbwurz
2–3 TL Speiseöl
2 TL Koriander
1 Zwiebel, geschält und geschnitten
750 g–1 kg Cardys
2 konservierte Zitronen, geviertelt
4 EL schwarze Oliven
Saft von 2 Zitronen
Salz und schwarzer Pfeffer aus der Mühle

Lamm, Knoblauch, Ingwer, Safran, Gelbwurz, Öl, gehackten Koriander und Zwiebel in eine schwere Pfanne geben und gut mischen. Mit ein bis zwei Tassen Wasser übergießen und aufkochen.
Falls erforderlich, abschöpfen und anschließend eine Stunde zugedeckt garen. Bei Bedarf Wasser nachgießen, bis das Lamm gerade weich ist. Danach die geputzten Cardys hinzufügen und mit Wasser bedecken (sehr wichtig). Weitere 30–40 Minuten köcheln lassen.
Die konservierten Zitronen, Oliven und etwas Zitronensaft einrühren.
Alles gut vermischen. Abschmecken und kochend heiß servieren.

Lamm-Tangine mit Cardys

Cynara scolymus. Compositae

ARTISCHOCKE

Große, aufrecht wachsende, ausdauernde Pflanze. Wird wegen ihrer essbaren Blütenköpfe ange baut. Teilweise frosthart. Nährwert: 85% Wasser. Enthält Inulin, das sich bei der Lagerung in Fruktose verwandelt. Mittlerer Jod- und Eisengehalt.

Die aus dem Mittelmeerraum stammende Artischocke wurde bereits von Griechen und Römern angebaut, die sie als Delikatesse schätzten. Die Bezeichnung leitet sich vom italienischen „articoclos“ ab, das wiederum auf „cocali“ oder „Pinienzapfen“ zurückgeht – eine passende Beschreibung für das Aussehen der Blütenköpfe. Im Mittelalter waren Artischocken nur wenig beliebt, wurden jedoch von Katharina de Medici im 16. Jahrhundert in Frankreich wieder eingeführt. Von dort aus verbreitete sich die Artischocke auf der ganzen Welt. 1806 gelangte diese Gemüseart mit den französischen und spanischen Siedlern in die USA.

In Italien wird der in der Artischocke enthaltene Bitterstoff für den Aperitif „cynar“ verwendet, der ebenso beliebt wie Wermut ist und sicherlich einen ganz besonderen Geschmack aufweist. Die Pflanzen werden bis zu 1,2–1,5 m hoch, breiten sich 90 cm weit aus und haben hübsche, große, distelähnliche Blüten. Die Artischocke ist nicht nur eine Gemüsepflanze, sondern macht sich auch im Blumenbeet sehr hübsch aus.

SORTEN

'Green Globe' hat große, grüne Köpfe mit dicken, fleischigen Schuppen. In kühleren Gegenden muss sie im Winter geschützt werden. **'Gros Camus de Bretagne'** ist nur für wärmeres Klima geeignet, liefert jedoch große, wohlschmeckende Blütenköpfe. **'Purple Globe'** ist frosthärter als die grüne Version, jedoch weniger schmackhaft. **'Purple Sicilian'** hat kleine, dunkelviolette Artischocken, die roh hervorragend schmecken, solange sie sehr jung sind. Diese Sorte ist nicht frostbeständig. Die bekannte Sorte **'Grüne von Laon'** ist robust und schmackhaft. **'Violetta di Chioggia'**, eine Sorte mit rotem Blütenkopf, eignet sich besonders fürs Blumenbeet.

KULTIVIERUNG

Artischocken benötigen einen offenen, geschützten Standort und fruchtbaren, lockeren Boden.

Vermehrung
Artischocken können aus Samen gezogen oder aufgeteilt werden, normalerweise verwendet man jedoch Schößlinge bzw. Wurzeltriebe. Man kann die Schößlinge kaufen oder Mitte Frühling von bestehenden Pflanzen abnehmen. Sie sollten gesund, ca. 20–25 cm lang

Ein unreifer Blütenkopf kurz vor der Ernte.

und gut verwurzelt sein und mindestens 2 Triebe haben. Die Erde um die Wurzeln der bestehenden Pflanze entfernen und die Wurzel mit einem scharfen Messer abschneiden. Dicht am Stängel zwischen Schößling und bestehender Pflanze schneiden. Im Frühling kann man Pflanzen teilen, indem man die Wurzeln aussticht, mit 2 Gabeln, einem Spaten oder einem alten Messer zerteilt und die beiden Teile wieder anpflanzt. Auch diese Pflanzen sollten mindestens 2 Triebe und ein gutes Wurzelsystem haben. Um Widerstandsfähigkeit und Ertrag der Pflanzen zu bewahren, sollte jedes Jahr ein Drittel des Bestandes erneuert werden. Dadurch verlängert sich auch die Erntesaison, da die älteren Pflanzen zwischen Frühling und Frühsommer abgeerntet werden und die jungen Pflanzen im Spätsommer.

Sie können Pflanzen aus Samen ziehen und die besten Pflanzen selektieren, was jedoch sehr viel Zeit und Platz in Anspruch nimmt.

Weitaus besser ist es, bewährte, namhafte Sorten anzubauen. Falls man jedoch Zeit und Lust hat, kann man im Spätwinter im Kalthaus oder Anfang Frühling im Freien in Schalen mit feuchtem Saatkompost aussäen. Bis auf den stärksten Sämling vereinzeln und vor dem Anpflanzen im Freien abhärten. Im späten Frühling ins Freie umsetzen. Sobald sich Knospen gebildet haben, die besten Pflanzen für die Ernte und den Weiteranbau zurückbehalten, den Rest vernichten.

Kultivierung
Falls erforderlich, im Frühling oder Herbst vor dem Anpflanzen gut verrottetes, organisches Material einarbeiten. Dadurch werden die Pflanzen im Sommer nicht der Trockenheit und im Winter nicht der Nässe ausgesetzt. Vor dem Anpflanzen Volldünger einrechen (60 g/m²).
Schößlinge oder Wurzelteile in einem Abstand von 60 cm pflanzen und zwischen den Reihen 60–75 cm frei lassen. Die Blätter auf 12 cm zurückschneiden. Dadurch wird der Wasserverlust vermindert, und die Pflanzen werden vor der Sonne geschützt, bis sie angewachsen sind. Reichlich gießen und, während die Pflanzen wachsen, alle 2 Wochen flüssigen Pottaschedünger auftragen.

Artischocken werden bis zu 1,5 m hoch.

Die Beete von Unkraut befreien und im Frühling mit organischem Material mulchen. Bei Frostgefahr Erde anhäufeln und mit einer dicken Schicht Stroh, Gestrüpp oder einem anderen organischen Material abdecken. Im Frühling Abdeckung entfernen.

Pflegemaßnahmen
Frühling: Ältere Pflanzen teilen oder Schößlinge abnehmen und neu einsetzen.
Sommer: Von Unkraut befreien und bei trockener Witterung gut gießen.
Herbst: In kühleren Regionen Blätter und Stiele als Frostschutz behalten.
Winter: Bei Frostgefahr abgestorbene Blätter entfernen, anhäufeln und die Pflanzen mit wärmedämmendem Material schützen, das im Frühling wieder entfernt wird, sobals die Pflanzen zu wachsen beginnen.

Ernte und Lagerung
Auf jedem Blütenstiel wächst an der Spitze eine große Artischocke und einige kleinere darunter. Im ersten Jahr wachsen ein paar Blütenköpfe, die am besten wieder abgenommen werden, damit die Energie für das Verwurzeln der Pflanze genutzt werden kann. Sie können aber auch im Spätsommer diese Knospen ernten. Im zweiten und dritten Jahr wachsen mehr Stiele, die im Hochsommer abgeschnitten werden können. Ernten, solange die Schuppen noch fest verschlossen sind. Als erstes entfernt man die Hauptknospe mit einem Stück Stiel, dann die verbleibenden Nebenknospen, sobald diese groß genug sind. Sie können die unteren Artischocken auch abschneiden und essen, wenn sie rund 4 cm lang sind. Sobald sich die Schuppen öffnen, werden die Artischocken ungenießbar.

Die Blüten der Artischocke, einer nahen Verwandte der Distel, locken viele Insekten an.

Anfälligkeiten
Nacktschnecken befallen die jungen Triebe und Blätter – besonders, wenn es sehr feucht ist. Keine Pflanzenreste im Boden lassen, biologische Pflanzenschutzmittel verwenden, z. B. Schneckenkorn aus Aluminiumsulfat, oder Fallen aufstellen. Dafür nimmt man Plastikschachteln, die man zur Hälfte im Boden vergräbt und mit Milch oder Bier füllt. Sie können auch Dachziegel, Zeitungspapier oder alte Salatblätter auf den Boden legen und die darunter verborgenen Schnecken regelmäßig einsammeln. Oder man schichtet rund um die Pflanzen Kiesel auf oder lockt die natürlichen Feinde, z. B. Vögel, an.
Wurzelläuse können zum Problem werden. Im Sommer erscheinen gelbliche Läuse auf den Wurzeln, die den Saft aussaugen und die Pflanzen schwächen. Bei trockenem Wetter gut gießen und organisches Insektizid anwenden.

HEILKRAFT

Artischocken haben hohen Nährwert und sind speziell gut für die Leber, die sie entgiften und regenerieren. Sie senken den Blutzucker- und Cholesterinspiegel, regen die Gallenblase und den Fettstoffwechsel an. Sie sind auch harntreibend und werden zur Behandlung von Hepatitis eingesetzt. In der Naturheilkunde wurden sie auch als Verhütungsmittel und Aphrodisiakum eingesetzt, ihre Wirkung ist allerdings nicht belegt.

KULINARISCHES

In einer Plastiktüte im Kühlschrank halten sich Artischocken bis zu einer Woche. Essbar sind die unteren Teile der äußeren Schuppen, das Mittelstück und der untere Teil der Artischocke.
Die Artischocke gut waschen und angeschnittene Teile mit Zitronensaft beträufeln, damit sie nicht braun werden.
Artischocken in einem Emailtopf in Salzwasser und Zitronensaft 30–45 Minuten garen. Wenn Sie sich nicht sicher sind ob die Artischocken fertig sind, stechen Sie mit einem Messer in den Strunk oder kosten eines der äußeren Blätter.
Man isst die Artischocken mit der Hand, indem man ein Blatt nach dem anderen abschält und in Majonäse, Sauce Hollandaise, Zitronensoße, geschmolzene Butter oder Jogurt taucht und danach den fleischigen Teil mit den Zähnen abstreift.
Den behaarten Mittelteil abziehen oder mit einem Löffel abnehmen und das fleischige Herz essen.

Die Unterseite kann als Garnierung für Braten verwendet oder mit Gemüse oder Soße gefüllt werden. Sie können sie auch auf auf zypriotische Art mit Öl, Rotwein und Koriandersamen zubereiten oder als Vorspeise in einem Dressing aus Öl und Zitrone wenden.
Aus würfelig geschnittener Artischocke und neuen Kartoffeln (Reste sind ideal) kann man tolle Salate zubereiten. Gut abschmecken. In Majonäse wenden und über fein gehackte harte Eier und schwarze Oliven streuen. Dann mit Schnittlauch und flachblättriger Petersilie bestreuen. Babyartischocken können im Ganzen paniert und fritiert oder in Öl gebraten werden. Man isst sie kalt mit Vinaigrette.
Ein Kräuterkundiger und Apotheker aus dem 17. Jahrhundert schrieb, dass sogar die unerfahrenste Hausfrau wusste, wie man Artischocken zubereitet und mit geschmolzener Butter, Essig und Pfeffer serviert. Florence White, Gründer der English Folk Cookery Association und Mitglied der American Home Economics Association gibt in „Good Things in England" (1929) ein Rezept aus der Zeit der englischen Königin Anne an:

Artischocken-Kuchen
„Eine Form mit feinem Teig belegen. Artischockenböden hineinlegen, ein paar fein geschnittene Zwiebeln und fein geschnittene, süße Kräuter hinzufügen. Mit Salz, Pfeffer und Muskat abschmecken. Kleine Butterstückchen dazugeben. Mit Teig zudecken und in einem Ofen rasch backen. Wenn es fertig ist, ein wenig Einbrenne auf den Teig gießen, der mit Eidotter verdickt und mit Tarragon-Essig gewürzt wurde."

Artischocken-Risotto
(6 Personen)

Ruth Gray und Ruth Rogers stellen dieses Rezept in ihrem wunderbaren „River Café Cookbook" vor:

8 kleine Artischocken, vorbereitet und geputzt (ohne Herzen, wenn diese stachelig sind)
2 Knoblauchzehen, geschält und fein gehackt
3 EL Olivenöl
Meersalz und schwarzer Pfeffer aus der Mühle
1 Liter Hühnerbrühe
150 g Butter
1 mittelgroße, rote Zwiebel, fein gehackt
300 g Risottoreis
75 ml weißer Wermut, extra-trocken
175 g Parmesan, frisch gerieben

Artischocken halbieren und so dünn wie möglich aufschneiden. Zusammen mit dem Knoblauch in 1 Esslöffe Olivenöl 5 Minuten unter ständigem Rühren anbraten. 120 ml Wasser, dann Salz un Pfeffer hinzufügen und so lange garen, bis das Wasser verdampft ist. Zur Seite stellen.
Hühnerbrühe erhitzen und abschmecken. In einer großen, schweren Pfanne ca. 100 g Butter im verbleibenden Öl schmelzen und di Zwiebelwürfel etwa 15–20 Minuten rösten.
Reis hinzufügen, vom Herd nehmen und 1 Minute rühren, bis der Reis vollständig bedeckt ist. Zurück auf den Herd stellen, etwa 2 Schöpflöffel heiße Brühe hinzufüge oder gerade soviel, dass der Reis bedeckt ist, und unter Rühren garen lassen, bis der Reis beinahe die ganze Flüssigkeit aufgesogen hat.
Anschließend wieder Brühe hinzufügen. Nach etwa 15–2 Minuten ist die ganze Flüssigkeit verschwunden. Jedes Reiskorn sollte eine cremige Hülle haben, jedoch *al dente* sein.
Restliche Butter in kleinen Stückchen hinzufügen, dann Wermut, Parmesan und Artischocken vorsichtig unterrühren.

Artischocken-Risott

Eruca vesicaria var. *sativa*. *Cruciferae*

Rucola

Rauke. Einjährig. Man verwendet die zarten Blätter. Winterhart. Nährwert: Reich an Kalium und Vitamin C.

Rucola wurde schon zur Zeit der Römer angebaut und ist vorwiegend im Mittelmeerraum und Ostasien heimisch, obwohl sie auch in anderen Regionen oft wild wächst. Der lateinische Name *Eruca* bedeutet „mit flaumigem Stiel", *vesicaria* „blasenförmig". So lassen sich die schlanken Samenkapseln der Pflanze am besten beschreiben.

Blühende Rucola

Spezies

***Eruca vesicaria* var. *sativa*,** eine aufrechte Pflanze, die 1 m hoch wird, behaarte Stiele, breit gezackte Blätter und kreuzförmige, beige Blüten mit hübscher, roter Äderung trägt. Die Kulturpflanzen, eine eigene Unterart, sind größer als die wilden Pflanzen und haben hellere Blüten.

Kultivierung

Vermehrung
Von Mitte Frühling bis Frühsommer alle 2–3 Wochen in 15 mm tiefen Furchen aussäen. Der Abstand zwischen den Furchen sollte 30 cm betragen. Sobald die Pflanzen groß genug sind, auf 15 cm vereinzeln. Rucola treibt bei niedrigen Temperaturen aus. In warmen Gegenden im Winter oder zu Frühlingsbeginn aussäen.

Kultivierung
Rucola gedeiht im Halbschatten in reichhaltigen, feuchtigkeitsspeichernden Böden. Bei heißem Wetter ist möglicherweise zusätzliche Beschattung erforderlich, da die Blätter sonst nicht so schmackhaft werden. Von Unkraut befreien und regelmäßig gießen.

Pflegemaßnahmen
Frühling: Ab Mitte Frühling aussäen. Sobald die Pflanzen groß genug sind, vereinzeln.
Sommer: Bis Hochsommer weiter aussäen. Nach Bedarf gießen und düngen. Regelmäßig ernten, damit die Blätter nachwachsen und nicht schießen.
Herbst: Ernten, den Boden für die nächste Aussaat vorbereiten und Saat für geschützten Anbau aussäen.
Winter: Winterpflanzen ernten.

Geschützter Anbau
Obwohl sie winterhart sind, sollte man die Pflanzen vor strengem Frost mit Glasglocken schützen. Ab dem Spätsommer im Kalthaus, Frühbeet oder unter Glasglocken aussäen.

Pflanzen in Kübeln
Rucola ist nicht die ideale Pflanze für Töpfe, kann jedoch in Kompost auf Erdbasis mit geringem Düngeranteil unter Zugabe von Torfersatz gezogen werden. Im Freien aussäen und gut gießen.

Ernte
Die Pflanzen können nach 6–8 Wochen geerntet werden. Damit immer wieder Blätter nachwachsen und die Pflanzen bei heißem Wetter nicht schießen, regelmäßig abpflücken. Verletzte Blätter entfernen. Entweder die Blätter bei Bedarf ernten oder als nachwachsende Kultur 2,5 cm über dem Boden abschneiden.

Anfälligkeiten
Rucola ist normalerweise unproblematisch, die Sämlinge können jedoch vom **Erdfloh** befallen werden. Entsprechend behandeln und schützen.

Heilkraft

Die Blätter werden zur Behandlung von Husten verwendet.
Dioskurides bezeichnete die Pflanzen als „verdauungsförderndes Mittel".

Kulinarisches

Die Blätter erfreuen sich großer Beliebtheit und schmecken hervorragend in Salaten – die jüngeren Blätter sind milder. Sie können schwach gekocht oder gedünstet, zu Soßen gegeben, in Olivenöl gebraten und zu Nudeln serviert werden. Die Blüten sind essbar und eignen sich zum Garnieren von Salaten.

Penne mit Merguez und Rucola
(4 Personen)

400 g Penne
2 EL Olivenöl
300 g Merguez-Würstchen, in mundgerechte Stücke geschnitten
1 rote Zwiebel, dünn geschnitten
2 EL trockener Weißwein
12 Cocktailtomaten, halbiert
85 g Rucola, gewaschen und zerkleinert
Salz und schwarzer Pfeffer aus der Mühle
50 g Parmesan, frisch gerieben

Penne in Salzwasser kochen. Inzwischen das Öl in einer großen Bratpfanne erhitzen, Merguez und Zwiebel hinzufügen, 2–3 Minuten anbraten. Mit Wein ablöschen und 10 Minuten garen. Dann die Tomaten dazugeben. Die Nudeln durch ein Sieb gießen und mit Rucola in der Soße schwenken. Abschmecken und mit Parmesan anrichten.

Cyphomandra betacea (syn. *C. crassicaulis*). *Solanaceae*

TAMARILLO

Baumtomate. Baumartiger Strauch. Wird einjährig angebaut. Man verwendet die Früchte. Teilweise winterhart. Nährwert: Reich an Betakarotin und Vitamin E. Mittlerer Gehalt an Vitamin C.

Dieser rasch wachsende, immergrüne Strauch hat große, herzförmige Blätter, büschelweise angeordnete, nach Karamel duftende Blüten und hübsche Früchte, die hervorragenden, jedoch recht intensiven Geschmack besitzen. Er ist am Fuße der peruanischen Anden und in den angrenzenden Ländern heimisch und wurde im 19. Jahrhundert als Gartenfrucht in mehreren tropischen und subtropischen Ländern eingeführt. Um 1960 begann man in Neuseeland mit dem kommerziellen Anbau, doch bereits um 1920 wurden Kulturpflanzen mit großen, scharlachroten Früchten gezogen, der „Tamarillo".

SORTEN

Die meisten Kulturvarietäten entstanden durch Selektion. Da die Pflanzen leicht aus Samen gezogen werden können, gibt es eine Vielzahl mit eigenen Namen. Daher gelten sie offiziell nicht als Kulturvarietäten. Die gelbschaligen Arten haben keine Pigmente um die Samen. Das Fleisch behält auch nach dem Kochen noch seine gelbe Farbe. **'Amberla Gold'** ist eine mittelgroße Sorte mit gelber Schale. Bei **'Bold Gold'** handelt es sich um eine gelbe Sorte mit minderwertigem Geschmack. Die Schale von **'Goldmine'** ist goldfarben oder rötlich, die Früchte schmecken süß. **'Oratia Red'** hat große Früchte mit dunkelroter Schale, die mäßig süßes, wohlschmeckendes Fleisch umhüllt. Die Früchte von **'Red Beau'** sind oval, rotschalig und schmecken hervorragend. **'Red Delight'** ist eine große, runde Sorte mit roter Schale.

Ein Tamarillobaum kann viele Früchte tragen. Reife Früchte in Neuseeland.

KULTIVIERUNG

Tamarillo eignet sich hervorragend als Obstbaum für kleine Gärten in warmen, gemäßigten Zonen. Der Baum kann in kälteren Gebieten auch unter Glas angebaut werden.

Vermehrung
Im Spätsommer Ableger mit 2 Blättern von den Stielen entnehmen. Nur das abschneiden, was in dieser Saison neu gewachsen ist. Unterhalb der untersten Blattgabelung abschneiden, in Wurzeldünger tauchen und in krümeligen, offenen Kompost einsetzen. Im Frühbeet oder an einem hellen, aber nicht direkt von der Sonne beschienenen Standort bei 20 °C ziehen. Die Ableger bilden nach ca. 3 bis 4 Wochen Wurzeln. Dann setzt man sie einzeln in Töpfe mit Kompost auf Lehmbasis unter Zugabe von Perlit oder Sand, damit sich keine stehende Nässe bildet. Unter Glas oder an einem anderen hellen, frostgeschützten Standort bei

°C überwintern. Vegetations-
unkt früh entfernen, damit
ch 4–6 Seitentriebe bilden.

ultivierung
amarillo gedeiht auf feuchtigkeitsspeicherndem, lockeren oden, der im Frühjahr geulcht werden sollte. Bei ockener Witterung gießen.

flegemaßnahmen
rühling: Umsetzen, bevor der ompost von Wurzeln durchetzt ist.
ommer: Gießen und düngen. flanzen in Gefäßen ins Freie msetzen.
Ierbst: Vor dem ersten Frost ie Ernte einbringen.
Vinter: Wenig gießen.

eschützter Anbau
amarillos gedeihen an hellen, rostgeschützten Standorten m Wintergarten oder Gewächsaus oder können in einem ühlen Raum nahe beim Fenser bei 7 °C überwintern. Jnter Dach weniger belüften nd warm sowie feucht halen. Klopft man leicht gegen lie geöffneten Blüten, verbesert man die Bestäubung. Bis Spätsommer sind die Pflanzen m ersten Jahr ca. 1 m hoch nd sollten 5 bis 8 Früchte ragen. Zu dieser Zeit schneidet man die Ableger für die Pflanzen im folgenden Jahr ab. Während der Vegetationszeit alle 2 Wochen mit Pottasche düngen.
Um die Pflanzen für das nächste Jahr aufzubewahren, nach der Ernte die Zweige bis auf eine einzige Knospe zurückschneiden. Die Blüten bilden sich an neu gewachsenen Teilen. Sie können sie auch jedes Jahr aus neuen Ablegern ziehen.
Im Frühling die größeren Bäume zurückschneiden, damit sie nicht zu groß werden. Die obersten 7 cm der Kompostschicht austauschen. Bei kühlem Winterwetter weniger gießen und Kompost leicht feucht halten.

Pflanzen in Kübeln
Tamarillos sind ideal zum Anbau in Gefäßen. Sie wachsen rasch, daher regelmäßig umsetzen und Kompost auf Lehmbasis mit mittlerem Düngeranteil verwenden. Möchte man die Pflanze über

In Südamerika sieht man häufig Baumtomaten. Hier in einem Garten in Kolumbien.

mehrere Jahre nutzen, den Kompost zu einem Drittel mit Perlit oder Sand anreichern, damit sich keine stehende Nässe bildet. Sobald die Frostgefahr gebannt ist, Pflanzen im Freien an einen geschützten, sonnigen Standort, bei starker Sonneneinstrahlung in den Halbschatten stellen.
Im Freien werden die selbstbefruchtenden Pflanzen von Bienen bestäubt. Die Pflanzen vor dem ersten Frost einbringen und an einen sonnigen Platz stellen, damit die Früchte reifen können.

Ernte und Lagerung
Die Früchte beginnen im Herbst zu wachsen. Sobald sie hellrot sind, können sie geerntet werden, auch wenn sie möglicherweise erst im Winter reif sind. Ca. 5 cm überhalb der Frucht an der Stelle abpflücken, an der sich der Stiel gabelt. Die Früchte reifen über mehrere Wochen.

Anfälligkeiten
Tamarillos sind sehr anfällig für die **Weiße Fliege.** Ein natürlicher Feind ist die Wespenart *Encarsia formosa.* Sie können auch Klebefallen aufstellen oder die Pflanzen mit Schmierseife besprühen. **Blattläuse** mit Schmierseife bekämpfen und **Spinnmilben** durch hohe Feuchtigkeit.

Mischkulturen
Zum Vertreiben der **Weißen Fliege** Tagetes pflanzen.

KULINARISCHES

Tamarillos sind reif, sobald sie sich weich anfühlen. In kochendem Wasser 3 Minuten blanchieren, in kaltem Wasser abschrecken. Die Früchte lassen sich leicht schälen, wenn man am Stielende beginnt. Nicht mit der Schale essen – sie ist sehr bitter.
Die Früchte kann man für Salate verwenden. Püriert eignen sie sich als Auflage für Kuchen und Torten. Sie können auch zu Huhn, Kopfsalat, Frischkäse oder Quark, kaltem Fleisch und Fisch gegessen werden. Zu Nudelgerichten geben oder zu Konfitüre verarbeiten. Im Kühlschrank bleiben sie ca. 2 Wochen frisch. Man kann sie auch kochen und einfrieren.

Tamarillo-Chutney
(ca. 2 Gläser)

Dieses nach Knoblauch schmeckende, dunkelrote Gericht wird heiß zu Gebratenem, z. B. Ente, Schwein oder Schinken, serviert. Da Tamarillo-Chutney sehr intensiv schmeckt, kommt man lange mit einem Glas aus.

4 große Tamarillos, geschält
50 g Zucker
1/2 TL Zimt
1/8 TL Nelken
1 EL Erdnuss- oder Maisöl
4 große Knoblauchzehen, gehackt
2 kleine Jalapeno- oder Serranochili, entkernt und geschnitten
2 mittlere Zwiebeln, grob gewürfelt
1 großer Apfel, geschält und gewürfelt
1/2 TL Salz
2 EL Essig

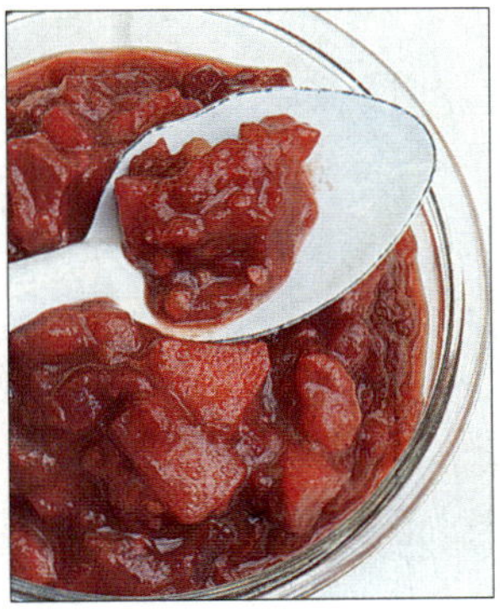

Tamarillos der Länge nach in Scheiben, dann halbkreisförmig aufschneiden. Mit Zucker, Zimt und Nelken in eine Schüssel geben. Das Öl in einer feuerfesten Kasserolle erhitzen, Knoblauch, Chili und Zwiebeln einrühren und bei schwacher Hitze ca. 5 Minuten anbraten. Apfel, Tamarillo-Mischung, Salz und Essig hinzufügen und bei mittlerer Hitze ca. 15 Minuten braten, bis sich die Mischung verdickt und die Äpfel weich werden. Abkühlen, zudecken und kalt stellen. Hält sich bis zu 2 Wochen und lässt sich gut einfrieren.

Bananen-Tamarillo-Püree
(ca. 2 Gläser)

Ein einfaches, vielseitiges Rezept, das auf verschiedene Weise verwendet werden kann: zum Verfeinern von frischen oder gekochten Früchten, Vanille- oder Reispudding; als Brotaufstrich oder Belag auf Kuchen; mit Sahne oder Crème fraîche als *Parfait*; oder mit leichtem Streichkäse verrührt als hervorragendes Brunchgericht.

2 große Tamarillos, geschält
75 ml Zitronensaft
2 mittelgroße Bananen, geschält und geschnitten
75 g Zucker

Tamarillos aufschneiden und mit Zitronensaft, Bananen und Zucker vermengen. 30 Minuten ruhen lassen, anschließend in einer Küchenmaschine pürieren, bis eine glatte Creme entsteht. Die Mischung in eine kleine Schüssel geben und unter Rühren aufkochen. Abkühlen lassen, zudecken und in den Kühlschrank stellen.

Daucus carota ssp. *sativus*. *Umbelliferae*

KAROTTE

Zweijährig, im Anbau einjährig. Man verwendet die dicke, orange-rote Wurzel. Teilweise winterhart. Nährwert: Sehr reich an Betakarotin (Vitamin A); geringer Gehalt an Vitamin E.

Obwohl es weiße, gelbe, rote und violette Karotten gibt, kennen die meisten von uns die typisch orangefarbenen, die erst seit dem 18. Jahrhundert bekannt sind. Wahrscheinlich wurde diese Sorte zunächst im Mittelmeerraum, im Iran und am Balkan angebaut. Die Griechen zogen sie für medizinische Zwecke und schätzten sie als Magentonikum. Im Alten Rom und im frühen Mittelalter wiesen die Karotten – ebenso wie die wildwachsenden Formen – Nebenwurzeln auf. Die Sorten mit zylindrischer Wurzel traten anscheinend erstmals um 1000 n. Chr. in Kleinasien auf, von wo aus sie im 12. Jahrhundert mit den Mauren nach Spanien gelangten. Im 14. Jahrhundert kamen sie nach Nordwesteuropa und im 15. Jahrhundert nach England. Gerard erwähnt nur eine gelbe Sorte, am beliebtesten waren jedoch die roten Sorten – obwohl sie beim Kochen eine etwas hässliche, bräunliche Farbe annahmen.

Im 16. Jahrhundert verwendete man Blüten, Früchte und Blätter als modische Accessoires für Hüte und Kleider. Die Blätter der Karotte setzte man gerne an Stelle von Federn ein, speziell wenn sie sich im Herbst verfärbten.

Bald nach der Entdeckung Amerikas gelangte die Karotte mit den europäischen Seefahrern auf den amerikanischen Kontinent, wo sie 1565 auf der Insel Margarita vor der Küste Venezuelas wuchs. Auch in Brasilien war die Karotte schon vor 1650 bekannt. Mit den Pilgervätern gelangte sie nach Nordamerika, wo sie 1609 in Jamestown, Virginia, angebaut wurde. Sie soll gut gegen Nachtblindheit sein und das Haar lockiger machen, gilt aber auf jeden Fall als reichhaltige Vitamin-A-Quelle.

'Chanterey'

'Sweetheart' liefert schmackhafte Wurzeln und ist ideal für die frühe Ernte

SORTEN

Es gibt verschiedene Gruppen, die nach Wurzelform und Reifezeit eingeteilt werden. Sä man mehrmals im Jahr aus, kann man über einen Zeitraum von 9 Monaten Karotten ernten.

Pariser Markt-Typen
Sie haben kleine runde oder gedrungene Wurzeln und sind ideal bei seichten, schweren oder steinigen Böden. Reifen rasch, daher für die frühe Ernte geeignet. **'Kundulus'** hat runde, hochwertige Wurzeln, ist schmackhaft und reift rasch. Zum Verfrühen oder zur wiederholten Aussaat im Freien geeignet. **'Little Finger'** hat stumpfe, runde, orangefarbene Wurzeln, die sehr süß schmecken. **'Parmex'**, eine frühe, runde Sorte, eignet sich speziell für schwere, steinige oder seichte Böden.

Amsterdamer-Typen
Diese Sorten haben kleine, stumpfe, zylindrische Wurzeln. **'Amsterdamer Treib'** ist eine frühe, schmackhafte Sorte mit schlanken Wurzeln und zahlreichen Selektionen. Ideal zum Einfrieren. Bei **'Sweetheart'** handelt es sich ebenfalls um eine schmackhafte Sorte, die sich zum Verfrühen eignet.

Nantaiser-Typen
Sie haben breitere, längere Wurzeln. Hauptsächlich zum Verfrühen und zur frühen Ernte geeignet. **'Nantes Express'**, eine frühe Hauptsorte, kann auch im Frühbeet verfrüht werden. **'Navarre'** ist schmackhaft, süß und sehr ertragreich. Bei **'Newmarket'** handelt es sich um eine qualitativ hochwertige, süßliche und zarte Sorte.

Chatenay-Typen
Diese Gruppe hat stumpfe Wurzeln. Für die Sommerernte geeignet. **'Red Cored Supreme'**, eine mittelfrühe Sorte mit glatter Schale, kann vom Frühling bis zum Spätsommer mehrmals ausgesät werden. **'Red Cored 2'** ist eine Sorte mit intensiver Farbe, hervorragendem Geschmack und kleinem Herz. **'Babycan'** liefert kleine Wurzeln.

Berlikumer-Typen
Sind zylindrisch mit stumpfer Wurzel. Für die späte Ernte und zur Lagerung geeignet. **'Camberley'** liefert hochwertige, dunkle orangefarbene Wurzeln mit glatter Schale. **'Ingot'** hat einen hohen Gehalt an Betakarotin und Vitamin C.

'Chantenay'

Späte Sorten
Große, spät reifende Wurzeln. Zur Verwendung im Winter und zur Lagerung geeignet. Karotinreiche, gute Lagersorten sind **'Rote Riesen'** und **'Rothild'**. **'Lange rote stumpfe ohne Herz'** wird spät geerntet, ist sehr ertragreich und hält sich gut.
Drei weitere gute Sorten sind **'Flyaway'** und **'Styan'** (beide sind relativ resistent gegen die Karottenfliege) sowie **'Juwarot'**, eine mittelfrühe bis späte Sorte, die sehr reich an Vitamin A ist und sich gut einlagern lässt.

'Juwarot' hat rund doppelt soviel Vitamin A wie die anderen Sorten und eignet sich zur Saftproduktion.

KULTIVIERUNG

Vermehrung
Bei Bodentemperaturen unter 7 °C treiben die Pflanzen nur schlecht aus. Boden vor dem Aussäen der frühen Sorten erwärmen. Für die kleinen Pariser Markt-Typen besteht auch die Möglichkeit, pro Torftopf 3–4 Samen auszusäen und die Pflanzen nach dem Abhärten Mitte Frühling ins Freie zu setzen.
Karottensamen sind sehr klein, aber leichter auszusäen, wenn sie mit Sand vermischt oder „flüssig gesät" werden. Sparsam aussäen, um nicht zuviel vereinzeln zu müssen und Probleme mit Karottenfliegen zu vermeiden.
Die Saat sollte 2 cm tief in Furchen mit einem Abstand von 15 cm ausgesät werden. Zwischen frühen Pflanzen 10 cm Abstand lassen; zwischen den Pflanzen für die Haupternte je nach Wurzelgröße 4–6 cm Abstand lassen.
Mit Ausnahme der späten und der Berlikumer-Typen werden alle Sorten für die Ernte von Spätsommer bis Frühherbst ab Mitte Frühling ausgesät.
Berlikumer-, Chatenay- und späte Sorten von Mitte bis Ende Frühling aussäen und ab Mitte Herbst ernten.
Berlikumer-Typen und späte Sorten im späten Frühling aussäen und Mitte bis Ende Winter ernten.

Kultivierung
Frühe Sorten gedeihen an offenen, geschützten Plätzen. Die mittelfrühen Sorten sind weniger anspruchsvoll. Der Boden sollte tief, leicht und locker sein, sich im Frühling rasch erwärmen und einen pH-Wert von 6,5–7,5 aufweisen. Karotten sind ideal für leichte, sandige Böden – man sollte mit dem Zeigefinger bis auf den Grund des Saatbeetes stoßen können. Um das Wachstum der Wurzeln nicht zu behindern, nicht auf den vorbereiteten Boden treten. Im Herbst vor dem Anpflanzen reichlich gut verrottetes, organisches Material einarbeiten. Bei schweren oder steinigen Böden runde Sorten mit kurzer Wurzel anpflanzen oder Hochbeete bzw. Kübel verwenden.
Ca. 3 Wochen vor dem Aussäen das Saatbeet fein rechen, das Unkraut austreiben lassen und vor dem Aussäen der Karotten mit der Hacke entfernen.
Pflanzen anfangs mulchen, von Hand oder mit der Hacke von Unkraut befreien, ohne die Wurzeln zu verletzen. Später wird das Unkraut von den dichten Blättern verdrängt.
Die Erde feucht halten, damit sich die Wurzeln nicht spalten und schießen. Alle 2–3 Wochen mit 15–20 Liter/m² gießen. Beete, die mit Abdeckungen vor der Karottenfliege geschützt werden, besonders sorgfältig gießen, da sie nicht vom Regen bewässert werden.

Pflegemaßnahmen
Frühling: Ab Mitte Frühling, sobald der Boden bearbeitet werden kann, mehrmals aussäen.
Sommer: Frühe Pflanzen ernten, Haupternte aussäen. Gut gießen.
Herbst: Für die Ernte Mitte Frühling unter Abdeckungen aussäen. Ernten.
Winter: Ernten und lagern.

Geschützter Anbau
Nantaiser-Typen Mitte Herbst im Kalthaus, unter Glas-

'Autumn King' kurz vor der Ernte.

glocken oder Vlies aussäen und Mitte Frühling ernten. Pariser Markt-, Nantaiser-Typen und 'Amsterdamer Treib' ab Mitte Frühling aussäen, im Früh- bzw. Hochsommer ernten.

Pflanzen in Kübeln
Für den Anbau in Gefäßen, Blumenkästen oder Pflanztüten Sorten mit kurzen oder runden Wurzeln verwenden. In Kompost auf Lehmbasis aussäen und feucht halten.

Ernte und Lagerung
Frühe Pflanzen können nach ca. 8 Wochen geerntet werden, mittelfrühe nach ca. 10 Wochen. In leichten Böden können die Wurzeln direkt aus dem Boden gezogen werden, bei schwereren Böden sollten sie erst mit der Gabel gelockert werden. Falls die Erde trocken ist, vorher gießen.
Bei gutem Boden können mittelfrühe Sorten bis zur Verwendung im Boden bleiben. Vor Einbruch des Schlechtwetters mit einer Schicht Stroh oder Gestrüpp schützen. Dadurch wird das Ausstechen erleichtert.
Man kann auch die Wurzeln ausstechen, die Blätter abschneiden oder abdrehen und die gesunden Wurzeln bis zu 5 Monate kühl, trocken und frostgeschützt in Kisten mit Sand lagern. Beschädigte Pflanzen regelmäßig aussortieren.
Fingergroße Stücke in Gefrierbeuteln einfrieren. Die Karotten zunächst putzen, waschen und 5 Minuten blanchieren. Abkühlen lassen und Schale abschaben.
Karotten bleiben bei kühler Lagerung oder in einer Plastiktüte im Eisschrank rund 2 Wochen frisch.

Links: 'Early Nantes'; in der Mitte: 'Autumn King'.

Anfälligkeiten

Das größte Problem ist die **Karottenfliege,** die durch den Geruch des Wurzelsaftes angezogen wird und deren Larven die Wurzeln anfressen, die dadurch ungenießbar werden. Die Blätter verfärben sich bronzefarben. Resistentes Saatgut verwenden, sparsam aussäen, damit nicht zu stark vereinzelt werden muss. An einem trüben Tag vereinzeln, indem man die Spitzen der Pflanzen knapp über dem Boden abzwickt und zum Kompost gibt. Befallene Wurzeln beseitigen. Frühe Pflanzen zu Herbstbeginn, mittelfrühe bis Mitte Herbst ernten.
Da diese Schädlinge nicht sehr hoch fliegen, Karotten unter Vlies oder Folie anbauen, mit einem feinen Netz oder Vlies schützen oder in Hochbeeten bzw. Kisten anbauen.
Wurzel- und **Blattläuse** können zum Problem werden.

Mischkulturen

Setzt man Karotten zwischen Zwiebeln, hat man weniger Probleme mit der Karottenfliege, die unter anderem auch von Porree und Haferwurzel abgehalten wird.
Eine Maßnahme gegen die Karottenfliege besteht darin, die Saat mit einjährigem Blumensamen zu mischen.
Karotten harmonieren mit Kopfsalat, Rettich und Tomaten und verstärken das Wachstum von Erbsen. Nicht zusammen mit Anis und Dill anbauen.
Blühende Karotten locken nützliche Insekten an.

Heilkraft

Angeblich wirkt die Karotte als Heilmittel bei Asthma, Nervosität, Ödemen und Hautkrankheiten.
Eine große Aufnahme an Betakarotin soll das Wachstum von Krebszellen verlangsamen. Der Saft der Roten Bete und der Karotte ist gut gegen Diarrhö.

Ein Bund Karotten wartet darauf, verspeist zu werden!

Karottensaft

Kulinarisches

Die jungen Wurzeln, die besonders süß schmecken, am besten roh essen. Ältere Karotten sollte man schälen und den harten Mittelteil entfernen. Aus geriebenen Karotten lassen sich Salate zubereiten. Besonders gut schmecken sie, wenn sie mit Rosinen und ein wenig gehackten Zwiebeln vermischt und mit French Dressing, in nativem Olivenöl oder verdünnter Majonäse zubereitet werden.
Frisch gepflückte Babykarotten können Sie mit Wasser abspülen, putzen, in wenig Wasser ganz kurz kochen und danach mit frisch gehackter Petersilie, ein wenig Zucker und frisch gemahlenem schwarzem Pfeffer bestreuen oder nur mit etwas Butter garnieren. Ein wenig Zucker, einen Esslöffel Butter und eine Prise Salz hinzufügen, zudecken und bei schwacher Hitze weich dünsten. In Sahnesoße, die mit Estragon, Muskat und Dill gewürzt wird, kochen oder mit Minzeblättern dünsten.
Man kann sie als Zwischenmahlzeit in Stifte schneiden, für Eintöpfe in Scheiben, einlegen, anbraten, für Konfitüren, Wein und Karottentorte verwenden. Karotten sind eine wichtige Zutat für Brühen, Suppen und viele Soßen.

Balkali Havuci

Balkali Havuci

(4 Personen)

Dieses armenisch-türkische Gericht wird mit Pilau und Salat serviert. Sie können es auch mit etwas Jogurt garnieren.

500 g dicke Bohnen, geschält
300 ml Wasser
1 Zwiebel, gehackt
2 Knoblauchzehen, fein gehackt
2 Karotten, in 2,5 cm dicke Ringe geschnitten
2 EL Dill oder Minze, gehackt
1 TL Salz
schwarzer Pfeffer aus der Mühle
1 Prise Zucker
2 EL natives Olivenöl

Bohnen abwaschen. Wasser in einem großen Topf zum Kochen bringen.
Zwiebel und Bohnen dazugeben, zum Kochen bringen, zudecken und weich garen. Die restlichen Zutaten einrühren und noch ca. 20 Minuten kochen, bis das Gemüse weich ist. Mit Brot als Vorspeise servieren.

Karotten-Rosinenkekse

Karotten-Rosinentorte

Diese würzige Teigmischung kann auch für Kekse verwendet werden: In diesem Fall gibt man sie löffelweise auf eingefettetes Backpapier, lässt zwischen den Häufchen 5 cm Abstand und bäckt die Kekse anschließend 12–15 Minuten goldbraun. Auf einem Gitter auskühlen lassen und in Dosen im Kühlschrank aufbewahren.

150 g glattes Mehl
2 TL Backpulver
1 TL Zimt
1 Prise Muskatblüte
1 Prise Salz
2 gehäufte EL kernlose Rosinen
100 g Karotten, gerieben
Geriebene Orangenschale
2 EL Orangensaft
100 g Butter
125 g Rohrzucker
2 große Eier

Mehl, Backpulver, Gewürze und Salz in eine große Schüssel sieben und zur Seite stellen. Rosinen, Karotten, Orangenschale und Saft hinzufügen, ebenfalls zur Seite stellen. Butter und Zucker mit dem Mixer cremig rühren und leicht schlagen. Nach und nach Eier hinzufügen, nur langsam rühren. Teig mit dem Mehl und der Karottenmischung gut vermengen. In eine eingefettete 20 cm große Form stellen und im vorgeheizten Ofen bei 180 °C 40–60 Minuten backen. Mit einem Stäbchen prüfen, ob die Torte durch ist. 15 Minuten in der Form abkühlen lassen, danach auf ein Kuchengitter stellen.

Dioscorea alata. Dioscoreaceae

YAM

Yamswurzel. Kletterpflanze. Die großen Knollen sind genießbar. Frostempfindlich. Nährwert: Reich an Kohlenhydraten und Kalium. Etwas Vitamin B.

Die Yamswurzel soll ursprünglich aus Ostasien stammen und wird in den tropischen Regionen als eines der wichtigsten Nahrungsmittel kultiviert. Um 1000 n. Chr. gelangte die Yamswurzel angeblich nach Madagaskar, und im 16. Jahrhundert brachten portugiesische und spanische Händler sie auf den Sklavenschiffen auch nach Westafrika und Amerika. Kolumbus kannte die Pflanze unter dem Namen „Nyame". Da die Wurzeln sich einige Monate hielten und einfach zuzubereiten waren, wurden sie immer wieder als Schiffsproviant verwendet. Es gibt hunderte verschiedener Sorten, die Wurzeln mit einem durchschnittlichen Gewicht von 5–10 kg liefern. Es soll auch schon Einzelstücke mit einem Gewicht von bis zu 62 kg gegeben haben.

In einem Reisfeld angebaute Yamswurzeln, Luazon, Philippinen

SORTEN

Dioscorea alata hat eckige Stängel mit spitzen, herzförmigen Blättern. Die Stängel tragen oft kleine Knöllchen. Die Wurzeln sind außen braun und innen weiß, sind unterschiedlich groß und wachsen meist einzeln. Es gibt viele verschiedene Sorten mit unterschiedlicher Stängel-, Blatt- und Wurzelfarbe. **'White Lisbon"**, eine der am verbreitetsten Sorten, ist sehr ertragreich und schmackhaft, die Wurzeln sind flach. Bis zu 6 Monate haltbar. **'Belep'**, **'Lupias'**, **'Kinbayo'** und **'Pyramid'** sind ebenfalls sehr ertragreich.

Vermehrung

Yamswurzeln werden auf Hoch- oder Hügelbeeten am Ende der Trockenzeit, solange die Pflanzen sich noch im Ruhestadium befinden, gepflanzt. Zum Wachsen benötigen sie eine lange Regenzeit. Zum Anpflanzen nimmt man kleine Wurzeln, Knöllchen oder Stücke mit 2–3 Knospen oder „Augen" von der Spitze größerer Wurzeln. Letztere sind am besten geeignet, da sie rasch austreiben und ertragreichere Pflanzen liefern. Man kann sie vor dem Anpflanzen an einem schattigen Standort austreiben lassen und anschließend in einem Abstand von 30–90 cm auf 120 cm breiten Hügelbeeten 15 cm tief einsetzen oder auf Hochbeeten mit einem Abstand von 120 cm pflanzen. Die Abstände richten sich nach den Lichtverhältnissen, der Bodenbeschaffenheit und der Sorte.

Kultivierung

Die Yamswurzel wächst bei feuchttropischem Klima mit einer Niederschlagsmenge von 150–175 cm innerhalb der 6–12 Monate dauernden Vegetationszeit. Der Standort sollte sonnig sein oder im Halbschatten liegen. Der Boden muss reichhaltig, feuchtigkeitsspeichernd und locker sein. Die Wurzeln überstehen zwar eine Trockenperiode, vertragen jedoch keine stehende Nässe. Vor dem Anpflanzen Kompost einarbeiten und die Pflanzen an Spalieren, Pfählen, Netzen oder an Bäumen hochranken lassen. Pflanzen von Unkraut befreien. Bei Temperaturen unter 20 °C gedeihen tropische Pflanzen nicht gut. Je höher die Temperatur, desto stärker das Wachstum. 14 bis 20 Wochen nach dem Anpflanzen ist reichlich Regen nötig. Zu diesem Zeitpunkt sind beinahe alle Reserven erschöpft, und die Triebe wachsen rasch.

Pflege

Frühling: Verstärkt gießen, wenn sich bei den unter Abdeckungen gezogenen Pflanzen neue Triebe zeigen.
Sommer: Sehr warm und feucht halten.
Herbst: Sobald sich die Stiele gelb färben, weniger gießen.
Winter: Kompost unbedingt feucht halten.

Geschützter Anbau

Sie können die Yamswurzel unter Glas ziehen, wenn Sie

In der Sonne trocknende Yamswurzeln.

die oben genannten Bedingungen schaffen können. Damit die Pflanzen wachsen, brauchen sie eine Mindesttemperatur von 20 °C. Im Sommer mit lauwarmem Wasser besprühen. Sobald die Pflanzen absterben, weniger gießen.

Ernte und Lagerung
Je nach Sorte und Witterung können die Wurzeln 7–12 Monate nach dem Anpflanzen geerntet werden, sobald Blätter und Stängel abzusterben beginnen. Vorsichtig ausstechen. Beschädigte Wurzeln nicht einlagern.
Die Wurzeln werden im Schatten auf einem Rost oder in einem Schuppen getrocknet, bevor sie an einem dunklen, kühlen, aber gut belüfteten Platz eingelagert werden, wo sie sich einige Monate halten. Nicht bei Temperaturen unter 10 °C lagern.

Anfälligkeiten

Die **Blattfleckenkrankheit** zeigt sich in Form von braunen oder schwarzen Punkten. **Lagerfäule** kann zu einem ernsten Problem werden. Der **Yamkäfer** frisst die Wurzeln an und beschädigt die Triebe. Auch **Schildläuse** können die Pflanzen schädigen.

Die Yamswurzel benötigt viel Platz.

Mischkulturen

Harmoniert mit Taro, Ingwer, Mais, Okra und Kürbissen.

Heilkraft

Die Yamswurzel wird als harntreibendes und schleimlösendes Mittel verwendet.

Warnung

Alle Yamswurzeln außer der *Dioscorea esculenta* enthalten Dioscorin, einen Giftstoff, der erst durch Kochen seine Wirkung verliert.

Kulinarisches

Die Wurzeln kann man schälen, pürieren, rösten und in Öl anbraten. In Westafrika wird sie zu *fufu* gemahlen, das man zusammen mit Gewürzen, Öl, Fisch und Gemüse für eine dicke Suppe verwendet. Yam schmeckt köstlich, wenn man ihn mit Kokosöl kocht, mit Zucker einmacht, zusammen mit Orangensaft für einen Eintopf oder für ein Curry-Gericht verwendet.
Die Wurzel schälen und in Salzwasser kochen, danach mit geschmolzener Butter bestreichen und braun grillen. Mit Butter servieren.
In China püriert man sie zusammen mit Lotuswurzel und wickelt sie in Lotusblätter. Anschließend dünsten.
Sie können sie auch schälen, mit Öl bestreichen, bei 180 °C 1 1/2 Stunden backen, danach wie eine Folienkartoffel aufschneiden und mit gewürzter Butter oder einer ähnlichen Fülle garnieren.

Gelber-Yams-Salat
(6 Personen)

1,5 kg gelbe Yamswurzel
1 große Zwiebel, geschnitten
3 EL gehackter Schnittlauch
1 grüner Paprika, entkernt und gewürfelt
8 EL Majonäse
1/2 TL Cayenne-Pfeffer
Salz und schwarzer Pfeffer aus der Mühle
4 hart gekochte Eier, gehackt
1 EL schwarze Oliven, entkernt und geschnitten

Wurzel putzen und in Salzwasser kochen, bis sie durch, aber noch nicht weich ist. Abseihen und leicht abkühlen lassen, danach in Würfel schneiden. Zwiebel, Schnittlauch und Pfeffer hinzufügen und gut verrühren. Majonäse mit Cayenne-Pfeffer, Salz und Pfeffer abschmecken und zur Wurzel mischen. Eier und Oliven vorsichtig unterheben. Nochmals abschmecken und 1 Stunde kalt stellen.

Foeniculum vulgare var. *azoricum* (*Foeniculum dulce*). *Umbelliferae*

KNOLLEN-FENCHEL

Zweijährig oder ausdauernd. Die pikanten, verdickten Blattansätze, Blätter und Samen sind genießbar. Teilweise winterhart. Nährwert: Kalium, geringe Mengen an Betakarotin.

Diese ungewöhnliche Gemüseart mit dem intensiven Anisgeschmack, den verdickten Blattansätzen (die zu einer „Knolle" zusammenwachsen), der Struktur von zartem Sellerie und den zart gefiederten Blättern wird schon seit Jahrhunderten als Zierpflanze angebaut. Der wilde Fenchel dagegen, der keine verdickten Blattansätze hat, wird als Gewürzpflanze verwendet. Als portugiesische Entdecker 1418 erstmals auf Madeira an Land gingen, duftete es dort nach wildem Fenchel, daher wurde die Stadt Funchal nach „funcho", dem portugiesischen Wort für Fenchel, benannt. Knollenfenchel war bei den Griechen und Römern beliebt. Die Soldaten aßen ihn, um bei guter Gesundheit zu bleiben, die Damen, um nicht fettleibig zu werden. Im Mittelalter wurde während der Fastenzeit Fenchelsamen gegessen, um das Hungergefühl zu vertreiben. Noch heute kaut man die rohen Stängel, wenn man abnehmen möchte.

1824 erhielt Thomas Jefferson vom amerikanischen Konsul in Livorno Fenchelsamen als Geschenk und säte sie in seinem Garten in Virginia aus. Er schwärmte davon: „Der Fenchel übertrifft jedes andere Gemüse, er ist wirklich hervorragend . . . und ganz weiß." In Gebieten, wo die Gegebenheiten besonders günstig sind, gilt er jedoch als Unkraut.

Hier sieht man die wachsende Knolle und die zarten Blätter von 'Sweet Florence'.

SORTEN

'Cantino' kann ab Spätsommer geerntet werden und ist schoßfest. **'Fino' ('Zefa Fino')** ist besonders robust und sieht auch als Zierpflanze hübsch aus; schoßfest. **'Herald'**, eine alte italienische Sorte, bildet große, süße Knollen, ist schoßfest und kann früh oder sogar mehrmals ausgesät werden. **'Perfektion'**, eine französische Sorte, hat mittelgroße Knollen und einen zarten Anisgeschmack. Diese Sorte ist schoßfest und für eine frühe Aussaat geeignet. **'Sirio'**, ebenfalls eine italienische Sorte, hat kompakte, große, süße, weiße Knollen und reift schnell. **'Sweet Florence'** ist mittelgroß und sollte ab Mitte Frühling bis Spätsommer ausgesät werden. **'Tardo' ('Zefa Tardo')** reift früh und ist schoßfest.

ANBAU

Vermehrung
Fenchel gedeiht in warmen Klimazonen und neigt dazu, frühzeitig zu schießen, besonders wenn es kalt oder trocken ist oder beim Umsetzen. Für frühe Aussaaten Pflanzen wählen, die nicht so schnell schießen.
Für Sommer- und Herbsternte ab dem späten Frühjahr bis Spätsommer mehrmals in 2 cm tiefen Furchen mit einem Abstand von 45–50 cm aussäen. Sobald die Sämlinge groß genug sind, auf 25–30 cm vereinzeln. Falls möglich, Fenchel an Ort und Stelle anpflanzen, um Schoßbildung zu vermeiden. Bei Pflanzen, die unter Abdeckungen gezogen werden, sind Torftöpfe zu empfehlen. Man kann auch in Schalen anbauen, wenn man beim Umsetzen sorgfältig vorgeht.

Kultivierung
Fenchel gedeiht in gemäßigten bis subtropischen Klimazonen, obwohl die älteren Pflanzen auch leichten Frost überstehen. Die größten Knollen entstehen bei warmem, sonnigem Sommerwetter. Die Pflanzen sollten so rasch wie möglich gezogen werden, daher sollten Sie vor dem Anpflanzen 30–60 g Langzeitdünger einarbeiten. Fenchel gedeiht an sonnigen,

warmen, geschützten Standorten in lockerem, feuchtigkeitsspeicherndem, leicht basischem Boden. Ideal ist leichte, sandige Erde, die im Winter vor dem Anpflanzen mit organischem Material angereichert wird. Auf steinigen Böden und schweren Lehmböden sollte man nicht anbauen. Die Erde niemals austrocknen lassen. Im Frühling mulchen und rund um die Knollen vorsichtig jäten. Sobald sich die Stielenden zu verdicken beginnen, auf die Hälfte anhäufeln, damit die Knollen bleichen und süßer werden. Man kann auch „Krägen" aus Karton anbringen.

Pflegemaßnahmen
Frühling: Frühe Pflanzen unter Abdeckungen aussäen. Vor dem Aussäen im Freien den Boden mit Glasglocken erwärmen.
Sommer: Die Erde stets feucht halten und von Unkraut befreien. Reife Knollen ernten.
Herbst: Späte Pflanzen abdecken, um die Vegetationszeit zu verlängern.
Winter: Spätere Aussaaten für die Winterernte umsetzen.

Geschützter Anbau
Frühe Pflanzen mit Glasglocken schützen. Ab Mitte Frühling in Torftöpfen oder Anzuchtschalen mit Saatkompost bei 16 °C aussäen. In Schalen gezogene Sämlinge in Torf umsetzen, solange die Sämlinge sehr klein sind und

Die Knolle besteht aus verdickten, sich überlappenden Blattansätzen.

maximal 4 Blätter haben. Ein Monat nach dem Abhärten in Töpfe umsetzen.
In Torftöpfen gezogene Pflanzen abhärten und ins Freie setzen. Späte Aussaaten können im Winter unter Abdeckungen weiter gezogen werden. Die Pflanzen bringen nicht immer Knollen hervor, man kann jedoch auch Blätter und Stiele verwerten.

Pflanzen in Kübeln
Einzelne Pflanzen kann man in Gefäßen ab einem Durchmesser von 25 cm und einer Tiefe von 30 cm in Kompost auf Lehmbasis unter Zugabe von Sand anbauen. Im späten Frühjahr und Sommer einmal im Monat mit flüssigem Volldünger gießen.

Ernte und Lagerung
Man erntet ca. 15 Wochen nach dem Aussäen oder 2–4 Wochen nach dem Anhäufeln, wenn die Knollen prall, ca. 5–8 cm dick sind. Die Knolle knapp über dem Boden mit einem scharfen Messer abschneiden, damit neue Blätter austreiben können. Die Knollen kann man nicht lagern, sie sollten am besten frisch gegessen werden. Die Blätter können Sie den ganzen Sommer über ernten und für Salate verwenden oder einfrieren.

Anfälligkeiten
Nacktschnecken sind eine Gefahr. Zu wenig Wasser und schwankende Temperaturen nach dem Umsetzen können zur Schoßbildung führen.

Die reife Pflanze vor der Ernte.

Mischkulturen

Ein paar Fenchelpflanzen blühen lassen. Die Blüten sind sehr hübsch und locken viele nützliche Insekten an. Fenchel wirkt sich sehr schlecht auf Bohnen, Kohlrabi und Tomaten aus.

Heilkraft

Fencheltee hilft bei Blähungen, Koliken und Verstopfung. Fenchel soll auch die Wirkung von Alkohol abschwächen. Bei Augenentzündungen können Sie mit Fencheltee spülen oder Kompressen auflegen.
Für besseren Atem kann man Fenchel kauen, bei Zahnfleisch- oder Halsbeschwerden mit Fenchel gurgeln. Er vertreibt Hungergefühl und hilft bei Verdauungsstörungen.

Warnung

Nur geringe Mengen an Fenchelöl einnehmen. Verzicht bei Schwangerschaft.

Kulinarisches

Entfernt man die grünen Stiele und die äußeren Blätter, kann man die Knollen wie Sellerie verwenden. Das Innere der Blattstiele kann aufgeschnitten, kalt gestellt und zu Salaten gegeben werden. Damit die Knollen knackig bleiben, schneiden Sie sie auf und stellen sie in einer Schüssel mit Eiswürfeln 1 Stunde in den Kühlschrank. Mit Porree gekochter Fenchel wird als Beilage zu Eier- und Fischgerichten gereicht. Man kann ihn dünsten, grillen, kochen und mit Käsesoße oder Butter servieren. Die frischen Blätter werden in Öl oder Essig eingelegt und zum Garnieren oder in Suppen und Salaten verwendet. Der Fenchel verleiht der Finocchiona, einer italienischen Salami, den typischen Geschmack.

Fenchel mit Erbsen und Paprika
(4 Personen)

2 EL Olivenöl
2 rote Paprika, entkernt und in Streifen geschnitten
500 g Fenchel, in dünne Scheiben geschnitten
2 Knoblauchzehen, fein gehackt
250 g Erbsen
Salz und schwarzer Pfeffer aus der Mühle

Öl in einem Wok oder in einer Pfanne erhitzen, Paprika und Fenchel hinzufügen, 10–15 Minuten braten, ab und zu umrühren. Knoblauch und Erbsen beimengen und weitere 2 Minuten braten. Gewürzt servieren.

Glycine max (Glycine soja). Leguminosae

SOJABOHNE

Einjährig. Wird wegen der Samenschoten und Samen kultiviert. Teilweise winterhart. Nährwert: Reich an Kalium, Proteinen, Ballaststoffen, Vitamin E, B und Eisen. Die Schoten sind reich an Vitamin C.

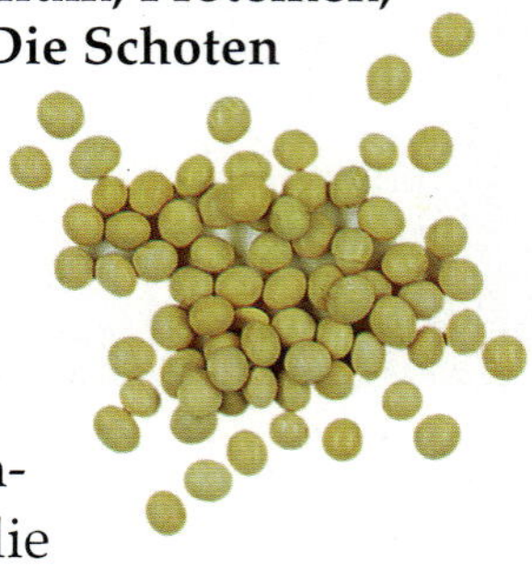

Die Sojabohne gehört zu den Gemüsearten mit dem höchsten Nährwert. Sie stammt aus Asien und war angeblich die erste Pflanze überhaupt, die in China unter Kaiser Shen Nung kultiviert wurde. Sie wird in seiner rund 2900 v. Chr. entstandenen *Materia Medica* erwähnt. In Europa wurde die Sojabohne durch Engelbert Kämpfer bekannt, dem Arzt des Gouverneurs der holländischen East India Company, der von 1690–1692 auf einer Insel vor der Küste Japans lebte. Die Japaner hüteten ihr kulturelles Erbe, doch indem er die Wachen bestach und auf seiner Route immer wieder Pflanzen abpflückte, konnte Kämpfer einige Exemplare nach Europa mitnehmen. Ende des 18. Jahrhunderts sandte Benjamin Franklin Samen von Frankreich nach Nordamerika. 1829 wurde die Sojabohne in Cambridge, Massachusetts, angebaut, wo sie als Delikatesse galt. Einer der ersten Amerikaner, der sich für den Sojabohnenanbau interessierte, war Henry Ford, der das Potential dieses Nahrungsmittels erkannte und angeblich bei jeder Mahlzeit Sojabohnen aß und einen Anzug aus „Sojastoff" besaß.

SORTEN

Glycine max ist eine Pflanze, die meist dreifach gelappte Blätter und weiß bzw. hellviolette Blüten trägt. Die Schoten, die 2–4 Samen enthalten, befinden sich hauptsächlich am unteren Teil des Stamms. **'Black Jet'** reift früh. Die Samen schmecken gut, und die Pflanze ist ideal für kurze Wachstumsperioden. **'Fiskeby V'** hat gelbe Bohnen und ist sehr winterhart. **'Hakucho Early'**, eine frühe, japanische Minibohne, liefert pro Schote 3 kleine Samen, ist jedoch sehr ertragreich. **'Lammer's Black'** eignet sich für eine kurze Saison. Sie ist sehr ertragreich und liefert dünnschalige, schmackhafte Samen. Bei **'Maple Arrow'** handelt es sich um eine gelbe, winterharte Sorte. **'Prize'** ist sehr verbreitet – treibt gut aus.

Unreife Schoten auf einer Pflanze in den USA.

KULTIVIERUNG

Vermehrung
Aussäen, sobald die Frostgefahr gebannt ist. In schweren Böden 2–3 Samen 2 cm tief gruppenweise aussäen, in leichteren Böden 3 cm tief. Zwischen den Gruppen einen Abstand von 7–10 cm einhalten, zwischen den Reihen 45–60 cm. Nach dem Austreiben vereinzeln und den stärksten Sämling stehen lassen. Hat man dünn ausgesät, sobald die Pflanzen groß genug sind, vereinzeln.

Sprossen keimen
Zum Keimen von Sprossen verwendet man unbehandeltes Saatgut und entfernt alle beschädigten oder schimmligen Bohnen. Die Saat über Nacht in kaltes Wasser einweichen und am nächsten Morgen gut abwaschen. Eine Schicht feuchtes Küchenpapier auf den Boden einer flachen Schüssel, Schale oder Keimbox legen, darauf eine 1 cm hohe Schicht Sojabohnen geben und mit Plastikfolie zudecken. Dann die Schüssel in einen dunklen Schrank stellen, in Zeitungspapier oder Alufolie einwickeln. Die Idealtemperatur sollte 20–25 °C betragen. Regelmäßig prüfen, ob das Küchenpapier feucht ist, und jeden Morgen und Abend anfeuchten. Nach 4–10 Tagen, wenn die Triebe 2–5 cm lang sind, ernten. Die Sprossen schälen, vor dem Essen gut waschen.

Kultivierung
Sojabohnen gedeihen an offenen Standorten in reichhaltigen, lockeren Böden mit einem pH-Wert von 5,7–6,2. Falls erforderlich, den Boden kalken und vor dem Anpflanzen mit organischem Material anreichern. Die Pflanzen vertragen keinen Frost. Sie gedeihen bei 20–25 °C. Temperaturen von über 38 °C können sich nachteilig auf das Wachstum auswirken. Bei trockener Witterung und zu Beginn des Wachstums die Pflanzen gut gießen. Regelmäßig von Unkraut befreien oder im Frühling mulchen.

Pflegemaßnahmen
Frühling: Unter Abdeckungen oder im Freien aussäen, wenn die Frostgefahr vorbei ist.
Sommer: Die Pflanzen von Unkraut befreien, bei trockener Witterung gießen.
Herbst: Ernten, bevor die Schoten ganz ausgereift sind.
Winter: Bündelweise in einem kühlen Schuppen aufhängen, die Samen einsammeln, sobald sich die Schoten öffnen.

Geschützter Anbau
In kühleren Regionen in Töpfen, Torftöpfen oder Schalen mit Saatkompost aussäen und, sobald der Boden warm ist, ins Freie umsetzen. Vor dem Umsetzen abhärten und zu Beginn mit Glasglocken schützen. In kühleren Regionen im Warmhaus aussäen.

Ein Blick auf ein Sojabohnenfeld in Kansas, USA.

Pflanzen in Kübeln
Der Anbau in Gefäßen lohnt sich nur zu Ausstellungszwecken. Man verwendet 20–25 cm große Töpfe mit Kompost auf Lehmbasis und mit mittlerem Düngemittelgehalt. Organisches Material zugeben. Gut gießen, Unkraut jäten.

Ernte und Lagerung
Sojabohnen brauchen einen heißen Sommer und Herbst. Der Zeitpunkt der Ernte muss sorgfältig geplant werden – die Samen sollten reif sein, die Schoten jedoch noch nicht aufgehen. Bei ungünstigem Wetter erntet man, sobald die Schoten gelb werden, und hängt sie zum Reifen an einem trockenen Platz auf. Nasse Pflanzen nicht ernten. Grüne Bohnen ernten, sobald die Schoten prall sind und die Samen beinahe ihre endgültige Größe erreicht haben.

Anfälligkeiten

Erntet man die Pflanzen, wenn sie nass sind, und verletzt die Schoten, kommt es leicht zu Pilzkrankheiten.

Weitere Nutzung

Für eine Vielzahl an Produkten wird Sojaöl verwendet, wie z. B. Speiseeis, Margarine, Seife und Farbe. Aus den zerstampften Bohnen wird Milchersatz, der in gegärter Form zur Herstellung von Sojaöl und Tofu dient. Auch Schaum zum Brandlöschen und Fleischersatz wird aus Soja hergestellt. Eine wirklich wertvolle Pflanze!

Heilkraft

Soja soll den Blutzuckerspiegel regulieren, den Cholesterinspiegel senken sowie die Verdauung regeln.

Warnung

Sojabohnen vor dem Trocknen kochen, so sind sie besser verdaulich.

Kulinarisches

Sojabohnen werden, solange sie grün oder frisch ausgetrieben sind, für Salate und zum Anbraten verwendet. Man schält sie, indem man sie 5 Minuten in kochendes Salzwasser taucht, abkühlen lässt und die Bohnen herausdrückt. 15 Minuten kochen, danach mit Butter anbraten. Die jungen Schoten können gekocht und im Ganzen gegessen werden. Getrocknete Bohnen vor dem Essen einweichen. Sie können die Zubereitungszeit verkürzen, indem Sie die Bohnen in einer Kanne mit Wasser bedeckt 2 Minuten kochen, 1 Stunde stehen lassen und anschließend weich kochen.

Sojabohnen- und Walnusskroketten
(4 Personen)

120 g Sojabohnen, eingeweicht und gut gewaschen
1 Zwiebel, fein gehackt
1 Knoblauchzehe, fein gehackt
30 g Butter
120 g Walnüsse, gemahlen
1/2 TL getrockneter Thymian
60 g Vollkorn-Paniermehl
1 EL pürierte Tomaten
2 EL gehackte Petersilie
1/2 TL Muskatblüte
1 Ei
Salz und schwarzer Pfeffer aus der Mühle
Vollkornmehl
1 geschlagenes Ei
Paniermehl

Die Bohnen ganz weich kochen, durch ein Sieb gießen und mit der Gabel zerdrücken, bis sie aufbrechen. Zwiebel und Knoblauch 10 Minuten in der Butter braten, danach vom Herd nehmen und die Bohnen dazugeben. Walnüsse und Thymian mit Paniermehl, pürierten Tomaten, Petersilie, Muskatblüte und Ei vermischen. Möglicherweise etwas Flüssigkeit dazugeben oder weniger Paniermehl verwenden. Gut vermischen und abschmecken.
Mit den Händen kleine Kroketten formen, die mit Mehl, Ei und Paniermehl paniert werden. In heißem Öl fritieren und auf Küchenpapier abtropfen lassen. Heiß servieren. Dazu passt eine scharfe Tomatensoße.

Helianthus tuberosus. Compositae

TOPINAMBUR

Erdbirne, Erdartischocke. Ausdauernde Staude, die einjährig kultiviert wird. Die Wurzelknollen sind genießbar. Winterhart.
Nährwert: Hoher Gehalt an Kohlenhydraten, hauptsächlich Inulin, das sich bei der Lagerung in Fructose verwandelt. Mittlerer Gehalt an Vitamin B_1 und B_5. Wenig Kalorien.

Bei dieser Gemüseart handelt es sich nicht etwa um eine Verwandte der Artischocke. Die Pflanze erhielt ihren Beinamen „Erdartischocke", da die Knollen ähnlich wie Artischocken schmecken. In Wirklichkeit ist dieses Gemüse mit der Sonnenblume verwandt. Die große, aufrechte, winterharte Pflanze ist in Nordamerika heimisch, wo sie an feuchten Standorten wächst. Die Knollen enthalten Kohlenhydrate, die Blähungen verursachen können. John Goodyear schrieb 1621, dass sie „im Körper unangenehme Winde verursacht". Um 1920 wurde die Pflanze zur Herstellung von Fructose verwendet und sollte Zuckerrübe und Zuckerrohr ablösen.

SORTEN

'Boston Red' hat große, knorpelige Knollen mit rosaroter Schale. **'Dwarf Sunray'** ist eine knackige, zarte Sorte mit kurzen Stängeln. Die Knollen müssen nicht geschält werden. Eignet sich auch als Zierpflanze. **'Fuseau'** hat lange, glatte, weiße Knollen. Die Pflanzen sind kompakt und werden 1,5–1,8 m hoch. Die traditionelle französische Sorte **'Golden Nugget'** hat spitz zulaufende, karottenförmige Knollen. Bei **'Stampede'** handelt es sich um eine rasch reifende Sorte mit großen Knollen. **'Jacks Copperclad'** bildet dunkle, kupferrote Knollen und kleine, hübsche Blüten. Die Pflanzen werden bis zu 3 m hoch und sind sehr ertragreich; die Knollen schmecken hervorragend. Die großen Knollen von **'Mulles Rose'** sind weiß und haben rosige, fleischige „Augen". Leicht anzubauen und verträgt kalte Witterung. **'Sun Choke'** schmeckt frisch und nussig. Hervorragend im Salat oder gekocht und mit saurer Sahne serviert.

KULTIVIERUNG

Topinambur wächst am besten an schattigen Standorten. Sie können die Stauden auf den meisten Bodenarten anbauen, doch bei schlechter Bodenqualität fallen die Knollen klein aus. Ideal ist sandiger, feuchtigkeitsspeichernder Boden.

Die Knollen wachsen auch in schweren Tonböden, solange sie nicht stark sauer oder im Winter zu feucht sind. Durch das faserige Wurzelsystem eignen sich die Pflanzen zur Erschließung von unkultiviertem Boden. Die hohen Pflanzen eignen sich hervorragen[d] als Sicht- oder Windschutz, müssen manchmal jedoch m[it] Stöcken gestützt werden.

Vermehrung
Knollen, die man beim Gemüsehändler kauft, können zum Weiteranbau verwendet werden. Sie müssen die Größe eines Eies haben und ab Frühlingsbeginn, sobald der Boden bearbeitet werden kann, ausgesetzt werden. Man setzt sie 10–15 cm tief mit einem Abstand von 30 cm zwischen den Pflanzen und 90 cm zwischen den Reihen. Die Knollen vorsichtig bedecken. Ein paar Knollen für das nächste Jahr zurückbehalten oder in der Erde lassen.

Anbau
Im Herbst oder zu Winterbeginn vor dem Anpflanzen organisches Material einarbeiten. Sobald die Pflanzen eine Höhe von 30 cm erreicht haben, die Stängel mit Erde anhäufeln, damit sie stabiler sind. Bei trockener Witterung gießen. Blütenknospen sofort entfernen. Im Spätsommer die Stängel auf 1,5–1,8 m kürzen, damit sie nicht abknicken. An windigen Plätzen sollte man sie mit Stöcken stützen. Bei schlechter Bodenqualität alle 2–3 Wochen mit flüssigem Volldünger gießen.

Pflegemaßnahmen
Frühling: Knollen einpflanzen.

Die Stängel sind ein guter Windschutz.

Sommer: Von Unkraut befreien, gießen und eventuell mit Stöcken stützen. Blütenknospen entfernen.
Herbst: Stiele kürzen und mit der Ernte beginnen.
Winter: Knollen für den Weiteranbau aufbewahren.

Ernte und Lagerung
Im Herbst die Stängel auf 7–15 cm über dem Boden zurückschneiden, sobald sich die Blätter gelb färben. Die Stängel zum Mulchen verwenden, um den Boden vor Frost zu schützen. Die Knollen ab Spätherbst ernten. Sie halten sich besser im Boden, bei kaltem Wetter oder schwerem Boden sticht man sie jedoch zu Winterbeginn aus und lagert sie in einem kühlen Keller in Torfersatz oder Sand feucht ein.

Anfälligkeiten
Die Knollen werden oft von **Nacktschnecken** ausgehöhlt. Fallen aufstellen oder Aluminiumsulfat streuen.
Sclerotinia überzieht die Stängel mit weißem Schimmel. Befallene Pflanzen vernichten. Gesunde Pflanzen mit Fungizid besprühen.
Raupen fressen die Stängel an. Vor dem Anpflanzen den Boden mit einem Insektizid behandeln.

Heilkraft

Das Kohlenhydrat Inulin ist schwer verdaulich. Die Knollen sind kalorienarm und für Diabetiker geeignet.

Warnung

Topinambur kann zu einem hartnäckigen Unkraut werden. Daher sollte man bei der Ernte die Knollen restlos entfernen.

Topinambur-Suppe

Kulinarisches

Bei kaltem Wetter kann man Topinambur im Boden lassen und bei Bedarf ernten. Die frischen Knollen schmecken zwar besser, durch längere Lagerung werden die Knollen jedoch leichter verdaulich. Im Gemüsefach des Kühlschranks halten sie in einer Plastiktüte bis zu 2 Wochen.
Es ist nicht erforderlich, sie ganz zu schälen, außer man möchte ein glattes, cremig weißes Püree zubereiten; schließlich liegen die meisten Vitamine direkt unter der Schale. Wenn Sie sie wirklich schälen möchten, sollten Sie die knotigen Sorten vorher besser dünsten oder kochen. Bei Verwendung als Beilage schrubbt man die Knollen unmittelbar nach der Ernte ab, kocht sie 20–25 Minuten ungeschält in Wasser, dem man einen Teelöffel Essig beimengt, und schält sie, falls erwünscht, vor dem Anrichten. Den ungewöhnlichen Geschmack können Sie am besten mit einer Prise Muskatnuss unterstreichen.
Wenn Sie Frikadellen zubereiten möchten, formen Sie aus gekochten, pürierten Erdartischocken flache Kuchen, die gebacken werden. Man kann Topinambur auch braten, backen, rösten, zu Eintöpfen geben oder roh essen.
Gratinierte Erdartischocken in einer intensiven Käsesoße sind eine hervorragende Beilage zu reinen Fleischgerichten wie gebackener Schinken oder Lammbraten.
Erdartischocken garen und durch ein Sieb gießen, wenn sie gerade durch sind. In grobe Scheiben schneiden und in eine Form schichten, mit französischem Senf und reifem Käse abgeschmeckte Béchamel-Soße darüber gießen und im heißen Rohr bei 200 °C bräunen.

Topinambur-Suppe
(4 Personen)

500 g Topinambur
2 EL Olivenöl
2 große Zwiebeln, in Ringe geschnitten
1 große Knoblauchzehe, fein gehackt
600 ml Hühnerbrühe
1 Streifen Orangenschale
Salz und schwarzer Pfeffer aus der Mühle
4 EL Schlagsahne

Erdartischocken schrubben, harte Knötchen entfernen, grob hacken. Öl in einer schweren Pfanne erhitzen und Zwiebeln darin glasig dünsten. Knoblauch einige Minuten anbraten, anschließend Topinambur hinzufügen. Im Öl schwenken und Hühnerbrühe dazugießen. Aufkochen lassen, Orangenschale hinzufügen und abschmecken. Zudecken und 15–20 Minuten garen. Von der Flamme nehmen, Schale entfernen und in der Küchenmaschine pürieren. Wieder in die Pfanne geben, abschmecken, Sahne einrühren und servieren.

Hibiscus esculentus (Abelmoschus esculentus). Malvaceae

OKRA

Gumbo. Einjährig. Wird wegen der essbaren Schoten angebaut. Frostempfindlich. Nährwert: Reich an Kalzium, Eisen, Kalium, Vitamin C und Ballaststoffen.

Okra zählt zur Familie der Hibiskusgewächse, hat schlanke, essbare Schoten und wird bereits seit Jahrhunderten angebaut. Die Pflanze stammt aus Nordafrika, aus der nördlichen Nilregion sowie aus Äthiopien, und und war später auch im Osten, in Saudiarabien und Indien bekannt. Eine der frühesten Aufzeichnungen beschreibt den Anbau und die Verwendung der Okra in Ägypten. Durch Sklaven gelangte sie in den karibischen Raum und in die Südstaaten der USA. Der zweite Name, Gumbo, leitet sich von der portugiesischen Übersetzung der afrikanischen Bezeichnung ab.

SORTEN

'Artist' trägt purpurrote Schoten, wird früh geerntet und färbt sich beim Kochen grün. **'Burgundy'** wird bis zu 1,5 m hoch, hat herrliche rote Schoten, die hervorragend im Salat schmecken. Beim Kochen geht die Farbe verloren. Verträgt kühlere Witterung als die meisten anderen Sorten. Bei **'Clemson Spineless'** handelt es sich um eine beliebte, ertragreiche Sorte und dunklen, fleischigen Schoten. Wächst gut unter Abdeckungen. **'Dwarf Green Long Pod'** wird nur ca. 90 cm hoch, ist jedoch ertragreich und liefert dunkelgrüne, fadenlose Schoten. **'Mammoth Spineless Long Pod'** ist robust und ertragreich, die Schoten bleiben längere Zeit zart. Schmeckt hervorragend frisch odereingelegt. **'Pure Luck'** zählt zu den besten Sorten zum Anbau unter Abdeckungen in kälteren Regionen. Die Schoten werden mit einer Länge von 5 cm geerntet. Bei **'Red Velvet'** handelt es sich um eine rote Sorte, die robust ist und bis zu 1,2–1,5 m hoch wird. **'Star of David Heirloom'** ist eine israelische Sorte, die 1,8–2,5 m hoch wird, gut schmeckt und ertragreich ist. Die Schoten werden bis zu 23 cm lang, schmecken jedoch besser, solange sie noch klein sind.

Die blätterlose Okra mit nach oben gerichteten Früchten.

KULTIVIERUNG

Diese Gartenpflanze eignet sich für die Tropen und gemäßigten Zonen und kann dort auch bei kühlerer Witterung im Freiland angebaut werden, wenn die Sommer heiß sind. Sicherer ist es jedoch, Okra unter Abdeckungen zu ziehen.

Vermehrung
Vor dem Anpflanzen die Saat 24 Stunden in warmem Wasser einweichen. Mein Freund Robert Fleming, aus Memphis, Tennessee, hat einige andere Methoden erfolgreich ausprobiert. Bei diesen wird die Keimung von 15 Tagen auf 5 Tage reduziert: Die Saat 45–60 Minuten in Bleichmittel einweichen, abspülen und einpflanzen. Kochendes Wasser auf die Saat gießen, über Nacht stehen lassen. Je 3 Samen in ein Eiswürfelfach geben, einige Stunden einfrieren und einpflanzen.
Sobald die Bodentemperatur ca. 16 °C beträgt, wird die Saat in Reihen mit einem Abstand von 60 cm ausgesät. Denselben Abstand zwischen den Pflanzen einhalten. Man kann auch in Gruppen mit einem Abstand von 20–30 cm aussäen und den stärksten Sämling vereinzeln. In Schalen oder Torftöpfen gezogene Sämlinge werden in 7 cm breite Töpfe umgesetzt. Später werden sie abgehärtet und bei einer Größe von ca. 10–15 cm umgesetzt.

Die roten Sorten verlieren beim Kochen die Farbe

Kultivierung
Okra wächst in reichhaltigem, fruchtbarem, lockerem Boden, den man einige Wochen vor dem Anpflanzen mit organischem Material anreichern sollte. Vor dem Umsetzen ein Stöckchen in den Boden stecken, Pflanzen daran festbinden. Sobald die Pflanzen 25–30 cm hoch sind, zwickt man vom Hauptstiel die Vegetationspunkte ab, um buschiges Wachstum zu fördern. Bis die Pflanzen gut angewachsen sind, flüssigen Volldünger auftragen, danach alle 2 Wochen flüssige Pottasche.
In kühleren Regionen vor dem Anpflanzen den Boden anwärmen. Sobald die Frostgefahr gebannt ist, in einem Abstand von 60 cm auspflanzen.

Pflegemaßnahmen
Frühling: Sobald der Boden warm genug ist, in wärmeren Regionen im Freiland unter Abdeckungen aussäen. Vegetationspunkte abzwicken.
Sommer: Die Pflanzen gießen, düngen und an Stöcken festbinden. Von Unkraut befreien. Junge Schoten ernten.
Herbst: In kühleren Regionen Freilandpflanzen schützen, um die Ernte zu verlängern.
Winter: Boden für die nächste Saison vorbereiten.

Geschützter Anbau
In kühleren Regionen Okra ab Frühlingsbeginn in beheizten Treibhäusern oder Polyethylentunnels aussäen. Falls nicht beheizt werden kann, bis Mitte Frühling warten.
Mit einem Abstand von 60 cm in Beete oder Rabatten setzen. Vor dem Anpflanzen ein Stöckchen in die Erde stecken.
Die Temperatur sollte mindestens 21 °C betragen, die Luft darf nicht zu trocken sein. Die Pflanzen alle 2 Wochen mit flüssigem Volldünger gießen, sobald sie gut angewachsen sind, auf Pottasche umsteigen.

Pflanzen in Kübeln
Okra kann in kleinen Töpfen oder Tüten mit Kompost auf Torfersatzbasis unter Abdeckungen oder im Freiland angebaut werden. Regelmäßig gießen und während des Wachstums alle 2 Wochen mit flüssigem Pottaschedünger gießen.

Ernte und Lagerung
Die jungen Schoten mit einem scharfen Messer abnehmen. Regelmäßig ernten, damit neue Schoten nachwachsen. Vorsichtig anfassen: Die weiche Schale wird leicht verletzt. In eine Plastiktüte gewickelt halten sich die Schoten im Gemüsefach des Kühlschranks bis zu 10 Tage.

Anfälligkeiten
Okra vor starkem **Blattlausbefall** und **Echtem Mehltau** schützen, da sie die Pflanzen schwächen. Das Problem tritt verstärkt auf, wenn die Pflanzen zu wenig Wasser haben. Die **Weiße Fliege** verursacht Gelbwerden der Blätter, Klebrigkeit und Schimmelbildung. Die Fliegen sammeln sich an der Unterseite der Blätter an und fliegen hoch, sobald man diese schüttelt.

Mischkulturen

Okra gedeiht zusammen mit Melonen und Gurken, da sie die gleichen Bedingungen benötigt.

Eine Pflanze in Brasilien. Die hellgelben Blüten verwandeln sich in Schoten.

Heilkraft

Der Schleim der Okra wird zur Behandlung von Entzündungen eingesetzt.
In Indien verwendet man aus den Schoten gewonnenen Tee zur Behandlung von Blasenschwäche und bei Infektionen des Brustraums.
Okra wird auch künstlichem Blutplasma beigefügt.

Kulinarisches

Okra wird für Suppen, Eintöpfe und Curry-Gerichte verwendet, gebraten und als Beilage zu Fleisch und Huhn gegessen. Zum Braten die Stiele entfernen, das untere Ende abschneiden, ca. 10 Minuten garen, durch ein Sieb gießen und jede Schote trocken. Anschließend knusprig braten. Im Nahen Osten lässt man die Schoten in gesalzenem Zitronensaft ziehen, anschließend werden sie gebraten und als Beilage gegessen. In Indien verwendet man Bhindi als Gemüsebeilage.
Okra sollte man nicht in Eisen-, Messing- oder Kupferpfannen kochen, da sie sonst ihre grüne Farbe verlieren.
Durch zu langes Kochen werden die Schoten sehr weich, daher gibt man etwas Zitronensaft in die Pfanne oder schrubbt die feine, pelzige Schicht unter fließendem Wasser ab.
Okra kann auch roh in Salaten gegessen oder als „Dipgemüse" verwendet werden. Die Schoten waschen, Enden vorsichtig abschneiden. Damit sie nicht so klebrig werden, ca. 30 Minuten in Wasser mit einem Spritzer Zitronensaft einweichen, danach durch ein Sieb gießen, abspülen und trocknen lassen.
Das Öl der Okrasamen wird auch zum Kochen verwendet.

Gumbo
(4 Personen)

In diesem würzigen, kreolischen Gericht schmeckt Okra besonders gut.

500 g Okra
1 EL Olivenöl
250 g selbstgekochter Schinken, würfelig geschnitten
175 g Zwiebel, in feinen Ringen
175 g Sellerie, gehackt
1 roter Paprika, entkernt und gehackt
1/2 EL pürierte Tomaten
500 g Tomaten, geschält und gehackt
1 getrocknete Chilischote, klein gehackt
Salz und schwarzer Pfeffer aus der Mühle

Von den Schoten die Enden abschneiden, so dass die Samen freiliegen. 30 Minuten in gesäuertem Wasser einlegen.
Das Öl erhitzen und Schinken, Zwiebeln, Sellerie und Paprika anbraten, bis die Zwiebeln braun sind.
Pürierte und gehackte Tomaten hinzufügen und bei großer Hitze rund eine Minute kochen.
Abgetropfte Okra hinzufügen, gut würzen. Zudecken und bei schwacher Hitze garen. Bei Bedarf trocken etwas Wasser dazugeben.
Zu gegrilltem Huhn servieren.

Gumbo

Ipomea batatas. Convolvulaceae

SÜSSKARTOFFEL

Batate, Knollenwinde. Ausdauernde Kletterpflanze. Wird einjährig kultiviert. Die stärkehaltigen Knollen und die Blätter sind genießbar. Frostempfindlich. Nährwert: Reich an Betakarotin und Kohlenhydraten. Mittlerer Gehalt an Kalium und Vitamin B und C. Die gelben und orangefarbenen Sorten sind reich an Vitamin A.

Die „Süßkartoffel" ist keine Verwandte der Kartoffel, sondern der Winde. Sie wurde bereits im alten Peru angebaut und ist heute in den Tropen zu finden. In Polynesien zählt sie zu den wichtigsten Nahrungspflanzen. Es ist bis heute noch ein Rätsel, wie sie dorthin gelangt ist. Einige meinen, sie wurde von Einwanderern aus Südamerika mitgebracht, andere glauben, sie wurde angeschwemmt. Bereits um 1250 wurde sie in Polynesien angebaut und gelangte im 14. Jahrhundert nach Neuseeland. Kapitän Cook und Sir Joseph Banks entdeckten, dass die Maoris Süßkartoffeln kultivierten, als sie 1769 in Neuseeland landeten. 1648 wurde die Pflanze auch in Virginia angebaut. Kolumbus brachte sie nach Spanien, wo sie Mitte des 16. Jahrhunderts weitverbreitet war. Über die Kanarischen Inseln gelangte sie ungefähr zur selben Zeit nach England, wo sie die Kartoffel ersetzte. Sie galt als Aphrodisiakum.

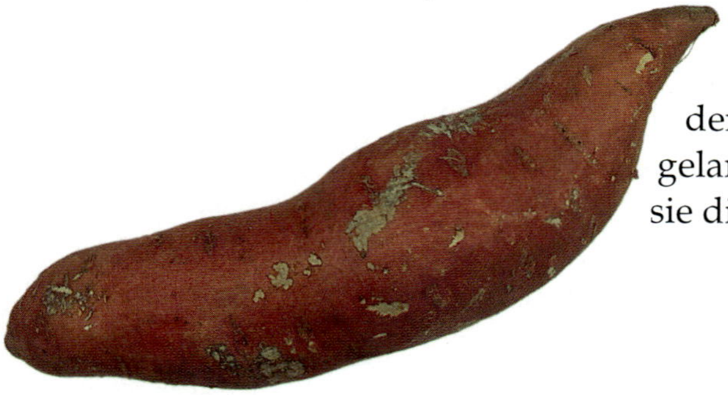

SORTEN

Weltweit gibt es hunderte von Sorten, die in drei Gruppen unterteilt werden: trockene und mehlige Sorten, weiche und speckige Sorten sowie Futterpflanzen. Die weißen oder hellen Sorten sind mehlig und haben eine Maroni-Karamelnote. Die gelben und orangefarbenen sind süß und wässrig.
'Centennial' ist robust, wird 5 m hoch, hat eine helle orangefarbene Schale und dunkles, orangefarbenes Fleisch. Diese üppige und sehr ertragreiche Sorte gedeiht auch bei kurzer Vegetationsperiode.
'Jewel', eine robuste, ertragreiche Sorte, die hervorragende kupferfarbige Knollen mit speckigem, weißem Fleisch hervorbringt, lässt sich gut lagern und ist resistent gegen Krankheiten. **'Porto Rico Bush'** hat dunkles, orangefarbenes, süßes Fleisch. Ideal als Backkartoffel. **'Tokatoka Gold'** ist groß, rund und glatt und in Neuseeland weit verbreitet. **'Vardaman'**: Die Schale ist goldgelb, das Fleisch dunkel und rötlich-orange. Sehr ertragreich.

KULTIVIERUNG

Vermehrung
Man verwendet 20–25 cm lange Ableger von gesunden Trieben. Direkt unterhalb einer Blattverzweigung abschneiden und die unteren Blätter entfernen.
Sie können auch einige gesunde Knollen in eine Schale mit feuchtem Sand, Vermiculit oder Perlit legen und im Warmhaus lagern oder im Frühbeet anpflanzen. Die Triebe bei einer Länge von 25–30 cm ca. 5 cm über dem Boden abschneiden und als Ableger verwenden. Aus 3 Kartoffeln erhält man ca. 24 Ableger. Das reicht für eine 10 m lange Reihe.
In feuchten und feuchttropischen Gebieten werden die Ableger zu Beginn der Regenzeit an Ort und Stelle gepflanzt. Man setzt sie in 15–30 cm hohen Reihen, die 1–1,5 m voneinander entfernt sind, und steckt die Ableger in einem Abstand von 25–30 cm direkt unter der oberen Beetkante in die Erde. Die Hälfte des Stängels bleibt frei. Anstelle der Ableger kann man auch kleine Knollen entlang der oberen Beetkante 7–10 cm tief einpflanzen. In sandigen, lockeren Böden die Ableger und Knollen eben einsetzen.

Kultivierung
Die Süßkartoffel gedeiht bei tropischem oder subtropischem Klima und einer jährlichen Durchschnittstemperatur von 21–26 °C. Leichter Frost schädigt Blätter und die Knollen.
Die ideale jährliche Niederschlagsmenge beträgt 750–1200 mm, wobei es in der Vegetationszeit nass und während der Reifezeit trocken sein sollte. Die Knollen wachsen am schnellsten und werden am süßesten, wenn sie mehr als 14 Stunden Tageslicht haben.

Riesiges Feld mit Süßkartoffeln in North Carolina, USA.

Der Boden sollte feuchtigkeitsspeichernd und locker sein und einen pH-Wert von 5,5–6,5 haben. Vor dem Anpflanzen gut verrottetes, organisches Material einarbeiten. Wird am Beginn der Regenzeit angepflanzt, ist es kaum erforderlich, die Pflanzen zu gießen. Bei zu hohem Stickstoffgehalt wachsen die Stiele stärker als die Knollen. Sobald die Pflanzen gut angewachsen sind, mit körnigem Pottaschedünger bestreuen. Die Ranken ab und zu hochheben, damit sie nicht im Boden verwurzeln. Fruchtwechsel betreiben.

Pflegemaßnahmen
Frühling: Die Ableger bedecken, warm und feucht halten.
Sommer: Die Ableger von Unkraut befreien, gut gießen und düngen. Falls erforderlich, zurückschneiden.
Herbst: Ernten. Einige Knollen für den Weiteranbau aufbewahren.
Winter: Kompost etwas feucht halten.

Geschützter Anbau
Bei kühlem, gemäßigtem Klima bei einer Mindesttemperatur von 26° C unter Abdeckungen anbauen.
Wie gewohnt Ableger von gesunden Trieben älterer Pflanzen abschneiden, ca. 4 Ableger entlang der Außenkante eines 15 cm weiten Topfes mit Kompost setzen. Mit lauwarmem Wasser befeuchten. Sobald sich die Wurzeln ausgebildet haben, ins Randbeet eines Gewächshauses setzen und regelmäßig besprühen. Stiele, die länger als 60 cm sind, zurückschneiden, damit sich mehr Seitentriebe bilden bzw. sich die Pflanzen nicht verdichten.

Pflanzen in Kübeln
In 30 cm tiefen, 40 cm breiten Töpfen oder Gefäßen mit Kompost auf Lehmbasis unter Zugabe von etwas Dünger anbauen und abstützen.

Ernte und Lagerung
Unter günstigen Gegebenheiten reifen die Knollen innerhalb von 4–5 Monaten. Solange sie noch nicht ganz reif sind, ernten oder warten, bis sich die Ranken gelb färben.

Die Blüten sind ähnlich wie die der Winde.

Vorsichtig ausstechen, um die Knollen nicht zu beschädigen. Gleich verwenden oder trocknen. Lagerfähigkeit: kühl und dunkel – bis zu einer Woche.

Anfälligkeiten

Die Blätter können an der **Blattfleckenkrankheit** leiden. **Schwarzfäule** bildet sich an den Stängeln, **Braunfäule** auf der Knolle. Gelagerte Knollen regelmäßig überprüfen. Unter Abdeckungen sind die **Weiße Fliege** oder **Spinnmilben** eine Gefahr.

Heilkraft

Die Süßkartoffel und ihre Blätter enthalten antibakterielle und pilztötende Substanzen und werden als Hausmittel eingesetzt. Zur Zeit Shakespeares wurden sie in England als kandierte Früchte gemeinsam mit der Stechpalme („Eringo") verkauft. Sie galten als Aphrodisiakum und werden sogar in seinem Werk *Die fröhlichen Weiber von Windsor* erwähnt. Kaiserin Josephine stellte die Süßkartoffel ihren Freundinnen vor, die sie bald darauf ihren Geliebten servierten, um deren Leidenschaft anzuregen. Das Resultat ist leider unbekannt.

Kulinarisches

Eine Süßkartoffel enthält ca. eineinhalbmal soviele Kalorien und Vitamin C wie die gewöhnliche Kartoffel. Vor dem Kochen vorsichtig waschen und schälen oder mit der Schale kochen. Leicht kochen und in dünne Scheiben schneiden, die rohen Kartoffeln reiben und zu Puffern verarbeiten oder gemeinsam mit einem Stück Fleisch braten.
Mit Butter, Rohzucker und Orangensaft glasierte Süßkartoffeln werden als Beilage zum amerikanischen Thanksgiving Dinner gegessen. In Lateinamerika und in der Karibik verwendet man sie für würzige Puddings, Eintöpfe, Soufflés und Bonbons. Die Blätter lassen sich auch dünsten.

Tzimmes
(4 Personen)

Dieses Eintopfgericht basiert auf einem Rezept von Olga Phklebin, ist jedoch auf unsere Zutaten abgestimmt.

1–2 Süßkartoffeln, je nach Größe
2 große Kartoffeln
Olivenöl
1 kg Rindfleisch, gewürfelt
1 große Zwiebel, gehackt
2 Karotten, gehackt
750 ml Gemüsebrühe
3 EL Honig
½ TL Zimtpulver
1 EL glattes Mehl
Gehackte Petersilie zum Garnieren
Salz und schwarzer Pfeffer aus der Mühle

Beide Arten von Kartoffeln schälen und grob schneiden. Öl in einer Bratpfanne erhitzen und Fleisch anbraten, bis es rundherum braun ist. Aus der Pfanne nehmen und warm stellen. Die Zwiebeln bräunen, zu den Karotten und dem Fleisch geben und mit Brühe bedecken. Salzen und pfeffern, danach aufkochen und 45 Minuten garen.
Kartoffeln, Honig und Zimt einrühren und bei Bedarf nochmals würzen. Nochmals aufkochen und zugedeckt 45 Minuten garen lassen. Ist der Eintopf noch zu flüssig, sollte er jetzt stärker kochen. 5 Esslöffel der Brühe mit Mehl vermischen. Anschließend zurück in die Pfanne gießen, aufkochen und nochmals 30 Minuten – bis Fleisch und Kartoffeln gar sind – kochen. Mit Petersilie bestreuen und mit grünem Salat servieren.

Lactua sativa. Compositae

SALAT

Einjährig. Man verwendet die Blätter. Teilweise winterhart. Nährwert: Reich an Betakarotin, speziell die äußeren Blätter.

Gartensalat ist eine Selektion des wildwachsenden *Lactua serriola,* der bittere Blätter hat und in Europa, Asien und Nordafrika zu finden ist. Die alten Ägypter waren die ersten, die die Blätter kultivierten, und es existieren Wandmalereien, auf denen Salat abgebildet ist, der schon im Alten Rom angebaut wurde. In Griechenland galt der Salat als Aphrodisiakum, und den weißen Saft sowie die Blätter verwendete man gemeinsam mit frischem Rindfleisch und Wacholderbeeren als Mittel gegen Magenschmerzen. Auch die Römer schrieben dem Salat heilende Wirkung zu, und Kaiser Augustus errichtete zu seinen Ehren einen Altar und eine Statue. Man dachte, der Salat würde sich auf Tugenden wie Moral, Mäßigung und Keuschheit, positiv auswirken. Auch heute noch gilt der grüne Salat als Grundlage jedes guten Salatgerichts.

'Lollo Rossa'.

Römischer Salat

SORTEN

Die zahlreichen Sorten unterteilt man in drei Hauptgruppen – Kopfsalat, Blattsalat und Römischen Salat, der das ganze Jahr über wächst. Viele der modernen Sorten sind resistent gegen Krankheiten.

Kopfsalat
Verträgt größere Trockenheit und trockeneren Boden als die anderen Arten. Zu dieser Gruppe gehören die weichblättrigen Butterkopftypen, die normalerweise im Sommer reifen, und die Eissalate, die knackige Blätter und kompakte Herzen haben.

Butterkopf: 'Action' hat dicke, hellgrüne Blätter und ist resistent gegen Mosaikvirus und Falschen Mehltau. **'All Year Round'** ist schmackhaft und kompakt und hat hellgrüne Blätter. Schoßfest und frosthart. Bei **'Avondefiance'** handelt es sich um eine hervorragende, dunkelgrüne Sorte, die Trockenheit und Hitze verträgt. Ideal für die Sommerernte, speziell wenn man von Hoch- bis Spätsommer aussät. Resistent gegen Wurzelläuse und Falschen Mehltau. **'Buttercrunch'** bringt kompakte, knackige, dunkelgrüne Köpfe und ein wunderbares "Butter"-Herz hervor. Schoßfest und hitzeresistent. **'Dolly'** ist ein großer Salat für die Ernte von Hochsommer bis Mitte Herbst. Sehr resistent gegen Falschen Mehltau und Salatmosaikvirus. **'Kwiek'**, eine Sorte mit großem Kopf für die Winterernte, ist resistent gegen Falschen Mehltau. Im Spätsommer für die Winterernte aussäen oder für eine frühe Ernte im Frühling verfrühen. **'Musette'** hat dunkelgrüne, fleischige Blätter und ist resistent gegen Blattläuse, Mosaikvirus und Falschen Mehltau. **'Sabine'** ist resistent gegen Blattläuse und Falschen Mehltau. Die äußeren

'Lobjoits Green' passt gut zu Sauerampfer und eignet sich für Suppen.

'Oak Leaf', eine alte Sorte, hat unterschiedliche Farben.

Blätter von **'Sangria'** haben einen Rotstich, die inneren sind hellgrün. Leicht resistent gegen Mehltau und Mosaikvirus. **'Soraya'** ist ebenfalls leicht resistent gegen Falschen Mehltau und Mosaikvirus. Die Sorte **'Valdor'**, die feste, dunkel-grüne Herzen hat, ist robust und kann im Freiland überwintern.

'Rosa Pablo' wird sehr dicht gesetzt.

Eissalate: 'Avoncrisp' ist etwas resistent gegen Mehltau und Blattläuse, kann jedoch an Spitzenchlorose leiden. **'Iceberg'** hat sehr knackige, zarte Blätter und große, weiße Herzen. Ideal zum Aussäen im Frühling oder Sommer. Die besten Blätter sind im Herz. **'Malika'** wächst sehr rasch und sollte bald nach der Reife geerntet werden. Etwas resistent gegen Spitzenchlorose und Salatmosaikvirus. **'Premier Great Lakes'** ist groß, knackig und reift rasch. Resistent gegen Hitze und „verbrannte Spitzen".**'Saladin'** ist ideal für die Sommerernte und resistent gegen Spitzenchlorose. Bei **'Webbs Wonderful'** handelt es sich um eine äußerst beliebte, qualitativ hochwertige Sorte, die sich nach der Reife gut hält.

Blatt-, Schnitt- oder Pflücksalat
Sorten mit losen Blättern, die manchmal ein nicht allzu großes Herz bilden. Die Blätter abschneiden, damit sie neu austreiben, oder bei Bedarf einzelne Blätter entfernen. Halten sich länger als andere Arten, ohne gleich zu schießen und können zu jeder Jahreszeit angebaut werden. Im Winter wachsen sie jedoch langsamer.
'Grand Rapids' hat runzelige, hellgrüne Blätter und ist resistent gegen Spitzenchlorose. **'Lollo Bionda'** ist ähnlich wie **'Lollo Rossa'**, hat jedoch frische, hellgrüne Blätter und ist etwas resistent gegen Wurzelläuse. **'Lollo Rossa'** verleiht dem Salat Farbe. Die Blätter sind rotstichig und gezackt. Schmeckt gut gemeinsam mit Römischem Salat oder Eissalat und sieht auch als Zierpflanze hübsch aus. **'Oak Leaf'** tritt in verschiedenen Farben von hellgrün bis braun auf. Diese schmackhafte und hübsche Sorte geht auf das späte 18. Jahrhundert zurück. Bei **'Red Salad Bowl'** handelt es sich um roten Eichenblattsalat. **'Ruby'** ist runzelig und hellgrün mit dunkelroten Flecken. Sehr resistent gegen Hitze. **'Salad Bowl'** war einer der ersten Blattsalate mit unzähligen grünen, gezackten Blättern, die knackig und dennoch zart sind. Sehr schoßfest.

'Lollo Bionda'

Römischer Salat oder Bindesalat
Gedeiht in humusreicher, feuchter Erde. Reift langsamer als andere Sorten und verträgt kühleres Wetter besser. Einige Sorten können im Freiland überwintern oder als Blattsalat gezogen werden, wenn man die Pflanzenabstände etwas verringert. Im Allgemeinen sehr schmackhaft.
'Bubbles' ist ähnlich wie **'Little Gem'**, trägt knackige runzelige Blätter und ist wohlschmeckend. Ideal für kleine Gärten. Bei **'Forellenschluss'** handelt es sich um grünen Kopf- oder Bindesalat mit braunroter Zeichnung, der besonders in Österreich verbreitet ist. **'Little Gem'** ist eine kompakte, rasch reifende Sorte mit festem, süßem Herz. Ideal als Zwischenfrucht, für die frühe Ernte unter Abdeckungen und für kleine Gärten. Seit dem späten 19. Jahrhundert bekannt und beliebt. **'Kasseler'** gilt vor allem in Hessen als Spezialität. Der lange, fleischige Strunk wird wie Spargel zubereitet. Daher wird diese Sorte auch **'Kasseler Strünkchen'** genannt. **'Winter Density'** schmeckt sehr süß und eignet sich zum Überwintern im Freiland oder zur Aussaat unter Abdeckungen.

'Webb's Wonderful'

Kultivierung

Vermehrung
Speziell Butterkopfsalate keimen nur schlecht aus, wenn die Bodentemperatur über 25 °C beträgt. Die kritischste Zeit ist wenige Stunden nach dem Anpflanzen. Bei heißem Wetter am späten Nachmittag oder Abend aussäen, sobald sich der Boden abgekühlt hat. Nach dem Aussäen gießen und vor und nach dem Aussäen für Schatten sorgen bzw. an einem kühlen Standort in Schalen oder Torftöpfen aussäen und umsetzen oder flüssig säen. Bei trockenem Boden und heißem Wetter sollten Sie Salat nicht umsetzen, daher die Sommeraussaat besser an Ort und Stelle oder in Torftöpfen vornehmen.
In 1–2 cm tiefen Furchen dünn aussäen. Zu tief eingesetzte Samen keimen nur langsam oder überhaupt nicht. Sobald die Pflanzen groß genug sind, auf den endgültigen Abstand vereinzeln (zu dichter Stand führt zu langsamem Wachstum und Schoßbildung). Die vereinzelten Sämlinge können bei kühlem Wetter umgesetzt werden. Vorsichtig ausgraben, damit die Wurzeln nicht verletzt werden.
In Schalen oder Torftöpfen ausgesäte Pflanzen in Kompost auf Lehmbasis anbauen, damit sie gut wachsen. Abhärten und umsetzen, sobald sie 4 bis 5 Blätter haben. Bei trockenem, heißem Wetter nicht umsetzen, außer die Stelle kann vor praller Sonne geschützt werden. Sämlinge nicht zu tief einsetzen.
Pflanzen für die Sommerernte von Mitte Frühling bis Hochsommer aussäen. Frostharte Sorten zwischen Spätsommer und Frühherbst aussäen und im Frühling auf den endgültigen Abstand vereinzeln.
Da sie nach dem Reifen nicht lange halten, mehrmals säen, damit man stets reife Pflanzen ernten kann. Ungefähr alle 2 Wochen neu aussäen, sobald die Sämlinge von der vorherigen Saat hervorkommen.
Vereinzeln, wenn die Sämlinge groß genug sind. Sie können sie in einem Dreieck versetzt anlegen, um den Platz optimal zu nutzen.
Bei kleinen Salaten einen Abstand von 20 cm in und zwischen den Reihen einhalten, bei Butterkopfsalaten ungefähr 30 cm, oder 25 cm zwischen den Pflanzen und 30 cm zwischen den Reihen. Eissalate setzt man in einem Abstand von 40 cm, oder 30 cm zwischen den Pflanzen und 40 cm zwischen den Reihen. Blattsalat oder Römischen Salat mit einem Abstand von 35 cm in und zwischen den Reihen setzen.

'All Year Round' kann trotz seines Namens nur von Frühling bis Herbst gesät werden.

Salat kann auch als nachwachsende Kultur gezogen werden, die vor dem Schießen zwei- bis dreimal geerntet werden kann. Sommerpflanzen schießen schneller. Unbedingt dünn aussäen. Römische Sorten wie 'Lobjoits Green' können als Blattsalat angebaut werden. In 15 cm voneinander entfernten Reihen aussäen und auf 3 cm vereinzeln. Im späten Frühling oder zu Sommerbeginn einmal wöchentlich aussäen und ab dem Spätsommer nochmals in 3 aufeinander folgenden Wochen. Diese Methode stammt vom Horticulture Research International in Wellesbourne, England.

Anbau
Salat gedeiht bei 10–20 °C an offenen, sonnigen Standorten mit leichtem, reichhaltigem, feuchtigkeitsspeicherndem Boden, der pH-neutral ist.
Bei trockenem, minderwertigem Boden muss man im Herbst vor dem Aussäen reichlich gut verrottetes, organisches Material einarbeiten. Sie können auch an einer Stelle anbauen, die schon für eine vorhergehende Pflanze gedüngt wurde. Ca. 10 Tage vor dem Aussäen einen Volldünger mit der Gabel locker einarbeiten (60 g/m²). Mit dem Rechen für ein fein körniges Saatbeet sorgen.
Das Unkraut regelmäßig von Hand oder mit der Hacke entfernen. Damit die Pflanzen gedeihen, sollte der Boden stets feucht sein. Salat braucht bei trockenem Wetter wöchentlich ca. 20 Liter/m²).
Am besten gießt man an sonnigen Tagen am Morgen, damit das Wasser auf den Blättern rasch verdunstet, wodurch das Krankheitsrisiko gesenkt wird. Bei Wassermangel erst an den letzten 7–10 Tagen vor der Ernte gießen.
Mitte Frühling kann man mit flüssigem Volldünger das Wachstum der frostharten Freilandpflanzen fördern. Langsam wachsende Pflanzen können zu jeder Jahreszeit gedüngt werden.
Alle 2 Jahre die Frucht wechseln, um das Risiko von Schädlingen und Krankheiten zu reduzieren.

Pflegemaßnahmen
Frühling: Anfang Frühling unter Glas oder im Freiland unter Glasglocken aussäen. Für die spätere Ernte im Freiland aussäen. Frühe Pflanzen ernten.
Sommer: Mehrmals hintereinander aussäen und überwinterte Pflanzen ernten. Jäten und bei Bedarf gießen. Ernten.
Herbst: Unter Glasglocken aussäen. Ernten.
Winter: Unter Abdeckungen aussäen. Ernten.

Es lohnt sich, den hübschen 'Sangria' in Rabatten zu setzen.

Geschützter Anbau

Im späten Winter oder zu Frühlingsbeginn in Torftöpfen oder Schalen aussäen und ab Mitte Frühling unter Glasglocken oder im Frühbeet ziehen. Man kann auch direkt im Frühbeet oder unter Glasglocken aussäen und sie dort bis zur Ernte ziehen, oder die kleinen Pflanzen an eine geschützte Stelle im Garten unter bewegliche Glasglocken umsetzen.
Die im Spätfrühling und Sommer umgesetzten Pflanzen mit Glasglocken schützen, bis sie gut angewachsen sind. Die im Spätsommer ausgesäten Pflanzen am besten mit Glasglocken schützen.
Robustere Sorten unter Glas oder im Frühbeet überwintern. Die Idealtemperatur beträgt rund 7 °C.
Zum Umsetzen ab Spätsommer bis Mitte Herbst aussäen. Frühere Aussaaten können im Freiland in einem Saatbeet vorgenommen und anschließend umgesetzt werden. Sie können auch in Anzuchtschalen aussäen. Gut belüften, um Krankheiten zu vermeiden.
Von Ende Herbst bis Mitte Frühling ernten. Im Freiland überwinternde Pflanzen mit Glas oder beweglichen Glasglocken bedecken, damit die Qualität der Ernte gesichert ist und die Pflanzen bei kalter Witterung geschützt sind.
Nachwachsende Sämlinge für die frühe Ernte im späten Winter oder Frühling und ebenso ab Mitte Herbst unter Abdeckungen aussäen.

Pflanzen in Kübeln

Die kompakten Sorten eignen sich zum Anbau in Töpfen, Gefäßen oder Blumenkästen. Kompost mit körnigem Langzeitdünger mischen und regelmäßig gießen. Entweder an Ort und Stelle oder in Torftöpfen aussäen und umsetzen.

Ernte und Lagerung

Die Haupternte findet den ganzen Sommer bis Mitte Herbst, ca. 12 Wochen nach dem Aussäen, statt. Butterkopfsalate verderben schon kurz nach der Reife.
Eissalate halten sich ca. 10 Tage, Römischer Salat noch länger. Blattsalate können längere Zeit geerntet werden.
Die im Freiland überwinternden Pflanzen ab spätem Frühjahr ernten.
Nachwachsende Kulturen ca. 4 Wochen nach der Aussaat ernten. Sobald der Römische Salat 7–12 cm hoch ist, schneidet man ihn 2 cm über dem Boden ab.
Eventuell kann nach 3 bis 8 Wochen ein zweites Mal geerntet werden.
Die reifen Salate unter den untersten Blättern abschneiden. Salate, die ein Herz haben, sollte man nicht drücken, um zu testen, ob sie reif sind, da dadurch die Blätter verletzt werden können. Vom Blattsalat reißt man einzelne Blätter nach Bedarf ab oder schneidet sie 2 cm über dem Boden, damit sie neu austreiben.
Salat kann in einer Plastiktüte im Kühlschrank oder im Gemüsefach bis zu 6 Tage aufbewahrt werden. Römischer Salat hält sich am längsten.

Beim Anbau unter schwarzer Plastikfolie wird der Boden erwärmt, Unkraut verdrängt und die Feuchtigkeit gespeichert.

'Webb's Wonderful', ein Salat mit großem Herz, gedeiht bei heißem Sommerwetter.

Anfälligkeiten

Wurzelläuse sammeln sich auf den Wurzeln an, sie sind mit einer weißen, pulvrigen Schicht bedeckt. Das Wachstum wird eingeschränkt, und die Blätter färben sich gelb. Bei heißem Wetter können die Pflanzen zusammenfallen. Bei kühler, feuchter Witterung tritt das Problem nicht so stark auf.
Befallene Pflanzen vernichten oder resistente Sorten anbauen.
Blattläuse können ebenfalls zum Problem werden.
Von **Spitzenchlorose** befallene Blattspitzen werden braun und vertrocknen. Gut gießen und für Schatten sorgen.
Kopfsalat soll nicht zu groß werden. Wenn möglich, resistente Sorten anbauen.
Botrytis oder **Grauschimmelfäule** kann bei kühler, feuchter Witterung zum Problem werden. Die Sämlinge nicht zu tief einpflanzen, beim Umsetzen nicht beschädigen und früh vereinzeln.
Befallene Teile entfernen, gut belüften, mit organischem Fungi-zid oder Fungizid auf Kupferbasis besprühen. Resistente Sorten anbauen.
Zur **Schoßbildung** kommt es oft nach dem Umsetzen, weil die Pflanzen eine Wachstumsdepression erleiden, bei Trockenheit oder Temperaturen über 21 °C. Ansonsten schießt Salat erst nach dem Reifen. Resistente Sorten oder Blattsalate anbauen.
Tauben oder **Spatzen** können die Sämlinge beschädigen. Unter Vlies anbauen, einen Faden zwischen Bambusstäbe binden oder andere abschreckende Mittel anwenden.
Von **Salatmosaikvirus** befallene Blätter sind gesprenkelt, die Äderung wird durchsichtig, und das Wachstum ist eingeschränkt, vor allem bei überwinternden Pflanzen.
Befallene Pflanzen vernichten, Blattläuse bekämpfen, resistente Sorten anbauen.

Mischkulturen

Salat eignet sich zum Anbau mit Gurken, Zwiebeln, Rettichen und Karotten. Dill und Kerbel schützen vor Blattläusen.

Heilkraft

Salat wird als leichtes Beruhigungs- und Betäubungsmittel eingesetzt. Salatsuppe hat sich bei Nervosität und Schlaflosigkeit als wirksam erwiesen. Mit Wein vermengter Salatsaft soll als Schmerzmittel verwendet werden können.
Bei Entzündungen hat der Salat lindernde Wirkung – aus dem Extrakt stellt man Lotionen zur Behandlung von Sonnenbrand und rauer Haut her.
Er kann auch als Packung bei Verletzungen aufgetragen oder bei Magengeschwüren und nervösem Magen eingenommen werden.
Als krampflösendes Mittel wird er zur Behandlung von Husten und Bronchitis verwendet. Angeblich lindert er auch die Glut der Leidenschaft.

Küchentips

Blätter gut waschen und frisch oder leicht verwelkt für Salate verwenden. In Butter schmoren und mit Muskat würzen oder mit Erbsen und Schalotten schmoren, mit Butter abschmecken. Mit Zwiebeln und Pilzen braten, dünsten und zur Hühnersuppe geben. Sie können auch Salatcreme-Suppe zubereiten, die mit hart gekochten Eiern und Curry garniert wird. Die Stiele können aufgeschnitten und gedünstet werden.

Schmorsalat
(4 Personen)

Schmoren bietet eine willkommene Abwechslung zu den üblichen Salatgerichten.

4–5 Salate, z.B. Römischer Salat, geputzt
Ein wenig Öl oder Butter
50 g Speck, in Würfeln
1 Karotte, in Würfeln
1 rote Zwiebel, in Ringen
300 ml gut gewürzte Gemüsebrühe
2 EL Thymian und Petersilie, gehackt
Salz und schwarzer Pfeffer aus der Mühle

Salate in Salzwasser 5 Minuten kochen. Durch ein Sieb gießen und mit kaltem Wasser abspülen. Nochmals durch das Sieb gießen.
Eine feuerfeste Form einfetten und den Boden mit Speck, Karotten, Zwiebeln und Gewürzen bestreuen. Salate vorsichtig in die Schüssel geben und Brühe darüber gießen.
Mit Butterpapier zudecken und im vorgeheizten Rohr bei 180 °C 30–40 Minuten schmoren.
Salate und andere Zutaten aus der Form nehmen und warm halten. Den Saft aufkochen lassen und über die Salate gießen. Mit den frischen Kräutern bestreuen und servieren.

Schmorsalat

Pürierte Garnelen in Salatblättern
(6–8 Personen als Vorspeise)

Dieses Rezept stammt aus einem chinesischen Kochbuch von Yan-Kit So

30 rohe Garnelen, geschält und ohne Adern
1/4 TL Salz
2 TL Stärkemehl
2 EL Eiklar
1 knackiger Eissalat
4 EL Erdnuss- oder Gemüseöl
50 g Sichuan zhacai, geputzt und fein gehackt
1 TL Knoblauch, fein gehackt

Garnelen grob pürieren, in eine große Schüssel geben und salzen. Stärkemehl und Eiklar hinzufügen und immer in die gleiche Richtung rühren, bis das Eiklar von der Mischung völlig aufgenommen ist.
Ca. 1 Stunde lang zugedeckt in den Kühlschrank stellen. Die Salatblätter einzeln auf einen Teller legen, am besten schalenförmig.
Nun den Wok erhitzen.
1 Esslöffel Öl und Sichuan zhacai hinzufügen und einige Sekunden unter Rühren anbraten. Auf einen Teller geben und beiseite stellen.
Den Wok mit einem Küchenpapier auswischen, danach nochmals erhitzen, bis Rauch aufsteigt. Das restliche Öl hineingeben und den Boden des Wok damit bedecken.
Knoblauch und Garnelen hinzufügen und gut rühren, damit die Mischung etwas krümelig wird. Das eingelegte Sichuan-Gemüse dazugeben und weiterkochen, bis die Garnelen rosa und durch sind. Dann auf dem Teller neben dem Salat anrichten.
Beim Essen wird etwas von der Garnelenmischung mit einem Löffel auf das Salatblatt gegeben, und dann wird das Salatblatt herumgewickelt. Ideal, um mit den Fingern zu essen.

Lactua sativa var. *angustana. Compositae*

SPARGELSALAT

Einjährig. Man verwendet die Blätter und Stiele. Nährwert: Gering. Wenig Kohlenhydrate und Kalorien. Gute Kaliumquelle.

Dieses in China seit Jahrhunderten angebaute „exotische Gemüse“ ist eine kurzstielige Variante des Salats. Der Spargelsalat tauchte um 1885 zum ersten Mal auch in europäischen Saatgutkatalogen auf. Obwohl man die Blätter des Spargelsalats auch wie Salat essen kann, ist die Besonderheit dieser Gemüsepflanze der saftige, dicke Strunk, der ähnlich wie Spargel zubereitet wird.

SORTEN

'Zulu' ist eine neue Sorte für kühlere Regionen mit schmalen, matten Blättern. Andere Sorten werden als Sortenmischung mit breiten, matten, glänzenden oder roten Blättern verkauft.

KULTIVIERUNG

Spargelsalat benötigt lockeren, reichhaltigen, fruchtbaren Boden mit einem pH-Wert von 6,5–7,5. Die Pflanzen vertragen leichten Frost ebenso wie Temperaturen über 27 °C. Bei sehr heißem Wetter neigen sie zu frühzeitigem Schießen, sind jedoch hitzeresistenter als Salat. In milden Regionen kann man Spargelsalat als Winterpflanze anbauen.

Vermehrung
Zur kontinuierlichen Ernte, sät man von Mitte Frühling bis Mitte Sommer alle 2 Wochen aus, und zwar in 1 cm tiefen Furchen in einem Abstand von 30 cm. Sobald die Pflanzen groß genug sind, auf 10 cm ausdünnen.
Bei Temperaturen von über 27 °C keimt die Saat schlecht aus. Bei heißen Sommern, an einem kühlen Standort im Halbschatten in Anzuchtschalen oder Torftöpfen säen, wobei Torftöpfe besser geeignet sind. Schwache Sämlinge haben selten gute Stiele. Nach 3–4 Wochen setzt man die Sämlinge um, sobald sie 3–4 Blätter haben. Nach dem Anpflanzen mulchen, damit der Boden nicht austrocknet und das Unkraut verdrängt wird. Die flachen Wurzeln können mit der Hacke leicht verletzt werden.

Kultivierung
Bei schlechter Bodenqualität im Winter vor dem Anpflanzen reichlich organisches Material einarbeiten. Spargelsalat wächst in leichten Böden gut, in schwereren Böden bildet er jedoch stärkere Wurzeln aus; die Pflanzen werden robuster. Sobald die Blätter zu wachsen beginnen, die Pflanzen gut gießen, damit die Blätter zart werden. Wenn die Stiele wachsen, eher weniger gießen, jedoch auf regelmäßige Wasserzufuhr achten. Bei zu nassem oder zu trockenem Boden können sich die Stiele spalten. Alle 3 Wochen mit flüssigem Volldünger düngen.

Pflegemaßnahmen
Frühling: Aussäen.
Sommer: Gießen und jäten.
Herbst: Sämlinge für die Winterernte umsetzen.
Winter: Unter Abdeckungen anbauen. Reife Pflanzen ernten.

Schmalblättriger Spargelsalat

Geschützter Anbau
Um die Saison zu verlängern, kann man unter Glasglocken, in unbeheizten Treibhäusern, Tunnels oder unter Vlies anbauen. Frühe Pflanzen zu Frühlingsbeginn unter Abdeckungen aussäen oder anpflanzen. Späte Pflanzen sät man im Sommer aus und schützt sie im Herbst mit Abdeckungen.

Pflanzen in Kübeln
In Gefäßen oder Töpfen mit Kompost auf Lehmbasis und einem mittleren Düngergehalt aussäen.

Ernte und Lagerung
3–4 Monate nach dem Aussäen, sobald die Pflanzen 30 cm hoch sind und 3 cm Durchmesser haben, ernten. Die Stiele abschneiden, die Pflanze hochziehen oder auf Bodenhöhe abschneiden. Die Blätter vom Stiel schneiden, die oberste Blattrosette jedoch unversehrt lassen, damit der Stiel frisch bleibt.
Bei kühler Lagerung halten sich die Stiele einige Wochen.

Anfälligkeiten

Die Probleme von Spargelsalat sind ähnlich wie die von Salat. **Nacktschnecken** sammeln, Fallen aufstellen oder Aluminiumsulfat streuen. **Falscher Mehltau** tritt verstärkt bei feuchter, kühler Witterung auf. Mit Fungizid behandeln, befallene Pflanzen und Pflanzenreste am Ende der Saison entfernen.

Mischkulturen

Kerbel und Dill halten Blattläuse ab. Zwischen langsamer wachsende Pflanzen, wie z. B. Blumenkohl, selbstbleichende Sellerie oder Schnittlauch, setzen.

Kulinarisches

Spargelsalat schmeckt hervorragend sowohl roh als auch gekocht. Von den Strünken die oberste Schicht entfernen. Für Salate die Strünke dünn aufschneiden, zum Kochen in größere Stücke schneiden. Im Salat können sie entweder roh verwendet oder gekocht und abgekühlt werden. Mit einem würzigen Dressing servieren.
Maximal 4 Minuten kochen. Mit hellem Fleisch, Huhn, Fisch oder anderen Gemüsearten braten, oder alleine mit Knoblauch, Chili, Pfeffer, Soja- oder Austernsoße. Schmeckt auch hervorragend mit Sahnesoße oder als Gratin.

Die jungen Blätter können als Gemüse gekocht werden.

Knusprige Frühlingsrollen
(4–6 Personen)

250 g frische Sojasprossen, gewaschen und geschält
2250 g Strünke vom Spargelsalat
125 g Bambussprossen
125 g weiße Pilze
125 g Karotten
Öl zum Braten und Frittieren
1 TL Zucker
1 EL helle Sojasoße
1 EL Reiswein
1 Packung mit 20 Teigblättern für Frühlingsrollen, aufgetaut
Salz und schwarzer Pfeffer aus der Mühle
1 EL glattes Mehl mit 1 Esslöffel Wasser vermischt

Sojasprossen vorbereiten. Dann alle anderen Gemüsearten auf dieselbe Größe zerkleinern. Etwas Öl in einem Wok erhitzen, bis es raucht, und das Gemüse ca. 1 Minute anbraten. Zucker, Sojasoße, Reiswein und Gewürze hinzufügen und nochmals 1–2 Minuten braten. Zur Seite stellen und abkühlen lassen.
Die Teigblätter diagonal halbieren. In die Mitte jedes Blattes einen Teelöffel der Gemüsemischung geben und das Teigblatt zusammenrollen, dabei die Ecken einschlagen. Auf einen leicht bemehlten Teller geben und an der Oberseite mit einer Paste aus Wasser und ein wenig Mehl verschließen. Soviel Öl erhitzen, dass man die Rollen frittieren kann. Etwa 3–4 Minuten, bis sie knusprig sind. Rollen nach und nach braten, abtropfen lassen und mit Chilisoße servieren.

Knusprige Frühlingsrollen

Alpinia galanga (Languas galanga). Zingiberaceae

GROSSER GALGANT

Galgantwurzel, Fieberwurzel. Ausdauerndes Kraut. Die Wurzel wird als Gewürz verwendet. Frostempfindlich. Kaum Nährwert vorhanden.

Zwei Arten, der Große und der Kleine Galgant, werden seit Jahrhunderten wegen der scharfen, aromatischen Wurzeln angebaut, die als Gewürz und Heilmittel verwendet werden. Die frühesten Aufzeichnungen gehen bis ins Jahr 550 n. Chr. zurück. Marco Polo entdeckte im 13. Jahrhundert, dass die Pflanze in Südchina und Java angebaut wurde. Im Mittelalter war sie als „Galangale" bekannt, ein Name, der auch für süße Segge verwendet wurde, deren nach Veilchen duftende Wurzeln zur Herstellung von Parfüm verwendet wurden. Das Wort Galgant stammt aus dem Chinesischen und bedeutet „milder Ingwer aus Ko", einer Region in der Provinz Kanton. Er ist ein wichtiger Bestandteil vieler malaysischer und thailändischer Gerichte. Im Nahen Osten fanden die scharfen Wurzeln eine etwas andere Anwendung: Man verwendet sie als Sporen zum Antreiben der Pferde.

KULTIVIERUNG

Bei dieser Pflanze handelt es sich um ein ausdauerndes Kraut mit hellen, knolligen Rhizomen und orangefarbener Färbung. Die Stiele werden bis zu 2 m hoch und haben dunkelgrüne, lanzettförmige Blätter, die 50 cm lang werden. Die Blüten sind hellgrün und weiß mit rosafarbenen Flecken. Die Früchte bestehen aus einer runden, roten Kapsel. Es werden viele verschiedene Arten angebaut, darunter solche mit roten und weißen Rhizomen. Der Kleine Galgant ist schärfer. Er wird jedoch nur selten angebaut.

Vermehrung
Frische Samen in Töpfen mit Torfersatz bei 20 °C aussäen. Kompost mit lauwarmem Wasser befeuchten. Sobald die Sämlinge groß genug sind, werden sie umgesetzt. In tropischen und subtropischen Regionen kann man im Freiland im Saatbeet aussäen (zur Vorbereitung des Bodens siehe unter Kultivierung).
Im Frühling, wenn die jungen Triebe rund 3 cm lang sind, kann man die Rhizome teilen. Vom Rand des Rhizoms mit einem scharfen Messer junge, robuste Triebe abschneiden, die Schnittflächen mit Fungizid besprühen und die Ableger direkt in Erde oder Kompost setzen; die Ableger müssen bedeckt sein. Mit lauwarmem Wasser reichlich befeuchten und darauf achten, dass Feuchtigkeit und Temperatur hoch bleiben.

Kultivierung
In tropischen oder subtropischen Regionen wächst der Galgant im Freiland an sonnigen oder halbschattigen Standorten. Er benötigt reichhaltigen, lockeren Boden, daher reichlich gut verrottetes Material einarbeiten und einige Wochen vor dem Anpflanzen den Boden setzen lassen. Der Abstand zwischen den Pflanzen sollte 90 cm betragen. Von Unkraut befreien und bei trockener Witterung gießen. Sobald die Pflanzen angewachsen sind, mit Kompost mulchen.

Pflanzen in Kübeln
Die Pflanzen können unter Abdeckungen in Kübeln angebaut werden. Dazu mischt man 1 Teil Kompost auf Lehmbasis, 1 Teil Blattkompost, 1 Teil Kies oder Sand und 3 Teile Rindenmulch. Im Frühling, sobald die Rhizome zu groß werden, teilen und umsetzen.

Geschützter Anbau
In Regionen mit gemäßigtem Klima kann man in einem beheizten Folientunnel oder unter Glas bei hellem, gefiltertem Licht und einer Mindesttemperatur von 15 °C anpflanzen. Die Pflanzen und den Boden mit lauwarmem Wasser besprühen. Randbeete vorbereiten (wie unter Anbau beschrieben) und zwischen den Pflanzen 90 cm Abstand lassen. Den Kompost ständig feucht halten und bei niedrigeren Temperaturen weniger gießen. Auch nach der Blüte nur wenig gießen, wenn die Blätter langsam gelb werden und absterben.
In der Ruheperiode sollte der Kompost leicht feucht bleiben. Sobald die Pflanzen im Frühling neu austreiben, stärker gießen.
Während des Wachstums alle 2 Wochen mit flüssigem Volldünger düngen. In Randbeeten angebaute Pflanzen jeden Frühling mit gut verrottetem, organischem Mist mulchen.

Ernte und Lagerung
Die Rhizome können nach –4 Jahren geerntet werden. Gegen Ende der Vegetationsperiode die Pflanzen ausstechen und die Rhizome entfernen. Jüngere Rhizome zum Weiteranbau zurückbehalten. Jedes Jahr einige Pflanzen teilen und neu einsetzen.
Die Wurzeln werden am besten unmittelbar nach der Ernte verwendet, halten sich bei kühler Lagerung jedoch mindestens 1 Woche. Man kann sie auch in einer Plastiktüte im Ganzen einfrieren und nach Bedarf Teile davon auftauen. Getrocknete Wurzeln in luftdichten Behältern kühl und dunkel lagern.

Anfälligkeiten

Spinnmilben können bei Anbau unter Glas zum Problem werden. Die Pflanzen regelmäßig überprüfen, da leichter Befall besser bekämpft werden kann. Die üblichen Symptome sind gesprenkelte und braune Blätter. Später erscheinen auf Blättern und Stielen feine Fäden. Die Milben lieben Hitze und Trockenheit. Daher die Pflanzen sehr feucht halten oder mit Insektizid besprühen.

Heilkraft

Die Pflanzen enthalten Cineol, eine aromatische und antiseptische Substanz. Das Öl wirkt schleimlösend, keimtötend sowie verdauungsfördernd. In Indien verwendet man es als Mundspülung und Deodorant, eine aus den Rhizomen hergestellte Paste wird bei Hautinfektionen verwendet. Es soll auch aphrodisierende Wirkung haben. Nach der Geburt trinkt man den Tee.

Kulinarisches

Die Wurzeln schälen oder abschaben. Die gehackte oder pürierte rohe Wurzel wird mit Bohnengalerte, Fleisch, Geflügel, Fisch sowie mit Curry und Soßen für malaysische und indonesische Gerichte verwendet. Sie können auch eine Marinade mit Galgant würzen, die sich für Grillhuhn eignet. Die Früchte können an Stelle von Kardamom verwendet werden, die Knospen werden eingelegt und die Blüten roh mit Gemüse oder in Java auch mit Eingelegtem gegessen. In thailändischen Gerichten wird er an Stelle von Ingwer verwendet. Im mittelalterlichen England bereitete man aus Brotkrumen, Galgant, Zimt und gemahlenem Ingwer eine Soße zu, die mit Brühe aufgegossen und danach mit einem Schuss Essig erhitzt und über Fisch oder Fleisch gegossen wurde.

Galgant-Suppe
(4 Personen)

Dieses Rezept, das es in vielen Variationen gibt, stammt aus Vietnam.
Für die Suppe brauchen Sie:

1 Liter Wasser
1 ganzes Huhn
4 Knollen Zitronengras, zerstampft
Galgant, ca. 12 cm geschält und geschnitten
1 Zwiebel, grob geschnitten
2 rote, getrocknete Chilischoten
6 Limonenblätter
Salz und schwarzer Pfeffer aus der Mühle

Die gekochte Brühe durch ein feines Tuch gießen. In einer Bratpfanne nochmals erhitzen, fein gehacktes Hühnerfleisch, 1 Esslöffel Fischsoße und 4 Esslöffel Limonensaft hinzufügen. Fünf Minuten garen, 125 g Shiitake-Pilze hinzufügen. Nochmals 3 Minuten garen, und 125 ml dicke Kokosmilch einrühren. Nicht mehr aufkochen. Abschmecken und heiß servieren.

Sonstiges

In Russland werden die Wurzeln des Kleinen Galgants zur Aromatisierung von Tee und für einen Likör verwendet. Aus den Rhizomen wird unter anderem auch gelbgrüne Farbe gewonnen.

Kaempferia galanga

Die Rhizome, die man auf südostasiatischen Märkten findet, bestehen aus Wurzeln, die wie Finger aussehen. Sie sind hellbraun, haben hellgelbes Fleisch und ein sehr scharfes Aroma. Die Wurzeln sind sehr geschmacksintensiv und sollten sparsam in Soßen, Suppen und Currys verwendet werden. Junge Rhizome können roh gegessen, gedünstet und als Beilage serviert werden. Die jungen Triebe werden als Gemüse zubereitet, eingelegt oder roh gegessen.
Die *Kaempferia galanga* haben schleimlösende und schmerzlindernde Wirkung und werden zur Behandlung von Schuppen und Halsschmerzen eingesetzt.

Lagenaria siceraria. Cucurbitaceae

DOODHI

Flaschenkürbis. Robuste einjährige Kletterpflanze. Man verwendet die jungen Früchte, Triebe und Samen. Frostempfindlich. Nährwert: Sehr wenig Nährwert. Mittlerer Vitamin-C-Gehalt, Vitamin B und Eiweiß in geringen Mengen.

Frühe Aufzeichnungen über die Kultivierung dieses vielseitigen, tropischen Kürbisgewächses stammen aus Südamerika und gehen etwa auf 7000 v. Chr. zurück. Ursprünglich war die Pflanze wahrscheinlich in Afrika – südlich der Sahara – oder in Indien heimisch. Manche meinen, dass sie sich auf natürliche Weise verbreitet hat, indem sie durch Meeresströmungen von einem Kontinent zum nächsten geschwemmt wurde. In Experimenten wurde festgestellt, dass der Samen auch dann noch austrieb, nachdem er über 7 Monate lang im Salzwasser getrieben war. Das Kürbisgewächs mit dem langen, dünnen Hals zählt zu den ersten Pflanzen, die in den Tropen kultiviert wurden, und bildet viele verschiedene Formen und Größen aus. Einige Sorten werden bis zu 2 m lang. Die jungen Früchte sind genießbar, doch die Schalen der älteren Früchte werden beim Trocknen äußerst hart und daher zur Herstellung von Flaschen, Küchenutensilien, Musikinstrumenten oder Bojen verwendet. Bei der Elefantenjagd galten die Blätter als Glücksbringer.

SORTEN

Lagenaria siceraria ist eine robuste einjährige Pflanze, deren Ranken über 10 m lang werden. Die Blätter sind breit und oval und haben wellenförmige Ränder. Die duftenden, weißen Blüten öffnen sich am Abend. Die Früchte sind hellgrün bis beige oder gelblich und haben einen schmalen „Hals", weißes, schwammiges Fleisch und flache, beige Samen. Die Namen der Selektionssorten, wie z. B. Flaschen- oder Trompetenkürbis, beziehen sich auf die Verwendung und die Form dieser ungewöhnlichen Pflanze und ihrer Frucht.

KULTIVIERUNG

Idealtemperaturen sindum 20–30 °C und reichlich Sonne. Doodhis gedeihen aber auch in warmen, gemäßigten Zonen bei mittlerer bis hoher Luftfeuchtigkeit. Die Pflanzen sollten an Spalieren oder ähnlichen Stützen emporranken.

Vermehrung
Die Samen über Nacht in lauwarmem Wasser einweichen und danach auf Erdhügeln mit einem Abstand von 30 cm aussäen. Der Boden sollte genügend gut verrotteten Mist enthalten. Je 3 Samen stecken und den stärksten Sämling vereinzeln. Die Samen können in einem Kasten ausgesät und, sobald sie 3–4 Blätter haben, umgesetzt werden. Normalerweise sät man zu Beginn der Regenzeit aus.

Anbau
Die Pflanzen benötigen fruchtbare, lockere Böden, die im Idealfall einen pH-Wert von 7 aufweisen. Körnigen Volldünger in das Pflanzloch geben oder rund um den ausgetriebenen Sämling streuen. Die Stängel an Bäumen, Zäunen, Spalieren oder Rahmen mit 15 cm breitem Maschendraht hochziehen. In den Beeten oder zwischen den Hügelgruppen Stöcke oder Spaliere aufstellen. Man kann die Pflanzen auch in 120–180 cm großen, quadratischen Beeten ziehen, wobei man in jede Ecke einen Sämling pflanzt und die Pflanzen zur Mitte hin hochranken lässt. Die Spitzen der Triebe abzwicken, sobald sie 3–4 cm lang sind, damit sie sich stärker verzweigen. Am ertragreichsten sind die Pflanzen in warmen Regionen mit einer jährlichen Niederschlagsmenge von 80–120 cm. Wenn sie gut gegossen werden, gedeihen sie jedoch auch in trockeneren Regionen. Während des Wachstums alle 3 Wochen mit Stickstoffdünger gießen, die Pflanzen von Unkraut befreien und mit organischem Material düngen.
Bei heißem Wetter wachsen die Pflanzen besonders schnell: bis zu 60 cm am Tag. Wo die Gegebenheiten stimmen, können sie das ganze Jahr über angebaut werden. Zum Anbau im Freiland in kühleren Regionen unter Glasglocken oder im Frühbeet abhärten und, sobald die

Frostgefahr gebannt ist, an einen sonnigen, geschützten Standort umsetzen.
Je heißer der Sommer, desto besser gedeihen die Pflanzen. Sie sollten so groß werden, dass Sie sie essen können, wenn die Saison auch selten lange genug ist, dass sie ausreifen können.

Pflegemaßnahmen
Frühling: Sobald es warm genug ist, unter Glas aussäen.
Sommer: Ranken an Spalieren oder Netzen festmachen. Regelmäßig gießen, bei Bedarf düngen. Gewächshaus feucht halten und die jungen Früchte ernten.
Herbst: Bei kühlerem Klima die reifen Früchte vor dem ersten Frost ernten.

Geschützter Anbau
In kühlem, gemäßigtem Klima 6–8 Wochen vor der voraussichtlichen Pflanzzeit aussäen. Im Spätwinter oder zu Frühlingsbeginn bei 21–25 °C 2–3 Samen in einem 15 cm breiten Topf mit Torfersatz aussäen.
Die Keimung dauert 3–5 Tage. Wenn die Idealtemperatur nicht gehalten werden kann, mit dem Aussäen bis zum späten Frühjahr warten. Die Sämlinge umsetzen, sobald sie 10–15 cm hoch sind. Sie vertragen auch Temperaturen von 10 °C, wachsen jedoch am besten bei höheren Temperaturen, großer Feuchtigkeit und hellem, gefiltertem Licht.
Je nach Witterung den Gewächshausboden mindestens zweimal täglich befeuchten. In das Randbeet gut verrotteten Mist und Kies oder Sand einarbeiten oder in Gefäßen anbauen. Den Kompost regelmäßig mit lauwarmem Wasser befeuchten und alle 2 Wochen mit flüssigem Volldünger gießen.
Die Pflanzen an Spalieren, Drähten oder Netzen hochranken lassen. Sie blühen ab Sommerbeginn. Nur 1 bis 2 Blüten ausreifen lassen.

Pflanzen in Kübeln
Die Pflanzen umsetzen, bis sie Töpfe mit einem Durchmesser von 30 cm benötigen, oder in großen Gefäßen mit Kompost auf Lehmbasis, unter Zugabe von organi-

Doodhis in einem Garten auf Zypern.

schem Material und Sand anbauen, damit sich keine stehende Nässe bildet. Den Kompost mit lauwarmem Wasser befeuchten. Das Wachstum kann besser kontrolliert werden, wenn man in Töpfen, am besten am Rand des Gewächshauses, anbaut. Dadurch steigt die Chance, dass sich Früchte bilden. Sobald die Ranken 1,5 m lang sind, die Spitzen abzwicken und an Draht befestigen. Selbst mit Hilfe dieser Methode brauchen die Pflanzen viel Platz. Die Pflanzen von Hand zu bestäuben ist die beste Vorgehensweise. Die Pflanzen tragen männliche und weibliche Blüten. Die weiblichen erkennt man am Fruchtknoten auf der Rückseite der Blüte, die mit Härchen bedeckt ist. Sobald sich eine Blüte gebildet hat, lässt man noch 2 Blätter wachsen und zwickt dann den Vegetationspunkt ab. Handelt es sich um eine männliche Blüte oder bildet sich keine Frucht, schneidet man den Stiel bis zum ersten Blatt zurück. So bildet sich eventuell eine Frucht.

Ernte und Lagerung
Die Ranken beginnen 3–4 Monate nach dem Anpflanzen Früchte zu tragen. Die unreifen Früchte werden 70–90 Tage nach dem Aussäen geerntet, sobald sie einige Zentimeter lang sind. Die reifen Früchte können geerntet und langsam getrocknet werden.

Anfälligkeiten
Doodhi ist sehr robust und wird kaum von Schädlingen befallen. Pflanzen, die unter Abdeckungen gezogen werden, sind anfälliger für die **Weiße Fliege**. In warmen, feuchten Regionen tritt **Anthraknose** in Form von stecknadelgroßen, wässrigen Verletzungen auf den Früchten auf. Sie verdichten sich zu kleinen, schwarzen Klumpen. **Fruchtfäule** kann ebenfalls zum Problem werden. Stark befallene Blätter entfernen. Die Früchte vorsichtig ernten, damit sie nicht beschädigt werden.

Heilkraft

Das Fleisch um die Samen wirkt emetisch und abführend. Mit dem Saft behandelt man schütteres Haar. Mit Limonensaft gemischt wird er zur Behandlung von Pickeln, und mit Öl gekocht gegen Rheumathismus angewendet. Samen und Wurzeln werden bei Ödemen und das Öl der Samen äußerlich bei Kopfschmerzen verwendet.

Kulinarisches

Die jungen Früchte, die reich an Pektin sind, werden in den tropischen Gebieten Afrikas und Asiens häufig verwendet. Sie schmecken mild und werden vor dem Essen geschält und entkernt. Man kann sie würfeln oder in Scheiben schneiden, mit Gewürzen braten und als Beilage zu Currys und anderen indischen Gerichten essen. Die jungen Triebe und Blätter können gedünstet werden. In Afrika verwendet man die Samen als Suppeneinlage, und in Indien werden sie in Salzwasser gekocht. Das Öl der Samen wird zum Kochen verwendet.

Lens culinaris. Leguminosae

LINSE

Einjähriges Kraut, das wegen der flachen Samen angebaut wird. Frostempfindlich. Nährwert: Reich an Proteinen, Ballaststoffen, Eisen, Kohlenhydraten, Zink und Vitamin B.

Die Linse, von der man annimmt, dass sie aus Südwesteuropa und den gemäßigten Zonen Asiens stammt, gehört zu den ältesten kultivierten Gemüsearten. Karbonisierte Samen, die in neolithischen Ausgrabungen im Nahen Osten gefunden wurden, sind etwa 8000–9000 Jahre alt, und es wird vermutet, dass sie schon lange vor dieser Zeit angebaut wurden. In ägyptischen Gräbern fand man Samen, die auf das Jahr 2200 v. Chr. zurückgehen. In der Bibel wird darauf als „rotes Gericht" Bezug genommen, für das Esau sein Erstgeburtsrecht verkauft (Genesis 25:30, 34). Die Linse war ein typisches Fastengericht.

Der Begriff „Linse", der auch für das Glas in optischen Geräten übernommen wurde, ist lateinischen Ursprungs. Ein Querschnitt durch dieses Glas gleicht einer Linse.

Die weltweit kultivierte Pflanze eignet sich speziell für trockenere Gebiete. Die rasch reifende Pflanze wird selten über 45 cm groß. Ihre Stiele verzweigen sich buschartig. Die weißen bis violetten Blüten bringen 2–3 Samenkapseln hervor.

SORTEN

Im Verlauf der Jahrhunderte wurde die Linse gemäß ihrer Größe und Farbe selektiert. Heute gibt es zahlreiche Kulturvarietäten, die hauptsächlich in zwei Gruppen unterteilt werden – größere Arten mit runden Samen und kleinere mit flacheren Samen, die im Osten verbreitet sind. Sehr verbreitet ist die **Rote Linse**, die äußerst zart ist und nur kurz gekocht wird.

Die kleinen Samen der französischen Sorte 'Lentille du Puy'.

'Lentille du Puy' kurz vor der Ernte.

Unter den runden Linsen, die in Europa angebaut werden, findet man **'Lentille du Puy'**, eine winzige, grüne Linse, die besonders schmackhaft und zart ist. Ähnlich, aber gröber ist die in Nordfrankreich verbreitete **'Lentille blonde'** oder **Gelbe Linse,** während die **Deutsche** oder **Braune Linse** noch gröber ist und länger gekocht werden muss. **'O'Odham'**, eine nordamerikanische Sorte, hat flache, grau- bis dunkelbraune Samen, während **'Tarahumara Pinks'**, aus Mexiko stammend, gesprenkelte Samen hat und besonders gut in trockenen Gebieten gedeiht.

KULTIVIERUNG

Vermehrung
Das Saatbeet vorbereiten, dabei alle Pflanzenreste aus dem Boden entfernen und diesen mittelfein rechen. Im Frühling, sobald sich der Boden erwärmt hat, in 2 cm tiefen Furchen aussäen. Die Sämlinge auf 20–30 cm vereinzeln und zwischen den Reihen einen Abstand von 40 cm lassen. Man kann auch breitwürfig säen und nach der Keimung auf 20–30 cm vereinzeln.

Anbau
Die Linse ist nicht frosthart, gedeiht jedoch bei unterschiedlichen klimatischen Gegebenheiten. Sie wächst am besten an warmen, sonnigen, geschützten Standorten mit leichten, lockeren, feuchtigkeitsspeichernden Böden. Sandige Böden mit gut verrottetem organischem Material sind ideal, obwohl die Pflanzen ebenso auf schlammigen Böden wachsen. Die Pflanzen von Unkraut befreien und in länger anhaltenden Trockenperioden gießen. Zu starkes Gießen führt zu übermäßigem Blattwachstum und niedrigerem Ertrag.

In kühlen, gemäßigten Zonen kann man Linsen als Besonderheit ziehen, der Ertrag ist jedoch nicht hoch genug, um sie im großen Stil anzubauen.

Ein Linsenfeld in Idaho, USA.

Pflegemaßnahmen
Frühling: Saatbeet vorbereiten. Bei warmem Boden aussäen.
Sommer: Pflanzen von Unkraut befreien und bei Bedarf gießen.
Herbst: Ernten, bevor die Kapseln aufbrechen.
Winter: Samen oder Kapseln kühl und trocken lagern und bei Bedarf verwenden.

Geschützter Anbau
In kühlen, gemäßigten Zonen im Frühling in Schalen, Töpfen oder Torftöpfen mit Saatkompost aussäen. Kompost feucht halten, später die Sämlinge umsetzen. Vor dem Anpflanzen im Freiland abhärten. Umsetzen, sobald sich der Boden erwärmt hat und die Frostgefahr gebannt ist. Pflanzen mit Glasglocken schützen, bis sie gut angewachsen sind.

Pflanzen in Kübeln
In Kübeln mit Kompost auf Erdbasis anbauen. Gut gießen und von Unkraut befreien. Damit sie nicht umgesetzt werden müssen, kann man die Samen gleich im Kübel aussäen und nach dem Keimen an einen sonnigen Platz ins Freie stellen.

Ernte und Lagerung
Linsen haben eine Reifezeit von ca. 90 Tagen. Man erntet sie, sobald sich die Blätter gelb färben und ehe sich die Kapseln öffnen. Die ganze Pflanze ausstechen und auf Kisten oder Matten zum Lufttrocknen in die Sonne legen. Sobald die Kapseln trocken sind und aufspringen, die Samen herausnehmen; kühl und trocken lagern.

KULINARISCHES

Da ihr Eiweißgehalt ca. 25 % beträgt, stellen Linsen eine wichtige Alternative zu Fleisch dar. Sie haben auch von allen proteinreichen Nahrungsmitteln den niedrigsten Fettgehalt.
Über Nacht einweichen. 10 Minuten rasch kochen, dann 25 Minuten weich garen. In Suppen und dicker Brühe verwenden oder zu Mehl mahlen.
Linsen werden für „Dhal" verwendet. Man feuchtet die Samen mit Wasser und Öl an und trocknet sie. Anschließend werden sie zwei- bis dreimal gemahlen, dabei trennt man jedesmal die „Spreu" vom Mehl.

Linsen mit rotem Paprika und Ziegenkäse
(4 Personen)

3 rote Paprika
175 g Linsen 'Lentille du Puy'
1 rote Zwiebel
1 Karotte
Je ein Zweiglein Petersilie, Majoran und Thymian
2 EL sonnengetrocknete Tomaten, gehackt
100 g krümeliger Ziegenkäse
1 EL frisch gehackte Kräuter
Für das Dressing:
4 EL natives Olivenöl
1 1/2 EL Zitronensaft
Salz und frisch gemahlener schwarzer Pfeffer

Paprika auf einem Backblech im vorgeheizten Backofen bei 250 °C 30 Minuten backen. In einer Plastiktüte in den Kühlschrank legen. Nach dem Abkühlen entkernen, schälen und in Streifen schneiden. Zur Seite stellen.
Linsen gut waschen und gemeinsam mit der ganzen Zwiebel, Karotten und Kräutern zugedeckt kochen. Diese Sorte Linsen ist schneller gar als andere und sollte nach 15 Minuten durch sein. Durch ein Sieb gießen. Zwiebel grob hacken und wieder zu den Linsen geben. Die Karotte und die Kräuter entfernen. Ziegenkäse und Tomaten dazugeben, solange die Linsen noch warm sind, und vorsichtig verrühren. Pfeffern und salzen.
Nun das Dressing zubereiten und die Linsen darin schwenken. Zum Schluß die Linsen mit Paprikastreifen auf Tellern anrichten. Mit den Kräutern bestreuen und servieren.

ANFÄLLIGKEITEN

Nur wenige Schädlinge und Krankheiten befallen die Linse. **Blattrost** kann vorkommen. Die Pflanzen nach der Ernte verbrennen; vorbehandelte Samen verwenden.

MISCHKULTUREN

Linsen können unter anderem auch als „Gründünger" gezogen werden.

WEITERE NUTZUNG

Die getrockneten Blätter und Stiele können als Futterpflanzen verwendet werden. Linsen werden von der Textil- und Druckindustrie als Stärkemittel eingesetzt; Nebenprodukte als Viehfutter. Frische und getrocknete Pflanzen werden als Grünfutter und Heu verwendet.

WARNUNG

Linsen niemals roh essen.

Lycopersicon esculentum. Solanaceae

TOMATE

Kurzlebige ausdauernde Pflanze, die wegen der fleischigen Früchte angebaut wird. Frostempfindlich. Nährwert: Reich an Betakarotin und Vitamin C. Etwas Vitamin B.

Die wilde Tomate stammt wahrscheinlich aus den Andengebieten Südamerikas und gelangte von dort aus vor über 2000 Jahren – gemeinsam mit dem Mais – nach Mittel- und Nordamerika. Als die europäischen Entdecker Mittelamerika erreichten, wurden die Früchte bereits seit Jahrhunderten angebaut. Die Einheimischen nannten die Früchte „tomati", „tomatl", „tumatle" und „tomatas". Als sie erstmals 1523 nach Europa gelangten, nahm man an, dass sie giftig wären und kultivierte sie nur als Zierpflanzen. Dodoens schrieb 1578 über die Tomate: „Das ist eine seltsame Pflanze, die man in diesem Land nicht findet, außer in den Gärten einiger Herbalisten . . . und es ist gefährlich, sie zu verwenden."

In Europa wurde sie zum ersten Mal in Italien gegessen. Wie viele andere neue Gemüsearten aus Amerika galt sie als Aphrodisiakum. Die italienische Bezeichnung „pommi dei mori" wurde in der französischen Übersetzung zu „pomme d'amour" – „Liebesapfel". Nicht alle glaubten an diese Wirkung: Estienne und Liébault schrieben, dass Tomaten gekocht oder gebraten Blähungen sowie andere „unzählige Unpässlichkeiten" verursachen würden – keine sehr romantische Vorstellung.

Erst nach dem Unabhängigkeitskrieg aßen auch nordamerikanische Siedler mit ziemlicher Sicherheit Tomaten. Regelmäßig konsumiert wurden Tomaten jedoch von italienischen Einwanderern in Neuengland und von französischen Einwanderern in New Orleans, die bereits 1779 Ketschup herstellten. Auch Thomas Jefferson baute sie 1781 in seinem Garten an.

'Tigerella' zeichnet sich durch ihren guten Geschmack aus.

SORTEN

Die meisten Gewächshaussorten haben einen Stamm, der einige Meter lang werden kann und meist an Schnüren oder Fäden hochrankt. Die meisten Freilandsorten sind buschig und müssen nicht gestützt werden. Sie können unter Abdeckungen oder Glasglocken angebaut werden. Wenig ertragreiche, kleine Sorten eignen sich zum Anbau in Töpfen und Blumenkästen.

Wie man in jedem Saatgutkatalog sehen kann, gibt es hunderte von Sorten. Diejenigen, die unter Abdeckungen im Kalthaus und im Freiland gezogen werden können, sind im Allgemeinen austauschbar. Die Größe variiert von den großen Fleischtomaten über Flaschentomaten bis hin zu den kleinen Cocktailtomaten. Das vielfältige Farbenspektrum umfasst auch gesprenkelte, dunkle, rosafarbene und gelbe Tomaten.

'Ailsa Craig' gedeiht unter Glas und im Freiland. Eine verlässliche, schmackhafte und ertragreiche Sorte. Auch **'Alicante'** ist für drinnen und draußen geeignet, ertragreich und hat glatte, schmackhafte Früchte. Sie reift früh und wächst gut in Anzuchttüten. **'Black Plum'**, eine russische Sorte, findet man in Spezial-

Die Früchte von 'Brandy Wine' werden bis zu 0,4 kg schwer.

katalogen. Die Früchte sind länglich, ca. 7,5 cm lang und mahagonifarben bis braun. **'Brandy Wine'** ist eine köstliche Sorte, deren Früchte ziemlich groß werden. Die Schale ist rosig oder leicht purpurfarben. Wächst besser in kühleren Regionen. **'Cherry Belle'**, eine schmackhafte, kleine Cocktailtomate, ist qualitativ hochwertig und ertragreich. Sehr resistent gegen Tabakmosaikvirus. Bei **'Delicious'** handelt es sich um eine große Fleischtomate, deren Früchte bis zu 0,4 kg schwer werden. Die schmackhaften, fleischigen Früchte lassen sich gut lagern. **'Dombito'**, eine weitere Fleischtomate, schmeckt hervorragend, ist sehr ertragreich und resistent gegen Tabakmosaikvirus und Fusarium-Welke. **'Gardener's Delight'** ist äußerst beliebt und liefert über einen längeren Zeitraum lange Trauben mit herrlich süßen Cocktailtomaten. Für drinnen und draußen, ideal zum Anbau in Gefäßen und im Allgemeinen problemlos. Bei **'Green Zebra'** handelt es sich um eine schmackhafte Sorte mit ungewöhnlichen, grüngelb gestreiften Früchten. **'Marmande Super'** ist eine Freilandsorte mit dunkelroten Früchten. Reift früh und ist resistent gegen Fusarium- und Verticillium-Welke. **'Marvel Striped Traditional'** ist eine alte mexikanische Sorte mit großen, schmackhaften, saftigen, gestreiften Früchten. Bei **'Minibel'** handelt es sich um eine Buschtomate mit winzigen, schmackhaften Früchten. Gedeiht in Kübeln. **'Moneymaker'** ist eine bekannte alte Sorte für drinnen und draußen. Die fleischigen, scharlachroten Früchte sind voller Geschmack. **'Oaxaca Pink'** trägt kleine, flache, rosafarbene Früchte. **'Red Alert'** ist eine frühe Buschtomate für den Anbau unter Glas oder im Freiland mit kleinen, süßen, ovalen Früchten. Bei **'Roma'** handelt es sich um eine Buschtomate fürs Freiland, die für Soßen, Ketschup, Suppen und Säfte verwendet wird. Sehr ertragreich und resistent gegen Fusarium- und Verticillium-Welke. Muß manchmal gestützt werden. **'San Marzano'**, eine italienische Sorte, eignet sich für Suppen und Soßen. Sehr ertragreich. **'Shirley'** wird im Erwerbsgartenbau verwendet und liefert zarte, schmackhafte Früchte. Sie verträgt niedrigere Temperaturen als die meisten anderen Sorten und ist resistent gegen Tabakmosaikvirus, Blattfäule und Fusarium. Ideal für den organischen Anbau. **'Siberia Tomato'** kann sehr früh, ca. 7 Wochen nach dem Umsetzen, geerntet werden. Diese Buschtomate setzt selbst bei 5 °C Früchte an und liefert hellrote Früchte. Bei **'Super Beefsteak'** handelt es sich um eine riesige, alte Fleischtomate, deren Früchte ca. 0,4 kg wiegen. Resistent gegen Welke und Wurzelknotennematoden. **'Tigerella'** liefert schmackhafte, kleine orangerote Früchte mit hellen Streifen. Über einen längeren Zeitraum ertragreich. **'Tiny Tim'** ist kompakt, buschig und ideal für Töpfe, Blumenkästen und Ampeln. Die Früchte haben die Größe von Cocktailtomaten und sind schmackhaft. **'Tumbler'** wurde für Ampeln gezüchtet. Die nachgebenden, hängenden Stiele tragen hellrote Früchte, die rasch reifen und süß schmecken. **'Yellow Cocktail'** liefert in großen Trauben wachsende kleine, birnenförmige, goldgelbe Früchte. Unter Glas ziehen. Bei **'Yellow Pearshaped'** handelt es sich um birnenförmige, gelbe Früchte, die süß schmecken und wenige Kerne haben. Die Pflanzen sind robust und ertragreich. **'Yellow Perfection'** ist eine üppige Sorte mit hellgelben Früchten, die früh reifen und schmackhaft sind.

Kultivierung

Vermehrung
Für die Keimung ist eine Mindesttemperatur von 16 °C erforderlich, obwohl die Sämlinge in der Nacht auch niedrigere Temperaturen vertragen, wenn es am Tag entsprechend warm ist. In kühlen Gegenden wird zum Anbau im Warmhaus ab Mitte Winter ausgesät. Zum Anbau im Freiland oder im Kalthaus sät man 6–8 Wochen vor dem letzten Frost die Samen unter Glas ca. 2 cm tief in Schalen mit Saatkompost aus. Man kann auch 2–3 Samen in 7-cm-Töpfen oder Torftöpfen aussäen und den stärksten Sämling vereinzeln. In Schalen oder in Torftöpfen

Die beliebte und üppige Sorte 'Gardener's Delight'.

gezogene Sämlinge in Töpfe mit 7 cm Durchmesser umsetzen, sobald sich 2–3 Blätter gebildet haben, und an einem hellen, gut belüfteten Platz aufstellen. Wenn die Frostgefahr gebannt ist, vorsichtig abhärten und ins Freie setzen. Die Lufttemperatur muß mindestens 7 °C betragen und die Bodentemperatur mindestens 10 °C. Die Pflanzen, sobald die ersten Blüten hervorkommen, umsetzen, und zwar mit den ersten Blättern direkt auf Bodenniveau. Machen Sie sich keine Sorgen, wenn die Pflanzen etwas schwach erscheinen. Werden sie tief eingepflanzt, wird das Wurzelwachstum der eingepflanzten Stiele angeregt, und die Pflanzen werden stabiler.

Ab Mitte Frühling kann man Tomaten auch flüssig an Ort und Stelle oder im Frühbeet aussäen und anschließend umsetzen, nachdem sich der Boden erwärmt hat. Die Pflanzen auf feuchtem Küchenpapier bei 21 °C austreiben lassen und setzen, sobald die Wurzeln maximal 5 mm lang sind (siehe Hinweis zum Flüssigsäen). Im Freien in Furchen aussäen und den stärksten Sämling vereinzeln; oder in Gruppen mit dem endgültigen Abstand aussäen. Die Furchen mit Kompost bedecken und mit Glasglocken schützen, bis sich die ersten Blüten bilden. Beim Aussäen im Frühbeet Reihen mit einem Abstand von 12–15 cm säen und innerhalb der Reihen auf 10–12 cm vereinzeln. Sobald die Pflanzen 15–20 cm groß sind, vorsichtig umsetzen. Man kann auch einzeln im Topf gezogene Pflanzen von einem verlässlichen Züchter kaufen. In „Trauben" wachsende Arten in einem Abstand von 40–45 cm setzen oder in Doppelreihen mit einem Abstand von 90 cm zwischen jedem Reihenpaar. Buschtomaten sollten in einem Abstand von 45–60 cm gesetzt werden und die kleinen Sorten je nach Größe in einem Abstand von 25–30 cm.

Bei engeren Abständen kann man früher ernten. Weitere Abstände führen zu etwas höheren Erträgen.

Anbau

Freilandtomaten gedeihen an warmen, geschützten Standorten – im Idealfall an einer sonnigen Mauer – mit feuchtigkeitsspeichernden, lockeren Böden. Falls erforderlich, gut verrottetes, organisches Material einarbeiten und saure Böden auf einen pH-Wert von 5,5–7 kalken. Werden die Tomaten auf sehr fruchtbarem Boden gezogen oder mit zuviel Stickstoff gedüngt, wird das Blattwachstum auf Kosten der Blüten und Früchte verstärkt. Bei nächtlichen Temperaturen unter 12 °C können die Pflanzen keine Früchte ansetzen, ebenso wenn es am Tag über 33 °C hat. Bei nächtlichen Temperaturen um 25 °C kommt es oft vor, dass die Blüten abgeworfen werden. Bis sie angewachsen sind, sollten die Pflanzen mit flüssigem Volldünger gegossen und anschließend mit Pottasche, die Blüte und Fruchtbildung anregt, gedüngt werden. Bei zu starkem Düngen und Gießen verlieren die Früchte an Geschmack. Die Pflanzen von Hand oder mit der Hacke von Unkraut befreien, ohne die Stiele zu verletzen, oder mit organischem Material mulchen.

Flaschentomaten schmecken intensiver und werden meist zum Kochen verwendet.

Pflanzen immer feucht halten, aber nicht zu stark gießen. Bei unregelmäßigem Gießen springen die Früchte auf, und es kann zu Fruchtendfäule kommen, speziell wenn die Pflanzen in Kübeln oder Tüten gezogen werden. Mit lauwarmem Wasser gießen. Bei Trockenheit oder sobald sich die ersten Blüten bilden, benötigen die Pflanzen wöchentlich ca. 10 Liter Wasser. Die Pflanzen sind sorgfältig zu gießen und zu düngen, speziell während der Ernte, damit die Früchte nicht zu wässerig werden und an Geschmack verlieren. Tomatendünger entsprechend den Herstellerhinweisen anwenden.
Die Trauben müssen mit Stöcken und Schnüren gestützt bzw. festgebunden werden. Die Seitentriebe entfernt man mit einem scharfen Messer oder indem man sie mit Zeigefinger und Daumen abzwickt. Das Wachstum der Pflanzen lässt sich bremsen, wenn Sie die Spitze 2–3 Blätter über der obersten Traube entfernen, sobald sich 3–5 Trauben gebildet haben oder wenn die Pflanze über die Stütze hiausnauswächst. Die Anzahl der Trauben hängt von der Vegetationszeit ab: Je kürzer sie ist, desto weniger Trauben lässt man stehen. Die unteren Blätter entfernen, damit die Luft zirkulieren kann.
Wenn die Früchte nur langsam reifen, einige Blätter neben den Trauben mit einem scharfen Messer entfernen, damit die Früchte mehr Sonne bekommen.
Damit die Früchte nicht zu faulen beginnen, zieht man Buschtomaten auf einem Mulch aus Stroh, Filz oder am Boden ausgelegten Abdeckungen. Schwarze Folie oder sogar ein Müllsack nehmen Hitze auf, wärmen den Boden, speichern die Feuchtigkeit und bewirken, dass die Früchte schneller reifen. Jährlich die Frucht wechseln.

Birnenförmige Tomaten und Traubentomaten.

Pflegemaßnahmen
Frühling: Unter Abdeckungen – später im Freiland aussäen.
Sommer: Pflanzen gießen, düngen und von Unkraut befreien. Falls erforderlich, für Schatten sorgen und belüften. Seitentriebe entfernen. Ernten.
Herbst: Spätere Freilandsorten unter Glasglocken oder unter Glas reifen lassen.
Winter: Mitte Winter von im Spätsommer abgeschnittenen Ablegern ernten.

Geschützter Anbau
In kühleren Regionen ist die Ernte verlässlicher, wenn man die Tomaten in unbeheizten Treibhäusern oder Folientunneln zieht. Die Frucht wechseln, damit die Pflanzen nicht von Schädlingen und Krankheiten befallen werden. Die Erde alle 2–3 Jahre austauschen oder sterilisieren oder in Gefäßen anbauen.
Um die Bestäubung und den Fruchtansatz zu verbessern, besonders wenn die Pflanzen unter Glas gezogen werden, ab und zu besprühen und, sobald sich Blüten gebildet haben, die Trauben leicht anstupsen – nach Möglichkeit zur Mittagszeit. Im Freiland gezogene Pflanzen werden vom Wind bestäubt. Gewächshaus im Sommer beschatten und gut belüften.
Eine relativ neue Erfindung ist der „Wall-o-Water", eine Reihe von mit Wasser gefüllten Plastikrohren, die bei Tag die Hitze absorbieren und bei Nacht Wärme abgeben. Sie schützen sogar bei Temperaturen von bis zu –8 °C. Dadurch kann man die Wachstumsperiode verlängern und den Boden erwärmen. Mit Bleichmittel und Wasser (im Verhältnis 1:500) vermeidet man die Bildung von Algen auf der Innenseite der Rohre.
Wenn Sie an Weihnachten frische Tomaten ernten wollen, können Sie im Hochsommer von den Seitentrieben 15 cm lange Ableger abschneiden und in Gefäßen mit Sand oder Perlit einwässern. Sobald sich Wurzeln gebildet haben, setzt man die Ableger in 10 cm große Töpfe und zieht sie unter Abdeckungen.
Frisch gesetzte Freilandtomaten werden mit Glasglocken oder beweglichen Abdeckungen geschützt, bis sie gut angewachsen sind. Sobald die ersten Blüten gegen die Abdeckung drücken, schlitzt man sie entlang der Mittellinie auf. 7–10 Tage später wird die restliche Abdeckung aufgeschnitten und als Schutz über den Pflanzen stehen gelassen.
Sorten, bei denen das Geschlecht nicht eindeutig ist, können später an Stöcken gezogen werden.

Pflanzen in Kübeln
Tomaten eignen sich hervorragend zum Anbau in Gefäßen, Töpfen oder Tüten unter Glas oder im Freiland. Man kann sie auch in Blumenkästen oder Ampeln ziehen.
In 25 cm breiten Töpfen mit Kompost auf Lehmbasis und hohem Düngergehalt anbauen. Siehe auch unter Anbau und Geschützter Anbau. Ideal sind Buschtomaten.
In Kübeln trocknen die Pflanzen rasch aus, daher sorgfältig und regelmäßig gießen, ab und zu düngen. Vergessen Sie nicht, die Pflanzen zu beschriften.

Ernte und Lagerung
Die Früchte von Buschtomaten reifen ca. 7–8 Wochen nach dem Anpflanzen, die Früchte von Traubentomaten ca. 10–12 Wochen nach dem Anpflanzen. Die Pflanzen hochheben und den Stiel kurz über der Frucht abbrechen. Freilandpflanzen sollten vor dem ersten Frost geerntet werden. Gegen Ende der Erntezeit kann man Traubentomaten mit unreifen Früchten ausstechen und kopfüber an einem frostgeschützten Platz aufhängen. Sie können auch die Stütze entfernen, die Pflanzen auf

Stroh auflegen und mit Glasglocken schützen. Oder die Pflanzen in eine Schublade oder eine Papiertüte mit einer reifen Banane oder einem Apfel legen – das von diesen Früchten produzierte Äthylen lässt die Tomaten reifen. Buschtomaten und kleine Sorten können unter Glasglocken gezogen werden. Man kann die Tomaten kochen, abfüllen und so in luftdichten Gläsern konservieren. Zum Einfrieren schält und entkernt man die reifen Früchte und gart sie 5 Minuten. Anschließend durch ein Sieb gießen, auskühlen lassen und in einen festen Behälter geben. Damit Tomaten den Geschmack nicht verlieren, sie bei ca. 15 °C lagern. Große Tomaten kann man in der Sonne oder im Ofen trocknen. Halbieren, mit der Schale nach unten auf ein Tablett legen und zum Schutz vor Insekten mit Stoff abdecken. Warmes, trockenes, windiges Wetter ist ideal zum Trocknen, in der Nacht ins Haus stellen. Man kann die Tomaten auch im Ofen bei maximal 65 °C trocknen, bis die Tomaten trocken, aber nicht hart sind. In luftdichten Behältern halten sie sich bei kühler Lagerung bis zu 9 Monate. Vor der Verwendung weicht man sie in kochendem Wasser auf. Anschließend durch ein Sieb gießen und einige Stunden in Olivenöl einlegen. Nach Belieben Knoblauch dazugeben. In dieser Marinade halten sich die Tomaten ca. 1 Monat und schmecken z. B. zu Nudeln.

Anfälligkeiten

Fruchtendfäule tritt in Form einer harten, dunklen, abgeflachten Stelle auf der Frucht auf. Das weist auf Kalziummangel hin, der durch unregelmäßiges Gießen entsteht. Tritt besonders bei Pflanzen auf, die in Anzuchttüten gezogen werden. Regelmäßig gießen und düngen, speziell bei heißem Wetter. Bei ungleichmäßigem Gießen springen die Früchte auf. Passiert auch bei plötzlichem Wachstum nach einer längeren sonnenlosen Periode. Aufgesprungene Früchte sofort pflücken und verwenden.
Bei **Grünkragen** bilden sich neben dem Stiel harte, grüne Flecken, die durch Sonneneinstrahlung und übermäßige Hitze verursacht werden. Bei Pflanzen, die unter Glas gezogen werden, tritt dieses Problem verstärkt auf. Pflanzen gut beschatten und belüften, regelmäßig gießen und mit Pottasche düngen.
Gekrauste Blätter entstehen bei starken Temperaturschwankungen zwischen Tag und Nacht. Tritt oft bei Treibhaustomaten auf: beschatten, belüften und mit Wasser besprühen. Fenster schließen, ehe die Temperatur sinkt.
Tomaten können von **Weißen Fliegen, Blattläusen** und **Spinnmilben** befallen werden. Wenn der Sommer feucht ist, auch von der **Kartoffelfäule**: Auf den Blättern bilden sich dunkle Flecken mit hellen Rändern. Vor dem Fruchtansatz mit Kupferfungizid besprühen.
Pflanzen, die von **Verticilium-Welke** befallen sind, welken am Tag und erholen sich in der Nacht. Die unteren Blätter werden gelb, und auf den Stielen sind dunkle Flecken erkennbar. Nicht anpflanzen, solange der Boden kalt ist, mit organischem Fungizid wässern, regelmäßig mit Wasser besprühen und beschatten. Häufelt man feuchten Kompost rund um den Stängel, entsteht möglicherweise ein zweites Wurzelsystem. Die Symptome der Fusarium-Welke sind ähnlich; ebenso deren Bekämpfung.
Tabakmosaik und andere Viren zeigen sich in Form von gesprenkelten und manchmal auch verformten Blättern. Das Innere der Früchte ist braun und zerfressen, das Wachstum eingeschränkt. Befallene Pflanzen vernichten, Hände waschen und Werkzeug desinfizieren. Im nächsten Jahr die Pflanzen in sterilisiertem Kompost oder in Anzuchttüten anbauen.
Die **Tomatenraupe** frisst die Früchte an. Sie ist rund 4 cm lang, grün oder braun mit einer hellgelben Linie und tritt von Ende Frühling bis zum Frühsommer auf. Die Unterseite der Blätter absuchen und die Eier zerdrücken. Man kann die Raupen von Hand abklauben oder biologische Mittel anwenden.
Die Symptome von **Magnesiummangel** sind gelbe Stellen zwischen den Blattadern, die älteren Blätter werden zuerst befallen. Magnesiumsulfat sprühen, die Pflanzen damit tränken oder rund um die Pflanzen aufstreuen. Falls möglich, resistente Sorten anbauen.

Mischkulturen

Die Tagetes hält die Weiße Fliege ab. Tomaten gedeihen gut mit Basilikum, Petersilie, Zwiebelgewächsen, Kapuzinerkresse und Spargel.

Heilkraft

Tomaten sollen das Risiko für Krebs und Blinddarmentzündung senken.
In den USA verwendet man Tomaten in der Naturheilkunde zur Behandlung von Verdauungsstörungen, Leber- und Nierenbeschwerden sowie Verstopfung.

Warnung

Einige Ärzte meinen, dass Tomaten Arthritis verstärken und Allergien auslösen können. Blätter und Stiele sind giftig.

Cocktailtomaten, unter denen Thymian angebaut wurde.

Kulinarisches

Im Salat schmecken Tomaten besonders gut mit Mozzarella, Basilikum, Olivenöl, Gewürzen und mit Schnittlauch.
Sie können sie schälen, indem Sie sie 1 Minute in kochendes Wasser tauchen, bis sich die Schale löst. Man kann Tomaten für Suppen, Eintöpfe, Soßen, Nudelgerichte und Omelettes verwenden. Gazpacho ist eine würzige, kalte Suppe mit Tomaten, Paprika, Gurken und Zwiebeln.
Auch gegrillt schmecken Tomaten hervorragend. Man halbiert sie und bestreicht die Schnittfläche mit Olivenöl, Pfeffer und Zucker. 5 Minuten grillen. Man kann sie auch mit Wein und Rohzucker glasieren und anschließend grillen. Probieren Sie auch ein Sandwich mit kaltem Schinken, Salat und Tomaten. Trauben- und Cocktailtomaten kann man auch als kleinen Imbiss essen.
Die großen Fleischtomaten dienen zum Garnieren von Steaks, oder man höhlt sie aus und füllt sie mit Shrimps, Kartoffelsalat, kaltem Lachs, Hüttenkäse oder püriertem Curry-Ei. Heiß oder kalt servieren.
Grüne Tomaten aufschneiden, in Ei und Mehl und anschließend in Brotkrumen wenden und in heißem Öl frittieren oder zu Chutney oder Konfitüre verarbeiten. Man kann sie auch zu Orangenmarmelade geben.

Tomatensalat

Gefüllte Tomaten

(4 Personen)

Katholiken in ganz Europa bereiteten diese Speise an Fastentagen zu, an denen auf Fleisch verzichtet wurde.

4 große, reife Tomaten
350 g Brotkrumen (von altem Weißbrot)
150 ml Milch
2 Eier, leicht geschlagen
2 EL gehackter Basilikum
2 EL fein gehackte Petersilie
2 Knoblauchzehen, feingehackt
1 Zwiebel, fein gehackt
2 EL geröstete Brotkrumen
5–6 EL geriebener Gruyère-Käse
Olivenöl
Salz und frisch gemahlener schwarzer Pfeffer

Von der Tomate einen Deckel abschneiden und das Fruchtfleisch aushöhlen. Tomaten innen salzen und pfeffern und in eine eingefettete Form geben. Den Ofen auf 180 °C vorheizen. Für die Füllung Weißbrotkrumen mit Milch und Eiern vermischen und Knoblauch, Kräuter und Zwiebeln hinzufügen. Salzen und pfeffern. Dann die Tomaten füllen.

Geröstete Brotkrumen und Gruyère-Käse über die Tomaten streuen und mit ein wenig Olivenöl beträufeln. Die Tomaten ca. 30 Minuten braten.

Manihot esculenta (M. utilissima). Euphorbiaceae

MANIHOT

Tapioka, Yucca, Maniok. Große, krautartige, mehrjährige Pflanze. Knollen und Blätter sind genießbar. Nicht winterhart. Nährwert: Hauptsächlich stärkehältig. Vitamin B, C und Eiweiß in geringen Mengen.

Reife Manihotpflanzen in Thailand.

Manihot, der in den feuchttropischen Gebieten zu den wichtigsten Nahrungsmitteln zählt, wird wahrscheinlich schon seit 2500 v. Chr. angebaut. Wildwachsende Formen sind nicht bekannt, doch es ist anzunehmen, dass eine frühe Form in den Ausläufern der Anden, im Amazonasbecken oder in der Savanne heimisch war. Die frühesten Aufzeichnungen stammen aus den Küstenregionen Perus und gehen auf das Jahr 1000 v. Chr. zurück. Die Knollen enthalten das äußerst giftige Zyanid, das beim Kochen abgebaut wird. Angeblich aßen die europäischen Entdecker rohen Manihot und starben unmittelbar danach. Die Indianer verwendeten den giftigen Saft für Speerspitzen und Blasrohre. Die Arawak-Indianer begingen aus Angst vor den brutalen Eroberern Selbstmord, indem sie die ungekochten Knollen aßen.

Die Portugiesen brachten die Pflanze nach Westafrika. Von dort gelangte sie 1786 nach Sri Lanka, 1794 nach Indien und 1835 schließlich nach Java. Jährlich werden rund 62 Millionen Tonnen Manihot produziert, ein Großteil davon in Westafrika, wo die Pflanze in Form von „Fufu" gegessen wird.

SORTEN

Manihot esculenta ist groß und verzweigt, die Stängel werden nach einiger Zeit holzig. Die Blätter haben lange Stiele mit 5–9 Ausbuchtungen. Die ganze Pflanze enthält giftigen Latex. Die Knollen sind zylindrisch oder spitz zulaufend und liegen bündelweise direkt unter der Erde. Sie wiegen 5–10 kg.

Es gibt zwei Typen: Weißer Manihot ist süß, weich und wird wegen der Stärke angebaut. Die gelben Sorten sind bitter und werden als Gemüse gezogen. Die einfacheren bitteren Sorten enthalten größere Mengen an Zyanid, das beim Zubereiten ausgekocht wird, wenn man das Kochwasser mehrmals wechselt. Bei neueren Selektionen der süßen Sorten liegt das Gift zum Großteil unter der Schale und die Knollen können bereits nach einmaligem Kochen gegessen werden.

Es gibt mehr als hundert verschiedene Sorten mit lokalen Bezeichnungen. **'Nandeeba'**, eine rasch reifende Sorte und **'Macapera'**, eine Sorte, die gekocht werden muss, stammen beide aus Brasilien.

Vermehrung

Von den älteren Stängeln 15–30 cm lange Ableger abschneiden. In einem Abstand von 1,2 m in Reihen anpflanzen, die 1 m voneinander entfernt sein sollten. Man kann die Ableger auch in Vertiefungen mit einer Größe von 90–100 cm pflanzen. Die Ableger werden aufrecht eingepflanzt, 5 cm bleiben frei, so erhält man eine ertragreiche Ernte. Auspflanzung zu Beginn der Regenzeit.

Anbau

Manihot gedeiht am besten, wenn auf die warme Regenzeit eine Trockenperiode folgt, da sie sehr resistent gegen Trockenheit ist. Bei ständiger Feuchtigkeit wachsen die Stiele auf Kosten der

Geernteter Manihot auf einem Markt in Indien.

Knollen. Der Boden sollte tief, reichhaltig und locker sein. Um stehende Nässe zu vermeiden, wird sie oft in Hügelbeeten angebaut. Vor dem Anpflanzen den Boden umgraben und mit gut verrottetem, organischem Material anreichern. Bei Bedarf anhäufeln. Manihot benötigt große Mengen an Nährstoffen und kann nicht länger als 3 Jahre auf demselben Boden angebaut werden.

Pflegemaßnahmen
Frühling: Vor dem Anpflanzen organisches Material einarbeiten.
Sommer: Ableger zu Beginn der Regenzeit einpflanzen.
Herbst: Von Unkraut befreien.
Winter: Reife Pflanzen ernten.

Geschützter Anbau
In kühlen, gemäßigten Zonen wird Manihot im Gewächshaus angebaut. Die Beete vorbereiten und wie unter Anbau kultivieren. Während des Wachstums reichlich, im Winter weniger gießen.

Ernte und Lagerung
Je nach örtlichen Gegebenheiten und Sorte kann man innerhalb von 8 Monaten bis 2 Jahren nach dem Anpflanzen ernten. Man erntet, sobald die Pflanzen geblüht haben und die Blätter gelb sind. Die ganze Pflanze ausstechen und die Knollen vorsichtig entfernen. Man kann sie bis zu 2 Jahren im Boden lassen, sollte sie nach dem Ausstechen jedoch innerhalb von 4–5 Tagen aufbrauchen.

Anfälligkeiten

Die Pflanzen können von **Weißen Fliegen** und **Pilzkrankheiten** befallen werden. **Bakterienkrankheiten, Schildläuse** und **Mosaik** stellen in Afrika ein ernsthaftes Problem dar. Gegen Heuschrecken sind die Pflanzen sehr resistent.

Weitere Nutzung

Manihot ist ein Stärkelieferant für die Sperrholz-, Textil-, Klebstoff- und Papierindustrie.

Warnung

Die Pflanze enthält Latex, daher müssen die Knollen vor dem Essen gut gekocht werden. In Gayana nimmt man bei einer Manihot-Vergiftung Chilischoten mit Rum; darauf sollte man sich jedoch nicht verlassen.

Bei der Manihoternte in Indonesien.

Kulinarisches

Die frische Manihotwurzel enthält ungewöhnlich viel Stärke, doch ist die Nährstoffzusammensetzung unausgewogen, und übermäßiger Konsum führt daher manchmal zu Eiweißmangel.
Gut waschen, Schale und Rinde mit einem scharfen Messer oder einem Kartoffelschäler entfernen. Mehrmals in Wasser kochen und vor der Zubereitung trocknen lassen.
Sie können sie pürieren oder kochen und als Beilage verwenden oder zu Klößen und Kuchen verarbeiten. Für die Zubereitung von Keksen mischt man sie mit Kokosnuss und Zucker. Der Saft von geriebenem Manihot wird aufgekocht und mit Zimt, Nelken und Rohzucker vermischt. So erhält man „Cassareep", ein starkes Antiseptikum und eine wichtige Zutat zu dem westindischen Gericht „Pepperpot".
Tapiokamehl erhält man aus gemahlenen Manihotwurzeln.
In Afrika wird die frische Wurzel gewaschen, geschält, gekocht und mit einem hölzernen Mörser zerstampft. So macht man „Fufu". Man kann auch große Stücke 45–50 Minuten kochen, durch ein Sieb gießen, abkühlen, zu einem Teig zerstampfen und daraus eigroße Klöße formen.
Die Wurzeln der süßen Sorten kann man wie Kartoffeln braten oder backen.
Die jungen Blätter können gekocht oder gedünstet und mit etwas Butter serviert werden.

Manihot-Chips
(Singkong)

Diese dünnen, knusprigen Chips eignen sich hervorragend als kleiner Imbiss oder zur Garnierung. Man rechnet 300 g pro Person als Beilage zu Fleischgerichten.

Manihot dünn aufschneiden und trocknen lassen. Etwas Erdnuss- oder Pflanzenöl in einem Wok oder einer Bratpfanne erhitzen (nicht bis es raucht) und jeweils 1–3 Scheiben frittieren. Dabei ganz in Öl eintauchen. Anschließend rasch vom Herd nehmen und auf Küchenpapier gut abtropfen lassen. Fertiges Singkong kann man einige Wochen in einem luftdichten Behälter aufbewahren, es schmeckt jedoch frisch am besten.

Medicago sativa. Leguminosae

Luzerne

Alfalfa. Einjährig bzw. kurzlebig. Wird wegen der Samensprossen und der jungen Blätter angebaut. Winterhart. Nährwert: gute Quelle für Eisen. Höherer Eiweißgehalt als die meisten anderen Gemüsearten.

In den alten Kulturen des Nahen Ostens und im Mittelmeerraum diente die Luzerne als wichtige Futterpflanze. Heute wird sie als Gründünger ebenso geschätzt wie als nahrhaftes Gemüse. Wenn sie wild in der Wiese blüht, ist sie ein guter Nektarspender, und die Blätter werden in der Industrie zur Herstellung von Chlorophyll verwendet.

Sorten

Die *Medicago sativa* ist eine rasch wachsende, immergrüne Hülsenfrucht, deren Blätter dem Kleeblatt ähneln.

Sie wird bis zu 1 m hoch, trägt violettblaue Blüten und gedeiht auch bei schlechter Bodenqualität, da sie in den Wurzelknoten besonders viel Stickstoff einlagern kann. Die Wurzeln, die bis zu 6 m lang werden, holen sich in dieser Tiefe ihre Nährstoffe und durchlüften den Boden. Landwirtschaftlich nutzbare Sorten sind erhältlich. Zum Keimen von Sprossen sollte man unbehandelten Samen kaufen.

Kultivierung

Die Luzerne kann als kurzlebige, ausdauernde Pflanze, als nachwachsende Kultur oder zum Keimen von Sprossen kultiviert werden. Sie verträgt geringe Niederschlagsmengen und wächst in gemäßigtem bis subtropischem Klima sowie in höheren Tropenregionen fast in jedem Boden.

Vermehrung
Im Frühling oder von Spätsommer bis Herbst aussäen. Ausdauernde Pflanzen auf 25 cm vereinzeln, sobald sie groß genug sind. Nachwachsende Kulturen breitwürfig oder in flachen, 10–15 cm breiten Furchen aussäen.

Anbau
Im Winter das Saatbeet vorbereiten. Mit der Gabel umstechen, Rückstände entfernen und glatt rechen. Unkraut entfernen, bis die Pflanzen gut angewachsen sind. Nach der Blüte mehrjährige Pflanzen zurückschneiden und alle 3–4 Jahre erneuern. Alte Pflanzen beginnen zu wuchern.

Pflegemaßnahmen
Frühling: Im Freiland aussäen.
Sommer: Von mehrjährigen Pflanzen die jungen Triebe ernten.
Herbst: Für den geschützten Anbau aussäen.
Winter: Saatbeet vorbereiten.

Geschützter Anbau
Von Spätsommer bis Herbst für die Winterernte unter Glasglocken, Vlies oder Glas aussäen.

Pflanzen in Kübeln
Nachwachsende Kulturen an einem hellen, offenen Standort in Kompost auf Lehmbasis mit niedrigem Düngergehalt aussäen. Regelmäßig gießen.

Ernte
Nachwachsende Pflanzen ernten, sobald sie einige Wochen nach dem Aussäen ca. 5 cm lang sind. Regelmäßig zurückschneiden. Für eine Dauer von 4–5 Jahren wachsen sie immer wieder nach.

Sprossen keimen
Die Samen über Nacht oder einige Stunden lang einweichen. Durch ein Sieb gießen und abspülen. Danach legt man einige Schichten Küchenpapier in ein Glas und breitet darauf die Samen 5 mm hoch aus. Mit Musselin abdecken, mit Gummiringen befestigen. An einem hellen, aber nicht sonnigen Standort bei einer Temperatur von 20 °C aufstellen. Das Glas täglich mit Wasser füllen und wieder leeren, um die Samen abzuspülen. Nach 3–7 Tagen die Sprossen ernten. Die Sprossen waschen und trocknen, ca. 2 Tage lagerbar.

Anfälligkeiten
Kaninchen können die Pflanzen schädigen.

Kulinarisches

Junge Spitzen und Samensprossen roh für Salate verwenden oder leicht kochen. Ein schmackhafter Salat lässt sich aus hart gekochten Eiern, Sardellen und Kapern auf einem Bett aus Endivien- und Radicchioblättern zubereiten. Zum Braten ein wenig Öl erhitzen, Luzerne hinzufügen und 2 Minuten heftig rühren. Sofort servieren.

Mischkulturen

Die Luzerne zieht Phosphor, Kalium, Eisen und Magnesium an. Dadurch bleibt Gras bei Trockenheit länger grün.

Heilkraft

Ein Tee aus den jungen Blättern wirkt belebend und steigert den Appetit. Die jungen Triebe, die reich an Mineralien und Vitamin B sind, sind äußerst nahrhaft. Die Samen senken angeblich den Cholesterinspiegel.

Momordica charantia. Cucurbitaceae

KARELA

Einjährige Kletterpflanze. Früchte und Blätter sind genießbar. Nicht winterhart. Nährwert: Die Früchte sind reich an Eisen, Ascorbinsäure und Vitamin C. Die Blätter und die jungen Triebe enthalten Spurenelemente.

Diese seltsame Frucht mit der „Krokodilshaut" wird in feuchttropischen Gebieten bereits seit Jahrhunderten angebaut. Die Pflanze klettert mit Hilfe ihrer Ranken auf eine Höhe von 4 m empor.
Die intensiv nach Vanille duftenden Blüten verwandeln sich in längliche Früchte, die sich, sobald sie reif sind, an der Spitze in drei Teile teilen, sodass braune oder weiße, flache, in blutrotem Fruchtfleisch eingebettete Samen freigelegt werden. Die jungen Früchte schmecken am besten.

Die Schale der schlanken Früchte hat eine eigenartige Struktur.

KULTIVIERUNG

Die Pflanzen tragen sowohl männliche als auch weibliche Blüten. Die männlichen Blüten sind 5–10 cm lang, die weiblichen sind ähnlich, haben jedoch ein schlankes, unteres Hochblatt. Die Früchte können bis zu 25 cm lang werden und verfärben sich beim Reifen orangegelb. In Indien und Ostasien gibt es auch eine weiße Sorte.

Vermehrung
In feuchttropischen Gebieten sät man zu Beginn der Regenzeit aus. 2–3 Samen in Gruppen mit 90 cm Abstand innerhalb und zwischen den Reihen aussäen. Nach der Keimung bleibt nur der stärkste Sämling stehen. Bei Bedarf gießen.
Die ersten Blüten entstehen 30 bis 35 Tage nach dem Aussäen. In gemäßigten Klimazonen sät man zu Frühlingsbeginn bei 20 °C unter Glas in Kompost auf Torfersatzbasis aus. Kompost mit lauwarmem Wasser feucht halten und die Pflanzen umsetzen, sobald die Wurzeln durch die Abflusslöcher der Töpfe wachsen.

Anbau
Karela gedeiht bei mittleren bis hohen Temperaturen, bei Sonnenschein und hoher Luftfeuchtigkeit. Man pflanzt in Beeten oder Hochbeeten in reichhaltigen, feuchtigkeitsspeichernden, lockeren Böden an und arbeitet vor dem Aussäen gut verrotteten Mist ein.
Sobald die Triebe 3–4 cm lang sind, zwickt man die Spitzen ab, damit sich die Pflanze verzweigt. Danach werden die Stiele an Bäumen, Zäunen oder Spalieren oder an einem Rost mit 15 cm breitem Maschendraht hochgebunden. Die Pflanzen während des Wachstums feucht halten, von Unkraut befreien.

Pflegemaßnahmen
Frühling: Unter Glas in Kompost auf Torfersatzbasis aussäen.
Sommer: Pflanzen gut düngen und gießen.
Herbst: Nach der Ernte Blätter und Stiele kompostieren.
Winter: Gewächshausbeet für das nächste Jahr vorbereiten.

Pflanzen in Kübeln
Die Pflanzen können unter Dach in Gefäßen mit reichhaltiger, lockerer Erde, die zu gleichen Teilen aus Kompost auf Lehmbasis und gut verrottetem, organischem Material mit Torf besteht, angebaut werden.
Kompost feucht halten, mit lauwarmem Wasser besprühen und alle 2 Wochen mit flüssigem Volldünger düngen.

Geschützter Anbau
In gemäßigten Klimazonen unter Abdeckungen anbauen. Die Pflanzen benötigen Wärme, Luftfeuchtigkeit und helles Licht. Vorbereitung zum Anbau im Gewächshausbeet – wie unter Anbau beschrieben. In Randbeeten und Kübeln lässt sich das Wachstum besser kontrollieren. Sobald die Stängel 1,5 m lang sind, zwickt man die Spitzen ab, und zieht die Ranken an Drähten oder Spalieren auf.
Sobald sich eine Blüte gebildet hat, wartet man, bis 2 zusätzliche Blätter hervorkommen und zwickt anschließend die Vegetationsspitze ab. Handelt es sich um eine männliche Blüte, oder bildet sich keine Blüte, schneidet man den Stiel bis auf das erste Blatt zurück. Die Blüten sollten von Hand bestäubt werden.
Bei heißem Wetter sollten Sie den Gewächshausboden regelmäßig besprühen.

Ernte und Lagerung
Etwa 2 Monate nach dem Aussäen bilden sich die ersten Früchte, die man ernten sollte, sobald sie ca. 2 cm lang und gelbgrün sind. Sie sind auch genießbar, wenn sie größer sind.
Bei kühler, dunkler Lagerung halten sich die Früchte ein paar Tage, im Gemüsefach des Kühlschranks 4 Wochen. Man kann die Karela auch aufschneiden und trocknen.

Reife Früchte mit dunkelroten Samen.

Anfälligkeiten

Oft treten **Fruchtfliegen** auf. Mit Kontaktinsektizid besprühen oder ein Blatt Papier um die Früchte wickeln und dieses mit Bindfaden am Stiel befestigen. Unter Abdeckungen werden die Pflanzen häufig von **Spinnmilben** befallen. Die Blätter werden fleckig und braun. Die Pflanzen regelmäßig absuchen. Junge Pflanzen werden isoliert. Die Milben bevorzugen Hitze und Trockenheit, die Pflanzen daher feucht halten.

Heilkraft

Die Früchte gelten als belebend, sowie als Heilmittel bei Rheumatismus, Gicht, Leber- und Milzbeschwerden. In Brasilien verwendet man die Samen als Wurmmittel. Die Früchte, Blätter und Wurzeln werden in Indien und Puerto Rico bei Diabetes eingesetzt. Aber auch bei Verbrennungen wie ebenso bei Kopfschmerzen werden die Blätter aufgelegt. Die Wurzeln werden zur Behandlung von Hämorrhoiden eingesetzt. In Malaysia werden entzündete Elefantenaugen damit behandelt.

Kulinarisches

Die reife Frucht entkernen und salzen, damit sie nicht bitter schmeckt. Junge Früchte nicht salzen. In Würfeln geschnitten ist Karela ideal für Currys, Chop Suey oder Eingelegtes. Man kann sie auch mit Fleisch, Shrimps, Gewürzen und Zwiebeln füllen und braten oder mit Fleisch- oder Fischgerichten servieren. Ältere Früchte können gekocht, oder wie Zucchini als Beilage serviert werden. Junge Triebe und Blätter wie Spinat zubereiten.

Pelecing Peria
(4 Personen)

Dieses Rezept stammt aus Sri Owens indonesischem Kochbuch. Einige Zutaten sind schwer zu finden, die Mühe lohnt sich jedoch.

3–4 Karela (Peria)
Salz
6 Cabé Rawit (oder scharfe rote Chilischoten)
3 Nüsse
2 Zehen Knoblauch
1 Stück Terasi (in Thai-Läden erhältliche Shrimpspaste)
1 EL pflanzliches Öl
Saft von einer Limone

Karela der Länge nach halbieren, entkernen und wie eine Gurke aufschneiden. Die Scheiben in ein Sieb geben, gut mit Salz bestreuen und mindestens 30 Minuten stehen lassen. Unter kaltem Wasser abwaschen, anschließend 3 Minuten in leicht gesalzenem Wasser kochen.
Cabé Rawit, Nüsse, Knoblauch und Terasi in einem Mörser stampfen.
Öl in einem Wok oder einer Bratpfanne erhitzen und 1 Minute anbraten.
Karela hinzufügen und 2 Minuten braten. Salzen und mit Limonensaft abschmecken. Heiß oder kalt servieren.

Rorippa nasturtium-aquaticum. Brassicaceae (Nasturtium officinale. Cruciferae)

BRUNNENKRESSE

Wasserkresse. Eine ausdauernde Wasserpflanze. Die würzigen Blätter und Stiele sind genießbar. Winterhart. Nährwert: Reich an Betakarotin, Vitamin C und E, Kalzium, Eisen und Jod.

Dieses im Wasser wachsende Kraut mit äußerst hohem Nährwert ist in Europa, Nordafrika und Asien heimisch, wird schon seit der Römerzeit als Salatpflanze kultiviert und heute auch in gemäßigten Klimazonen angebaut. In Nordamerika und Neuseeland gilt die Brunnenkresse als Unkraut. Plinius berichtet von einer Pflanze, die mit lateinischem Namen *Nasus tortus* heißt, was „verkrümmte Nase" bedeutet – eine Anspielung auf ihr scharfes Aroma. *Officinale* wird oft als Bezeichnung von Pflanzen für medizinische Zwecke verwendet. In seiner *„Materia Medica"* führt Dioskurides 77 v. Chr. die Brunnenkresse als Aphrodisiakum an.

Um das 12. Jahrhundert fand sie auch in der frühen irischen Dichtung Eingang. Bei frühen Beschreibungen von „Shamrock", der typischen irischen Kleeart, vermutet man, dass es sich um Wasserkresse handelt. Die Kresse von County Meath und Shamrock Well zählte in den 40er Jahren „zu den besten in der ganzen Region". In Irland war die Brunnenkresse auch unter dem Namen „St. Patricks Kohl" bekannt. Die ersten Aufzeichnungen über kommerzielle Kultivierung gibt es in Deutschland um 1750, in Frankreich zwischen 1800 und 1811 und in England um 1808.

KULTIVIERUNG

Die Brunnenkresse, die wildwachsend an rasch fließenden Gewässern zu finden ist, hat fleischige, glänzende Blätter auf langen Stielen mit 5 bis 10 kleineren Blättchen. Die langen Stiele kriechen oder gleiten über die Oberfläche und verwurzeln leicht. Von Mitte Frühling bis Herbstbeginn bilden sich flache Büschel mit weißgrünen Blüten.

Am besten gedeiht Brunnenkresse in sauberen Kreide- oder Kalksteingewässern mit hoher Fließgeschwindigkeit und leicht basischem Wasser. Dadurch wird das Risiko für Verschmutzungen gesenkt.

Vermehrung

Am leichtesten lässt sich Brunnenkresse mit gekauften Jungpflanzen vermehren.

10 cm lange Ableger bilden in einem Glas Wasser innerhalb von 1 Woche Wurzeln.

Setzen Sie die Ableger, die bereits Wurzeln gebildet haben, mit 15 cm Abstand entlang eines Gewässers ein. Die Erde gut festdrücken, damit die Pflanzen nicht weggeschwemmt werden.

Für den Anbau von Brunnenkresse gräbt man ein 60 cm breites und 30 cm tiefes Loch, in das eine 15 cm hohe Schicht gut verrotteter Mist oder Kompost eingearbeitet wird. Falls der Boden nicht basisch ist, etwas gemahlenen Kalk untermischen. Mit einer 70–10 cm hohen Erdschicht abdecken. Mitte Frühling setzt man die Ableger mit einem Abstand von 15 cm ein. Vermeiden Sie Schafmist, da er den gefährlichen Leberegel übertragen kann.

Im Frühling gut verrottetes, organisches Material und Kalk einarbeiten, die Erde festigen und mit Wasser vollsaugen lassen, dann die Saat dünn aufstreuen. Täglich gießen.

Von Mitte bis Ende Frühling kann man auch unter Glas, im beheizbaren Frühbeet oder auf dem Fensterbrett in Schalen mit Saatkompost aussäen. Die Saat wird mit einer 3 mm dicken Kompostschicht abgedeckt, die bei 10–15 °C ständig feucht gehalten wird. Sobald sie groß genug sind, setzt man 3–4 Sämlinge in einen 7-cm-Topf und pflanzt sie ab Mitte Frühling mit einem Abstand von 10–15 cm im Freiland an.

Anbau

Brunnenkresse gedeiht an einem hellen, geschützten Standort; vor direktem Sonnenlicht schützen. Die Pflanzen nicht austrocknen lassen, da sie sonst schießen. Brunnenkresse wächst am stärksten in der kühlen Jahreszeit, im Frühling und Herbst sowie bei wärmerem Winterwetter.

Falls erforderlich, verdünnten Stickstoff- oder flüssigen Algendünger anwenden. Nicht in stehendem Gewässer anbauen.

Pflegemaßnahmen

Frühling: Ableger abschneiden oder von Mitte bis Ende Frühling aussäen.

Sommer: In Kompost gezogene Pflanzen nicht austrocknen lassen und von Unkraut befreien. Bei Bedarf ernten. Blüten sofort entfernen.

Herbst: Ernte weiterführen.

Winter: Durch Glasglocken schützen.

Geschützter Anbau

Vor dem ersten Frost die Pflanzen mit Glasglocken, Vlies oder PE-Tunnels abdecken. Im Winter im Kalthaus ein Kressebeet anlegen oder die Pflanzen in Töpfen ziehen.

Anbau in Gefäßen

In großen Töpfen oder Gefäßen mit feuchtem Kompost auf

Wilde Brunnenkresse an einem schnellfließenden Bach.

'orfersatzbasis mit einem Abstand von 10–15 cm an-auen. Auf den Boden einige Kieselsteine legen. Den Topf n eine Wasserschale stellen, ie täglich aufgefüllt wird. Man kann die Pflanzen auch uf einem hellen Fensterbrett iehen; vor direktem Sonnen-icht schützen.

rnte und Lagerung
Am besten schmecken die veiter oben wachsenden, lteren Blätter. In der ersten Saison nicht zu stark abern-en. Falls die Pflanzen über-wintern sollen, jeden Herbst abernten, damit neue, buschi-ge Triebe nachwachsen. Die Blätter verwendet man, solange sie frisch sind, oder agert sie im Gemüsefach des Kühlschranks 2–3 Tage.

ANFÄLLIGKEITEN

Die Brunnenkresse wird nur selten von Schädlingen befal-len, die Raupen des **Kohl-weißlings** können jedoch zum Problem werden.

HEILKRAFT

Die Brunnenkresse wird seit dem Altertum aufgrund ihrer medizinischen Wirksamkeit geschätzt. Sie wird zur Be-handlung von Rheumatismus eingesetzt sowie als harntrei-bendes und schleimlösendes Mittel bei Katarrh, Erkältung und Bronchitis. Sie wirkt anregend, verdauungs-fördernd und appetitanre-gend und wird auch bei Blut-armut und Diabetes zur Senkung des Blutzuckerspie-gels eingenommen. Äußerlich wird sie als Haar-tonikum aufgetragen und wirkt angeblich auch gegen Ausschläge. Culpeper emp-fiehlt die Verwendung der zerstampften Blätter oder des Safts gegen Hautunreinheiten und Sommersprossen. Eine Packung soll angeblich Drüsentumore und Schwel-lungen der Lymphdrüsen abklingen lassen. Traditionell wurde Brunnen-kresse im Frühling zur Bele-bung des Körpers eingenom-men. In der Vergangenheit wurde sie zur Vermeidung von Skorbut angebaut.

Brunnenkresse sollte nicht blühen, da die Blätter dann nicht mehr so zart sind.

WARNUNG

Pflücken Sie nicht Kresse vom Flußufer, wenn in der Nähe Schafe weiden. Der Leberegel könnte dadurch übertragen werden. Wenn man die Pflan-zen gut kocht, wird der Egel vernichtet.

KULINARISCHES

Ebenso wie bei ihrem Ver-wandten ist der scharfe Geschmack der Brunnen-kresse auf Senföl zurück-zuführen. Die Blätter entfer-nen, gut waschen und das Wasser abschütteln. In Sala-ten oder gebraten essen oder zur Zubereitung kalter Suppe verwenden. Ideal für belegte Brote. Man kann sie auch fein hacken und zu Butter, Kartoffelbrei, Klößen oder Sahnesoße geben, oder 10 Minuten in Butter dünsten und als Beilage servieren.

Unter Jane Grigsons leckeren Rezepten findet sich folgen-des: Orangenstücke vierteln und mit Brunnenkresse, Oli-venöl, Vinaigrette und schwarzem Pfeffer anmachen. Anschließend Walnüsse oder schwarze Oliven hinzufügen und als Salat zu Schinken, Ente oder Kalb essen.

Lachs mit Brunnenkresse-Soße
(6 Personen)

6 Lachsfilets
4 EL Butter
4 EL fein gehackte Schalotten
2 große Büschel Brunnenkresse und Blätter zum Garnieren
150 ml Schlagsahne
Salz und frisch gemahlener schwarzer Pfeffer

Die Lachsfilets zugedeckt in einem Einsatz über kochen-dem Wasser ca. 10 Minuten dünsten. In der Zwischen-zeit die Soße zubereiten. In einer Bratpfanne Butter schmelzen und die Schalot-ten dünsten, bis sie weich sind. Brunnenkresse hinzu-fügen und unter ständigem Rühren ca. 2 Minuten anbra-ten. Die Blätter sollten ihre hellgrüne Farbe behalten. Sahne hinzufügen, salzen, pfeffern und aufkochen lassen. Anschließend vom Herd nehmen und mit dem Pürierstab rühren, bis die Soße glatt ist. Nochmals leicht erhitzen. Die Lachsfilets auf Teller geben, die Soße darüber-gießen und mit ein paar frischen Blättern garnieren.

Oxalis tuberosa. Oxalidaceae

OCA

Ausdauernd. Wird wegen der Knollen angebaut. Teilweise winterhart. Nährwert: Rund 85 % Wasser mit einigen Kohlenhydraten und etwas Eiweiß.

Diese Pflanze ist im Hochland der Anden von Venezuela bis ins nördliche Argentinien verbreitet, wo sie nach der Kartoffel die zweitwichtigste Gemüsesorte ist. Am nördlichen Ufer des Titicacasees werden damit heute noch 150 steile Terrassen bewirtschaftet, die schon die Inkas bepflanzten. Oca wird sogar in Neuseeland angebaut, wo sie 1869 von Chile aus eingeführt wurde. Auch heute noch ist sie in europäischen oder nordamerikanischen Gärten nur selten zu finden, obwohl sie einst als Kartoffelersatz angebaut wurde.

SORTEN

Die *Oxalis tuberosa* ist buschig und wird bis zu 25 cm groß, hat dreizackige Blätter und orangegelbe Blüten. Sie liefert 5–10 cm lange Knollen, die gelb, weiß, rosa, schwarz oder gefleckt sind.

KULTIVIERUNG

Vermehrung
Man setzt einzelne Knollen ein oder schneidet sie in mehrere Stücke, von denen jedes ein „Auge“ oder eine ruhende Knospe hat, und besprüht die Schnittflächen mit Fungizid. Diese Knollenstücke in einem Abstand von 30 cm 12 cm tief in Reihen setzen, die 30 cm voneinander entfernt sind. In frostfreien Zonen pflanzt man Mitte Frühling an. In kühleren Regionen die Jungpflanzen unter Glas in 12–20 cm großen Komposttöpfen ziehen. Sobald die Frostgefahr gebannt ist, ins Freiland umsetzen.

Anbau
Oca gedeiht in tiefem, fruchtbarem Boden; vor dem Anpflanzen organisches Material einarbeiten. Durch Anhäufeln vor dem Anpflanzen kann man den Ertrag steigern.

Knollen aus Neuseeland

Pflegemaßnahmen
Frühling: Knollen einpflanzen.
Sommer: Bei Bedarf gießen.
Herbst: Die Knollen nach Bedarf ernten.
Winter: Knollen in Sand lagern.

Geschützter Anbau
Unter Abdeckungen anbauen, falls es zu Frost kommen kann. Mitte Frühling in Gewächshausbeeten anpflanzen. Von Mitte Herbst bis Anfang Winter die Knollen ernten. Die Saison kann durch Vlies oder Glasglocken verlängert werden.

Pflanzen in Kübeln
Oca wächst gut in Kübeln, obwohl der Ertrag geringer ist. Die Knollen sollten im Frühling in 30-cm-Komposttöpfen auf Torfersatzbasis mit mittlerem Düngergehalt unter Zugabe von organischem Material angepflanzt werden. Regelmäßig gießen, sobald die Knollen wachsen. Gelegentlich flüssige Dünger anwenden.

Ernte und Lagerung
Ca. 8 Monate nach dem Anpflanzen ernten. Knollen in Kisten mit Sand trocken und frostgeschützt lagern.

Anfälligkeiten
Nacktschnecken treten häufig auf.

MISCHKULTUREN

Oca harmoniert mit Kartoffeln und kann unter Stangenbohnen, Mais oder ähnlich großen Kulturen angebaut werden.

WARNUNG

Die Knollen sorgfältig zubereiten, um die Kalziumoxalat-Kristalle zu entfernen.

KULINARISCHES

Im Laufe der Jahrhunderte wurden die Pflanzen nach Geschmack und verringertem Kalziumoxalat-Gehalt selektiert. Man isst die Knollen erst nach ein paar Tagen, wenn sie weich sind. In Südamerika werden sie in der Sonne getrocknet, bis sie mehlig und weniger säurehaltig sind. Trocknet man sie über mehrere Wochen, werden sie süß und schmecken ähnlich wie getrocknete Feigen.
Die Säure kann auch durch mehrmaliges Kochen entfernt werden. Nach dem Einfrieren schmecken die Knollen noch besser.
Sie können Oca roh essen, rösten, kochen, wie Süßkartoffeln glasieren, aber auch zu Suppen und Eintöpfen geben. Die Blätter und die jungen Triebe für Salate verwenden oder sie wie Sauerampfer kochen.

Oca mit Speck

500 g Oca putzen, in Würfel schneiden und in Salzwasser kochen. Durch ein Sieb gießen und mit 250 g in Würfel geschnittenem und gebratenem Räucherspeck vermengen. Mit Majonäse und frischem Schnittlauch mischen und würzen. Warm servieren.

Pastinaca sativa. Umbelliferae

PASTINAKE

Hammelmöhre, Rohrwurzel. Zweijährig. Die Wurzel ist genießbar. Winterhart. Nährwert: Einige Kohlenhydrate. Mittlerer Gehalt an Vitamin E. Vitamin C und B in kleinen Mengen.

Diese alte Gemüseart soll aus dem östlichen Mittelmeerraum stammen. Unklar ist, wann sie erstmals kultiviert wurde, da in der griechischen und römischen Literatur anscheinend kein Unterschied zwischen Pastinaken und Karotten gemacht wird. Im 1. Jahrhundert n. Chr. verwendete Plinius die Bezeichnung *pastinaca* für beide Arten. Angeblich soll Kaiser Tiberius Pastinaken aus Deutschland eingeführt haben, wo sie entlang des Rheins wuchsen. Doch ist es auch möglich, dass die Kelten sie schon lange Zeit vorher von ihren Raubzügen aus dem Osten mitbrachten. Im Mittelalter wurden die Wurzeln zur Behandlung von verschiedenen Leiden, wie z. B. Zahnschmerzen und Magenbeschwerden, eingesetzt. Im 16. Jahrhundert diente die Pastinake als Viehfutter. Die ursprüngliche, englische Bezeichnung „madneps“ oder „madde neaps“ weist darauf hin, dass man annahm, nach Genuss der Wurzeln verrückt zu werden.

Die Pastinaken wurden von den Siedlern in Nordamerika eingeführt und bereits 1609 in Virginia angebaut. Bald darauf verwendeten selbst die Indianer dieses Gemüse. Bis zur Entwicklung der Zuckerrübe im 19. Jahrhundert wurden Pastinaken auch als Süßstoff verwendet. Den Saft ließ man verdunsten, und die braunen Rückstände wurden wie Honig verwendet. Es gab Pastinakenwein und in Irland sogar Pastinakenbier. In Italien dient die Pastinake als Futterpflanze für Schweine, die für den köstlichen Parmaschinken gezüchtet werden.

SORTEN

Die Wurzeln sind „knollig“ (untersetzt und abgerundet), „keilförmig“ (breit und lang) oder „schwertförmig“ (lang und schmal).

'Alba' bildet lange, dünne keil- und schwertförmige Wurzeln und ist sehr resistent gegen Fäule. **'All American'** hat keilförmige Wurzeln und schmeckt süß. **'Avonresister'** ist klein mit knolligen Wurzeln und hervorragender Resistenz gegen Fäule und Druckstellen. Diese Sorte schmeckt süß, verträgt auch schlechtere Bodenqualität und wächst rasch. Bei **'Halblange Weiße'** handelt es sich um eine keilförmige, mittelgroße und wohlschmeckende Sorte. **'Lange Weiße'** eignet sich für lockere, tiefe Böden. **'Gladiator'** liefert große, robuste, wohlgeformte und gut schmeckende Wurzeln, die sehr resistent sind. **'Javelin'** ist keil- oder schwertförmig, sehr ertragreich und resistent. **'Hollow Crown'** hat mildes, zartes Fleisch und ist ertragreich. **'New White Skin'** bringt einheitliche, keilförmige Wurzeln mit reinweißer Schale hervor. Sehr resistent gegen Fäule. Die Wurzeln von **'Student'** sind lang und schlank und sehr schmackhaft. Diese Sorte entstand um 1810 aus einer wilden Pastinake, die man im Garten des Royal Agricultural College in Cirencester in England fand. Bei **'Tender and True'** handelt es sich um eine alte Sorte, die sehr schmackhaft, zart und süß ist und nur einen sehr kleinen Kern besitzt. **'White Gem'** hat keilförmige oder knollige, glatte Wurzeln, die hervorragend schmecken und sehr resistent gegen Fäule sind. Ideal für schwerere Böden.

Auch bei gewerblich angebauten Pastinakenkulturen wird Fruchtwechsel betrieben. Hier in Devon, England.

Kultivierung

Vermehrung

Die Samen müssen immer frisch ausgesät werden, da sie rasch an Keimfähigkeit einbüßen. Bei kühlem Wetter keimen sie nur langsam aus. Um den Keimungsvorgang zu verbessern, sät man später aus, d. h., je nach Wetter und Bodenzustand von Mitte bis Ende Frühling. Der Boden sollte bearbeitet werden können und die Temperatur über 7 °C liegen.
Einige Wochen vor dem Aussäen die Erde mit Glasglocken oder Vlies erwärmen und 1–2 Wochen vor dem Aussäen Korndünger einrechen (60 g/m²). Kurz vor dem Aussäen das Saabeet fein rechen.
Die leichten Samen an einem windstillen Tag an Ort und Stelle aussäen. Bei Trockenheit die Furchen gießen und anschließend 2–3 Samen in Gruppen aussäen. Nach der Keimung nur den stärksten Sämling stehen lassen. Zwischen den Gruppen Rettiche anpflanzen, die anzeigen, wo die langsam keimenden Pastinakensamen liegen.
Man kann auch dünn in 5 mm bis 1 cm breiten Furchen aussäen. Bei den Sorten mit kürzeren Wurzeln zwischen den Reihen einen Abstand von 15–20 cm einhalten und die Pflanzen auf 5–10 cm vereinzeln; bei den größeren Sorten einen Abstand von 30 cm zwischen den Reihen und 15–20 cm zwischen den Pflanzen einhalten.
Bei steinigem Boden ein 1 m breites und 15 cm tiefes Loch graben, das man mit fein gesiebter Erde oder Kompost auffüllt. 2–3 Samen in die Mitte geben, und nach dem Keimen nur den stärksten Sämling stehen lassen. Sorten mit kurzen Wurzeln baut man in flachem Boden an.

'Hollow Crown Improved' – fertig zum Gebrauch.

Anbau

Pastinaken gedeihen an offenen oder leicht schattigen Standorten auf leichtem, nicht steinigem, lockeren Boden, der im Vorjahr gedüngt wurde. Üblicherweise werden Pastinaken nicht in frisch gedüngter Erde angebaut, da sie sonst zu Beinigkeit und verzweigten Wurzeln neigen. Man gräbt die Stelle um und arbeitet im Herbst oder Winter des Vorjahres reichlich gut verrottetes, organisches Material ein. Beim Anbau von Sorten mit langen Wurzeln extra tief umgraben. Der ideale pH-Wert liegt bei 6,5–7,0. Falls erforderlich, kalken. Bei saurem Boden kommt es leicht zu Wurzelfäule. Mit anderen Wurzelgemüsen abwechseln.
Die Pflanzen mit der Hacke oder von Hand jäten, damit die Wurzeln nicht verletzt werden, oder mit gut verrottetem, organischem Material mulchen. Die Erde nicht austrocknen lassen, da sich sonst die Wurzeln spalten können. Bei Wachstumsbeginn und trockenem Wetter alle 2 Wochen mit 15–20 Liter/m² gießen.

Pflegemaßnahmen

Frühling: Saatbeet fein rechen, Volldünger einarbeiten, Samen in Torftöpfen oder, sobald sich der Boden erwärmt hat, an Ort und Stelle aussäen oder „flüssig säen".
Sommer: Die Pflanzen mulchen, jäten, mit der Hacke vorsichtig von Unkraut befreien.
Herbst: Die Pflanzen ernten.
Winter: Vor Beginn des Schlechtwetters Pflanzen mit Stroh oder Gestrüpp abdecken. Erde für die nächste Kultur umgraben.

Geschützter Anbau

Probleme bei der Keimung können durch Vorkeimen oder Flüssigsäen vermieden werden. Man kann auch in Torftöpfen unter Abdeckungen aussäen und die Pflanzen umsetzen, bevor sich die Hauptwurzel bildet.

Die wilde Pastinake hat wenig Ähnlichkeit mit den kultivierten Sorten und ist nicht so schmackhaft.

Pflanzen in Kübeln

Die Sorten mit kürzeren Wurzeln können in großen Kübeln mit Kompost auf Lehmbasis angebaut werden.
Die längeren Arten zieht man in großen Fässern, die bei steinigem Boden in ein tiefes Loch gestellt werden, wie oben beschrieben. Achten Sie darauf, dass alle Fässer Abflusslöcher haben.

Ernte und Lagerung

Pastinaken sind eine langfristige Kultur, die ca. 8 Monate ihren Platz beansprucht – das muss man bedenken, wenn man sie in einem kleinen Garten anbaut. Die Wurzeln sind äußerst frosthart und können im Boden gelassen werden, bis sie verwendet werden.
Man erntet ab Mitte Herbst und bedeckt die Pflanzen mit Stroh, Gestrüpp oder Jute, damit sie bei kaltem Wetter besser geerntet werden können. Mit einer Gabel vorsichtig ausstechen, damit die Wurzeln nicht beschädigt werden.
Bis zum Spätwinter sollten alle Pflanzen geerntet sein.
Die Wurzeln in einem kühlen Schuppen in Kisten mit feuchtem Sand, Torfersatz oder Holzspänen lagern.
Pastinaken schmecken besser, wenn sie einige Wochen Tem-

eraturen um den Nullpunkt ausgesetzt sind. (Dadurch verwandelt sich die Stärke in Zucker, die Wurzeln werden süßer.) Im Kühlschrank bleiben sie bis zu 2 Wochen frisch. Vor dem Einfrieren werden die Wurzeln geputzt und geschält, in Würfel geschnitten und kurz blanchiert.

Anfälligkeiten

Pastinakenkrebs ist eine schwarze, violette oder orangebraune Fäule, die in der Krone beginnt und speziell bei Trockenheit zum Problem wird, wenn die Krone beschädigt oder die Erde zu reichhaltig ist. Daher die Pflanzen später aussäen, stehende Nässe vermeiden, den pH-Wert neutral halten, mit anderen Kulturen abwechseln, resistente Sorten aussäen. Auch die **Karottenfliege** kann zum Problem werden.

Mischkulturen

Zwischen den Reihen rasch keimenden Rettich und Salat anpflanzen. Pastinaken wachsen gut mit Erbsen und Salat, solange sie nicht in deren Schatten stehen.Man kann sie auch neben Karotten anpflanzen und ein paar davon blühen lassen, damit sie nützliche Insekten anziehen.

Heilkraft

Im Alten Rom galten Samen und Wurzeln als Aphrodisiakum.

Kulinarisches

Im 17. Jahrhundert gab es in England Pastinakenbrot und „süßen, feinen Pastinakenkuchen", der zu gepökeltem Fisch gegessen wurde und in der Fastenzeit das wichtigste Nahrungsmittel darstellte.
Pastinaken werden geschabt. Man kann sie kochen, backen, pürieren oder mit Rind, Schwein oder Huhn braten. Sie passen besonders gut zu Karotten. Sie können auch kalt gegessen, als Chips frittiert oder paniert werden. Für Salate muss man sie reiben, für Suppen und Eintöpfe schälen und hacken. Sie können sie auch leicht kochen, durch ein Sieb gießen, in Butter dünsten und mit Petersilie garnieren oder leicht kochen und anschließend grillen und mit etwas Parmesan servieren. Außerdem kann man sie im Ganzen dünsten, der Länge nach aufschneiden und in der Pfanne mit Butter, Rohzucker und Muskat glasieren oder mit gehackten Walnüssen garnieren und mit einem Schuß süßem Sherry anrichten.

Pastinaken-Püree

Einige Pastinaken kochen und zu gleichen Teilen mit Kartoffelbrei, viel Salz und frisch gemahlenem Pfeffer, ein wenig geriebener Orangenschale, etwas Sahne und soviel Butter mischen, dass ein glattes Püree entsteht. Mit gehackter Petersilie bestreuen und heiß servieren. Pürierte Pastinaken schmecken auch hervorragend mit Karotten vermischt und mit Muskat gewürzt.

Pastinaken-Curry-Suppe
(4–6 Personen)

1 kg Pastinaken
1 große Zwiebel, in Ringen
1 EL Butter
2 Knoblauchzehen, feingehackt
1 gehäufter TL Currypulver
1 Dose Tomaten (400 g)
1 Liter Gemüsebrühe
1 Lorbeerblatt
je ein Zweiglein Thymian und Petersilie
4–6 TL Jogurt
Salz und frisch gemahlener schwarzer Pfeffer
gehackte Petersilie zum Garnieren

Pastinaken putzen, ältere Wurzeln schälen und grob hacken. Zwiebeln mit Butter und Knoblauch in einen großen Suppentopf geben und bei mittlerer Hitze anbraten, bis sie leicht braun sind – so erhält man den typischen indischen Geschmack. Currypulver hinzufügen und unter ständigem Rühren eine weitere Minute braten.
Pastinaken einrühren und gut mit der Curry-Zwiebel-Mischung bedecken. Anschließend Tomaten, Brühe und Kräuter hinzufügen und gut verrühren. Salzen und pfeffern, aufkochen und zugedeckt ca. 15–20 Minuten garen, bis die Pastinaken weich sind. Kräuter herausnehmen, Suppe aufgießen, mit Jogurt und Petersilie garnieren. Schmeckt hervorragend mit Krustenbrot.

Pastinaken-Curry-Suppe

Petroselinum crispum var. *tuberosum. Umbelliferae*

WURZEL-PETERSILIE

Die Blätter ähneln der Schnittpetersilie.

Zweijährig, im Anbau einjährig. Man verwendet die Wurzel und die Blätter. Winterhart. Nährwert: Die Wurzel enthält Stärke und Zucker. Die Blätter sind reich an Betakarotin, Vitamin C und Eisen.

Die Wurzelpetersilie ist eine hervorragende Gemüse- und Gewürzpflanze. Ihre weiße Pfahlwurzel ähnelt der Pastinake und kann roh oder gekocht gegessen werden. Die feinen, dunkelgrünen Blätter sehen aus wie Blattpetersilie. Sie sind gröber, im Geschmack jedoch ähnlich und können als Garnierung verwendet werden. Ein weiterer Vorteil ist, dass Wurzelpetersilie im Halbschatten gedeiht, winterhart und daher ein ideales Wintergemüse ist.
Die besonders in Mitteleuropa und Deutschland beliebte Pflanze ist eine von verschiedenen Gemüsearten und Kräutern, die als Suppengrün verwendet werden. Suppengrün kocht man mit Rindfleisch oder Geflügel, das Kochwasser ergibt eine schmackhafte, köstliche Suppe.

KULTIVIERUNG

Damit die Wurzeln gut wachsen, benötigt Wurzelpetersilie eine lange Vegetationszeit. Sie gedeiht an offenen oder halbschattigen Plätzen und feuchten Böden.

Vermehrung
Da die Aussaat sehr früh erfolgt, muss das Beet vor dem Aussäen möglicherweise mit Glasglocken oder Folie abgedeckt werden, damit sich der Boden erwärmen kann.
Man sät von Anfang bis Mitte Frühling in 1 cm tiefen Furchen in einem Abstand von 25–30 cm aus und vereinzelt die Sämlinge auf einen endgültigen Abstand von 20 cm, oder man sät 3–4 Samen in Gruppen mit 25 cm Abstand aus. Sobald die Sämlinge groß genug sind, lässt man nur den stärksten stehen.
Die Pflanzen können auch in Torftöpfen ausgesät werden, sollten jedoch umgesetzt werden, bevor sich die Pfahlwurzel bildet.
Um die Erntesaison zu verlängern, ab Mitte Sommer ein zweites Mal aussäen. So können Sie Anfang des nächsten Jahres nochmals ernten.

Anbau
Im Herbst vor dem Anpflanzen reichlich gut verrottetes, organisches Material einarbeiten oder an einer Stelle anpflanzen, die für die vorherige Kultur gedüngt wurde. Vor dem Aussäen die Erde fein rechen. Oft keimen die Pflanzen nur langsam, daher ist es speziell am Anfang wichtig, das Saatbeet von Unkraut zu befreien.
Solange die Pflanzen noch nicht fest angewachsen sind, vorsichtig mit der Hacke umgehen, damit die Wurzeln nicht verletzt werden. Eingewurzelte Pflanzen sollte man mulchen, um das Unkraut zu verdrängen und die Feuchtigkeit zu speichern. Dafür eignet sich eine 3 cm hohe Kompostschicht. Gießt man die Pflanzen, nachdem der Boden ausgetrocknet ist, können sich die Wurzeln spalten, daher regelmäßig und gründlich gießen, damit die Wurzeln gleichmäßig wachsen.

Pflegemaßnahmen
Frühling: Im Freiland aussäen, falls erforderlich den Boden anwärmen; oder in Torftöpfen aussäen.
Sommer: Pflanzen von Unkraut befreien, bei Trockenheit gießen und Mitte Sommer für eine frühe Ernte im nächsten Jahr ein zweites Mal aussäen.
Herbst: Nach Bedarf ernten.
Winter: Die Pflanzen mit Gestrüpp oder ähnlichem Material abdecken, um das Ausgraben bei kaltem Wetter zu erleichtern.

Pflanzen in Kübeln
Wurzelpetersilie kann auch in Kübeln angebaut werden, wenn diese tief genug sind, nicht rasch austrocknen und genug Platz für die Wurzeln bieten. Es ist wichtig, regelmäßig zu gießen. Die Pflanzen sollten nicht direktem Sonnenlicht ausgesetzt werden.

Ernte und Lagerung
Diese Gemüseart ist so winterhart, dass sie von Frühherbst bis Mitte Frühling jederzeit

;eerntet werden kann. Wenn ·rost zu erwarten ist, mit Stroh, ;estrüpp oder einem ähnli·hen Material abdecken, damit ;ie leichter ernten können. Die ;lätter entfernen und in einem ·ühlen Schuppen in Kisten mit ;and oder Torfersatz lagern. ·llerdings büßen die Wurzeln ›ei der Lagerung etwas an ;eschmack ein, daher besser m Boden lassen.

Anfälligkeiten

)iese robuste Pflanze ist normalerweise unproblematisch, kann jedoch von **Pastinakenkrebs** befallen werden, der in Form von dunklen Flecken auf den Wurzeln auftritt. Es gibt nur wenige Maßnahmen: Die befallenen Pflanzen vernichten, stehende Nässe vermeiden, Fruchtwechsel betreiben und den pH-Wert neutral halten.

Mischkulturen

Beim Anbau in Gruppen füllt man die Lücken mit 'Tom Thumb' oder einer anderen Salatart auf. Es ist auch empfehlenswert, Rettiche zwischen die Gruppen zu setzen, da sie rasch auskeimen und dadurch anzeigen, wo die Samen der Wurzelpetersilie liegen. Somit läuft man nicht Gefahr, beim Jäten kleine Sämlinge auszureißen.

Warnung

Schwangere oder Personen mit Nierenbeschwerden sollten nicht zu viel Wurzelpetersilie zu sich nehmen.

Die kleinen Wurzeln der Wurzelpetersilie sehen so ähnlich aus wie die der Pastinake.

Kulinarisches

Die Wurzelpetersilie, die ähnlich wie Knollensellerie schmeckt, wird für osteuropäische Gerichte verwendet. Blätter und Würzelchen zum Kochen entfernen, danach die Erde abschrubben. Nicht schälen oder abschaben. Man kann die Wurzelpetersilie in Scheiben schneiden oder würfeln und wie Pastinaken kochen. (Wenn man die Schnittstellen mit Zitronensaft beträufelt, verfärben sie sich nicht.) Sie schmeckt hervorragend gebraten oder als Chips frittiert, gekocht, gedünstet oder in Suppen und Eintöpfen. Die rohe Wurzel kann man reiben und in einen Wintersalat geben.
Getrocknete Wurzeln werden auch als Gewürz verwendet. Die Wurzeln im Ofen auf einem flachen Brett bei 80 °C trocknen, abkühlen lassen und in einem luftdichten Glas an einem dunklen Platz lagern. Die gewaschenen Blätter kann man als Gewürz oder zum Garnieren verwenden.

Kroatische Petersiliensuppe
(8 Personen)

500 g Wurzelpetersilie
1 Rübe, geschält
1 große Zwiebel, geschält
1 großer Lauch, geputzt
50 g Butter
2 1/2 Liter Gemüsebrühe
Salz und frisch gemahlener schwarzer Pfeffer
4 EL saure Sahne
je 2 EL Schnittlauch und Dill
4 EL Croutons

Das Gemüse grob hacken. In einer Bratpfanne Butter erhitzen und das Gemüse darin anbraten. Dabei gut rühren. Brühe darübergießen, salzen und pfeffern, und das Gemüse garen, bis es weich ist.

Mit einem Pürierstab pürieren und zurück in die Pfanne geben. Saure Sahne und fein gehackte Kräuter einrühren, nochmals gut erhitzen und abschmecken. Nicht kochen lassen. Mit Croutons heiß servieren.

Heilkraft

Die Blätter sind eine gute Quelle für Vitamin A und C und weisen ähnliche Eigenschaften auf wie die Schnittpetersilie. Sie wirken entzündungshemmend und werden bei urologischen Beschwerden wie Blasenentzündung und Nierenstein eingenommen. Außerdem helfen sie bei Verdauungsstörungen, Arthritis und Rheumatismus. Bei stillenden Müttern fördern die Blätter den Milcheinschuss. Wurzeln und Samen lösen Kontraktionen der Gebärmutter aus. Die Blätter sorgen außerdem für frischen Atem und wirken sogar gegen Knoblauchgeruch.

Persea americana. Lauraceae

AVOCADO

Immergrüner Baum oder Strauch. Wird wegen der Früchte angebaut. Nicht winterhart. Nährwert: Sehr reich an Vitamin E. Mittlerer Fettgehalt. Reich an ungesättigten Fettsäuren.

Dieser subtropische Baum aus Mittelamerika wurde ursprünglich von den Konquistadoren in Europa eingeführt und wird seitdem in vielen Teilen der Erde kultiviert. Die Bezeichnung geht auf das aztekische Wort „ahuacatl" zurück, das nicht nur für die Früchte dieses Baumes verwendet wurde, sondern auch für die männlichen Geschlechtsteile. Es gibt drei verschiedene Arten: Die Früchte aus Guatemala sind groß und haben eine warzige Schale; die mexikanischen Früchte sind klein, und die großen Früchte mit glatter Haut kommen von den Westindischen Inseln. Von allen drei Gruppen wurden Hybride gezüchtet, aus denen eine Vielzahl an Kulturvarietäten hervorgingen, die in mediterranen bis tropischen Klimazonen gedeihen.

SORTEN

Ettinger', Kreuzung einer mexikanischen mit einer guatemaltekischen Sorte, liefert längliche Früchte mit hellgrüner, glänzender Schale. **'Fuerte'**, eine mexikanisch-guatemaltekische Sorte, trägt häufig große Früchte und grün strukturierte Schalen. **'Haas'** – eine selbstbefruchtende Sorte, deren Schale im reifen Zustand dunkelviolett ist.

KULTIVIERUNG

Avocados lieben geschützte, sonnige Plätze.

Vermehrung
Avocados werden aus dem Kern gezogen, obwohl sich oft kein Sämling bildet. (Verlässlichere Ergebnisse erhält man, wenn man bekannte Kulturvarietäten auf resistente Wurzelstöcke pfropft.) Einen gesunden Kern auswählen, das spitze Ende 1 cm breit abschneiden und die Schnittstelle in Fungizid tauchen. Danach setzt man den Kern in einen 15 cm weiten Topf mit feuchtem Saatkompost und lässt das abgeschnittene Ende aus der Erde hervorschauen. Im Gewächshaus oder beheizbaren Frühbeet keimen lassen oder den Topf in eine transparente Plastiktüte stellen, die Tüte lose verknoten und an einen hellen, aber nicht direkt von der Sonne beschie-nenen Standort bei 21–27 °C stellen. Sobald sich das vierte Blatt gebildet hat, die Tüte entfernen und die Pflanze 2 Wochen stehen lassen. Den Kern nicht von den Wurzeln abnehmen, sondern verrotten lassen. In einen größeren Topf umsetzen, wenn dieser zu klein ist, später an ihren endgültigen Standort pflanzen.

Anbau
Ideal ist leicht saurer, feuchter, lockerer Lehmboden. Sand- oder Tonböden kann man mit organischem Material anreichern.
Die Temperatur sollte zwischen 20 und 28 °C liegen und die Luftfeuchtigkeit das ganze Jahr über 60 % betragen. Einige Pflanzen vertragen auch Temperaturen von nur 10–15 °C. Zwischen den Bäumen und den Reihen 6 m Abstand lassen. An ungeschützten Stellen einen Windschutz anpflanzen.
In der Vegetationsperiode 1,5–2 kg Volldünger in 2 bis 3 Durchgängen einarbeiten.
Um das Unkraut zu verdrängen, um den Stamm herum mulchen. Bei Trockenheit gießen, bis die Bäume angewachsen sind.
Junge Bäume zurechtschneiden, damit die Krone gleichmäßig wächst. Nachdem sie Früchte getragen haben, kranke, beschädigte oder überkreuzte Äste entfernen. Die Bäume können stark zurückgeschnitten werden.
Verschiedene Sorten mit überlagernder oder gleichzeitiger Blütezeit anpflanzen.

Pflegemaßnahmen
Frühling: Topfpflanzen umsetzen.
Sommer: Düngen, ernten und bei Bedarf gießen.
Herbst: In kühlen, gemäßigten Zonen Topfpflanzen unter Dach bringen.
Winter: Weniger gießen und

Diese in Südafrika gereiften Früchte können geerntet werden. Sie sind für den Exportmarkt bestimmt.

Eine Avocadoplantage im Transvaal, Südafrika.

unter Glas gezogene Avocados nicht mehr gießen.

Geschützter Anbau
Im Gewächshaus oder Wintergarten ziehen und auf entsprechende Temperatur und Luftfeuchtigkeit achten. Aufgrund der geringen Lichtintensität und der kürzeren Tage kommt es in kühlen, gemäßigten Zonen selten zu Blüte und Fruchtansatz.

Pflanzen in Kübeln
Jungpflanzen umsetzen, sobald die Erde mit Wurzeln durchsetzt ist. Ältere Pflanzen alle 2–3 Jahre in einen größeren Topf umsetzen, dafür Kompost auf Lehmbasis mit mittlerem Düngergehalt verwenden. In den Jahren dazwischen im Frühling die obersten 5–7 cm der Kompostschicht erneuern. Solange die Pflanzen im Wachstumsstadium sind, alle 2–3 Wochen Volldünger einarbeiten. Gießen, sobald der Kompost an der Oberfläche austrocknet. Im Winter weniger gießen und nicht düngen.
Im Frühling die seitlichen Äste zurückschneiden, damit die Krone buschig wird. Topfpflanzen kann man im Sommer an einem warmen, geschützten Standort im Freien aufstellen. Im Winter müssen die Pflanzen an einem hellen, kühlen Platz stehen, an dem die Temperatur nicht unter 16 °C fällt.

Ernte und Lagerung
Aus dem Samen gezogene Bäume tragen nach 5 bis 7 Jahren Früchte, gepfropfte Pflanzen nach 3 bis 5 Jahren. Die Früchte werden vorsichtig mit der Gartenschere abgeschnitten. Beschädigte Avocadofrüchte entfernen. Die Früchte sollten sich weich anfühlen, wenn man sie mit den Fingern drückt. Unreife Früchte sollten Sie einige Tage lagern.

ANFÄLLIGKEITEN

Verwenden Sie Wurzelstöcke, die gegen **Avocadowurzelfäule** resistent sind. Unter Glas gezogene Pflanzen können von der **Weißen Fliege** befallen werden: Klebefallen aufstellen, die Schlupfwespe als natürlichen Feind einsetzen oder Schmierseife verwenden. **Spinnmilben** bekämpft man mit hoher Feuchtigkeit, und **Schildläuse** betupft man mit Testbenzin.

WEITERE NUTZUNG

Das Fleisch der Avocado eignet sich hervorragend für natürliche Gesichtsmasken und Feuchtigkeitscremes.

Avocados auf einem Markt in Costa Rica.

KULINARISCHES

Damit sich die Schnittflächen der Avocado nicht verfärben, reibt man sie mit Zitronensaft ein. Avocados schmecken hervorragend, wenn sie einfach nur mit Olivenöl und Vinaigrette serviert werden. Der Geschmack harmoniert auch mit Garnelen, Krabben und anderen Meerestieren sowie mit Grapefruit und Ananas. Probieren Sie ein Schinken-Avocado-Sandwich, oder bereiten Sie einen delikaten Salat zu. Für die mexikanische *Guacamole* brät man die Avocados im Ofen und püriert sie anschließend mit Chilischoten, Zwiebeln und Knoblauch. Am besten mit Tortillas servieren.

Kalte Avocadosuppe
(2 Personen)

Eine willkommene Alternative zu Crème Vichyssoise.

2 Avocados schälen, entkernen und mit 300 ml Crème fraîche oder mit fettarmem Jogurt und Schlagsahne pürieren.
1 Liter Hühnerbrühe erhitzen und das Püree hineinrühren. Nicht kochen.
Mit Salz und frisch gemahlenem schwarzem Pfeffer sowie etwas Zitronensaft abschmecken. Mit etwas Jogurt garnieren und mit frischem Schnittlauch bestreuen.

Avocado-Mousse
(4 Personen)

Oded Schwartz beschreibt dieses ungewöhnliche Rezept im „Fast & Fresh Cooking“ von Reader’s Digest.

250 ml Schlagsahne
1 EL Zucker
1 TL Orangenblüten-Wasser
2 Avocados
2 EL Honig
3 EL Grand Marnier
geriebene Schale und Saft von 2 Limonen
Pfefferminzblättchen zum Garnieren

Sahne steif schlagen, Zucker und Orangenblüten-Wasser hinzufügen. Kalt stellen. In der Zwischenzeit die Avocados aushöhlen und das Fleisch mit allen anderen Zutaten mit Ausnahme der Limonenschale pürieren. In eine Schüssel geben und die Sahne hineinrühren. In Gläsern anrichten, anschließend mit der Limonenschale und den Pfefferminzblättchen garnieren.

Nährwert
Avocados enthalten sehr viel Eiweiß, Vitamine des B-Komplexes und Vitamin E, wenige Kohlenhydrate und kein Cholesterin.

Avocado-Mousse

Phaseolus aureus. Leguminosae

MUNGOBOHNE

Mungbohne, Grüne Soja. Einjährig. Wird wegen der Sprossen und Samen angebaut. Frostempfindlich. Nährwert: Sprossen sind reich an Vitaminen, Eisen, Jod, Kalium, Kalzium; Samen sind reich an Mineralien, Eiweiß und Vitaminen.

Diese bedeutende indische Hülsenfrucht gelangte vor vielen Jahrhunderten nach Indonesien und Südchina und ist heute in den gesamten Tropen und Subtropen verbreitet. Sie wird zu Ende der Regenzeit ausgesät und reift in der Trockenzeit. Aus den Blättern und Stielen wird Heu und Silofutter hergestellt, die Samen werden als Viehfutter verwendet. Durch das große Interesse an orientalischen Gerichten wurde die Mungobohne auch in der westlichen Welt bekannt. Die Bohnensprossen sind eine einfach zu kultivierende Hauptkultur. Unter anderem wird ihr Mehl als Seifenersatz und bei der Herstellung von Ketschup an Stelle von Sojabohnen verwendet.

SORTEN

Phaseolus aureus ist eine einjährige Pflanze mit wenig Blättern, die bis zu 90 cm hoch wird. Die gelben Blüten bilden schlanke Hülsen, die bis zu 15 grüne, braune oder gesprenkelte Samen enthalten.

KULTIVIERUNG

Vermehrung
10 Tage vor der Aussaat Volldünger einrechen (60 g/m²). Man kann breitwürfig aussäen oder in Furchen auf einem gut vorbereiteten Saatbeet, auf dem man auf 20–30 cm vereinzelt und zwischen den Reihen einen Abstand von 40–50 cm lässt.

Anbau
Mungobohnen gedeihen in reichhaltigen, lockeren Böden, jedoch nicht in Tonerde. Falls erforderlich, organisches Material einarbeiten und auf einen pH-Wert von 5,5–7,0 kalken. In der Vegetationszeit gut gießen. Ideal sind 30–36 °C und eine mittlere Niederschlagsmenge.

Sprossen keimen
Unbehandeltes Saatgut verwenden. Alle Samen entfernen, die verfärbt, schimmlig oder beschädigt sind. Die Samen über Nacht in kaltem Wasser einweichen und am nächsten Morgen in einem Sieb abspülen. Feuchtes Küchenpapier oder ein feuchtes Handtuch in eine flache Schale oder Keimbox legen und eine 1 cm hohe Schicht mit Mungobohnen darauf verteilen. Die Schale mit Folie abdecken und in einen dunklen Schrank stellen, damit kein Licht einfällt.
Damit die Sprossen schnell wachsen, sollte die Temperatur 13–21 °C betragen. Ideal ist ein Schrank mit Lüftungsschlitzen. Die Sprossen täglich morgens und abends abspülen.
Eine Keimbox kann man aus einem großen Jogurtbecher oder Eisbecher aus Kunststoff selbst herstellen. Man sticht Löcher in den Boden und benutzt den Deckel als Tropftasse. Dadurch lassen sich die Sprossen besser abspülen.

Junge Mungobohnenkultur auf einem Feld in Thailand.

Mungosprossen sind ideal zum Rösten.

Pflegemaßnahmen
Freiland: Breitwürfig oder in Furchen säen und gießen, wenn die Erde austrocknet. Ernten, bevor die Hülsen aufspringen.
Sprossen: Samen feucht halten. Regelmäßig abernten.

Ernte und Lagerung
Triebe nach 3 Tagen mit einer Länge von 2–5 cm ernten. Wenn die Schale auf den Sprossen bleibt, weicht man sie in Wasser ein und „putzt" sie, indem man die Spitze abschneidet. Im Kühlschrank lagern.
Baut man die Pflanzen wegen der Samen an, muss man sie abernten, bevor die Hülsen aufbrechen, damit die Samen nicht verloren gehen.

Anfälligkeiten
Echter Mehltau tritt bei trockenen Wurzeln auf. Mulchen und regelmäßig gießen, befallene Blätter sofort entfernen, mit organischen Fungizid oder Natriumbikarbonat besprühen und pflanzliche Rückstände am Ende der Saison vernichten.

Heilkraft

Die Samen wirken bei Fieber kühlend und adstringierend, der Tee wird bei der Behandlung von Beriberi als harntreibendes Mittel verwendet. Auf Malaya werden damit Schwindelgefühle behandelt.

Warnung

Die Sprossen nicht mit Wasser vollsaugen lassen, da sie sonst zu schimmeln beginnen.

Getrocknete Bohnen vor dem Einweichen.

Kulinarisches

Die Sprossen können Sie roh essen, in Salaten mit einem passenden Dressing verwenden oder 2 Minuten nur im Salzwasser leicht kochen. (Achtung: Zu stark gekochte Sprossen werden völlig geschmacklos.)
Zum Braten verwendet man etwas Öl und rührt 2 Minuten lang gut um. Für orientalische Gerichte die Sprossen mit anderen Gemüsearten, Eiern, rotem Fleisch, Huhn und Fisch kombinieren. Sie können auch Pfannkuchen, Eibrötchen und Tortillas damit füllen.

Geröstete Mungobohnen
(2 Personen)

1 Tüte Mungobohnen
Etwas Erdnussöl
2 Knoblauchzehen, fein
250 ml Hühnerbrühe
1 EL helle Sojasoße
1 gehäufter TL Stärkemehl
2–3 Frühlingszwiebeln

Mungobohnen gut abspülen. Öl und Knoblauch in einem Wok erhitzen, anschließend Mungobohnen hinzufügen. Unter ständigem Rühren 1 Minute anbraten. Mit der Hühnerbrühe bedecken und weichkochen, bis die Flüssigkeit verdunstet ist. Sojasoße und Stärkemehl einrühren. Weitere 2 Minuten kochen lassen. Mit grob gehackten Frühlingszwiebeln garnieren und mit Reis anrichten.

Phaseolus coccineus. Leguminosae

FEUERBOHNE

Prunkbohne, Käferbohne. Ausdauernde Kletterpflanze. Wird in gemäßigten Klimazonen einjährig kultiviert. Hülsen und Samen sind essbar. Verträgt leichten Frost. Nährwert: Mittlerer Gehalt an Eisen, Vitamin C und Betakarotin

Die Feuerbohne, deren Heimat Mexiko ist, wird seit über 2200 Jahren als Nahrungsmittel angebaut. Im frühen 17. Jahrhundert bezeichnete Gerard sie als Zierpflanze, die von einem Sammler, John Tradescant, dem Älteren, eingeführt wurde: „Die Damen waren nicht abgeneigt . . . die Blüten für ihre Sträußchen und Kränze zu verwenden." Und im Garten rankten sie sich um Pergolas und Lauben. Vilmorin Andrieux schrieb 1885: „In kleinen Gärten werden sie oft an Drähten und Holzbalken gezogen, um eine Laube oder einen Weg zu überdachen." Philip Miller vom Botanischen Garten in Chelsea soll der erste Gärtner gewesen sein, der die Bohnen kochte.
Im 17. Jahrhundert schrieb jemand in seinem Tagebuch: „10. Mai 1679. Ich legte die Feuerbohnen fünf Tage in Sherry, fünf Tage in Salatöl und vier Tage in Brandy ein, stellte sie um die Mittagszeit in einem Warmbeet an der Südwand auf und goss den ganzen Alkohol, in dem sie eingeweicht waren, innerhalb von drei Stunden über die Öffnungen. Von neun Samen keimten acht aus und waren mit den Blättern einen Fuß hoch und am nächsten Morgen nochmals einen Fuß höher . . . und nach einer Woche trugen sie ausgereifte Hülsen." Das könnten Sie auch ausprobieren – oder vielleicht halten Sie sich lieber an die heute üblichen Methoden.

SORTEN

Die älteren Sorten hatten – mit Ausnahme der jungen Bohnen – ziemlich viele Fäden. Die neueren Sorten sind fadenlos. Neben den traditionellen, rasch wachsenden Kletterbohnen gibt es auch einige kleine Sorten, die nicht gestützt werden müssen und ideal für kleinere Gärten, frühe Kulturen unter Glasglocken und ungeschützte Standorte sind.

Arten mit Fäden
‚Bokki' hat wunderbare, rote Blüten und Hülsen. **'Enorma'** ist ebenso schön und trägt rote Blüten. Die Hülsen sind lang und sehr schmackhaft. **'Liberty'** bringt qualitativ hochwertige Hülsen hervor, die 45–50 cm lang werden. **'Painted Lady'**, eine Sorte, die seit dem 19. Jahrhundert angebaut wird, hat zarte, rotweiße Blüten und lange Hülsen.

Fadenlose Arten
'Butler' ist robust und üppig und hat zarte Hülsen. Blüten und Samen von **'Desiree'** sind weiß. Eine sehr ertragreiche und schmackhafte Sorte. **'Preisgewinner'** ist schmackhaft und rotblühend mit riesigen, etwa 30 cm langen Hülsen. **'Weiße Riesen'** ist sehr ertragreich mit langen Hülsen. **'Red Knight'** hat rote Blüten, ist sehr ertragreich und eignet sich hervorragend zum Einfrieren. Resistent. **'Red Rum'**, eine sehr frühe Sorte, die ertragreich, wohlschmeckend und resistent gegen Ringfleckigkeit ist. Kann ohne Spalier gezogen werden. **'Scarlet Emperor'** bringt scharlachrote Blüten und gute Hülsen hervor.

Balkonpflanzen
'Hammonds Dwarf Scarlet' eignet sich hervorragend für

Spaliere müssen robust sein.

kleine Gärten. Die Hülsen sind leicht zu ernten. Möglicherweise muss man die Spitzen abzwicken.
'Pickwick' trägt rote Blüten. Eine frühe Sorte, die nicht gestützt werden muss.

KULTIVIERUNG

Vermehrung

Die Feuerbohne ist nicht ganz frosthart und braucht zum Auskeimen eine Bodentemperatur von 10 °C. Von Ende Frühling bis Anfang Sommer 5–7 cm tief aussäen.

Der Abstand zwischen den Samen sollte 15 cm betragen, der zwischen den Doppelreihen 60 cm. Insektenfreundlich anbauen, also eher blockweise oder in mehreren kurzen Reihen als in einer langen Reihe. Um die Ernte zu erleichtern, lässt man je nach Sorte zwischen den Reihen 1–1,75 m Abstand. Kletterbohnen können buschig wachsen, indem Sie die mittleren Triebe bei einer Länge von ca. 25 cm abzwicken. Um eine buschige Pflanze zu erhalten, die nicht gestützt werden muss, auch die seitlichen Triebe über der zweiten Blattverzweigung abzwicken. Im Freiland gesäte Pflanzen können je nach Witterung und Boden nach 14–16 Wochen geerntet werden.

Die Samen von 'Painted Lady' sind rosabraun.

Anbau

Die Feuerbohne ist nicht frosthart und gedeiht in kühleren Regionen weniger gut, falls man ihr nicht ein geeignetes Mikroklima bieten kann. Die Temperatur muss 14–20 °C betragen und der Standort warm und windgeschützt sein, damit der Insektenflug nicht gestört wird.

Der Boden sollte tief, fruchtbar und feucht sein. Im Spätherbst oder Winter vor dem Anpflanzen gräbt man ein Loch, das mindestens 30 cm tief und 60 cm breit ist, und reichert den Inhalt mit reichlich gut verrottetem, organischem Material an. Vor der Aussaat recht man körnigen Volldünger ein (60–90 g/m²). Im frühen Wachstumsstadium sollten Sie die Pflanzen von Unkraut befreien.

Nach dem Auskeimen oder Umsetzen mulchen. Damit die Pflanzen Knospen ansetzen, müssen sie gut gegossen werden: Die traditionelle Methode, die darin besteht, die Pflanzen zu besprühen, ist nicht sehr wirkungsvoll. Sobald sich die ersten Knospen bilden und sich die ersten Blüten richtig öffnen, benötigen die Pflanzen 5–10 Liter Wasser pro g/m². Fruchtwechsel betreiben.

Kletterpflanzen werden bis zu 3 m hoch, daher sollte man vor dem Aussäen oder Umsetzen eine kräftige Stütze anbringen. Früher konstruierte man eine Art Tipi aus Stöcken oder eine lange Reihe mit gekreuzten Stöcken, die möglicherweise am Ende jeder Reihe mit Seilen befestigt werden mussten. Sie können auch improvisieren: Ich sah bereits eine wunderbare, V-förmige Konstruktion, an der die Bohnen hinunterhingen und einfach zu pflücken waren. Dafür eignen sich starke Stöcke, Stahlrohre oder Netze. Pro Pflanze einen Stock oder ein Seilstück verwenden.

Pflegemaßnahmen

Frühling: Im Spätfrühling unter Bedeckungen aussäen. Stützen aufstellen.

'Pickwick' ist fadenlos

Sommer: Die Pflanzen von Unkraut befreien und gut gießen. Regelmäßig ernten.
Herbst: Mit der Ernte bis zum ersten Frost fortfahren.
Winter: Boden für die Ernte im nächsten Jahr vorbereiten.

Geschützter Anbau

Für frühe Kulturen und in kühleren Regionen sät man ab Mitte Frühling in Kisten oder Töpfen mit Saatkompost aus und härtet die Sämlinge vor dem Umsetzen ab. Ab dem späten Frühjahr setzt man sie ins Freiland. Die Pflanzen unter Glas oder im Freiland unter Glasglocken oder Vlies ziehen, bis sie angewachsen sind.

Pflanzen in Kübeln

Die Feuerbohne kann in Kübeln gezogen werden, die je nach Sorte mindestens 20 cm breit und 25 cm tief sind.
Im späten Frühjahr die Samen unter Glas 5 cm tief aussäen. Dabei einen Abstand von 10–15 cm einhalten. Den Kübel stellt man im Freien an einem sonnigen Standort auf. Bei warmem Wetter öfter gießen. Falls nötig, mit flüssigem Volldünger düngen.
Alle Sorten mit Stöcken stützen und die Spitzen abzwicken, sobald die Triebe über die Stützen hinauswachsen. Oder Balkonsorten anbauen.

Ernte und Lagerung

Ab Hochsommer regelmäßig ernten, damit die Pflanzen hohe Erträge abwerfen und keine Fäden bekommen. Feuerbohnen sind ideal zum Einfrieren.

Bohnen an einem Spalier.

Anfälligkeiten

Die Bohnen können von **Nacktschnecken, Blattläusen** und **Spinnmilben** befallen werden.
Grauschimmelfäule (Botrytis) und **Ringfleckigkeit** können bei Nässe auftreten.
Mäuse fressen oft die Samen.
In nassen Böden können die Pflanzen durch **Wurzelfäule** absterben. Fruchtwechsel betreiben.

Mischkulturen

Die Feuerbohne verträgt sich mit allen Pflanzen mit Ausnahme der Zwiebelgewächse. Zieht man sie mit Mais, ist letzterer vor den Raupen des Maiszünslers geschützt. Die in den Wurzeln enthaltenen Stickstoffbakterien verbessern die Bodenfruchtbarkeit. Nach der Ernte schneidet man die oberen Pflanzenteile ab und lässt die Wurzeln im Boden oder gibt sie auf den Kompost.
Gegen Ende der Saison profitieren Sellerie und Salat von ihrem Schatten, falls genügend Wasser vorhanden ist.

Kulinarisches

Die Bohnen waschen, putzen und die Fäden abziehen. Anschließend die Bohnen diagonal aufschneiden und 5–7 Minuten kochen. Durch ein Sieb gießen und mit etwas Butter anrichten. Man kann sie auch erst kochen und dann aufschneiden.

Feuerbohnen-Chutney
(1,5 kg)
Ein Rezept von Clare Walker und Gill Coleman:

1 kg Feuerbohnen
500 g Zwiebeln
300 ml Wasser
1 gestrichener EL Salz
1 gestrichener EL Senfkörner
75 g Sultaninen
1 1/2 TL gemahlener Ingwer
1 glatt gestrichener TL Gelbwurz
6 getrocknete rote Chilischoten, ganz
600 ml Kräuteressig
500 g brauner Rohrzucker

Bohnen putzen und die Fäden entfernen. Anschließend fein aufschneiden. Mit den geschälten und fein gehackten Zwiebeln in einen Topf geben. Wasser, Salz und Senfkörner hinzufügen und 20–25 Minuten bei schwacher Hitze weich kochen.
Sultaninen, Ingwer, Gelbwurz, Chilischoten und Kräuteressig hinzufügen, nochmals aufkochen und 30 Minuten, bis die Mischung eingedickt ist, garen.
Zucker einrühren und auflösen lassen, danach das Chutney ca. 20 Minuten dick einkochen. In warme, trockene Gläser gießen, mit dickem Plastik zudecken und, wenn möglich, mit einem Deckel verschließen. Beschriften und vor der Verwendung mindestens 3 Monate kühl und trocken lagern. Man kann die Chilischoten nach dem Einkochen entfernen.

Feuerbohnen-Chutney

Phaseolus vulgaris. Leguminosae

GARTENBOHNE

Buschbohne, Stangenbohne, Weiße Bohne, Grüne Bohne, Wachsbohne, Butterbohne, Schminkbohne, Prinzessbohne, Flageoletbohne.
Einjährig. Hülsen und Bohnen sind genießbar. Frostempfindlich.
Nährwert: Mittlerer Gehalt an Kalium, Folsäure und Betakarotin. Sehr hoher Eiweißgehalt.

Nachweise über wild wachsende Bohnen wurden in peruanischen Siedlungen gefunden, die auf 8000 v. Chr. zurückgehen. Sowohl die Stangen- als auch die Buschbohne kamen nach der spanischen Eroberung Südamerikas im frühen 16. Jahrhundert nach Europa, die Buschbohne fasste aber erst zwei Jahrhunderte später in Europa Fuß. Sie wurde von den Engländern 1551 in Anspielung an ihre Form „Kidney Bean" („Nierenbohne") genannt. Gerard bezeichnete sie als „sperage beans", („Speerbohnen") und „long peason" („lange Erbse"), und Parkinson schrieb: „In Wasser gekochte und mit Butter gedünstete Gartenbohnen galten als wohlschmeckender . . . als die herkömmliche Saubohne und wurden oft bei den reichen Leuten serviert." Ein weiterer Autor meinte 1681: „Eine erst seit kurzem verwendete Pflanze, die noch nicht allzu bekannt ist."

In Europa wurde die Prinzessbohne im frühen 16. Jahrhundert als Schiffsproviant auf die Entdeckungsreisen mitgenommen. Als die europäischen Kolonialherren erstmals nach Nord- und Südamerika kamen, fanden sie Stangenbohnen, die von den Indianern gemeinsam mit Mais als Stärke- und Eiweißlieferant kultiviert wurden.

Bohnen bestäuben sich selbst und sollten eng stehen.

SORTEN

In der Familie der Gartenbohne finden sich viele verschiedene Sorten – buschige (ideal für kleinere Gärten und Kübel) oder Kletterbohnen, Sorten mit flachen, ovalen oder runden Hülsen, die grün, gelb (Wachsbohnen), rot oder marmoriert sein können.

Die Samen sind farbig und oft gesprenkelt. Man kann die unreifen Hülsen ernten und essen oder die Samen reifen und größer werden lassen. Sie können frisch oder getrocknet gegessen werden.

Stangenbohnen
'Borlotto Lingua di Fuoco' ist eine Zierpflanze mit „Feuerzungen" in Form von rot gefleckten Hülsen. **'Goldmarie'** ist sehr ertragreich und hat flache, zarte, goldgelbe Hülsen. **'Hilda'** hat flache, grüne Hülsen und ist sehr ertragreich. **'Perle von Marbach'** liefert zarte, schmackhafte Hülsen. **'Musica'** kann früh ausgesät werden und ist voller Geschmack, **'Neckargold'** ist eine mittelfrühe Sorte mit tiefgelben Hülsen. Schmeckt hervorragend als junge Hülse. **'Romano'** ist zart, schmackhaft und ideal zum Einfrieren.

Buschbohnen
'Annabel' ist sehr ertragreich, rund, schmackhaft und ideal als Balkonpflanze. **'Chevrier Vert'**, diese klassische, französische Flageoletbohne stammt von 1880. Schmackhaft und zart. **'Forum'** ist kälteresistent und liefert hochwertige Bohnen. Resistent gegen Brennflecken und Nekrose. **'Masai'** hat lange, dünne Hülsen. Eine frühe, robuste Sorte, die sehr ertragreich und resistent gegen Krankheiten und Kälte ist. **'Purple Queen'** schmeckt hervorragend und liefert hohe Erträge. **'Royal Burgundy'** keimt in kaltem Boden gut aus und

'Royalty', ideal für den Gemüseziergarten.

hat schmackhafte Hülsen. Resistent gegen Erbsen- und Bohnenkäfer. **'Royalty'** ist sehr ertragreich. Die zart schmeckenden dunkelvioletten Hülsen werden beim Kochen grün. Die Hülsen von **'Sprite'** lassen sich gut einfrieren. **'Vibel'** ist eine Gourmetbohne.

Kultivierung

Vermehrung

In kalten, nassen Böden gedeiht die Gartenbohne nicht gut und fault leicht. Damit sie gut austreibt, sollte man sie erst ab 10 °C aussäen. Bei frühen Aussaaten oder kaltem Wetter wärmt man den Boden 3–4 Wochen vor dem Säen mit Glasglocken oder schwarzer Folie an.
Von Mitte Frühling bis zum Frühsommer in versetzten, 4–5 cm tiefen Furchen aussäen. Zwischen den Reihen und Pflanzen einen Abstand von 25 cm lassen, um den optimalen Ertrag zu gewährleisten.
Stangenbohnen werden in Doppelreihen mit einem Abstand von 15 cm zwischen den Pflanzen und 60 cm zwischen den Reihen gesät.

Anbau

Die Gartenbohne liebt geschützte, sonnige Standorte mit leichtem, lockerem, fruchtbarem Boden, der noch etwas organisches Material von der vorigen Kultur enthält. Man kann auch im Spätherbst oder Winter vor dem Anpflanzen reichlich gut verrottetes, organisches Material einarbeiten.
Der pH-Wert sollte 6,5–7,0 betragen. Saure Böden bei Bedarf kalken. Die Erde 10–14 Tage vor dem Aussäen mittelfein rechen und einen ausgewogenen Korndünger einarbeiten (30–60 g/m²).
Die Pflanzen von Unkraut befreien oder mulchen, wenn der Boden feucht ist. Damit die Stiele besser gestützt werden, Erde anhäufeln und unter ältere Buschbohnen Zweige legen, damit die Hülsen den Boden nicht berühren. Man kann die Pflanzen auch mit Stöcken stützen. Stangenbohnen ebenso stützen wie Feuerbohnen. Bei Trockenheit gut gießen. Wenn sich die Blüten öffnen und die Hülsen wachsen, sind die Pflanzen besonders empfindlich. Pro Woche 13–18 Liter Wasser verwenden.

Pflegemaßnahmen

Frühling: Frühe Pflanzen unter Abdeckungen oder im Spätfrühling im Freiland aussäen. Stangenbohnen stützen. Bei einer Größe von 5–7 cm umsetzen.
Sommer: Pflanzen von Unkraut befreien, mulchen und bei Trockenheit gießen. Regelmäßig ernten.
Herbst: Bis zum ersten Frost mit der Ernte fortfahren. Späte Kulturen mit Glasglocken oder Vlies schützen.
Winter: Boden für die nächste Kultur vorbereiten.

Geschützter Anbau

Bei früheren Kulturen und in kühleren Zonen ab Mitte Frühling in Kisten, Torftöpfen oder Töpfen mit Saatkompost unter Abdeckungen aussäen. Vor dem Umsetzen den Boden anwärmen.
Die Pflanzen abhärten und je nach Wetter- und Bodengegebenheiten ab dem späten Frühjahr ins Freie setzen. Unter Glas anbauen oder mit Glasglocken, Folientunneln oder Vlies schützen.
Will man sehr früh ernten, steckt man 4 Samen am Rand eines 20 bis 25 cm großen Topfes in Kompost auf Lehmbasis.
Man kann die Samen auch in einem Schrank auf feuchtem Küchenpapier vorkeimen lassen. Mit lauwarmem Wasser anfeuchten, bei warmem Wetter belüften und im Spätfrühling ernten.

Pflanzen in Kübeln

Gartenbohnen können in Kübeln gezogen werden, die mindestens 20 cm breit und 25 cm tief sein sollten.
Mitte Frühling sät man unter Glas 4–5 cm tief aus und stellt die Kübel im Freien an einen geschützten, sonnigen Standort. Falls erforderlich, mit flüssigem Volldünger gießen. Stangenbohnen mit Stöcken stützen; sobald die Pflanzen über die Stützen hinauswachsen, mit Stöcken stützen.

Ernte und Lagerung

Die Pflanzen bestäuben sich selbst, daher kann man eine gute Ernte erwarten. Die Hülsen pflücken, sobald sie 10 cm lang sind, leicht zurückschnellen lassen, wenn die Samen noch nicht sichtbar sind. Um den Ertrag zu steigern, regelmäßig ernten. Die Hülsen mit der Schere abschneiden oder abreißen. Dabei den Stiel festhalten, damit die Pflanze nicht entwurzelt wird.
Wenn man getrocknete Bohnen möchte, die Hülsen ausreifen lassen, die ganze Pflanze abschneiden und unter Dach trocknen. Sobald die Hülsen aufspringen, löst man die Bohnen aus und legt sie ein paar Tage auf Papier. In einem luftdichten Behälter lagern.
Gartenbohnen lassen sich gut einfrieren. Die jungen Hülsen waschen und putzen, 3 Minuten blanchieren und in Plastiktüten oder festen Behältern einfrieren und innerhalb von 12 Monaten aufbrauchen.
Im Kühlschrank halten sie sich in einer Plastiktüte ca. 1 Woche und in einer kühlen Küche ca. 4 Tage.

Stangenbohnen

Anfälligkeiten

Nacktschnecken, Schwarze Bohnenblattlaus und **Spinnmilben** können Probleme verursachen. Bei Nässe können die Pflanzen auch von **Grauschimmelfäule (Botrytis)** oder **Wurzelfäule** befallen werden. **Mäuse** fressen die Samen. Fruchtwechsel betreiben.

Mischkulturen

Die Gartenbohne harmoniert mit Sellerie, Mais, Kürbissen und Melonen. Gut als Zwischenfrucht für Kohlarten.

Heilkraft

Bohnen sollen den Cholesterinspiegel senken.

Salat aus Gartenbohnen, Roquefort und Walnüssen.

KULINARISCHES

Frische Gartenbohnen schmecken so hervorragend, dass man sie am besten nur in Wasser kocht und als Beilage zu Fleisch und anderen Gerichten verwendet. Die Hülsen waschen, putzen und 5–7 Minuten in Salzwasser kochen, am besten gleich nach der Ernte. Große, flache Hülsen schneidet man in 3 cm breite Scheiben.
Sie können Bohnen auch kalt im Salat servieren oder zusammen mit anderen Gemüsearten rösten.
Für „Haricotbohnen" die frischen Bohnen in kaltes Wasser legen, aufkochen lassen, von der Flamme nehmen und 1 Stunde stehen lassen. Durch ein Sieb gießen und als Beilage servieren oder mit Vinaigrette einen Salat zubereiten.

Salat aus Bohnen, Roquefort und Walnüssen
(4 Personen)

300 g Gartenbohnen, geputzt
250 g Roquefort
125 g Walnüsse
1 kleiner Radicchio
2 kleine Blattsalate
3 EL natives Olivenöl
1 EL Balsamico-Essig
1 Knoblauchzehe, fein gehackt
Salz und frisch gemahlener schwarzer Pfeffer

Die Bohnen waschen, über einem Topf mit kochendem Wasser *al dente* dünsten und warm stellen. Roquefort zerkrümeln und Walnüsse leicht zerdrücken. Salat waschen. Aus den restlichen Zutaten ein Dressing zubereiten.
Salat in eine große Schüssel geben, darauf die Bohnen, Walnüsse und Käse verteilen, dann das Dressing darübergießen. Vermischen und servieren, solange die Bohnen noch warm sind.

Chilifleisch

(4 Personen)

3 oder 4 frische Chilischoten
1–2 kleine, rote Chilischoten, getrocknet
1 EL gemahlener Kreuzkümmel
3 EL Pflanzenöl
2 Zwiebeln, in Ringen
3 Knoblauchzehen, fein gepresst
750 g Hackfleisch
300 g gekochte, rote Kidney-Bohnen
2 EL Tomatenmark
Salz und schwarzer Pfeffer aus der Mühle
300 ml Brühe

Frische Chilischoten in heißem Wasser einweichen. Stiele abnehmen und die Chilis durch ein feines Sieb drücken. Zur Seite stellen. Anschließend die getrockneten Chilischoten fein hacken und entkernen.

Kreuzkümmel in eine Bratpfanne geben und bei mittlerer Hitze rösten, bis er gut duftet. Nicht verbrennen. Dann zur Seite stellen.
Öl in einer großen, schweren Pfanne erhitzen und darin Zwiebeln und Knoblauch bräunen. Fleisch hinzufügen und anbraten, bis es gut gebräunt ist. Beide Arten von Chili, Kidney-Bohnen, Tomatenmark und Salz und Pfeffer dazugeben; gut verrühren.

Mit der Brühe aufgießen und 40 Minuten zugedeckt köcheln lassen, falls notwendig noch etwas Flüssigkeit hinzufügen. Mit gekochtem Reis servieren.

Zuckererbse

Pisum sativum. Leguminosae

ERBSE

Einjährige Kletter- oder Kriechpflanze. Wird wegen der Samen, Hülsen und Spitzen angebaut. Teilweise winterhart. Nährwert: Reich an Eiweiß, Kohlenhydraten, Ballaststoffen, Eisen und Vitamin C.

'Early Onward', eine robuste, üppige Sorte.

Wie viele andere Hülsenfrüchte wird auch die Erbse schon seit dem Altertum kultiviert. Die ersten Sorten, wie man sie in Ausgrabungen im Mittelmeerraum und Europa fand, sind ungefähr 9000 Jahre alt und hatten eine glatte Hülse. Griechen und Römer kultivierten dieses Gemüse und aßen große Mengen davon; mit den Römern soll die Pflanze nach Großbritannien gelangt sein. Im 16. Jahrhundert wurden die Erbsen, die als „feine, teure Leckerbissen für Damen aus fernen Ländern stammend", bezeichnet wurden, aus Holland importiert.
In England bereitete man aus getrockneten Erbsen, Butter und Eiern einen sogenannten „Erbsenpudding" zu, der zu Schweinefleisch oder gekochtem Schinken gegessen wurde. Dieses Gericht war anscheinend sehr vielseitig und wurde heiß oder kalt gegessen.
Bis zum 16. Jahrhundert wurden Erbsen getrocknet oder gemahlen. Später entwickelten italienische Gärtner zartere Sorten, die man frisch kochen und gleich essen konnte. Es dauerte noch hundert Jahre, bis die Erbse auch bei höheren Bevölkerungsschichten salonfähig wurde. Erbsen waren das Lieblingsgemüse des Hobbygärtners Thomas Jefferson, der unter seinen Freunden jährlich einen Wettbewerb veranstaltete, wer die ersten Erbsen zog. Der Sieger durfte die anderen Mitbewerber zum Essen einladen, um die erste Erbsenernte zu feiern.

Erbsen in der Hülse aufgereiht.

SORTEN

Erbsen unterscheidet man normalerweise nach dem Erntetermin. Es gibt frühe, mittelfrühe (oder mittelspäte) und späte Sorten. Manche Einteilungen beziehen sich jedoch auch auf die Erbse selbst oder auf die Hülse. Die frühen Sorten werden nicht so hoch wie die späten, die größer und daher ertragreicher sind. Die glatten Sorten sind frosthart und werden deshalb für die frühe bzw. die späte Ernte verwendet. Die Sorten mit gerunzeltem Samenkorn sind frostempfindlicher und süßer. „Petit poi" sind klein und wohlschmeckend. „Halb blattlose Erbsen" haben mehr Ranken als Blätter und stützen sich beim Wachsen selbst. Von den „Zuckererbsen" – *Pisum sativum* var. *macrocarpon* – werden die jungen Hülsen gegessen. ‚Sugar Snap' ist besonders fleischig und süß. Einige Sorten kann man auch reifen lassen, um die Erbsen zu ernten.

Frühe Sorten
'Allerfrüheste Mai' ist sehr ertragreich und hat große Hülsen mit gerunzelten Samenkörnern. Bei **'Feltham First'** handelt es sich um eine hervorragende frühe Sorte mit runden Samenkörnern und großen Hülsen. **'Prince Albert'** ist früh, robust und liefert hohe Erträge.

Mittelfrühe Sorten
'Cavalier' liefert hohe Erträge und ist sehr resistent gegen Mehltau. Hat gerunzelte Samenkörner, kann früh geerntet werden und ist resistent gegen Fusarium. **'Daisy'** wird nur 60 cm hoch und liefert hochwertige Erbsen. Bei **'Darfon'** handelt es sich um eine ertragreiche „petit pois" Sorte, deren Hülsen mit kleinen Erbsen gefüllt sind. Resistent gegen Falschen

'Feltham First', eine frühe Sorte, wird an Stöcken oder Netzen aufgezogen.

Mehltau und Fusarium.
'Hurst Green Shaft' schmeckt süß, ist ertragreich und hat eine lange Reifezeit. Gerunzelte Samenkörner. Resistent gegen Falschen Mehltau und Fusarium. **'Bikini'** ist eine ertragreiche, halb blattlose Sorte, die sich hervorragend zum Einfrieren eignet. Resistent gegen Fusarium.

Zuckererbsen
'Oregon Sugar Pod' ist süß und schmackhaft. Man erntet sie, sobald sich die Erbsen bilden. Resistent gegen Fusarium. Bei **'Frühe Heinrich'** handelt es sich um eine hohe Pflanze, die gestützt werden muss. Die hellgrünen Hülsen schmecken sehr süß. **'Sugar Snap'** liefert fleischige, süße, Hülsen. Auch die Erbsen sind genießbar. Sehr süß. Resistent gegen Fusarium.

KULTIVIERUNG

Vermehrung
Der Keimvorgang ist in kalten Böden ungleichmäßig und eingeschränkt, daher die Erbsen bei einer Bodentemperatur von unter 10 °C nicht im Freien aussäen.
Frühe oder mittelfrühe Sorten von Mitte Frühling bis Mitte Sommer alle 14–28 Tage aussäen. Zu heiße Witterung behindert die Keimung.
Je nach Gegebenheiten reifen die frühen Sorten in ca. 12 Wochen, die mittelfrühen brauchen 1–2 Wochen länger und die Sorten der Haupternte nochmals 1–2 Wochen. Man kann daher Gruppen mit frühen, mittelfrühen und späten Sorten von Mitte bis Ende Frühling aussäen. Die unterschiedlichen Reifezeiten sorgen für eine Ernte über mehrere Wochen hinweg.
Im Hochsommer sät man eine frühe Sorte für die Herbsternte aus. Bei milden Wintern kann man von Mitte bis Ende Herbst frühe Sorten zum Überwintern aussäen. Später sollten Sie die Pflanzen mit Glasglocken schützen.
Man kann die Erbsen in V-förmigen Einzelreihen 2–5 cm tief aussäen – dabei lässt man einen Abstand von 5 cm. Oder in Doppelreihen mit einem Abstand von 25 cm oder in 25 cm breiten Furchen säen. Der Abstand zwischen den Reihen oder Reihenpaaren sollte der endgültigen Höhe der Pflanze entsprechen.
Erbsen können auch in Streifen ausgesät werden, die 3 Reihen breit sind, wobei der Abstand zwischen den Samen und zwischen den Reihen 10 cm und zwischen den Streifen 40 cm betragen sollte. Sie können in 90–120 cm breiten Blöcken aussäen und zwischen den Samen einen Abstand von 5–7 cm einhalten.
Wenn man die Pflanzen stützt, sind sie ertragreicher. Verwenden Sie Erbsenstöcke aus Strauchwerk oder Netze. Diese Stützen bringt man am Ende einer Einzelreihe zu beiden Seiten oder in der Mitte einer breiten Furche und an der Außenseite eines Blocks an.

Anbau
Erbsen gedeihen bei 13–18 °C; bei kühleren Sommern erhalten Sie größere Erträge. Sie vertragen weder Trockenheit noch sehr hohe Temperaturen oder nasse Böden, sondern lieben offene, geschützte Standorte und feuchte, tiefe, lockere Böden mit einem pH-Wert von 5,5–7,0.
Im Herbst oder Winter vor dem Aussäen arbeitet man reichlich gut verrottetes, organisches Material ein. Sie können auch in Böden anpflanzen, die für die Vorjahreskultur gedüngt wurden.
Die Pflanzen mit der Hacke von Unkraut befreien, von Hand jäten oder mulchen (dadurch bleiben auch die Wurzeln kühl und feucht). Überwinternde und frühe Kulturen kann man durch Anhäufeln zusätzlich stützen.
Außer bei großer Trockenheit angewachsene Pflanzen nicht stützen, bis sich die Blüten bilden. Dann benötigen sie wöchentlich 20 Liter/m^2.

Pflegemaßnahmen
Frühling: Frühe Sorten aussäen.
Sommer: Pflanzen für die Haupternte zu Sommerbeginn aussäen. Ernten, von Unkraut befreien und gießen. Frühe Sorten aussäen.
Herbst: Frühe, überwinternde Pflanzen unter Abdeckungen aussäen. Boden für das nächste Jahr vorbereiten.
Winter: Frühe Sorten unter Abdeckungen aussäen.

Geschützter Anbau
Vor dem Aussäen der vorbehandelten Samen im Frühling den Boden anwärmen.
Die kleinen Sorten zu Frühlingsbeginn unter Bedeckungen aussäen. Abdeckungen wieder entfernen, wenn die Pflanzen gestützt werden müssen.
Die Aussaaten zu Frühlingsbeginn und im Spätherbst müssen unter Abdeckungen erfolgen, da Blüten und Hülsen keinen Frost vertragen.

Pflanzen in Kübeln
Während der ganzen Saison können Sie frühe, kleine Sorten in großen Kübeln mit Kompost auf Lehmbasis und mittlerem Düngergehalt aussäen. Die Pflanzen stützen, jäten und gut gießen.

Ernte und Lagerung
Frühe Sorten erntet man im späten Frühling bis zum Frühsommer und die Sorten für die Haupternte von Mitte Sommer bis zum Frühherbst.
Hülsen regelmäßig pflücken, damit der Ertrag gesteigert wird. Pflanzen, die wegen ihrer Hülsen gezogen werden, abernten, sobald sich Erbsen bilden.
Sollen die Erbsen getrocknet werden, lässt man sie solange wie möglich reifen und pflückt sie erst kurz bevor die Hülsen aufspringen. An einem kühlen, luftigen Platz aufhängen oder die Hülsen zum Trocknen auf Tabletts ausbreiten, bis sie aufspringen und die Erbsen geerntet werden können. In luftdichten Behältern lagern.
Junge Erbsen lassen sich von jeder Sorte einfrieren. Die Erbsen auslösen und 1 Minute blanchieren. Durch ein Sieb gießen, abkühlen lassen und in Plastiktüten oder -behältern einfrieren und innerhalb von 12 Monaten aufbrauchen. In einer Plastiktüte im Kühlschrank bleiben Erbsen bis zu 3 Tage lang frisch.

Junge Erbsenpflanzen im sanften Abendlicht.

Erbsen zählen zu den beliebtesten tiefgefrorenen Gemüsearten.

Anfälligkeiten
Vögel und **Mäuse** können zum Problem werden, daher Netze anbringen und Fallen aufstellen.
Oft werden die Erbsen von den Larven des **Erbsenwicklers** gefressen. Im Blütestadium abdecken. Bei frühen Aussaaten sowie bei Aussaaten im Herbst und Hochsommer können sie oft vermieden werden. Die Pflanzen 10 Tage, nachdem sich die Blüten geöffnet haben, mit Insektizid besprühen.
Andere Erbsenschädlinge und -krankheiten sind der **Echte und Falsche Mehltau** und **Fusariumwelke.** Am besten ist es, wenn Sie resistente Sorten aussäen.

Mischkulturen

Erbsen gedeihen mit anderen Hülsenfrüchten, Wurzelgemüsen, Kartoffeln, Kürbisgewächsen und Mais.

Heilkraft

Erbsen sollen die Fruchtbarkeit herabsetzen, Blinddarmentzündungen verhindern, den Cholesterinspiegel senken und den Blutzuckerspiegel ausgleichen.

Kulinarisches

Gartenerbsen werden frisch oder getrocknet gegessen. Solange sie noch jung und zart sind, zu Salaten geben. Normalerweise werden sie gekocht oder mit einem Minzeblättchen gedünstet und mit Butter, Salz und Pfeffer oder Kräutern angerichtet. Man kann sie in einer Sahnesoße mit Perlzwiebeln servieren oder mit Sellerie, Orangen, Karotten, Wein- oder Zitronensoße anrichten.
Zuckererbsen sollten 3 Minuten gekocht (oder gedünstet) und in Butter geschwenkt werden.
Auch die Spitzen der jungen Triebe kann man kochen und essen.

Erbsen-Birnen-Suppe
(4 Personen)

Ein ungewöhnliches und sehr erfrischendes Gericht für die Sommerzeit, in der Erbsen in Hülle und Fülle vorhanden sind.

500 g Erbsen, ausgelöst gewogen
6–7 Birnen, sehr reif, ungeschält
900 ml Hühnerbrühe
Prise Cayennepfeffer
2 EL fein gehackte frische Minze
Salz und schwarzer Pfeffer aus der Mühle

Die Erbsen in leicht gesalzenem Wasser ca. 5 Minuten kochen. Abseihen, die Birnen vierteln und entkernen. Mit Erbsen, Brühe und Cayennepfeffer pürieren. In einen Topf gießen, Minze und Gewürze einrühren.

Nudel-Erbsen-Salat

Nudel-Erbsen-Salat
(4 Personen)

Zuckererbsen aus dem eigenen Garten schmecken besser und anders als gekaufte. Je schneller sie gekocht werden, desto besser schmecken sie.

500 g Nudeln – Penne oder Fusili
4 EL Olivenöl
300 g Zuckererbsen, geputzt
1 kleine Zwiebel, in feinen Ringen
2 Knoblauchzehen, feingehackt
250 g Tunfisch, abgeseiht und zerkleinert
2 EL Schlagsahne
2 EL Schnittpetersilie
Salz und schwarzer Pfeffer aus der Mühle

Die Nudeln in Salzwasser 10 Minuten *al dente* kochen und durch ein Sieb gießen.
1 Esslöffel Öl darübergießen und Nudeln darin schwenken. Abkühlen lassen.
In der Zwischenzeit Zuckererbsen 2–3 Minuten im Dampfdrucktopf ebenfalls al dente kochen. In einer Pfanne Öl erhitzen und die Zwiebel kurz anbraten, danach Knoblauch hinzufügen und noch
1 Minute weiterbraten.
Vom Herd nehmen und abkühlen lassen.
Nudeln in eine große Servierschüssel geben und mit allen anderen Zutaten vermischen. Abschmecken und servieren.

Erbsen-Birnen-Suppe

Portulaca oleracea subsp. *sativa*. *Portulacaceae*

PORTULAK

Einjährig. Die fleischigen Blattspitzen, Stiele und Blätter sind genießbar. Teilweise winterhart. Nährwert: Reich an Betakarotin, Folsäure, Vitamin C. Enthält wertvolle Fettsäuren.

Portulak wird seit Jahrhunderten in China, Indien und Ägypten angebaut und ist heute in fast allen warmen, gemäßigten Zonen und Tropengebieten verbreitet. Einst nahm man an, er würde vor bösen Geistern, von Blitzschlägen oder vor Gewehrschüssen schützen. Die kultivierten Sorten des Portulak wachsen aufrechter und haben größere Blätter als die wild wachsenden Sorten.

SORTEN

Portulaca oleracea var. ***sativa*** ist eine robuste, aufrechte Pflanze, die 50 cm groß wird und dicke, fleischige Stängel, löffelförmige Blätter und hellgelbe Blüten hervorbringt.
P. o. var. ***aurea*** hat gelbe Blätter und ist weniger frosthart. Diese Art ist fleischiger, jedoch weniger schmackhaft. Macht sich hübsch in Salaten und als Zierpflanze.

KULTIVIERUNG

Vermehrung
Im Spätfrühling in Anzuchtschalen unter Glas aussäen und die Sämlinge später in Torftöpfe umsetzen. Abhärten und, sobald die Frostgefahr gebannt ist, mit einem Abstand von 15 cm ins Freie setzen. In frostfreien Zonen und bei späteren Aussaaten direkt im Freien aussäen und auf 15 cm vereinzeln. Für die Sommerernte im Spätfrühling aussäen, für die Herbsternte im Spätsommer.

Blühende Portulakpflanze

Anbau
Der einfach zu kultivierende Portulak liebt sonnige, warme, geschützte Standorte und leichte, lockere Böden. Organisches Material und Sand einarbeiten, damit sich keine stehende Nässe bildet. Blüten entfernen.

Pflegemaßnahmen
Frühling: Geschützt oder im Freien aussäen, sobald die Frostgefahr gebannt ist.
Sommer: Pflanzen von Unkraut befreien, bei Bedarf gießen und regelmäßig ernten.
Herbst: Ältere Pflanzen zurückschneiden.
Winter: Im Spätwinter frühe Kulturen unter Glas aussäen.

Geschützter Anbau
Um die Saison zu verlängern, Anfang bis Mitte Frühling und Anfang bis Mitte Herbst unter Abdeckungen aussäen. Frühe Aussaaten und Aussaaten im Spätsommer unter Abdeckungen anbauen.

Pflanzen in Kübeln
Sämlinge in Töpfen oder Kübeln mit Kompost auf Erdbasis anpflanzen oder aussäen, sobald die Frostgefahr gebannt ist. Regelmäßig gießen.

Ernte
Junge Triebspitzen, Stiele und Blätter pflücken, sobald sie 3–5 cm lang sind. Nachwachsende Pflanzen können ca. nach 5 Wochen geerntet werden. Regelmäßig pflücken. Ältere Pflanzen 5 cm über dem Boden abschneiden, ausreichend gießen; danach sollten sie neu austreiben.

Anfälligkeiten
Besonders junger Portulak wird oft von **Nacktschnecken** befallen. Das **Befeuchten** kann zum Problem werden, falls bei niedrigen Temperaturen oder in kaltem Boden ausgesät wird.

Heilkraft
Ein traditionelles Heilmittel bei trockenem Husten, geschwollenem Zahnfleisch und als Tee zur Blutreinigung. Forschungsergebnisse besagen, dass der hohe Gehalt an Fettsäuren Herzinfarkt vermeiden und das Immunsystem des Körpers stimulieren kann.

KULINARISCHES

Portulak gut waschen. Knapp über dem Boden wachsende Blätter können erdig sein. Man kann sie leicht kochen, obwohl sie eher geschmacklos sind. Ältere Blätter können eingelegt werden.

Portulaksalat
(4 Personen)

Verwenden Sie junge Knospen und Stängel sowie die Blätter.

4 reife Nektarinen oder Pfirsiche
Haselnussöl
1 Hand voll Portulak
15 Haselnüsse, geröstet
1½ TL Koriandersamen, frisch gemahlen

Nektarinen oder Pfirsiche auf einen mit Haselnussöl bestrichenen Salatteller geben. Portulakblätter hinzufügen, mit Öl beträufeln, mit den gehackten Nüssen bestreuen. Mit Koriander abschmecken.

WARNUNG

Werdende Mütter und Personen mit Verdauungsstörungen sollten Portulak nicht in großen Mengen essen.

Rumex acetosa. Polygonaceae

SAUERAMPFER

Gartensauerampfer. Ausdauernd, im Anbau einjährig. Man verwendet die jungen Blätter. Winterhart. Nährwert: Reich an Vitamin C.

Der Name „Sauerampfer" ist bezeichnend für den sauren Geschmack dieser Pflanze, die in England bis zum 18. Jahrhundert verbreitet war. John Evelyn schrieb, dass Sauerampfer an Stelle von Orangen und Zitronen für Gerichte verwendet werden konnte.

Rumex scutatus

SORTEN

Rumex acetosa, eine aufrechte, frostharte Pflanze mit tiefen Wurzeln, die bis zu 120 cm groß wird. Die untersten Segmente der breiten, lanzenförmigen Blätter sind nach hinten gerichtet. ***Rumex scutatus*** schmeckt weniger bitter, wächst nicht aufrecht und hat längliche Blätter.

KULTIVIERUNG

An einem hellen oder leicht schattigen Standort mit fruchtbarem, feuchtem Boden ziehen.

Vermehrung
Im Spätfrühling sät man in 5 mm tiefen Furchen in einem Abstand von 50 cm aus, und vereinzelt die Sämlinge auf 25 cm. Sie können auch in Anzuchtschalenschalen aussäen und die Sämlinge im Frühjahr ins Freie setzen. Ältere Pflanzen im Frühling oder Frühherbst teilen. Einige zur Selbstaussaat stehen lassen und die Sämlinge danach in Reihen setzen oder breitwürfig aussäen.

Anbau
Vor dem Anbau Böden mit organischem Material anreichern. Im Frühjahr mit Mist oder Kompost mulchen. Blüten sofort entfernen. Nach 3–5 Jahren die Pflanzen erneuern. Sauerampfer kann auch einjährig gezogen werden. Anfang Frühling aussäen, auf 10 cm vereinzeln, sobald sie genügend Blätter haben.

Pflegemaßnahmen
Frühling: In Beeten, Schalen oder Torftöpfen aussäen.
Sommer: Früh mulchen und bei trockener Witterung gut gießen.
Herbst: Abgestorbene Blätter entfernen und kompostieren.
Winter: Unter Abdeckungen gezogene Pflanzen ausstechen.

***Rumex acetosa*: Gesunde Pflanzen halten sich lange.**

Geschützter Anbau
Im Spätsommer in Schalen oder Töpfen aussäen und unter Glasglocken oder Vlies überwintern. Kleine Pflanzen unter Glas, in Töpfe oder ins Frühbeet setzen.

Pflanzen in Kübeln
Bei Kreideböden empfehlenswert. Man verwendet Kübel mit Kompost auf Lehmbasis, mittlerem Düngergehalt und organischem Material. Kompost feucht halten, jedoch nicht zu stark gießen und alle 3 Wochen mit verdünntem flüssigen Volldünger düngen.

Ernte
Bis die Pflanzen angewachsen sind, nicht zu stark abernten. Von jeder Pflanze ein paar Blätter abpflücken. Die kleineren Blätter sind zarter.

Die rote Blüte des Sauerampfers

HEILKRAFT

Sauerampfer in Bier wurde zur Behandlung von Fieber eingesetzt und soll Hämoglobin bilden.

WARNUNG

Sauerampfer enthält Oxalsäure, die in großen Mengen die Nieren schädigen kann.

KULINARISCHES

Sauerampfer verwelkt leicht und sollte daher rasch aufgebraucht werden. Man kann ihn für Salate verwenden. Der scharfe Geschmack ist sehr erfrischend. Sauerampfer für Suppen und Eintöpfe oder als Garnierung verwenden und wie Spinat zubereiten.

Sauerampfertorte
(4 Personen)

250 g Sauerampfer, gewaschen
50 g Butter
1 Zwiebel, in feinen Ringen
1 EL Mehl
1 TL Senf
300 ml Milch
250 g geriebener Käse
Salz und schwarzer Pfeffer aus der Mühle
20 cm-Tortenform, mit Mürbteig ausgelegt

Sauerampfer mit der Hälfte der Butter bei schwacher Hitze dünsten, bis er dunkelgrün ist. Nun fein hacken. Restliche Butter in die Pfanne geben und die Zwiebeln weich dünsten. Mehl einrühren und 2 Minuten anbraten lassen. Senf und Milch hinzufügen und unter Rühren aufkochen lassen, den Käse darin schmelzen lassen.
Mit Sauerampfer vermischen und würzen. Die Mischung in die Tortenform gießen und bei 200 °C 20–30 Minuten im Ofen backen, bis die Oberseite goldbraun ist. Noch 5 Minuten im Ofen lassen. Mit grünem Salat anrichten.

Raphanus sativus. Cruciferae

RETTICH

Einjährig oder zweijährig. Wurzeln, Hülsen und Blätter sind genießbar. Winterhart. Nährwert: Wenige Kalorien. Mittlerer Gehalt an Vitamin C; Eisen und Eiweiß in kleinen Mengen.

Der angebliche aus Asien stammende Rettich, der später jedoch im Mittelmeerraum kultiviert wurde, ist ein sehr verlässliches Salatgemüse und wird daher schon seit Jahrhunderten angebaut. In Ägypten wurde er bereits 2780 v. Chr. kultiviert und ist in der Cheopspyramide dargestellt. Herodot hielt fest, dass die Sklaven beim Pyramidenbau unter anderem mit „Rettich, Zwiebeln und Knoblauch" ernährt wurden. Um 500 v. Chr. wurde Rettich in China angebaut und gelangte 200 Jahre später nach Japan. Plinius berichtet, dass „im Tempel von Delphi Modelle von Rüben, Roter Bete und Rettichen dem Apoll geweiht wurden. Die Rüben waren aus Blei, die Rote Bete aus Silber und die Rettiche aus Gold", und Horaz schrieb, dass „Salat und Rettich den trägen Magen anregen". J. Evelyn meinte, „Rettiche isst man nur mit Salz, da sie bereits Pfeffer enthalten". Der scharfe Geschmack ist auf Senföl zurückzuführen. Obwohl Rettich in der Regel rot ist, gibt es auch schwarze, violette, gelbe und grüne Sorten.

'Wiener Runder Kohlschwarzer'

SORTEN

Die rasch wachsenden Radieschen können nach ungefähr 4 Wochen geerntet werden. Die größeren, langsamer wachsenden Rettiche haben meist lange, zylindrische Wurzeln. Darunter findet man auch die großen Winterrettiche.

Radieschen und Winterrettiche
'Cherry Belle' ist weiß, rund, knackig und mild. Verträgt schlechtere Bodenqualität, wird nicht schnell holzig und hält sich gut. 3 Wochen nach dem Aussäen ernten. Bei **'Stamm P'** handelt es sich um eine schmackhafte Wintersorte mit leuchtend roten Knollen und weißem Fleisch. **'D'Avignon'** ist rosa, knackig und äußerst scharf. Die Knollenspitze ist weiß. **'18 Day'** wächst rasch und ist knackig und mild, ähnlich wie **'French Breakfast'**, eine Sorte mit langen, milden, süßen und zarten Knollen, die man sofort ernten sollte, sobald sie reif sind, da sie ansonsten scharf und holzig werden. **'Sora'** ist aufgrund ihres Geschmacks und der guten Qualität sehr beliebt. Kann früh unter Abdeckungen ausgesät werden. Die Rettichsorte **'Wiener Runder Kohlschwarzer'**, eine Sorte für die Herbsternte, hat eine interessante Farbe und ist äußerst scharf. Auch **'Long Spanish Black'** ist schwarz und schmeckt sehr würzig. **'Münchner Bier'** wird wegen der schmackhaften, grünen Hülsen angebaut, die man roh essen oder rösten kann. **'Neckarruhm Rot'** ist eine rote Sorte, die sich sehr gut für frühe Freilandkulturen eignet.

Rettiche
Rettiche (*Raphanus sativus* var. *longipinnatus*) haben lange, weiße Knollen, die bei kühlen Temperaturen und kurzen Tagen gedeihen.
'April Cross' ist knackig, saftig und mild. Die Sorte **'Langer Weißer Eiszapfen'** ist zart und geschmacksintensiv. **'Minowasa Summer'**, eine japanische Sorte, ist lang und mild. Bei **'Mino Early'** handelt es sich um einen großen, japanischen Rettich. **'Summer Cross Hybrid'** wächst rasch und kann ab einer Länge von 15 cm geerntet werden.

KULTIVIERUNG

Vermehrung
Der Anbau von Rettichen ist äußerst einfach, und die Pflanzen wachsen rasch. Ab dem Zeitpunkt, zu dem der Boden bearbeitet werden kann, sät man ab Frühlingsbeginn bis in den Frühherbst alle 2 Wochen aus. Die Saattiefe beträgt 1 cm. Man sät in Furchen in einem Abstand von 15 cm aus und vereinzelt die Pflanzen ca. 10 Tage, nachdem die Sämlinge hervorkommen, auf 3 cm. Man kann auch breitwürfig säen und auf 3 cm vereinzeln.

Rettiche sollten nicht zu nahe beisammen stehen. Winterrettiche sät man im Sommer mit einer Saattiefe von 2 cm in Reihen aus, die 25–30 cm voneinander entfernt sind. Je nach Sorte vereinzelt man auf 15–25 cm.
Kleine Rettiche kann man auch als nachwachsende Kultur anbauen und ernten, sobald die Sämlinge 5–7 cm groß sind; lässt man sie stehen bis sie 20–25 cm groß sind, kann man die Blätter wie Spinat zubereiten.

Anbau
Da Rettiche bei kühlen Temperaturen gedeihen, baut man die frühen und späten Sorten an offenen Standorten an, die Sommerkulturen jedoch im Halbschatten, umringt von größeren Pflanzen. Rettiche lieben leichte, feuchte, lockere Böden, die für die Vorjahreskultur gedüngt wurden und einen pH-Wert von 6,5–7,5 aufweisen. Bevor man das Saatbeet anlegt, den Boden gründlich umgraben und alle Steine entfernen, speziell bei Sorten mit längeren Knollen. Vor der ersten Aussaat und dem Anpflanzen der Winterrettiche recht man Langzeitdünger ein (30 g/m²).

Nur wenn sie rasch wachsen, werden die Knollen zart und schmackhaft, daher muss man sie reichlich gießen und darf das Beet nicht austrocknen lassen. Zu starkes Gießen fördert das Wachstum der Blätter auf Kosten der Knollen, und wenn Sie zu wenig gießen, werden die Knollen holzig oder springen auf. Bei trockener Witterung wöchentlich 10 Liter/m² gießen. Regelmäßig mit der Hacke oder von Hand jäten.

Pflegemaßnahmen
Frühling: Sobald der Boden es zulässt, im Freiland aussäen.
Sommer: Mehrmals aussäen, die Pflanzen gut gießen und von Unkraut befreien. Winterrettiche aussäen.
Herbst: Späte Kulturen unter Abdeckungen aussäen.
Winter: Winterrettiche ernten. Frühe Kulturen unter Abdeckungen aussäen.

Geschützter Anbau
Frühe und späte Kulturen der Sommersorten unter Glasglocken ziehen, um die Saison zu verlängern. Gut gießen und belüften.
Sommerkulturen mit beweglichen Glasglocken schützen.

Man würde nicht vermuten, dass die hübschen Radieschen so würzig schmecken.

Anbau in Kübeln
Rettiche lassen sich gut in 15–30 cm breiten und 20 cm tiefen Kübeln anbauen. Man verwendet Kompost auf Lehmbasis oder feuchte Gartenerde. Gut gießen und bei Bedarf mit flüssigem Volldünger düngen. Oder in Anzuchttüten aussäen und auf einen Abstand von 3–5 cm vereinzeln.

Ernte und Lagerung
Die Knollen reifen nach 8 bis 10 Wochen, danach sofort ernten, damit sie nicht holzig werden oder schießen.
Späte Kulturen können gelagert werden. Die Blätter abdrehen und die Knollen in Kisten mit trockenem Sand oder Sägemehl legen und frostgeschützt lagern.
Winterkulturen kann man im Boden lassen und bei Bedarf ausstechen. Mit Stroh oder Gestrüpp abdecken. Um die Ernte zu erleichtern, diese Knollen über 35 cm lang werden lassen, ohne dass sie holzig werden.
In einer Plastiktüte im Kühlschrank bleiben Rettiche bis zu einer Woche lang frisch.

Anfälligkeiten
Es können **Erdflöhe**, **Kohlfliegen** und **Nacktschnecken** auftreten.

Mischkulturen

Rettiche harmonieren mit Kerbel, Erbsen und Salat sowie mit Kapuzinerkresse und Senf. Da sie rasch wachsen, eignen sich Rettiche hervorragend als „Markierungssaat". Man sät sie in derselben Reihe wie langsam wachsende Kulturen, z. B. Pastinaken oder Petersilie, aus, damit man sieht, wo die Hauptkultur ausgesät wurde. Dadurch wird das Jäten erleichtert, und man kann ernten, ohne die anderen Pflanzen zu stören.

Heilkraft

Rettiche isst man bei Verdauungsstörungen und Blähungen. Wirkt auch als schleimlösendes Tonikum.

'Cherry Belle', frisch gepflückt und geschlichtet.

'Long Spanish Black'

KULINARISCHES

Rettiche kann man roh im Ganzen, gerieben oder in feine Ringe geschnitten in den Salat geben. Sie können die Knollen auch waschen und putzen, die Blätter entfernen und den Stiel auf 3 cm abschneiden, um ihn als „Griff“ zu verwenden, und den Rettich zu Brot, Butter, Salz, Käse und einem Glas Bier essen. (Manchmal reicht man ihn in Bierlokalen auch als kleinen Imbiss.)
In Scheiben geschnitten können Sie ihn an Stelle von Zwiebeln in Hamburgern verwenden.
Die Blätter der Sämlinge isst man roh, die älteren Blätter wie Spinat zubereiten.
Die langen, weißen Sommer- und Winterrettiche ebenfalls roh essen. Sie können jedoch gekocht und für Eintöpfe oder Currys verwendet.
Winterrettiche kann man auch einlegen. Oder schälen, in Würfel oder Scheiben schneiden und in leicht gesalzenem Wasser rund 10 Minuten kochen. Gut abseihen und in Butter schwenken.
Sie können die dünnen Scheiben auch rösten.
Damit der Rettich besonders knackig wird, lässt man ihn einige Stunden in einer Schale mit Wasser und ein paar Eiswürfeln stehen.
Schneiden Sie Rettiche und Mandarinen oder Orangen in kleine Stücke, bestreuen Sie diese mit etwas Salz und geben Sie gehackte Fenchelblätter und Zitronensaft dazu. An dieses interessante Rezept muss man sich erst gewöhnen.
Man kann eine „Rettichblume“ herstellen, indem man den Stiel entfernt und ihn über die gesamte Länge vertikal einschneidet. Danach die Knolle 30 Minuten in Eiswasser legen, die „Blütenblätter“ öffnen sich.
Unreife, grüne Hülsen roh essen, kochen oder einlegen. Man pflückt sie, solange sie grün und knackig sind.
Die japanischen Sorten sollten Sie vor der Verwendung abschaben oder schälen und putzen. In Indien isst man sie gekocht oder roh. In Japan sind sie eine traditionelle Beilage zu „Sashimi“ (rohem Fisch) und „Sushi“.
Ebenso wie bei den Sommerrettichen stellt eine dünne Scheibe davon einen hervorragenden Senfersatz dar und kann zum Roastbeef-Sandwich gegessen werden.

Muschel-Rettich-Suppe
(4 Personen)

2 Bündel Rettiche, geputzt
10 Kammmuscheln, ausgelöst
2 Frühlingszwiebeln, gehackt
2 EL Butter
600 ml Fischsuppe mit Milch
2 Lorbeerblätter

Muschel-Rettich-Suppe

1 Prise Cayennepfeffer
1 EL Petersilie, gehackt
4 EL Schlagsahne

Die Rettiche gut waschen und in kleine Würfel schneiden. Nun die Muscheln halbieren und zur Seite stellen.
In einem Suppentopf die Rettiche in Butter weichgaren, dann die Kammmuscheln hinzufügen und bei schwacher Hitze auf jeder Seite 30 Sekunden anbraten. Rettich dazugeben.
Fischsuppe mit Milch übergießen. Lorbeerblätter, Cayennepfeffer und Petersilie hinzufügen und 15 Minuten bei schwacher Hitze garen. Vom Herd nehmen, Muscheln mit einem Salatlöffel aus der Suppe nehmen, in Stücke schneiden und zurück in den Topf geben. Zuletzt Petersilie und Sahne einrühren. Sofort servieren.

Rheum x hybridum (R. x cultorum). Polygonaceae

RHABARBER

Großes, ausdauerndes Kraut. Die rosafarbenen Stiele sind genießbar. Teilweise winterhart. Nährwert: Wenige Kalorien; Vitamine in kleinen Mengen.

Rhabarber wurde erstmals 2700 v. Chr. erwähnt. Damals wurde er in China kultiviert. Im frühen 18. Jahrhundert gelangte er nach Europa, wo er ursprünglich zu rein medizinischen Zwecken als kräftiges Abführmittel eingesetzt wurde. Als Nahrungsmittel trat er erstmals 1778 in Frankreich auf, wo man ihn zu Torten und Kuchen verarbeitete. Um 1790 wurde der Rhabarber von Europa aus in die USA gebracht. Durch Zufall entdeckte man 1871 in einem botanischen Garten in London, dass man ihn auch verfrühen und bleichen konnte, da einige Pflanzen, die im Schutt gelegen hatten, gebleicht waren.

SORTEN

Es sind verschiedene Sorten erhältlich. Eine Standardsorte ist **'Holsteiner Blut'**. Sie treibt früh aus, hat rote Stiele und rotes Fleisch und ist sehr ertragreich. **'The Sutton'** treibt ebenfalls früh aus, hat rote Stiele und grünes Fleisch. Sehr schmackhaft und zum Verfrühen geeignet. **'Elmsblitz'** und **'Elmsjuwel'** haben rote Stiele und rotes Fleisch und liefern mäßigen Ertrag. **'Viktoria'**, eine rotstielige Sorte, ist in verschiedenen Größen erhältlich. Man erntet sie ab dem späten Frühling. **'Roter Prinz'** ist eine Selektion davon. Die neuere Sorte **'Timberley Early'** reift sehr früh, ist robust und zum Verfrühen geeignet. **'Early Champagne' ('Early Red')** liefert lange, scharlachrote Stiele, die sich hervorragend zur Weinerzeugung und zum Verfrühen eignen. Bei **'Goliath'** handelt es sich um eine neue Sorte.

Rhabarber in Terrakottatöpfen gezogen.

KULTIVIERUNG

Vermehrung

Rhabarber kann aus Samen gezogen werden, das Ergebnis fällt jedoch meist recht armselig aus. Es ist besser, die Kronen von älteren, bekannten Pflanzen zu teilen oder bei einem guten Händler virusfreie Pflanzen zu kaufen. Die Pflanzen sollten alle 2 bis 3 Jahre geteilt werden. Handelt es sich um ältere Pflanzen, entnimmt man die Ableger an der Außenseite. Im Winter die ruhenden Kronen ausstechen und mit einem Messer oder Spaten teilen. Jeder Setzling sollte rund 10 cm Durchmesser, zahlreiche Wurzeln und mindestens 1 Knospe haben.

Die Pflanzen wachsen meist schneller an, wenn man sie 3 Monate vor dem Anpflanzen im Freien in 25 cm breite Töpfe mit Kompost setzt. Zwischen Spätherbst (die beste Zeit) und Frühlingsbeginn umsetzen, einen Abstand von 75–90 cm einhalten und die Knospenspitze 2 cm hoch mit Erde bedecken. Verwenden Sie Setzlinge mit großen Knospen und achten Sie darauf, dass diese etwas über dem Boden stehen, damit sie nicht verfaulen. Die Pflanzen halten meist mehrere Jahre.

Man kann auch in Furchen mit einer Saattiefe von 2 cm aussäen und einen Abstand von 30 cm einhalten. Später auf 15 cm vereinzeln. Die stärksten Sämlinge im Herbst oder Frühling ins Freie setzen.

Anbau

Rhabarber gedeiht an offenen, sonnigen Standorten in tiefen, fruchtbaren, lockeren Böden mit einem pH-Wert von 5,0–6,0. Ideal für kühle, gemäßigte Zonen. Die Pflanzen sind sehr hungrig und haben lange Wurzeln, daher sollte man darauf achten, dass genügend Mist oder Kompost vorhanden ist. Bei sehr schweren Böden in Hügel- oder Hochbeeten anpflanzen.

Die Pflanzen jeden Winter mit Kompost oder Mist mulchen und nicht blühen lassen, außer die Samen werden benötigt. Ansonsten sind sie im darauf folgenden Jahr weniger ertragreich. Gießen und jäten. Zu Frühlingsbeginn um die Kronen Volldünger streuen.

Pflegemaßnahmen

Frühling: Frühe Sorten unter einem Eimer oder ähnlichem anpflanzen.
Sommer: Stiele ernten.
Herbst: Sobald die Stiele ab-

'Timberley Early' – eine Sorte, die sich bei Gärtnern großer Beliebtheit erfreut.

sterben, alle Rückstände entfernen.
Winter: Mit gut verrottetem Kompost oder Mist mulchen.

Geschützter Anbau
Für frühe Kulturen sticht man im Spätherbst einige Kronen aus, lässt sie liegen und frieren. Zum Verfrühen an einen kühlen Standort unter Dach bringen. In Kübeln mit Erde oder unter den Gewächshaustischen anpflanzen. Damit kein Licht einfällt, deckt man sie mit einer umgedrehten Kiste oder einem 30–50 cm hohen Eimer ab, der groß genug ist, um ein Wachstum der Stiele zu ermöglichen. Kompost feucht halten. Nach der Ernte die zum Verfrühen benutzten Kronen vernichten. Man kann die Pflanzen im Winter auch mit einer 15 cm Strohschicht, oder strohigem Mist bedecken und von Anfang bis Mitte Frühling ernten. 2 Jahre nach dem Verfrühen nicht von der Krone ernten.

Ernte und Lagerung
Nach dem Anpflanzen mit der Ernte 12–18 Monate warten. In der zweiten Saison nur ein paar Stangen ernten, in den darauf-folgenden Jahren kann mehr geerntet werden. Von Frühlingsbeginn bis zum Hochsommer ernten. Stiel abdrehen. Die Stängel sollten nicht aufbrechen, da sie ansonsten von Pilzkrankheiten befallen werden können. Zum Einfrieren die Stiele schneiden und einzeln schockgefrieren, dann in Plastiktüten geben. So bleiben die Stücke nicht aneinander kleben. Bis zu 1 Jahr lagerbar.

Anfälligkeiten

Honigpilze treten in Form von weißen Fäden auf abgestorbenen Teilen der Krone auf. Um die Stiele bilden sich orangefarbene Giftpilze. Befallene Wurzeln verbrennen. Die **Kronenfäule** befällt die Spitzen und lässt die Stiele dünn werden. Stark befallene Pflanzen verbrennen. Nicht wieder an derselben Stelle anbauen. Für **Viruserkrankungen** gibt es kein Gegenmittel. Die Pflanzen ausgraben und verbrennen.

Mischkulturen

Rhabarber soll Spinnmilben abhalten. Traditionell setzt man Rhabarber auch in Pflanzlöcher, um Kohlhernie zu bekämpfen. Ein aus den Blättern zubereiteter Tee wirkt gegen Blattläuse und Schwarzfleckigkeit von Rosen.

Kulinarisches

Verfrühter Rhabarber ist zart und braucht nicht so stark gezuckert zu werden. Man kocht die Stiele mit Zucker bei geringer Hitze, dafür ist kein oder nur ganz wenig Wasser erforderlich. Nicht zu stark kochen und keinen Aluminiumtopf verwenden.
Gedünsteter Rhabarber kann für Torten und Marmeladen verwendet werden. Man kann auch Streuselkuchen zubereiten, der hervorragend schmeckt, und mit Orangensaft, Marmelade oder Zimt verfeinern.

Rhabarbermarmelade

3,5 kg Rhabarber
3,5 kg Gelierzucker
Saft und geriebene Schale von 2 Zitronen
50 g blanchierte Mandeln

Rhabarber in 2 cm große Stücke schneiden und leicht kochen, bis man Saft erhält. Zucker, Zitronensaft und -schale sowie Mandeln hinzufügen. Rühren, bis sich der Zucker auflöst, anschließend kochen, bis der Rhabarber eindickt. In sterile Gläser füllen und gut verschließen.

Rhabarber-Sorbet
(4 Personen)

400 g Rhabarber
150 g Kristallzucker
Saft einer halben Zitrone

Rhabarber in 2 cm große Stücke schneiden, in eine Pfanne mit schwerem Boden geben und 50 ml Wasser hinzufügen. Vorsichtig erhitzen, bis Saft heraustritt und Zucker sowie Zitronensaft einrühren. Anschließend zugedeckt weichkochen. Einfrieren, dabei mehrmals mit dem Schneebesen rühren, um die Eiskristalle aufzubrechen. Falls Sie eine Sorbetiere verwenden, das Sorbet darin glattschütteln. 15 Minuten vor dem Anrichten aus dem Tiefkühlfach nehmen und im Kühlschrank stehen lassen.

Rhabarber-Sorbet

Heilkraft

Rhabarber wirkt adstringierend sowie zur Beruhigung des Magens und zur Entspannung. Dioskurides empfahl ihn bei Brust-, Magen- und Leberbeschwerden. Im 16. Jahrhundert wurde er in Europa mit Petersilie in Form eines Tees zur Behandlung von Geschlechtskrankheiten verwendet.

Warnung

Die Blätter sind äußerst giftig und daher nicht zum Verzehr geeignet.

Crithum maritimum. Apiaceae

MEERFENCHEL

Niedrig wachsende, ausdauernde Pflanze. Teilweise winterfest. Nährwert: gute Eisen- und Vitamin-C-Quelle, mittlerer Jodgehalt.

Der Meerfenchel wächst an den Meeresküsten und -klippen Europas und hat daher seinen Namen. Jahrhundertelang wurden die wildwachsenden Pflanzen gesammelt, bis sie später auch in Gärten kultiviert wurden. Der berühmte Maler William Turner schrieb: „Creta marina (Meereskraut) wächst an den Klippen von Dover." Der gefährliche Standort wird auch in Shakespeares „King Lear" erwähnt – um den Meerfenchel zu ernten, seilte man sich an den Klippen ab. 1664 beschrieb Robert Turner ähnlich riskante Erntetechniken auf den 200 m hohen Klippen der Isle of Wight, „viele riskieren ihr Leben, um ihre Speisen aufzubessern". Der Meerfenchel wurde in Kisten mit Meerwasser verpackt nach London geschickt, wo die Händler ihn um vier Shilling das Büschel einkauften. Ebenso wie für das Sammeln von Taubeneiern verlangte der Gutsherr eine jährliche Zahlung für das Ernten von Meerfenchel.

SORTEN

Crithium maritimum hat einen holzigen Stamm. Die Stängel werden bis zu 60 cm lang, und die graugrünen Blätter sind gezackt. Die weißen/cremefarbenen Blüten bilden Dolden und verwandeln sich in kleine, ovale Früchte. Die Blätter haben einen Geruch, der an Möbelpolitur erinnert.

KULTIVIERUNG

Vermehrung
Die Pflanzen werden aus frischen Samen gezogen, die im Herbst oder Frühjahr an einer geschützten Stelle ausgesät werden. Sobald sie groß genug sind, setzt man sie um oder teilt sie im Frühjahr.

Anbau
Der natürliche Lebensraum ist Sand. Wenn es gelingt, in einem Garten nahe der Küste ähnliche Gegebenheiten zu schaffen, können sich natürliche Kolonien bilden. Die Pflanzen gedeihen auch an trockenen Steinmauern und in lockeren Sand- oder Kiesböden, die ständig feucht gehalten und vor intensiver Sonneneinstrahlung geschützt werden müssen. Mit Algendünger düngen. Falls möglich, mit Meerwasser oder Salzwasserlösung gießen.

Meerfenchel liebt Salzluft.

Pflegemaßnahmen
Frühling: In kieshaltigem Kompost oder flachen Furchen aussäen.
Sommer: Die Erde mit Salzwasser feucht halten. Ernten.
Herbst: Ernten. Bei kälterem Wetter Pflanzen schützen.
Winter: Mit Stroh oder Blättern mulchen.

Geschützter Anbau
Der Meerfenchel muss gegen Frost geschützt werden. Mit Blättern, Stroh oder Gestrüpp abdecken.

Pflanzen in Kübeln
In Gefäßen mit kieshaltigem Kompost auf Lehmbasis anbauen. Im Sommer regelmäßig gießen. In kühleren Zonen die Pflanzen im Winter ins Haus bringen.

Ernte und Lagerung
Junge Triebe und Blätter abreißen oder abschneiden. Die jungen Frühlingstriebe sind die zartesten. Einzelne Pflanzen nicht zu stark abernten. Falls möglich, sofort nach der Ernte essen. Bis zu 2 Tage im Kühlschrank lagern.

Anfälligkeiten
Normalerweise keine.

KULINARISCHES

Vor Verwendung gut abspülen. Zarte, junge Triebe und Blätter kann man frisch essen. Ungekocht als Salat oder mit Öl und Zitronensaft als Vorspeise zubereiten.
Man kann die jungen Triebe und Blätter auch einlegen. Ein Einmachglas mit Meerfenchel anfüllen, der zuvor in 2 cm große Stücke geschnitten wurde, Pfefferkörner und ein wenig geriebenen Rettich dazugeben und mit einer kochenden Mischung, die zu gleichen Teilen aus trockenem Apfelwein und Essig besteht, übergießen. Vor dem Verschließen eine Stunde ziehen lassen. Eingelegter Meerfenchel wird als Garnierung und an Stelle von Kapern verwendet.

HEILKRAFT

John Evelyn pries „die hervorragenden Eigenschaften und Wirksamkeit gegen schlechte Laune".
Meerfenchel wurde auch als Stärkungsmittel für Nieren und Blase verwendet.
Er soll unter anderem zusätzlich harntreibend, verdauungsfördernd und entschlackend wirken.

Sechium edule. Cucurbitaceae

CHAYOTE

Schuschu, Chouchou. Ausdauernde Kletterpflanze mit Knollenwurzeln. Früchte und Samen sind genießbar. Frostempfindlich. Nährwert: 90 % Wasser. Wenig Kalorien. Etwas Vitamin C.

Bei idealen Bedingungen wird diese Kletterpflanze bis zu 15 m hoch und liefert riesige Knollen. Sie ist in Zentralamerika heimisch. „Chayote" leitet sich vom aztekischen Wort „chayotl" ab. Auf den Westindischen Inseln wird die Pflanze nach Christoph Kolumbus, der sie angeblich auf die Inseln brachte, „Christophine" genannt. Die birnenförmigen Früchte enthalten ein essbares Samenkorn.

SORTEN

'Ivory White' ist eine kleine Sorte mit heller Schale.

KULTIVIERUNG

Chayote gedeiht auf reichhaltigen, fruchtbaren Böden.

Vermehrung
Im Frühling zieht man die Pflanzen aus Ablegern der weichen Spitzen bei 18 °C. Man kann auch die gesamte Frucht einpflanzen. Dazu legt man sie leicht abgewinkelt auf die Seite und läßt die Schmalseite aus der Erde ragen.

Anbau
Auf 30–40 cm hohen Hügelbeeten mit einem beidseitigen Abstand von 90 cm anbauen. Eine Schaufel Mist mit einer 15 cm hohen Erdschicht bedecken; mulchen.

Man kann auch in 3 m breiten, quadratischen Beeten anpflanzen; organisches Material einarbeiten, die Samenkörner an den Ecken einpflanzen und die Pflanzen zur Mitte hin ranken lassen. Die Pflanzen können auch in 90 cm breiten Furchen gezogen werden. Die Stiele an Bäumen, Spalieren, oder 15 cm breitem Maschendraht ranken lassen. Bei trockenem Wetter regelmäßig gießen. Am besten wachsen die Pflanzen in der feuchten Jahreszeit. Um eine Blüte zu ermöglichen, müssen die Tage länger als 12 Stunden sein. In tropischen Gebieten gedeiht Chayote besser bei mittleren Temperaturen in der Höhe.

Pflegemaßnahmen
Frühling: Samen aussäen oder Ableger abschneiden.
Sommer: Düngen und gießen.
Herbst: Ernten.
Winter: Früchte für den Anbau im nächsten Jahr lagern.

Geschützter Anbau
In kühlen, gemäßigten Zonen bei hellem Licht, mittlerer Temperatur und Feuchtigkeit unter Glas anbauen. In wärmeren Gegenden pflanzt man erst unter Glas an und setzt die Pflanzen um, sobald die Frostgefahr gebannt ist. In Gewächshausbeeten oder in Kübeln anbauen.

Pflanzen in Kübeln
Im Frühling die Pflanze aus Samen oder Ablegern ziehen. In Kompost auf Lehmbasis mit hohem Düngeranteil umsetzen, Mist sowie Kies hinzufügen. Bewässern und alle 14 Tage mit flüssigem Volldünger gießen. Sobald die Pflanzen angewachsen sind, mit Pottasche düngen. Ranken stützen.

Ernte und Lagerung
In den Tropen halten sich die Pflanzen einige Jahre und tragen 3 bis 4 Monate nach dem Aussäen das ganze Jahr über Früchte. Den Stiel über der Frucht mit einem Messer abschneiden. 25–30 Tage nach dem Ansatz haben die Früchte ihre volle Größe. Bei kühler Lagerung 3 Monate haltbar.

Anfälligkeiten
Wurzelknotennematoden, **Echter Mehltau** und **Spinnmilben** sind eine Gefahr.

HEILKRAFT

Chayote ist gut gegen Magengeschwüre und enthält einige Spurenelemente.

KULINARISCHES

Dieses vielseitige Gemüse kann man kochen, glasieren, pürieren (und mit Chilipulver würzen) oder zu Suppen, Eintöpfen, Curries und Chutneys geben. Die Samenkörner können in Butter gekocht, die jungen Blätter wie Spinat zubereitet und die Knollen gegessen werden, solange sie jung sind. Das Fleisch bleibt nach dem Kochen fest. Es kann an Stelle von Avocados in den Salat gegeben werden und ist ideal für Diäten. Als Fülle verwendet man eine gut gewürzte Sauce Bolognese, zu der man das gekochte Fleisch der Chayote gibt und in die ausgehöhlten Hälften stopft. Mit Käse bestreuen und im vorgeheizten Rohr bei 180 °C (Gas: Stufe 4) 30 Minuten überbacken.

Chayote in Rotwein
(6 Personen)

6 birnengroße Chayoten, geschält und im Ganzen
150 g Zucker
300 ml Wasser
150 ml Rotwein
5 cm Zimtstange
4 Nelken
Zitronensaft
Schlagsahne und Staubzucker

Einen Topf verwenden, der groß genug ist, damit man die Chayoten nicht übereinanderlegen muss. Darin Zucker in Wasser auflösen und 2 Minuten köcheln lassen. Chayoten, Wein und Gewürze hinzufügen. Zudecken und köcheln lassen, bis die Früchte weich sind. Chayoten herausnehmen und aufrecht in eine Schüssel stellen. Die Flüssigkeit aufkochen und eindicken, bis sie sirupartig ist. Den Geschmack mit ein wenig Zitronensaft betonen. Den Saft über die Früchte gießen und mit leicht gesüßter Schlagsahne servieren.

Chayote in Rotwein

Scorzonera hispanica. Compositae

SCHWARZWURZEL

Wird wegen der Triebe, Blütenknospen und Blüten zweijährig angebaut und wegen der zylindrischen Pfahlwurzeln einjährig. Winterhart. Nährwert: Enthält das unverdauliche Kohlenhydrat Inulin, das sich bei der Lagerung in Fructose verwandelt und somit den Kaloriengehalt erhöht (27 Kalorien pro 100 g); enthält Vitamine und Mineralien in geringen Mengen.

Die Schwarzwurzel ist der Haferwurzel sehr ähnlich, allerdings ist die Schale dunkler, die Rübe schmäler und der Geschmack weniger intensiv. In Spanien wurde sie früher zur Behandlung von Schlangenbissen verwendet. Der Gattungsname „Scorzonera" leitet sich vom italienischen „scorza", Rinde, und nera, schwarz, ab und beschreibt somit Aufbau und Farbe der Wurzeln. Die Pflanze, die in Mittel- und Südeuropa bis hin nach Russland und Sibirien heimisch ist, war schon den Griechen und Römern bekannt, die wenig Interesse hatten, sie zu kultivieren. Sie wird in Europa als weitverbreitetes Wintergemüse angebaut. Die Blätter werden als Futter für Seidenraupen verwendet.

Falls man sie wachsen lässt, geben die leuchtend gelben Blüten hervorragende Zierpflanzen ab.

'Russian Giant' ist eine verbreitete Sorte.

SORTEN

'Einjährige' hat mittellange, schmackhafte Wurzeln, ebenso wie **'Flandria Scorzonera'**, deren Wurzeln bis zu 30 cm lang werden und sehr geschmacksintensiv sind. **'Hoffmanns Schwarze Pfahl'** hat glatte, schwarzbraune, zylindrische Wurzeln. **'Lange Jan'** hat lange, dunkelbraune Pfahlwurzeln. **'Long Black'** ist ähnlich, mit schwarzen Wurzeln. Die Wurzeln von **'Russian Giant'**. sind lang und haben einen feinen Geschmack.

KULTIVIERUNG

Vermehrung
Frische Samen von Mitte bis Ende Frühling im Freien in 1–2 cm tiefen Furchen aussäen und zwischen den Reihen einen Abstand von 15 cm einhalten. Man kann auch 2 bis 3 Samen in Gruppen mit 15 cm Abstand aussäen und nur den stärksten Sämling stehen lassen. Es ist auch möglich, im Spätsommer auszusäen und nächsten Herbst zu ernten.

Anbau
Die Pflanze liebt sonnige Standorte und tiefe, leichte, lockere Böden, die für die vorherige Kultur gedüngt wurden. Nicht auf frisch gedüngtem oder steinigem Boden aussäen, da sich sonst die Wurzeln „gabeln". Ideal ist ein pH-Wert von 6,0–7,5, daher den Boden bei Bedarf kalken. Bei schweren oder steinigen Böden füllt man eine schmale, rund 30 cm tiefe Furche mit fein gesiebter Erde oder lockerem Kompost, damit die Wurzeln gerade wachsen. Den Boden tief umgraben und 10 Tage vor dem Aussäen Volldünger einrechen (60–90 g/m^2). Die Pflanzen vorsichtig von Hand jäten. Mulcht man, sobald die Wurzeln angewachsen sind, kann man Unkraut verdrängen, Feuchtigkeit speichern und bei trockenem Wetter das Schießen vermeiden. Wöchentlich mit 15–20 Liter/m^2 gießen. Die Wurzeln im Boden lassen,

In unseren Breiten wird die Schwarzwurzel oft verschmäht, im Mittelmeerraum ist sie jedoch weit verbreitet.

um im nächsten Frühjahr die Triebe zu ernten. Im Herbst die alten Blätter ca. 1–3 cm über dem Boden abschneiden. Die Wurzeln auf ca. 15 cm anhäufeln, damit die nachwachsenden Triebe im Winter gebleicht werden. Im späten Frühling entfernt man die angehäufelte Erde und erntet die 12–15 cm langen Triebe. Sie können die Triebe auch bleichen, wenn Sie sie zu Frühlingsbeginn mit Stroh oder Blättern abdecken. Wurzeln, die im ersten Jahr zu klein sind, stehen lassen.

Pflegemaßnahmen

Frühling: Von Mitte bis Ende Frühling dünn aussäen und die Sämlinge vereinzeln.
Sommer: Von Unkraut befreien und gut gießen, damit die Erde feucht bleibt.
Herbst: Wurzeln im Boden lassen und bei Bedarf vorsichtig mit der Gabel ausstechen.
Winter: Mit der Ernte fortfahren. Boden vorbereiten.

Geschützter Anbau

Die Schwarzwurzel ist frosthart, doch Sie können sich die Ernte erleichtern, wenn Sie sie vor Einbruch der kalten Witterung mit Stroh oder Glasglocken abdecken.

Pflanzen in Kübeln

Bei flachen oder steinigen Böden kann man die Pflanzen in tiefen Kübeln mit Kompost auf Lehmbasis anbauen. Regelmäßig gießen.

Ernte und Lagerung

Die Pflanzen benötigen zum Reifen mindestens 4 Monate und können von Mitte Herbst bis Mitte Frühling geerntet werden. In einem guten Jahr können die Wurzeln bis zu 40 cm lang werden, normalerweise erreichen sie eine Länge von 20 cm.
Man kann die Wurzeln entweder im Boden lassen, bis sie gebraucht werden, oder vorsichtig ausstechen, da sie leicht verletzt werden. Die Wurzeln reinigen und in Kisten mit Sand oder Sägemehl kühl lagern. Im Kühlschrank halten sie bis zu 1 Woche.
Ältere Pflanzen blühen im Frühling oder Sommer des zweiten Jahres. Die Knospen erntet man mit einem 8 cm langen Stiel.
Wenn man beim Ausstechen feststellt, dass die Pflanzen viele gegabelte Wurzeln haben, die restlichen im Boden lassen, um deren junge Triebe und Knospen zu ernten.

Anfälligkeiten

Die Schwarzwurzel hat kaum Schädlinge. Es kann sich jedoch **Weißer Rost** bilden, der wie Farbspritzer aussieht. Befallene Pflanzen verkümmern.

Mischkulturen

Die Schwarzwurzel hält die Karottenfliege ab. Ihre Blüten locken nützliche Insekten an.

Heilkraft

Der aus dem Italienischen abgeleitete Gattungsname „Scorzonera" spricht für die Wirksamkeit der Pflanze als Gegengift bei Schlangenbissen. „. . . im speziellen, um die Bisse der Vipern zu heilen (von denen es in Spanien und anderen heißen Ländern gar viele gibt)", wie Gerard 1597 bemerkte. Diese Wirkung ist jedoch nicht bewiesen.

Kulinarisches

Die Wurzeln kann man backen, pürieren, panieren, braten, zu Kroketten und Chips verarbeiten oder mit Käse und Brotkrumen gratinieren.
Gekocht kommt der Geschmack voll zur Geltung. Da sie sich aufgeschnitten verfärben, legt man sie in Wasser mit Zitronensaft und kocht sie anschließend 25 Minuten in Salzwasser mit einem Esslöffel Mehl. Nach dem Kochen schält man die Wurzel wie ein hartgekochtes Ei, schwenkt sie in Butter und gehackter Petersilie. Junge Triebe kann man ungekocht zum Salat geben. Die Blütenstiele gelten als sehr schmackhaft.

Gebratene Schwarzwurzeln

Pro Person nimmt man 150–175 g geputzte Schwarzwurzeln, die ungeschält sein sollten. Grob hacken und in einer Pfanne mit ein wenig nativem Olivenöl *al dente* braten, dazwischen umdrehen. Auf Küchenpapier abtropfen lassen und mit Zitronensaft, gemischt mit 1 fein gehackten Knoblauchzehe und 1 Esslöffel fein gehackter Petersilie beträufeln.

Sautierte Schwarzwurzeln

Solanum melongena. Solanaceae

AUBERGINE

Eierfrucht, Melanzani. Kurzlebige, ausdauernde Pflanze, im Anbau einjährig. Die Früchte sind genießbar. Frostempfindlich. Nährwert: Die meisten Vitamine und Mineralien in kleinen Mengen. Sehr wenige Kalorien, 3 % Kohlenhydrate und 1 % Eiweiß.

Diese Frucht mit glänzender Schale wurde im Spanien des 16. Jahrhunderts als „Liebesapfel" bezeichnet. Die Botaniker der damaligen Zeit nannten ihn jedoch *Mala insana* oder „verrückter Apfel", da man nach seinem Genuss angeblich den Verstand verlor. Die Chinesen bauten bereits im 5. Jahrhundert v. Chr. Auberginen an, und auch in Indien werden sie schon seit Jahrhunderten kultiviert. Griechen und Römer kannten die Früchte jedoch nicht. Mit den Mauren gelangten sie nach Spanien, von dort aus nach Amerika. Die Bezeichnung „Aubergine" leitet sich vom arabischen „al-badingan" ab.

An den Blüten der Aubergine sieht man, dass sie mit der Kartoffel verwandt ist.

SORTEN

Die Früchte haben verschiedene Formen und Farben von großen, violetten bis zu kleinen, runden, weißen mit 5 cm Durchmesser. Die meisten modernen F_1-Hybriden sind buschig und werden ungefähr 1 m hoch. Anders als die älteren Sorten haben sie fast keine Dornen. **'Bambino'** ist eine kleine Sorte. **'Black Beauty'** liefert über einen langen Zeitraum dunkelviolette, qualitativ hochwertige Früchte. Sehr ertragreich. **'Black Enorma'** hat riesige, runde, beinahe kugelförmige Früchte, die regelmäßig geerntet und mit einem Stock gestützt werden sollten. **'Easter Egg'** ist zwar nicht schokoladenbraun und süß, hat jedoch weiße Früchte, die ungefähr die Größe eines Hühnereis haben. Die Früchte können bei einer Größe von 15 cm geerntet werden. Sie reifen bei guten Bedingungen innerhalb von 2 Monaten. Bei **'Adona'** handelt es sich um eine kräftige, frühe, ertragreich Sorte mit länglichen, dunklen Früchten. **'Lange Violette'** ist sehr ertragreich und hat dunkelviolette, rund 15 cm lange Früchte. Bei **'Moneymaker'** handelt es sich um eine herrliche, frühe Sorte mit schmackhaften Früchten, die auch niedrigere Temperaturen verträgt und sowohl unter Glas als auch im Freiland angebaut werden kann. **'Ova'** schmeckt hervorragend und liefert unzählige kleine, weiße Früchte. Eine sehr dekorative Sorte, die sich für den Anbau unter Glas eignet. **'Short Tom'** ist eine kleine, frühe Sorte. Die Früchte kann man ernten, solange sie klein sind, oder größer größer lassen. Ideal zum Anbau in Kübeln.

'Violette di Firenze' benötigt zum Reifen viel Wärme. Die ungewöhnlichen, jedoch sehr ansprechenden dunkellila Früchte sind ideal zum Anbau in einem Gemüseziergarten.

KULTIVIERUNG

Auberginen brauchen lange, heiße Sommer und eignen sich zum Anbau in wärmeren Zonen. In kühleren Zonen können sie ebenfalls im Freiland angebaut werden, gedeihen jedoch besser unter Glas. Für optimalen Blüten- und Fruchtansatz muss die Temperatur konstant 25–30 °C betragen und die Luftfeuchtigkeit relativ hoch sein. Bei Temperaturen unter 20 °C ist das Wachstum meist eingeschränkt.

Vermehrung
Beim Auskeimen sollte die Temperatur zwischen 15 und 21 °C liegen. Zu Frühlingsbeginn sät man in Schalen, Töpfen oder Torftöpfen mit feuchtem Saatkompost im beheizbaren Frühbeet oder Warmhaus aus. Sie können die Töpfe auch auf eine Fensterbank stellen. Weicht man die Saat 24 Stunden vor dem Aussäen ein, kann sie besser keimen. Die in Anzuchtschalen gezogenen Pflanzen in 5 bis 7 cm große Töpfe umsetzen, sobald sich 3 Blätter gebildet haben. Solange umsetzen, bis sie im Freiland oder unter Abdeckungen angepflanzt werden können. Im Freiland 10–12 Wochen vor dem letzten Frost aussäen.

Anbau
Auberginen lieben sonnige, geschützte Plätze mit fruchtbarem, lockerem Boden. Vor dem Anpflanzen recht man Langzeitdünger ein (30–60 g/m^2) und reichert die Erde mit organischem Material an. In kühleren Zonen den Boden erst mit Glasglocken aufwärmen, die man auch nach dem Anpflanzen 2–3 Wochen stehen lässt, bis die Pflanzen angewachsen sind. Dadurch härtet man sie ab, bevor die Glasglocken entfernt werden. Der Abstand zwischen den Pflanzen sollte 50–60 cm betragen. Sobald sie 40 cm hoch sind (kleinere Sorten 25–30 cm), zwickt man die Vegetationsspitzen ab. Falls erforderlich, den Hauptstiel stützen oder die Seitentriebe mit Schnur befestigen, sobald die Früchte zu reifen beginnen. Im Freiland wachsende Pflanzen mulchen.
Bis die Pflanzen angewachsen sind, mit flüssigem Volldünger düngen; sobald sich die ersten Früchte gebildet haben, alle 10 Tage mit flüssigem Pottaschedünger gießen. Wenn sich die Blüten öffnen, kann man sie ein wenig mit lauwarmem Wasser besprühen. Das erleichtert die Be-

stäubung. Damit die Früchte groß werden, nur 4–5 davon wachsen lassen. Seitentriebe entfernen.

Pflegemaßnahmen
Frühling: Unter Glas aussäen.
Sommer: Sobald die Frostgefahr gebannt ist, Pflanzen ins Freie setzen. Auf jeder Pflanze 4–6 Früchte stehen lassen und nach dem Reifen abnehmen.
Herbst: Freilandkulturen vor frühem Frost schützen.
Winter: Samen für die nächste Saison bestellen.

Geschützter Anbau
Werden die Pflanzen unter Glas angebaut, besprüht man sie regelmäßig mit lauwarmem Wasser oder „sprengt" an heißen Tagen die Wege. Den Kompost während der gesamten Wachstumsperiode feucht halten, jedoch das Wasser nicht stehen lassen.

Pflanzen in Kübeln
Auberginen können in 20 bis 30 cm breitenTöpfen oder Anzuchttüten gezogen werden. Die Temperatur sollte 15–18 °C betragen. Regelmäßig gießen, Kompost feucht halten und bei jedem zweiten Gießen mit Pottasche düngen.

Ernte und Lagerung
Man erntet die Früchte, wenn die Schale glänzt. Überreife Früchte sind stumpf und schmecken äußerst bitter. Mit einem Messer die Fruchtstängel nahe dem Stiel abschneiden. Bei kühler, trockener Lagerung oder im Kühlschrank halten sich die Früchte bis zu 2 Wochen.

Anfälligkeiten

Die Pflanzen auf **Blattläuse, Weiße Fliegen** und **Spinnmilben** absuchen. **Echter Mehltau** kann das Wachstum bremsen. Bei starkem Befall werden die Blätter gelb und sterben ab. Bei **Verticillium-Welke** werden die untersten Blätter gelb. Die Pflanzen welken, erholen sich aber über Nacht.

Mischkulturen

Auberginen wachsen besonders gut mit Thymian, Estragon und Erbsen.

Heilkraft

In der indischen Naturheilkunde verwendet man die weißen Sorten zur Behandlung von Diabetes. Das Wort „vatin-ganah" aus dem Sanskrit bedeutet „Gemüse gegen Blähungen". Im Kamasutra wird daraus ein Trank bereitet, der „das männliche Organ für die Dauer eines Monats vergrößert". All das ist unbestätigt.

Warnung

Stets die bitteren Enden abschneiden, da durch diese Schleimhäute gereizt werden.

'Violette di Firenze' – ungewöhnlich schön.

Kulinarisches

Die großen Früchte enthalten einen bitteren Stoff. Die größeren Sorten schneidet man auf, bestreut sie mit Salz und lässt sie rund 30 Minuten stehen, damit die Bitterstoffe ausgeschieden werden. Anschließend gut abspülen. Kleine und neue Sorten brauchen diese Vorbehandlung nicht. Man reibt nur die Schnittflächen mit Zitronensaft ein, damit sie sich nicht verfärben.
Auberginen kann man pürieren, dünsten, füllen, braten, einlegen oder zu Suppe verarbeiten. Die Scheiben können paniert oder mit Olivenöl beträufelt und gegrillt werden. Im Nahen Osten brennt man die Schale über dem offenen Feuer ab, damit die Früchte geräuchert schmecken.
In der Provence wird aus Auberginen, Knoblauch, Paprika, Zucchini, Zwiebeln und Koriandersamen der Gemüseeintopf Ratatouille zubereitet. Alle Zutaten werden in Olivenöl gebraten. Das griechische Moussaka enthält Hackfleisch und Auberginen.
In der Karibik dünstet man die kleinen, weißen Sorten in Kokosmilch und süßen Kräutern. Die orientalischen Auberginen haben einen süßlichen Geschmack.

Sautierte Auberginen mit Mozzarella
(4 Personen)

Dieses Gericht passt gut zu Fleisch.

4 kleine, lange, dünne Auberginen
1 Knoblauchzehe, gepresst
1 EL gehackte Petersilie
Salz und schwarzer Pfeffer aus der Mühle
50 g getoastete Brotkrumen
3 EL Olivenöl
100 g Mozzarella, in 5 mm breite Scheiben geschnitten

Auberginen der Länge nach aufschneiden. Die Früchte, jedoch nicht die Schale diagonal einschneiden und mit der Schale nach unten in eine flache Form legen. Knoblauch, Petersilie, Salz, Pfeffer, Brotkrumen und die Hälfte des Öls vermischen und in die eingeschnittenen Auberginen füllen.
Mit dem restlichen Öl beträufeln und im vorgeheizten Ofen bei 180 °C ca. 20 Minuten weich garen.
Die Hitze auf 200 °C erhöhen und Mozzarella auf die Auberginen legen. Anschließend nochmals 5 Minuten ins Rohr stellen. Sofort nachdem der Mozzarella geschmolzen ist, servieren.

Solanum tuberosum. Solanaceae

KARTOFFEL

Erdapfel. Ausdauernd. Wird einjährig kultiviert. Die stärkehältigen Knollen sind genießbar. Teilweise winterhart. Nährwert: Reich an Kohlenhydraten, Magnesium und Kalium. Mittlerer Gehalt an Vitamin B und C.

Mit neuen Moden Dein Gemüt erfrisch, hol Dir diese Sorten auf den Tisch –
die scheue Kartoffel ist nicht ohne und auch nicht die Gartenbohne.
Sir William Gilbert (1836–1911)

Das weltweit viertwichtigste Nahrungsmittel nach Weizen, Mais und Reis ist stärkehaltig, äußerst nahrhaft und wird in allen gemäßigten Zonen angebaut. Seit 5000 v. Chr., als die Kartoffel erstmals in Chile und Peru kultiviert wurde, hat man unzählige, verschiedene Sorten gezüchtet.

Die Spanier brachten die Kartoffel erstmals im 16. Jahrhundert nach Europa, und Sir John Hawkins soll sie angeblich 1563 in England eingeführt haben. Sie wurde jedoch nur selten angebaut, bis Sir Francis Drake 1586 nach der Schlacht gegen die Spanier im Karibischen Meer noch mehr davon nach England einführte. Mit Sir Walter Raleigh gelangte sie nach Irland. Dieser stellte sie später auch Königin Elizabeth I., der Großen, vor. Angeblich soll ihr Koch die Knollen weggeworfen und die Blätter gekocht haben, was ihm nicht gerade zur Beförderung verhalf.

In England und Deutschland galt die Kartoffel als Kuriosität. Die Franzosen waren der Ansicht, sie würde Lepra und Fieber verursachen. Doch 1773 klärte der Wissenschaftler Antoine Parmentier über ihren Wert als wichtiges Nahrungsmittel bei Lebensmittelknappheit auf, nachdem er sich während seiner Kriegsgefangenschaft in Preussen davon ernährt hatte. Er gründete Suppenküchen für die Armen. Die Kartoffelsuppe ist heute auch unter dem Namen „Potage Parmentier“ bekannt, und es gibt auch ein „Omelette Parmentier“. Er erfand auch die Pommes frites, die bei einem Festessen zu Ehren Benjamin Franklins serviert wurden, der jedoch nicht sehr beeindruckt von dieser Kartoffelspeise war. Es war Thomas Jefferson, der die Pommes frites in den USA bekannt machte.

König Louis XVI. erhielt von Parmentier ein Sträußlein aus Kartoffelblüten, das er im Knopfloch trug. Marie Antoinette steckte sich ein solches ins Haar, wie es daraufhin Mode wurde. Anfang des 19. Jahrhunderts zählte die Kartoffel in Frankreich zu den wichtigsten Nahrungsmitteln.

Das irische Klima mit hoher Niederschlagsmenge begünstigte hohe Erträge dieses Gemüses. Man zog die Kartoffeln aus kleinen Knollen, die von Farmer zu Farmer weiter gegeben wurden, daher gingen alle Kulturen letztlich auf einige wenige Pflanzen zurück. Die Pflanzen wurden anfällig für Kartoffelfäule. Aufgrund der verheerenden Missernten um 1840 verhungerten 1,5 Millionen Menschen, beinahe 1 Million Iren wanderten wegen der Hungersnot nach Nordamerika aus. Im Amerikanischen Bürgerkrieg schickte man Kartoffeln in die Gefängnisse und an die Front. Indem sie die Kartoffeln mit der Schale aßen, konnten die Soldaten ihren Bedarf an Vitamin C decken. In Österreich bezeichnet man die Kartoffelknollen als „Erdäpfel“.

SORTEN

Kartoffeln werden in sehr frühe, frühe, mittelfrühe, mittelspäte und sehr späte Sorten unterteilt. Die frühen Sorten wachsen rasch und beanspruchen kürzere Zeit und weniger Platz als die späten Sorten; sie eignen sich daher für kleinere Gärten. Der Ertrag ist jedoch im allgemeinen geringer. Die frühen Sorten werden auch von weniger Schädlingen befallen als die späten. Die mittelfrühen Kartoffeln werden ca. 1 Monat nach den frühen ausgesät. Die späten werden sofort aufgebraucht oder über den Winter eingelagert.
Es gibt viele verschiedene Formen, Größen, Farben und Festigkeiten von Kartoffeln. Die Schale kann rot, gelb, violett oder weiß und das Fleisch cremefarben oder gelb, gesprenkelt oder sogar blau sein. Außerdem gibt es fest kochende oder mehlige Sorten, und die Form variiert zwischen knotig, rund und oval. Aufgrund der Landwirtschaftsgesetze sind einige alte Sorten nur bei bestimmten Institutionen erhältlich, doch die meisten Händler bieten eine umfangreiche Palette an. Greifen Sie zu den Sorten, die für Ihre Region empfohlen werden.
Eine sehr bekannte, frühe Sorte ist **'Sieglinde'** mit mittlerer Reifezeit, hohem Ertrag und guter Keimfreudigkeit. Die festen, schmackhaften Knollen sind länglichoval. Bei **'Ares'** handelt es sich um eine mehlige Sorte, die ebenfalls früh angebaut wird und eine mittlere Reifezeit hat. **'Linzer Delikatess'** hat längliche Knollen und ist weniger ertragreich. Ertragreicher ist die Sorte **'Friesländer'**, deren vorwiegend festkochende Knollen hellgelbes Fleisch haben. Eine weitere frühe, schmackhafte Sorte mit geringem Stärkegehalt ist **'Christa'**. Bei **'Jaerla'** handelt es sich um eine robuste Sorte mit mittlerer Keimfreudigkeit und mittlerem Ertrag, die ebenfalls fest kochend ist.
Unter den mittelfrühen Sorten zählt **'Bintje'** zu den schmackhaftesten und daher verbreitetsten. Die länglich-ovalen Knollen haben hellgelbes Fleisch und mittleren Stärkegehalt. Sehr wenig Stärke enthalten die gelbfleischigen, ovalen, fest kochenden Knollen von **'Evita'**, die ebenfalls sehr schmackhaft sind. Sehr ertragreich ist die vorwiegend fest kochende Sorte **'Goldsegen'**. Eine weitere mittelfrühe Sorte ist **'Naglerner Kipfler'**. Der

Die Sorte 'King Edward' ist beinahe 100 Jahre alt.

Ertrag ist nicht sehr hoch, die gelben, länglichen, festen Knollen schmecken jedoch ausgezeichnet. Bei **'Asterix'** handelt es sich um eine seltenere, schmackhafte, mehlige Sorte. **'Sonja'** zählt zu den ertragreichsten mittelfrühen Sorten. Ebenfalls sehr ertragreich ist **'Rosella'** mit tiefgelben, vorwiegend fest kochenden, schmackhaften Knollen. Bei den mittelspäten bis späten Kartoffeln dominieren die mehligen Sorten. Zu den ertragreichsten zählt **'Agria'** mit tiefgelben, länglich ovalen Knollen. Eine vorwiegend fest kochende, mittelfrühe Sorte ist **'Linzer Gelbe'**. Bei **'Bionta'** handelt es sich um eine robuste, ertragreiche Sorte mit längerer Reifezeit. Vielleicht möchten Sie auch ausländische Sorten versuchen. **'King Edward'** ist eine bekannte, ertragreiche, hochwertige, mittelfrühe Sorte, deren Knollen sich für Folienkartoffeln eignen, jedoch anfällig für Kartoffelfäule und Trockenheit sind. Bei **'Belle de Fontenay'** handelt es sich um eine sehr alte, seltene französische Sorte, die sich hervorragend für Salate eignet. Die gelben Knollen sind klein und nierenförmig, fest kochend und sehr schmackhaft. **'Avalanche'** kann als mittelfrühe oder späte Sorte angebaut werden. Die rundlich ovalen, weißfleischigen Knollen sind einheitlich, ertragreich und hervorragend als Folienkartoffeln geeignet. **'Concorde'** ist eine äußerst ertragreiche, sehr frühe Sorte. Die Knollen sind groß und oval und haben

'Pink Fir Apple'

hellgelbes, festkochendes, äußerst schmackhaftes Fleisch.
Diese Sorte kann man auf fast allen Böden anbauen. Sie verträgt auch späten Frost. Bei **'Desiree'** handelt es sich um eine beliebte späte Sorte mit rosafarbener Schale und hellgelbem Fleisch. Kann auf den meisten Böden kultiviert werden, gedeiht jedoch am besten in mittlerem bis schwerem Erdreich. Ideal für Pommes frites und Folienkartoffeln. **'Pink Fir Apple'** ist eine herrliche, alte Sorte, die sehr spät reift. Die Schale der ungewöhnlichen, länglichen Knollen ist rosa. Schmecken gut in Salaten, bleiben nach dem Abkühlen fest und sind ideal für Pommes frites.

Keimende Saatkartoffeln

Kartoffelfeld in Oregon, USA.

KULTIVIERUNG

Vermehrung

Kartoffeln zieht man normalerweise aus kleinen Knollen, die „Saatkartoffeln" genannt werden. Kaufen Sie geprüfte, virusfreie Pflanzen von einem guten Händler, um sicher zu gehen, dass die Ernte gut ausfällt.

Rund 6 Wochen vor dem Anpflanzen werden die Knollen vorgekeimt. Dadurch wird die Vegetationszeit verlängert, was besonders bei frühen Sorten und in kühleren Regionen vorteilhaft ist. Will man mittelfrühe und späte Pflanzen später aussetzen, empfiehlt es sich, die Knollen vorzukeimen. Man gibt eine Lage Kartoffeln in eine flache Kiste oder Eierkartons, wobei das breitere Ende mit den meisten Augen in enger Stellung nach oben zeigt. Den Behälter stellt man an einem hellen, frostgeschützten, kühlen Platz auf. Bei einer Temperatur von 7 °C dauert es etwa 6 Wochen, bis sich ca. 3 cm lange Triebe bilden. Dann können die Knollen angepflanzt werden. Man kann auch warten, bis die Triebe länger sind, diese müssen dann aber noch vorsichtiger angefasst werden, da sie leicht abbrechen können. Möchten Sie weniger, aber größere Kartoffeln ernten, bei den frühen Sorten 3 Triebe pro Knolle stehen lassen. Soll der Ertrag höher ausfallen, alle Triebe stehen lassen.

Frühe Sorten pflanzt man ab Mitte, späte Sorten ab Ende Frühling aus. Die Frostgefahr sollte gebannt sein und die Bodentemperatur ungefähr 7 °C betragen.

Zum Anpflanzen sticht man Gräben oder einzelne Löcher mit einer Tiefe von 7–15 cm aus, je nach Größe der Knolle. Die Knollen werden aufrecht, mit den Trieben nach oben zeigend, eingesetzt und mit mindestens 3 cm Erde abgedeckt. Darauf achten, dass die Triebe nicht verletzt werden. Frühe Sorten kann man ein wenig tiefer einsetzen, damit sie bei kühler Witterung besser geschützt sind. Im Idealfall sollten die Reihen in Nord-Süd-Richtung ausgelegt sein, so dass beide Seiten Sonne bekommen.

Frühe Sorten in einem Abstand von 30–40 cm zwischen den Knollen und 40–50 cm zwischen den Reihen setzen, späte Sorten in einem Abstand von 40 cm zwischen den Knollen und 75 cm zwischen den Reihen. Man kann auch bei frühen Sorten einen Abstand von 35 cm und bei mittelfrühen und späten Sorten von 30–40 cm sowohl zwischen den Pflanzen als auch zwischen den Reihen einhalten. Der Abstand kann je nach Knollengröße und erwünschtem Ernteertrag variieren.

Obwohl in den meisten Fällen diese herkömmliche Methode verwendet wird, kann man Kartoffeln auch aus Samen ziehen. Die Saat ist leicht zu bearbeiten und liefert gesunde Pflanzen. Man sät sie unter Glas aus, setzt sie in Töpfe um, härtet sie ab und pflanzt sie im Freiland an. Es sind auch Pflänzchen erhältlich, die aus Gewebekulturen gezogen wurden. Sie sind gesund, robust und virusfrei. Man muß sie ebenfalls weiterziehen, abhärten und dann ins Freie setzen.

Es ist nicht empfehlenswert, große Kartoffeln zu halbieren. Ich würde auch davon abraten, die Knollen auszuhöhlen und nur die Schale einzusetzen.

Anbau

Kartoffeln lieben offene, sonnige, frostgeschützte Lagen mit tiefem, reichhaltigem, fruchtbarem, lockerem Boden und wachsen besser in der kühlen Jahreszeit, wenn die Temperatur 16–18 °C beträgt. Sie vertragen fast jede Bodenqualität. Leichtere Böden sind besser zum Anbau von frühen Sorten geeignet. Sandige Böden bessert man mit organischem Material auf. Basische Böden oder zu starkes Kalken begünstigt die Entwicklung von Kartoffelschorf. Resistente Sorten anbauen und saure Böden allmählich auf einen pH-Wert von 5–6 kalken oder die Knollen in Hügelbeeten oder Kübeln ziehen. Falls erforderlich, im Herbst reichlich gut verrottetes, organisches Material einarbeiten. 10 Tage vor dem Anpflanzen grob rechen und einen körnigen Volldünger einarbeiten (90–120 g/m²). Kartoffeln eignen sich hervorragend für neue oder vernachlässigte Gärten. Auch wenn der Ertrag nicht hoch ist, wird der Boden durch die Wurzeln gelockert. Die Pflanzen von Unkraut befreien, bis sie angewachsen sind. Dann wird das Unkraut vom dichten Blattwerk verdrängt. Kartoffeln müssen angehäufelt werden. Dadurch werden sie nicht dem Licht ausgesetzt, wodurch sie grün und ungenießbar werden; es ist auch ein guter Schutz gegen Unkraut. Sobald die Pflanzen 20–25 cm hoch sind, zieht man mit dem Rechen lockere Erde rund um die Stiele, bis ein 10–15 cm großes „Häufchen" entsteht. Man kann mit dem Anhäufeln auch bereits bei einer Pflanzengröße von ca. 10 cm beginnen und alle 2–3 Wochen mehr Erde anhäufeln. Falls man nicht anhäufeln möchte, kann man kleine Knollen rund 12 cm tief einpflanzen und einen Abstand von 20–25 cm einhalten. Bei großen Abständen kommen die Knollen nicht an die Oberfläche und liefern dennoch einen annehmbaren Ertrag.

Damit die Ernte ertragreich

Beim Anpflanzen

ist, benötigen die Kartoffeln während der Vegetationszeit eine Niederschlagsmenge von 500 mm. Bei trockener Witterung gießt man frühe Sorten alle 12–14 Tage mit 15–20 Liter/m². Außer bei extremer Trockenheit sollte man späte Sorten erst gießen, wenn die Knollen die Größe einer Murmel haben. (Man kann die Größe prüfen, indem man unterhalb der Pflanze etwas Erde wegnimmt.) Dann kann man das Knollenwachstum fördern, indem man einmal stark gießt, d. h. mindestens 20 Liter/m². Dadurch wird der Ertrag gesteigert und die Pflanzen werden weniger anfällig für Kartoffelschorf. Gießt man die Pflanzen unregelmäßig, können die Knollen deformiert oder hohl werden bzw. aufspringen.

Eine Flüssigdüngung mit organischem Dünger oder Kopfdüngung mit Stickstoffdünger hilft den Pflanzen beim Anwachsen.

Frühe Kartoffeln können auch unter Folie gezogen werden.

Auf einem Komposthaufen wachsende Kartoffeln.

In diesem Fall ist Anhäufeln überflüssig. Man bereitet den Boden vor, legt eine Folie auf und befestigt die Ränder mit Erde. Danach schneidet man die Folie kreuzförmig ein und pflanzt darin die Knollen an. Mann kann auch erst die Kartoffeln anpflanzen und dann mit Plastik abdecken. Sobald die Blätter durchkommen, schneidet man die Folie auf und zieht die Pflanze durch. In Lagen, an denen kein Frühfrost oder Wind vorkommt und der Boden stark unkrautverseucht oder von Älchen befallen ist, kann man auch in einem Beet aus Kompost und Stroh anbauen.
Den Boden freimachen und mit einer Lage Mist oder Kompost abdecken. Abstand einhalten und mit einer 5–7 cm dicken Stroh- oder Heuschicht abdecken. Wenn die Pflanzen zu wachsen beginnen, die Schicht auf 15 cm verstärken. Danach eine ca. 10 cm dicke Schicht mit Grasschnitt auflegen, um die Knollen vor Licht zu schützen.
Frühe Sorten alle 3 Jahre abwechseln und späte Sorten alle 5 Jahre.

Pflegemaßnahmen
Frühling: Kartoffeln vorkeimen
Sommer: Pflanzen von Unkraut befreien, bei Bedarf gießen. Ernten und verwenden oder lagern.
Herbst: Winterkulturen unter Abdeckungen ziehen. Boden vorbereiten.
Winter: Winterkulturen ernten.

Geschützter Anbau
Damit die frühen Sorten rascher wachsen und vor Frost geschützt sind, mit Glasglocken oder beweglichen Abdeckungen schützen, deren Ränder mit Erde befestigt werden. Sobald die Pflanzen austreiben, Löcher in die Folie schneiden und die Blätter durchziehen.
Nach 3–4 Wochen die Abdeckung aufschneiden und liegen lassen, damit sich die Pflanzen akklimatisieren können. Blätter und Stiele (Halme) müssen vor starkem Frost geschützt werden, daher deckt man sie abends mit Stroh, Gestrüpp, Zeitungen oder einer dünnen Erdschicht ab. Leichter Frost ist meist kein Problem.
Um im Winter in warmen Gebieten Frühkartoffeln zu ziehen, pflanzt man Mitte Sommer eine frühe Sorte an und deckt sie im Herbst mit Glasglocken ab. Man kann die Pflanzen auch bei 7–10 °C unter Glas ziehen. Falls erforderlich, das Gewächshaus beheizen.

Pflanzen in Kübeln
Kartoffeln können in jedem Gefäß gezogen werden, das eine Mindestbreite und -tiefe von 30 cm sowie Abflusslöcher hat. Sie können auch spezielle Kartoffelkisten kaufen, ein Müllsack, ein alter Mülleimer oder Blumentopf ist jedoch genauso gut.
Man gibt eine 10–12 cm Schicht Kompost oder gute Gartenerde in einen Kübel, stellt darauf 2–3 ausgekeimte Kartoffeln und deckt diese wieder mit einer 10–15 cm hohen Kompostschicht ab. Sobald die Triebe länger als 15 cm sind, deckt man sie nochmals mit einer 10–15 cm hohen Kompostschicht ab und lässt nur die Spitzen durchschauen. So häufelt man immer wieder an, bis die Triebe 5–7 cm unter dem Kübelrand stehen.
Auch sehr frühe Sorten lassen sich in Kübeln ziehen. Man pflanzt Mitte Sommer an, um an Weihnachten ernten zu können. Bei kaltem Wetter die Halme abdecken oder unter Glas ziehen.
Die Pflanzen immer gut düngen und gießen.

Ernte und Lagerung
Frühe Sorten werden von Anfang bis Mitte Sommer geerntet, mittelfrühe von Spätsommer bis Frühherbst und späte Sorten von Anfang bis Mitte Herbst.
Die frühen Sorten erntet man, sobald sie die Größe eines Hühnereis haben. Öffnen sich die Blüten, sind sie meist ausgereift. Zuerst etwas Erde entfernen und prüfen, ob die Knollen die richtige Größe haben, dann die ganze Pflanze ausstechen und die Kartoffeln an die Oberfläche holen.
Zum Ernten der Pflanzen, die unter Abdeckungen gezogen wurden, muss man erst die Folie zurückklappen. Die Kartoffeln liegen dann auf dem Boden und können nach Bedarf eingesammelt werden. Auch bei Pflanzen, die in Kübeln gezogen wurden, erst etwas Erde entfernen, um die Größe der Knollen zu prüfen.
Gesunde späte Kartoffeln lässt man solange wie möglich im Boden, muss jedoch auf Nacktschnecken achten.
Im Frühherbst den Halm auf 5 cm über dem Boden zurückschneiden oder warten, bis die Blätter von selbst absterben. Danach lässt man die Knollen noch 2 Wochen im Boden, damit die Schale härter wird.
Den Halm zurückschneiden und die Kartoffel ausstechen. Am besten an einem trockenen, sonnigen Tag ernten, wenn die Erde etwas feucht ist. Man lässt die Knollen ein paar Stunden zum Trocknen in der Sonne liegen und bürstet anschließend die Erde ab. Bei Schlechtwetter trocknet man sie unter Glasglocken oder im Haus. Gesunde Knollen können in Papier- oder Jutesäcken oder Kisten an einem dunklen, kühlen, frostgeschützten Platz gelagert werden und sollten sich bis zum Frühjahr halten. Jede Woche überprüfen und kranke oder beschädigte Knollen entfernen.
Bei der Ernte sollten Sie darauf achten, dass keine auch noch so kleine Kartoffel im Boden zurückbleibt, um Probleme mit Schädlingen und Krankheiten zu vermeiden.
Frühkartoffeln kann man nicht lagern, aber einfrieren. Die ganzen Früchte 3 Minuten blanchieren. Anschließend abkühlen, durch ein Sieb gießen, in feste Behälter geben und einfrieren. Pommes frites können ebenfalls eingefroren werden.

Beim Ausgraben von Kartoffeln in Devon, England.

Anfälligkeiten

Kartoffelschorf tritt in Form von erhöhten, korkartigen Teilchen auf den Knollen auf. Normalerweise ist nicht die gesamte Kartoffel betroffen, und der Schorf, der hauptsächlich in heißen, trockenen Sommern auf leichten, lockeren, basischen Böden auftritt, kann durch Schälen entfernt werden. Bei trockener Witterung gut gießen, vor dem Anpflanzen reichlich organisches Material einarbeiten, nicht zu stark kalken und nicht nach Kohlarten anpflanzen, für die der Boden stark gekalkt wurde. Befallene Kartoffeln oder Schalen nicht auf den Komposthaufen geben. Resistente Sorten anbauen.
Bei **Kartoffelfäule** erscheinen auf den Blättern braune Flecken, die oft helle Ränder haben. Der Befall kann sich auf die Stiele und sogar auf die Knollen ausbreiten, die dadurch ungenießbar werden. Bei warmer, feuchter Witterung breitet sich die Krankheit, unter der vor allem die späten Sorten leiden, rasch aus. Resistente Sorten anbauen und nicht von oben gießen. Noch bevor das Problem auftritt, ab Mitte Sommer alle 2 Wochen ein organisches Fungizid auftragen. Man kann auch Kupfersulfatsprays verwenden. Die angehäufelte Erde stellt einen Schutz gegen Krankheiten dar. Frühe Kartoffeln so früh wie möglich ausstechen. Im Spätsommer die Halme der befallenen Pflanzen über dem Boden abschneiden und verbrennen oder in den Müll geben. Vor dem Ausstechen die Knollen 2 Wochen im Boden lassen.
Kartoffelzystenälchen (Nematoden) behindern das Wachstum und schmälern den Ertrag. Stark befallene Pflanzen werden gelb und sterben ab. Befallene Pflanzen ausstechen und verbrennen, Fruchtwechsel betreiben, an den betroffenen Stellen mindestens 6 Jahre keine Kartoffeln oder Tomaten anpflanzen. Resistente Sorten verwenden.
Die goldbraunen **Drahtwürmer** sind ca. 2,5 cm lang. Sie fressen sich in die Knollen, die dadurch ungenießbar werden, sind jedoch relativ leicht zu bekämpfen. Über den Winter den Boden gut pflegen, damit Vögel angelockt werden. Die Pflanzen von Unkraut befreien und späte Sorten so früh wie möglich ausstechen. Außerdem sollte man ein Insektizid einrechen.
Knollenfäule erkennt man an den zusammengerollten, verwelkten Blättern und den Stielen, die am unteren Ende verfault sind. Auch Knollen können faulen. Tritt verstärkt in regenreichen Jahren auf. Befallene Pflanzen sofort entfernen, verbrennen oder in den Müll geben. Keine beschädigten Knollen einlagern.
Nacktschnecken fressen die Knollen an. Der Schaden ist um so größer, je länger die Knollen im Boden bleiben.

Beim Aussortieren der Kartoffelernte.

Mischkulturen

Baut man neben den Kartoffeln Meerrettich an, kann man einige Krankheiten vermeiden. Kartoffeln harmonieren mit Mais, Kohl, Bohnen und Ringelblumen. Mit Hilfe von Auberginen lässt sich der Kartoffelkäfer fern halten. Man kann die Kartoffeln vor Schorf schützen, indem man Grasschnitt und Schwarzwurzblätter in das Pflanzloch oder die Furche legt.

Weitere Nutzung

Aus Kartoffeln kann man Mehl und Brot herstellen. Außerdem verwandelt sich beim Kochen die Stärke in Glucose, deren Gärung hochprozentigen Alkohol liefert, der z. B. in Irland zum Schwarzbrennen von Whisky verwendet wird. Früher benutzte man das Stärkepulver zum Bleichen von Perücken. Der Saft von reifen Kartoffeln eignet sich ebenso zum Reinigen von Seide, Baumwolle, Wolle, ja sogar von Möbeln.

Heilkraft

Kartoffeln sollen gut gegen Rheumatismus sein. Eine althergebrachte Methode zur Behandlung von Ischias und Hexenschuss ist es, eine Kartoffel in der Hosentasche zu tragen.
Der Saft von rohen Kartoffeln oder das Wasser, in dem Kartoffeln gekocht wurden, soll bei Gicht, Rheuma, Hexenschuss, Verstauchungen und Prellungen helfen. Eine kalte Packung aus ungekochten, geschälten und zerstampften Kartoffeln soll Verbrühungen und Verbrennungen lindern.
Kartoffeln enthalten wenig Fett und relativ viel Kalium. Eine Kartoffel enthält jedoch nicht mehr Kalorien als die meisten Apfelsorten oder ein Glas Orangensaft und eignet sich für Diäten.

Warnung

Grüne Kartoffeln enthalten Solanin, das Magenverstimmungen und Erbrechen auslösen kann. Essen Sie daher niemals grüne Kartoffeln und beachten Sie, dass die Blätter und die Früchte, die wie Tomaten aussehen, ebenfalls giftig sind.

KULINARISCHES

Es gibt über 500 verschiedene Möglichkeiten, Kartoffeln zuzubereiten. Man kann sie kochen, dünsten, backen, rösten, pürieren, braten oder gratinieren.
Früher wurden sie auch eingemacht und glasiert oder mit Butter, Sherry, Eidotter, Muskatnuss und ein wenig Zucker gebacken.

Frühkartoffeln schrubbt man unter fließendem Wasser ab und kocht sie 12 Minuten mit ein paar Minzeblättchen. Durch ein Sieb gießen und in Butter schwenken, danach warm oder kalt im Salat essen.
Von älteren Kartoffeln die Schale mit dem Messer abkratzen. Beim Schälen geht zu viel Vitamin C verloren.
Kartoffeln in 1 cm dicke Scheiben schneiden, in eiskaltem Wasser abwaschen und gut trocknen. Eine Pfanne zu einem Drittel mit Öl füllen und die Kartoffeln bei einer Temperatur von 125 °C goldbraun backen.
Der Unterschied zwischen Pommes frites und Chips besteht in der Größe und der Zubereitungsart. Pommes frites werden ganz dünn geschnitten und in Öl frittiert. Chips sind dicker und wurden ursprünglich mit Butter gemacht. Heutzutage unterscheiden sie sich nur in der Größe.
In der Mikrowelle behalten ungewöhnliche Sorten ihre Farbe.

Kartoffelbrei mit Olivenöl

Wenn man ans Abnehmen denkt, enthält dieser Kartoffelbrei zumindest weniger Kalorien als die ursprüngliche Form.

1 kg Kartoffeln, geschält
8–10 Knoblauchzehen, ungeschält
8 EL natives Olivenöl
Salz und frisch gemahlener schwarzer Pfeffer

Kartoffeln und Knoblauchzehen in einen Topf geben, mit Wasser bedecken und salzen. Aufkochen lassen und rund 20 Minuten weichkochen, anschließend durch ein Sieb gießen, dabei das Kochwasser zurückbehalten. Diese Flüssigkeit in einer anderen Pfanne aufkochen und auf ungefähr 250 ml reduzieren. In der Zwischenzeit die Knoblauchzehen schälen.
Kartoffeln und Knoblauch pürieren, bei schwacher Hitze zurück in die Pfanne geben. Olivenöl und soviel von dem Kochwasser hinzufügen, bis ein cremiger Brei entsteht. Salzen und pfeffern.
Für ein typisch irisches Gericht gibt man noch 125–200 g gekochten, grob gehackten Kohl oder Gemüse dazu.

Rösti
(4 Personen)

750 g fest kochende Kartoffeln
1 kleine Zwiebel, fein gehackt
50 g Räucherspeck, in Würfeln
6–8 EL Gänseschmalz oder Olivenöl
Salz und schwarzer Pfeffer aus der Mühle

Kartoffeln waschen und in leicht gesalzenem Wasser kochen. Schälen, grob reiben. In einer Bratpfanne Zwiebeln und Speck in der Hälfte des Fetts anbraten und mit den Gewürzen unter die Kartoffeln heben. Aus den Kartoffeln einen großen Kuchen formen. Das restliche Fett in derselben Pfanne erhitzen und die Kartoffeln hineingleiten lassen. Erst auf einer Seite bei großer Hitze bräunen. Mit Hilfe eines Tellers wenden und auf der anderen Seite bräunen. Kochend heiß servieren.
Dieses typische Gericht aus der Schweiz kann auch mit geschmolzenem Emmentaler garniert werden.
Dafür legt man den in Scheiben geschnittenen Käse auf die gebräunten Kartoffeln und grillt das Rösti ein paar Minuten.

Rösti

Kartoffelsalat mit Ziegenkäse
(4 Personen)

In Südamerika gibt es hervorragende Rezepte für Kartoffeln, unter anderem dieser Salat, der sich besonders im Sommer hervorragend als Vorspeise eignet.

750 g kleine Kartoffeln
1/2 roter Paprika, entkernt und in Streifen geschnitten
1 kleine Zwiebel, geschält und fein gehackt
2 hart gekochte Eier, geschält und in Würfeln geschnitten
1 Hand voll schwarze Oliven, entkernt
2 EL Petersilie, gehackt

Für das Dressing:
175 g würziger Ziegenkäse
2 Knoblauchzehen, geschält
2 EL Jogurt
2 EL Zitronensaft
1 Jalapeno-Paprika, entkernt
1/4 TL Gelbwurz
1/2 TL gemahlener Kreuzkümmel

Kartoffeln in der Schale in Salzwasser weich kochen, durch ein Sieb gießen und schälen.
In große Würfel schneiden und in eine Schüssel geben. Während die Kartoffeln kochen, die Zutaten für das Dressing vermischen und pürieren.
Kartoffeln mit rotem Paprika, Zwiebeln und anschließend mit dem Dressing vermischen.
Mit zerkrümelten Eiern, Oliven und Petersilie garnieren.

Kartoffelsalat mit Dressing aus Ziegenkäse.

Spinacia oleracea. Chenopodiaceae

SPINAT

Rasch wachsende einjährige Pflanze. Wird wegen der äußerst nahrhaften Blätter angebaut. Winterhart. Nährwert: Reich an Eisen, Betakarotin, Folsäure sowie Vitamin A und C.

Der Spinat stammt aus Südwestasien. Er wurde erstmals in Persien kultiviert und im 7. Jahrhundert n. Chr. in China angebaut. Um 1100 gelangte er mit den Mauren nach Europa, die ihn in Spanien einführten. Eine Art mit stacheligen Samenkörnern wurde in Deutschland im 13. Jahrhundert bekannt. Bereits im 14. Jahrhundert war der Spinat dann in vielen Klostergärten zu finden. Spinat mit glatten Samenkörnern wurde erstmals im 16. Jahrhundert von William Turner erwähnt. Der Name Spinat leitet sich vom altfranzösischen Wort „espinache“ ab, das auf die arabische und persische Bezeichnung zurückgeht.

Die Zeichentrickfigur Popeye, der gerne Spinat aß, wurde Kindern als leuchtendes Beispiel vorgeführt.

Die Vorstellung, dass er überdurchschnittlich viel Eisen enthält, geht auf Dr. E. von Wolf zurück. Seine Angaben von 1870 wurden erst 1937 überprüft, und man stellte fest, dass der Eisengehalt nur ein Zehntel des ursprünglichen Wertes ausmachte. Der Irrtum ist auf die Verschiebung einer Kommastelle zurückzuführen.

Spinat regelmäßig abpflücken.

SORTEN

Unter Glas anzubauende Sorten werden als Treibspinat bezeichnet. Sorten, die von Februar bis April ausgesät werden, als Frühjahrsspinat, und Sorten, die zwischen Mai und Juli ausgesät werden, als Sommerspinat. Die späten Sorten, die im Spätsommer oder Frühherbst ausgesät werden, bezeichnet man als Herbstspinat. Die modernen Sorten sind im allgemeinen anpassungsfähig und robust. **'Sporter'** ist eine frühe bis mittelfrühe, einhäusige (weibliche und männliche Blüten auf derselben Pflanze) Sorte; für Frühsommer, Herbst und zur Überwinterung geeignet. Diese produktive Hybride hat schöne, dunkelgrüne, runde Blätter; resistent gegen Mehltau. **'Spinnaker'** ist ebenfalls resistent gegen Falschen Mehltau und eignet sich für den mittelfrühen Anbau. Die Pflanzen haben glatte, dunkelgrüne, runde Blätter mit kurzem Stiel. Zur Überwinterung geeignet. **'Medania'**, ein mittelfrüher Spinat für den Sommeranbau, der auch heiße, trockene Witterung verträgt. Resistent gegen Falschen Mehltau. Die winterfeste Sorte **'Matador'** wächst rasch und eignet sich sowohl für Frühjahrs- als auch Herbstanbau. Auch **'America'** hat dicke, dunkelgrüne Blätter; nicht zum Überwintern geeignet. **'Sigmaleaf'** ist robust und schmackhaft. Geeignet für Frühjahrs- und Herbstanbau. **'Butterfly'** ist winterfest.

KULTIVIERUNG

Spinat gedeiht am besten in kühleren Regionen bei Temperaturen um 16–18 °C. Er liebt helle Standorte, wird aber in sonnigen Gärten besser in den Halbschatten auf feuchten Boden gesetzt.

Vermehrung
Samen über Nacht einweichen, damit sie schneller auskeimen. Mein Freund Robert Fleming wickelt die Samenkörner in nasses Küchenpapier und legt sie 5 Tage vor dem Anpflanzen in einem dicht verschlossenen Behälter in den Kühlschrank. Die Keimung dauert ca. 5 Tage. Bei einer Temperatur von über 30 °C können die Samen nicht auskeimen.
Für die Sommerernte von Anfang bis Ende Frühling alle 2–3 Wochen aussäen.
Für die Ernte von Winter bis Frühsommer im Spätsommer aussäen. An Ort und Stelle in einem Abstand von 3 cm und einer Tiefe von 1–2 cm aussäen. Zwischen den Reihen einen Abstand von 30 cm einhalten. Später auf 15–25 cm vereinzeln. Spinat kann auch als nachwachsende Pflanze gezogen werden.
In kälteren Gegenden sät man besser in Anzuchtschalen oder in Torftöpfen aus und setzt die Sämlinge später um.

Die dünne Aussaat erfolgt in Furchen, die die Breite einer Hacke haben, oder in Reihen mit 10 cm Abstand. Nur vereinzeln, wenn die Sämlinge schlecht wachsen. Dann kann man sie auf 5 cm vereinzeln. Damit die Blätter größer werden, kann man die Pflanzen auf 10–12 cm vereinzeln, obwohl sie dann schneller schießen.

Anbau
Spinat gedeiht auf reichhaltigen, fruchtbaren, feuchten Böden, daher arbeitet man bei Bedarf vor dem Anpflanzen gut verrottetes, organisches Material ein. Bei schlechter Bodenqualität ist das Wachs-

tum der Blätter vermindert, und sie werden bitter und schießen gern. Der ideale pH-Wert beträgt 6,5–7,5. Saure Böden kalken. Den Boden niemals austrocknen lassen und gießen, bevor die Trockenperiode beginnt. Sorten anbauen, die nicht so leicht schießen, und alle 2 Wochen mit Stickstoffdünger gießen.

Pflegemaßnahmen
Frühling: Frühe Pflanzen mehrmals aussäen.
Sommer: Erde feucht halten und von Unkraut befreien. Ab dem Spätsommer für die Winterernte aussäen.
Herbst: Späte Kulturen mit Glasglocken schützen, nachwachsende Kulturen unter Glas aussäen.
Winter: Winterkulturen mit Glasglocken oder Vlies schützen; im Frühbeet aussäen.

Geschützter Anbau
Frostharte Sorten für die Winter- und Frühjahrsernte im Frühbeet, unter Glasglocken oder Vlies anbauen.

Pflanzen in Kübeln
Spinat eignet sich zum Anbau in 20–50 cm breiten und 30 cm tiefen Kübeln. Regelmäßig gießen, direkte Sonne vermeiden.

Ernte und Lagerung
5 Wochen nach dem Aussäen ernten. Nachwachsende Pflanzen 2 cm über dem Boden abschneiden, neu austreiben lassen. Blätter vorsichtig abpflücken, da Stiele und Wurzeln leicht beschädigt werden, oder die ganzen Pflanzen ernten und neu aussäen. Die Blätter sofort aufbrauchen, einfrieren oder bis zu 2 Tage im Kühlschrank lagern.

Die Blätter von 'Medania' sind besonders dick.

Anfälligkeiten
Blattläuse und **Nacktschnecken** können problematisch werden, speziell für Sämlinge. **Falscher Mehltau** tritt in Form von gelben Flecken mit flaumigem Schimmel an der Blattunterseite auf. Die häufigste Ursache für Missernten ist das **Schießen**, das durch Hitze und Trockenheit verursacht wird.

Mischkulturen

Mit Bohnen, Erbsen, Mais und Erdbeeren.

Heilkraft

Spinat soll gut bei Blutarmut, Herz- und Nierenbeschwerden, geringer Vitalität und schwachem Allgemeinzustand sein.
Das Eisen ist in löslicher Form enthalten, daher kann man das abgekühlte Kochwasser gut trinken.
Forschungsergebnisse besagen, dass man weniger anfällig für Lungenkrebs ist, wenn man täglich Spinat isst. Von allen Gemüsesäften soll Spinatsaft die wirksamste Prophylaxe gegen Krebszellen sein.

Weitere Nutzung

Das Kochwasser des Spinats soll sich gut zur Herstellung von Zündpapier eignen, das im 18. und 19. Jahrhundert auch zur Herstellung von Feuerwerkskörpern verwendet wurde.

Spinat ist nahrhaft.

Kulinarisches

Blätter gut waschen und sofort nach dem Ernten verzehren. Die jungen Blätter gibt man ungekocht zum Salat. Man kann sie auch dünsten oder kurz kochen. Den Spinat ohne Wasser in einen Topf geben, zudecken und bei mittlerer Hitze kochen, sodass die Blätter nicht anbrennen.
Nach 5 Minuten umrühren und 1 Minute bei großer Hitze kochen. Durch ein Sieb gießen und mit dem Messer zerschneiden.
Spinat kann auch mit Olivenöl, Käse, Sahne, Jogurt, Schinken, Speck und Sardellen zubereitet und mit Muskat, Pfeffer und Zucker abgeschmeckt werden. So kommt der Geschmack gut zur Geltung.

Rühreier mit Spinat
(6 Personen)

1 kg junger Spinat
2 EL Olivenöl
1 Prise geriebene Muskatnuss
2 EL Butter
12 Eier, mit einem EL Sahne leicht geschlagen
1 EL gehackter Schnittlauch
Salz und schwarzer Pfeffer aus der Mühle

Spinat waschen und harte Stiele entfernen. Öl erhitzen und den Großteil des Spinats darin welken lassen. Ein wenig Spinat zum Garnieren zurückbehalten. Mit Muskatnuss, Salz und Pfeffer abschmecken. Zur Seite stellen und warm halten. In derselben Pfanne Butter schmelzen und leicht bräunen lassen. Bei geringer Hitze die Eier hinzufügen und abschmecken. Ständig rühren, bis sich die Eier gesetzt haben. (Zerkochte Rühreier schmecken nicht gut.) Die Eier auf einzelne Teller geben und mit gehacktem Schnittlauch bestreuen. Den gekochten Spinat um die Eier geben und außen einen weiteren Ring aus rohen Spinatblättern legen. Heiß servieren.

Rühreier mit Spinat.

Stachys affinis. Labiatae

Japanische Kartoffel

Knollenziest. Kleines, ausdauerndes Kraut. Wird einjährig kultiviert. Die Wurzelknollen sind genießbar. Winterhart. Nährwert: Sehr reich an Kalium.

Die Japanische Kartoffel, die aus derselben Familie wie Minze, Lavendel und zahlreiche andere Kräuter stammt, wird nicht wegen der aromatischen Blätter, sondern aufgrund der kleinen, welligen Wurzelknollen kultiviert, die an unterirdischen Ranken wachsen. Die in Japan und China heimische Pflanze hat grobe, ovale Blätter und weiße oder hellrosa Blüten, die wie kleine Dornen aussehen. Sie gelangte im späten 19. Jahrhundert nach Frankreich, war aber nie sehr verbreitet, vermutlich weil man sehr viel davon anbauen muss, damit die Ernte zufriedenstellend ausfällt. Bauen Sie dieses exotische Gemüse doch einfach mal an!

Kultivierung

Japanische Kartoffeln lieben offene, sonnige Standorte und leichte, fruchtbare, aber feuchte Böden.

Vermehrung
Für frühe Kulturen lässt man die Knollen in flachen Schalen oder Töpfen mit Gartenerde in einem mäßig warmen Raum austreiben. Sobald der Boden warm ist, die Pflanzen ins Freie setzen. Man kann die Knollen auch in kleine Töpfe mit Kompost auf Erdbasis pflanzen und bei Bedarf umsetzen. Für die restliche Wachstumszeit in 20 bis 25 cm breite Töpfe setzen. Regelmäßig düngen und gießen.

Anbau
Im Frühling werden die Wurzelknollen 4–8 cm tief, vertikal eingesetzt. In leichten Böden bis zu 15 cm tief. Nur große Knollen anpflanzen, dabei einen beidseitigen Abstand von 30 cm einhalten oder einen Abstand von 20 cm in und 40 cm zwischen den Reihen. Sobald die Stiele 30–60 cm hoch sind, rund um die Stiele auf ungefähr 8 cm anhäufeln. Anfangs die Pflanzen von Unkraut befreien. Die Blätter der älteren Pflanzen drängen das Unkraut zurück. Alle 2 Wochen mit flüssigem Volldünger gießen und die dornförmigen Blüten entfernen. Die Knollen brauchen die Energie für das Wachstum. Blätter zurückschneiden. Die wuchernden Pflanzen benötigen wenig Pflege und eignen sich daher ideal für eine vernachlässigte Ecke im Garten.

Pflegemaßnahmen
Frühling: Knollen anpflanzen, sobald sich der Boden erwärmt hat.
Sommer: Pflanzen von Unkraut befreien, gießen und düngen.
Herbst: Nach dem ersten Frost oder ca. 5 Monaten ernten.
Winter: Pflanzen mit Jute, Stroh oder Säcken schützen; Ernte fortsetzen.

Ernte und Lagerung
Von Mitte Herbst bis Frühlingsbeginn, sobald die Blätter abgestorben sind oder die Pflanzen 5–7 Monate im Boden waren, ernten. Erst kurz vor Verwendung ausstechen, da sie rasch runzelig werden. Bei der letzten Ernte mit der Gabel durch den Boden fahren und alle Knollen restlos entfernen, da sie sonst rasch zu wuchern beginnen.

Unzählige Wurzelknollen

Anfälligkeiten

Japanische Kartoffeln werden normalerweise nicht von Schädlingen befallen, man sollte die Pflanzen jedoch vor **Wurzelläusen** schützen.

Kulinarisches

Die Knollen haben einen zarten, nussartigen Geschmack. Da sie nur 5 cm lang sind, ist es mühsam, sie zuzubereiten. Am einfachsten ist es, sie zu kochen, man kann sie jedoch auch braten, rösten, zur Suppe oder ungekocht zum Salat geben.

Japanische Kartoffeln in Sahnesoße
(4 Personen)

500 g Japanische Kartoffeln
1 EL Butter
1/2 TL Zitronensaft
300 ml Sahne
Salz und schwarzer Pfeffer aus der Mühle
1 Prise Muskatnuss
Sahne, zum Anrichten

Japanische Kartoffeln ca. 5 Minuten kochen, durch ein Sieb gießen, Butter und Zitronensaft hinzufügen und 5–7 Minuten leicht kochen. Die Sahne aufkochen lassen, zu den Kartoffeln geben und gut verrühren. Anschließend würzen. 15 Minuten bei mäßiger Hitze zugedeckt kochen, bis sich die Sahne etwa um ein Viertel reduziert hat. Kurz vor dem Anrichten 3 Löffel Sahne einrühren und nun rasch von der Flamme nehmen.

Tetragonolobus purpureus (Lotus tetragonolobus). Leguminosae

SPARGELBOHNE

Einjährige Kletterpflanze, die als Zierpflanze dient. Die Hülsen sind genießbar. Teilweise winterhart. Nährwert: Eiweiß, Kohlenhydrate, Ballaststoffe und Eisen in geringen Mengen.

Diese im Mittelmeerraum wild wachsende Pflanze gelangte möglicherweise mit importiertem Getreide nach Großbritannien und ist seitdem dort heimisch. Gerard berichtet, dass die Pflanze vor 1569 wegen der dunkelroten, erbsenähnlichen Blüten kultiviert wurde. Erst später stellte man fest, dass die Hülsen essbar waren, obwohl sie sich niemals großer Beliebtheit erfreuten. Im „Gardener's Dictionary" von 1807 ist zu lesen: „Die Pflanze, die früher wegen der grünen Hülsen als Nahrungsmittel angebaut wurde, findet man nun hauptsächlich als Zierpflanze in Blumengärten."

Anfälligkeiten
Die Pflanzen mit einer Vogelscheuche vor **Vögeln** schützen. Sie können auch von **Echtem** oder **Falschem Mehltau** befallen werden.

Die ungewöhnlichen Hülsen der Spargelbohne.

KULTIVIERUNG

Vermehrung
Sobald die Frostgefahr gebannt ist, von Mitte bis Ende Frühling im Freien aussäen. Die Furchen sollten 2 cm tief sein und einen Abstand von 40 cm haben. Später auf 20–30 cm vereinzeln. In kühleren Zonen sät man unter Glasglocken oder im Gewächshaus in Schalen oder in Torftöpfen mit feuchtem Saatkompost aus. Die Sämlinge abhärten, sobald sie 5 cm groß sind, mit einem Abstand von 20–30 cm ins Freie setzen.

Anbau
Spargelbohnen gedeihen an offenen, geschützten, sonnigen Standorten mit leichten, reichhaltigen, lockeren Böden. Die Pflanzen von Unkraut befreien und nach Bedarf gießen.
Da sie sehr zart sind, stützt man sie mit Stöcken. So können Sie Platz sparen. Mit anderen Hülsenfrüchten abwechseln.

Pflegemaßnahmen
Frühling: Von Mitte bis Ende Frühling aussäen.
Sommer: Regelmäßig ernten.
Herbst: Bis zum Frühherbst ernten.
Winter: Den Boden für das nächste Jahr vorbereiten.

Geschützter Anbau
In kühleren Zonen unter Glas aussäen und später umsetzen.

Ernte und Lagerung
Von Mitte Sommer bis Frühherbst ernten, sobald die Hülsen 2–3 cm lang sind. Regelmäßig pflücken, um die Ernte zu verlängern. Längere, ältere Hülsen haben „Fäden" und sind ungenießbar. Hülsen, die sich nicht leicht knicken lassen, sollte man nicht essen. Am Abend, wenn sich die Blätter schließen und die grünen Hülsen besser zu sehen sind, fällt die Ernte leichter.

KULINARISCHES

Der zarte Geschmack gleicht dem von Spargel. Die Hülsen waschen, falls erforderlich putzen und ca. 5 Minuten dünsten (nach 3 Minuten überprüfen, da sie nicht zu stark gekocht werden sollten). Vor dem Essen durch ein Sieb gießen. Mit Butter und Sahne mischen oder auf Toast anrichten. Man kann sie auch in Butter weich kochen und servieren.

Die Blüten der Spargelbohne sind blutrot und winzig klein.

Tetragonia tetragonoides (T. expansa). Aizoaceae

NEUSEELANDSPINAT

Ausdauernde Kriechpflanze. Wird normalerweise einjährig kultiviert. Die Blätter sind genießbar. Teilweise winterhart. Nährwert: Reich an Eisen, Betakarotin und Folsäure.

Bis 1771 war diese Pflanze in Europa unbekannt. Zu dieser Zeit wurde sie von Joseph Banks, einem Botaniker, nach einer Reise mit Kapitän Cook in Kew Gardens in London eingeführt. Bis 1820 wurde sie in zahlreichen englischen und französischen Gemüsegärten angebaut, ist jedoch erst ab 1940 in der neuseeländischen Literatur zu finden. Es gibt keinen Hinweis darauf, dass die Ureinwohner Neuseelands, die Maoris, die Pflanze verwendeten. Die Pflanze ist zwar nicht mit echtem Spinat verwandt, die Blätter werden jedoch auf ähnliche Weise zubereitet – daher der Name –, schmecken aber milder. Die niedrig wachsende, ausdauernde Pflanze mit den weichen, fleischigen, stumpfen Blättern mit einer Länge von etwa 5 cm eignet sich hervorragend für Rabatten und als Bodendecker. Gedeiht auch bei heißer, trockener Witterung, ohne zu schießen.

Neuseelandspinat wird nur selten im Garten angebaut, ist jedoch ein guter Ersatz für Spinat.

KULTIVIERUNG

Das Samenkorn ist äußerst hart und nicht keimfreudig, außer man weicht die Saat 24 Stunden vor dem Aussäen in Wasser auf. Von Mitte bis Ende Frühling die Samen ein-zeln mit einer Saattiefe von 2 cm in 7,5 cm breiten Töpfen unter Glas aussäen und später umsetzen. Da die Pflanzen sehr kälteempfindlich sind, sollte man sie vor dem Umsetzen ins Freie erst abhärten und mit dem Umsetzen warten, bis die Frostgefahr gebannt ist.
Falls kein Frost zu erwarten ist, kann man auch 1–2 cm tief in Furchen mit einem Abstand von 60 cm im Freien aussäen und auch zwischen den Pflanzen auf einen ähnlichen Abstand vereinzeln. Sie können auch 2–3 Samen in Gruppen mit einem Abstand von 60 cm aussäen und nur den stärksten Sämling stehen lassen. Bei jungen Pflanzen die Spitzen abzwicken, damit sie buschig wachsen.
In der Regel vermehren sich die Pflanzen von selbst und treten im nächsten Jahr vermehrt am selben Standort auf.

Anbau
Neuseelandspinat gedeiht an offenen Standorten auf leichten, fruchtbaren Böden mit niedrigem Stickstoffgehalt und bei trockener Witterung. Er verträgt hohe Temperaturen, ist jedoch sehr frostempfindlich.
Die Sämlinge regelmäßig mit der Hacke von Unkraut befreien. Bei größeren Pflanzen bedeckt das dichte Blattwerk den Boden und drängt das Unkraut zurück.
Damit die Pflanzen gut wachsen, bei Trockenheit regelmäßig gießen. Bei schlechter Bodenqualität empfiehlt es sich, gelegentlich mit verdünntem Flüssigdünger zu gießen; jedoch nicht zu stark düngen.

Pflegemaßnahmen
Frühling: Unter Abdeckungen aussäen und ins Freiland

Auffällig sind die dreieckigen Blätter.

umsetzen, sobald die Frostgefahr gebannt ist.
Sommer: Die Pflanzen von Unkraut befreien, gießen und bei Bedarf ernten.
Herbst: Die Pflanzen schützen, um die Wachstumsperiode zu verlängern.
Winter: Boden für das nächste Frühjahr vorbereiten.

Geschützter Anbau
In kühlen Zonen schützt man die Pflanzen mit Glasglocken. Dadurch verlängert man die Erntesaison, bevor die Pflanzen vom Frost beschädigt werden.

Pflanzen in Kübeln
Die Pflanzen in großen Kübeln mit Kompost auf Erdbasis anbauen. Kies hinzufügen, um stehende Nässe zu vermeiden; die Pflanzen während der gesamten Wachstumsperiode gut gießen.

Ernte und Lagerung
Die ersten jungen Blätter und Triebe können ab 6 Wochen nach dem Aussäen geerntet werden. Regelmäßig abpflücken, damit immer Blätter nachwachsen und die Erntesaison verlängert wird, die bis zu 4 Monate dauern sollte. Die jungen Blätter sollten nach dem Abschneiden sofort verwendet werden, halten sich in einer Plastiktüte im Kühlschrank jedoch bis zu 2 Tage und können auch eingefroren werden. Waschen, 2 Minuten blanchieren und abkühlen lassen. In Plastiktüten verpacken und in die Tiefkühltruhe geben.

Schmeckt auch roh köstlich.

KULINARISCHES

Die jungen Blätter und Triebe können Sie dünsten, leicht kochen und mit etwas Butter anrichten oder ungekocht im Salat essen. Am besten frisch essen, da sie leicht an Geschmack verlieren.

Cannelloni mit Huhn und Neuseelandspinat
(4 Personen)

500 g frischer Neuseelandspinat
2 EL Butter
1 rote Zwiebel, in Würfeln
2 EL glattes Mehl
450 ml Gemüsebrühe
1 Garniersträußlein
3 EL Sahne
Salz und schwarzer Pfeffer aus der Mühle
8 Cannelloni
250 g gekochtes Huhn, in Würfeln
100 g Parmesan, gerieben

Spinat mehrmals waschen, in einen Topf geben und 3 Minuten bei starker Hitze kochen. Gut abtropfen lassen und hacken.
In einer Pfanne Butter schmelzen und die Zwiebeln darin goldbraun braten, anschließend mit dem Mehl eine Einbrenne zubereiten. 1–2 Minuten anbraten. Brühe einrühren, aufkochen lassen und das Garniersträußlein hinzufügen. Abschmecken und Sahne einrühren. Danach 10 Minuten garen.
In der Zwischenzeit Cannelloni *al dente* kochen, durch ein Sieb gießen und ein paar Minuten abkühlen lassen. Huhn mit Spinat und der Hälfte der Soße vermischen und gut abschmecken. Die Mischung mit der Spritztüte in die Cannelloni füllen und die Cannelloni in eine flache, eingefettete, feuerfeste Form legen.
Den Ofen auf 200 °C vorheizen. 1 Esslöffel Parmesan zurückbehalten und den Rest in die verbleibende Sauce rühren. Diese über die Cannelloni gießen und mit dem restlichen Käse bestreuen 20 Minuten backen, bis die Oberfläche braun und das ganze Gericht gut aufgewärmt ist und servieren.

Cannelloni gefüllt mit Huhn und Neuseelandspinat.

ANFÄLLIGKEITEN

Neuseelandspinat ist sehr robust, kann jedoch von **Falschem Mehltau** befallen werden.

MISCHKULTUREN

Neuseelandspinat wird auch als „Gründünger" zur Verbesserung des Bodens angebaut.

Tragopogon porrifolius. Compositae

HAFERWURZEL

Weißwurzel. Wird zweijährig wegen der Blattspitzen, Knospen und Blüten angebaut und einjährig wegen der zylindrischen Pfahlwurzel. Winterhart. Nährwert: Enthält Inulin, das bei der Lagerung zu Fructose wird, sowie Vitamine und Mineralien in geringen Mengen.

Es ist schwer zu sagen, ob man diese Pflanze wegen ihrer schmackhaften Wurzeln anbauen oder als Zierpflanze blühen lassen sollte – die Blüten sind ebenfalls genießbar. Sie wurde bei uns bis 1929 im Feldanbau gezogen und wird heute noch in englischen Gärten als „Vegetable Oyster", „Gemüseauster", angepflanzt. Der Name bezieht sich auf den feinen Duft, den die Haferwurzel beim Kochen verströmt. Die Haferwurzel ist eine relativ junge Pflanze, die im 13. Jahrhundert in Deutschland und Frankreich wild geerntet und erst ab Beginn des 16. Jahrhunderts in italienischen Gärten kultiviert wurde. Der englische Pflanzensammler John Tradescant der Jüngere erwähnte sie 1656. Im späten 19. Jahrhundert gelangte sie nach Nordamerika.

SORTEN

Die *Tragopogon porrifolius* hat eine dünne, cremig weiße Pfahlwurzel, die bis zu 40 cm lang wird. Die Blätter sind schmal, und auf den langen, stabähnlichen Stielen sitzen attraktive violette Blüten, die sich in distelähnliche Samenköpfe verwandeln.
'Geante Noire de Russie' ist eine äußerst lange Sorte mit schwarzer Schale, weißen Wurzeln und großartigem Geschmack. **'Giant'** hat lange Wurzeln und schmeckt hervorragend nach Austern. Bei **'Sandwich Island'** handelt es sich um eine Selektion mit intensiv schmeckender Wurzel und glatter Schale.

KULTIVIERUNG

Vermehrung
Stets frische Samen verwenden. Von Anfang bis Mitte Frühling so früh wie möglich aussäen. Die Keimung kann unregelmäßig erfolgen, daher sät man besser 2–3 Samen 1–2 cm tief in Gruppen aus und hält zwischen den Gruppen 10 cm, zwischen den Reihen 30 cm Abstand. Sobald die Sämlinge nach dem

Haferwurzelblüten variieren zwischen rot und fast weiß.

Keimen groß genug sind, nur den stärksten stehen lassen. Sie können in Furchen aussäen und auf den oben genannten Abstand vereinzeln.

Anbau
Die Haferwurzel liebt offene Standorte mit leichten, lockeren Böden, die für die vorherige Kultur gedüngt wurden. (Auf frisch gedüngten Böden neigen die Wurzeln zum Gabeln.) Auf steinigen oder schweren Böden hebt man eine 30 cm tiefe und 20 cm breite Furche aus, die man mit fein gesiebter, sandiger Erde oder Kompost und Sand füllt, damit die Wurzeln besser wachsen können. Schwere Böden werden im Herbst vor dem Anpflanzen umgegraben; gut verrottetes, organisches Material und Sand einarbeiten. Ein pH-Wert von 6,0–7,5 ist ideal. Saure Böden kalken. Vor dem Aussäen das Saatbeet fein rechen und Langzeitdünger einarbeiten (60–90 g/m^2).
Regelmäßiges Gießen sichert eine gute Ernte und verhindert, dass die Pflanzen bei trockener Witterung schießen. Man kann dadurch auch verhindern, dass sich die Wurzeln spalten, was nach plötzlichen Regenfällen oder Gießen oft auftritt. Besonders zu Beginn die Pflanzen von Unkraut befreien. Da die Wurzeln leicht verletzt werden und auslaufen, sollte man von Hand jäten. Sie können auch eine Zwiebelhacke verwenden oder mit organischem Material mulchen, damit das Unkraut zurückgedrängt und die Feuchtigkeit gespeichert wird.
Man kann die Wurzeln auch im Boden lassen, um die Triebe im nächsten Frühjahr zu ernten. Im Herbst die alten Blätter auf 1–2 cm über dem Boden zurückschneiden und sie auf 12–15 cm anhäufeln. Mitte Frühling des folgenden Jahres die Triebe ernten, sobald sie hervorkommen. Bei schwereren Böden kann man die Triebe mit Hilfe von Gestrüpp, Stroh oder trockenen Blättern bleichen. Nachgewachsene Triebe damit ca. 12 cm hoch abdecken. Zum Bleichen eignet sich auch ein umgedrehter Eimer oder Blumentopf mit verschlossenen Abflusslöchern.

Pflegemaßnahmen
Frühling: Das Saatbeet rechen und Volldünger einarbeiten. Samen in Gruppen aussäen.
Sommer: Pflanzen von Unkraut befreien, mulchen und bei Trockenheit gießen.
Herbst: Wurzeln bei Bedarf ausstechen. Blätter zurückschneiden und Pflanzen abdecken, die wegen der jungen Triebe angebaut werden.
Winter: Für die vorherige Kultur gedüngte Erde umgraben. In kühleren Zonen Pflanzen ausstechen und lagern.

Pflanzen in Kübeln
Die Haferwurzel kann in Kübeln angebaut werden, wenn auch nicht in großen Mengen. Sie können auch eine große Holzkiste mit sandiger, lockerer Erde oder Kompost und Perlit füllen und darauf achten, dass genügend Abflusslöcher vor-

'Sandwich Island' ist die häufigste Sorte.

***Tragopogon dubius*, eine Verwandte der kultivierten Haferwurzel.**

handen sind. Die Pflanzen von Unkraut befreien und regelmäßig gießen.

Ernte und Lagerung
Ab Mitte Herbst nach Bedarf ernten. Vor dem ersten strengen Frost oder Schnee Wurzeln mit Stroh, Gestrüpp oder ähnlichem Material schützen. Man kann die Wurzeln im Herbst ausstechen und in Kisten mit Torfersatz, Sand oder Sägemehl kühl und frostgeschützt in der Garage, im Schuppen oder Keller lagern. Beim Ausstechen vorsichtig mit der Gabel arbeiten; der Wurzelsaft fließt leicht aus.
Wenn man beim Ausstechen feststellt, dass die Wurzeln verformt sind, lässt man sie im Boden, um im nächsten Jahr Triebe und Knospen zu ernten. Beim nächsten Mal in gesiebter Erde anbauen.
Von Anfang bis Mitte Frühling erntet man die Triebe. Etwas Erde wegkratzen und die gebleichten Triebe bei einer Länge von 12–15 cm abschneiden. Sie können sie auch bei einer Länge von 15 cm ausstechen, ohne sie zuvor anzuhäufeln, obwohl sie dann nicht so zart sind.

Anfälligkeiten
Die Haferwurzel ist normalerweise unproblematisch, kann jedoch von **Weißem Rost** befallen werden, der in Form von glänzenden, weißen Flecken auftritt und die Pflanzen verkümmern lässt. Mit Insektizid besprühen und stark befallene Pflanzen vernichten. Bei **Asternvergilbung** werden nachwachsende Teile deformiert; Blattadern oder ganze Blätter werden gelb. Die Krankheit wird durch die **Asternheuschrecke** verbreitet.

Mischkulturen

Die Haferwurzel harmoniert mit Senf. Pflanzt man sie neben Karotten an, hält sie die Karottenfliege ab.

Heilkraft

Die Haferwurzel wirkt fiebersenkend. In der Naturheilkunde wird sie zur Heilung von Gelbsucht verwendet.

In Samen stehende Haferwurzel.

Kulinarisches

Die Haferwurzel hat einen zarten Austerngeschmack und kann auf viele verschiedene Arten zubereitet werden. (Sie finden sicher ein Rezept, das Ihnen zusagt.)
Erst wird sie weich gekocht und anschließend unter fließendem, kaltem Wasser geschält.
Aufgeschnittene Wurzeln verfärben sich, daher gibt man sie in Wasser mit einem Spritzer Zitronensaft und kocht sie anschließend in Salzwasser mit Zitronensaft und einem Esslöffel Mehl. Durch ein Sieb gießen und schälen, in geschmolzener Butter und gehackter Petersilie schwenken.
Man kann sie auch mit einer leichten Soße anrichten, in Öl herausbacken oder mit Käse und Brotkrumen gratinieren. Oder vielleicht möchten Sie sie lieber in Butter braten und mit Rohzucker servieren?
Die Wurzeln können auch gebacken, püriert, zu Suppe verarbeitet oder ungekocht gerieben und zum Salat gegeben werden. Im Kühlschrank bleiben sie bis zu 1 Woche lang frisch.
Die Triebe ungekocht in den Salat geben oder leicht kochen. Junge Triebe mit Blüten kann man eingelegt, gekocht oder ungekocht essen oder wie Spargel kalt mit Öl und Zitronensaft zubereiten. Da sie sehr zart schmecken, eignen sie sich hervorragend als Vorspeise.
Die Blüten pflückt man noch bevor sie sich öffnen mit Stiel, lässt sie garen und isst sie kalt.

Panierte Haferwurzel
(4 Personen)

750 g Haferwurzel, geputzt
Speiseöl zum Braten
Zitrone, aufgeschnitten
Für die Panade:
100 g glattes Mehl
1 TL Backpulver
1 Ei
1 EL Olivenöl
150 ml Wasser
1/4 TL Harissia
1/2 TL Kreuzkümmel
1/4 TL getrockneter Thymian
Salz und schwarzer Pfeffer aus der Mühle

Wurzeln halbieren, in Salzwasser 30 Minuten kochen und mit kaltem Wasser waschen. Anschließend schälen und in 7 cm große Stücke schneiden.
Panade vorbereiten: Alle Zutaten 30 Sekunden in einer Küchenmaschine vermischen. Öl in einer großen Bratpfanne erhitzen. Wurzeln in die Panade tauchen und in Öl goldbraun und knusprig backen, dabei wenden. Bis zur Fertigstellung warm stellen. Mit Zitrone heiß servieren.

Panierte Haferwurzel

Haferwurzel mit Schinken und Käse
(4 Personen)

8 Haferwurzeln, geschält und geputzt
8 Scheiben gekochter Schinken
2 EL Butter
2 EL Mehl
1 TL Dijon-Senf
300 ml Milch
4 EL geriebener Gruyère-Käse
1 Prise Muskatnuss
Salz und schwarzer Pfeffer aus der Mühle

Haferwurzeln 5 Minuten kochen, durch ein Sieb gießen und in ca. 10 cm große Stücke schneiden. Sobald sie etwas abgekühlt sind, jede mit einer Scheibe Schinken umwickeln und in eine eingefettete Form legen.
In einer Bratpfanne Butter schmelzen und mit Mehl eine Einbrenne zubereiten. 1 bis 2 Minuten anbraten und Senf einrühren. Langsam Milch und anschließend Gruyère hinzufügen und den Käse schmelzen lassen. Mit Muskatnuss abschmecken, salzen, pfeffern und über die Wurzeln gießen. Im vorgeheizten Ofen bei 200 °C 20 Minuten bräunen.

Valerianella locusta (Valerianella olitoria). Valerianaceae

FELDSALAT

Rapunzelsalat, Vogerlsalat. Niedrig wachsende, äußerst winterharte, einjährige Pflanze. Die Blätter sind genießbar. Nährwert: Reich an Betakarotin, Vitamin C und Folsäure. Sehr wenige Kalorien.

Obwohl er sehr zart aussieht, handelt es sich beim Feldsalat um eine äußerst frostharte Pflanze, die speziell im Winter als Vitaminlieferant geschätzt wird. Die ansprechenden hellgrünen, runden Blätter haben einen feinen, nussigen Geschmack. Der Name „Feldsalat" oder „Ackersalat" bezieht sich auf den häufigsten Standort dieser Pflanze.
Gerard schrieb: „Wir kennen den Feldsalat als immergrüne Pflanze. Im Winter dient er als Salat und ist nicht der schlechteste seiner Gattung." Er stellte weiterhin fest, dass der Feldsalat „von Ausländern in England eingeführt wurde und so in die Gärten kam".
In Frankreich, wo er als „salade de prêtre", da er oft zur Fastenzeit gegessen wird, als „doucette", „kleiner Süßer", in Bezug auf die Blätter und „bourcette" bezeichnet wird, ist er schon seit Jahrhunderten verbreitet. In England geriet er um 1700 in Vergessenheit, und ein Autor des 19. Jahrhunderts stellte fest: „. . . tatsächlich handelt es sich um ein Unkraut, das als Salat nicht wirklich von Nutzen sein kann." Vor der Entwicklung der Wintersalate war der Feldsalat zu dieser Jahreszeit die wichtigste Salatpflanze und wurde früher auch dieser Familie zugeordnet.

Frischer Feldsalat

SORTEN

Es gibt 2 Gruppen: Den „großen", „breitblättrigen" Feldsalat und die in Westeuropa verbreiteten „dunkelgrünen vollherzigen", die dunkler, kompakter, jedoch weniger ertragreich sind.
'Progres' hat runde, dicke, dunkelgrüne Blätter. Sowohl für Unterglas- als auch für Freilandanbau geeignet.
'Dunkelgrüner Vollherziger' bildet zarte, kleine, schmackhafte Köpfe. **'Elan'** wächst rasch und ist resistent gegen Falschen Mehltau. **'Holländischer Breitblättriger'** hat große, breite, lange Blätter. Bei **'Louviers'** handelt es sich um eine hochwertige Sorte. **'Vit'** ist raschwüchsig; eignet sich besonders für den Herbst- und Winteranbau.

KULTIVIERUNG

Vermehrung
Feldsalat kann als Einzelpflanze oder als nachwachsende Kultur angebaut werden.
Von Mitte bis Ende Frühling sät man mehrmals für die Sommerernte aus, und zwar in 1 cm tiefen Furchen in

einem Abstand von 10–15 cm. Sobald die Sämlinge 3–4 Blätter haben, werden sie vereinzelt. Von Mitte bis Ende Sommer sät man mehrmals für die Winterernte aus. Oder in breiten Furchen säen, breitwürfig säen bzw. in Anzuchtschalen oder Torftöpfen aussäen und später umsetzen. Ein paar Pflanzen lässt man schießen und setzt die Sämlinge anschließend in Reihen aus.

Anbau
Feldsalat gedeiht an geschützten Standorten in direktem Sonnenlicht oder Halbschatten und bevorzugt tiefe, fruchtbare Böden, um rasch und gleichmäßig wachsen zu können. Er akzeptiert jedoch die meisten Böden, solange sich keine Staunässe bildet. Ein festes Saatbeet anlegen und vor dem Aussäen im Frühling oder Sommer Langzeitdünger einrechen (30–60 g/m²). Lässt man Pflanzen auf demselben Standort überwintern, sollte das nicht nötig sein.
Die Pflanzen besonders zu Beginn von Unkraut befreien und gründlich gießen.

Pflegemaßnahmen
Frühling: Mehrmals aussäen.
Sommer: Mit dem Aussäen und ernten fortfahren, die Pflanzen von Unkraut befreien und gut gießen.
Herbst: Pflanzen unter Abdeckungen aussäen und mit der Ernte fortfahren.
Winter: Bei langsamem Wachstum nicht zu stark abernten.

Geschützter Anbau
Obwohl er sehr frosthart ist, sollte man Feldsalat unter

Feldsalat wird im Garten auch an feuchten Plätzen angebaut.

Die silbrigblauen Blüten sind zart und sehen sehr hübsch aus.

Glasglocken, Folientunnel, Vlies oder im Kalthaus ziehen, damit er besser wächst und ertragreicher ist. Im Frühherbst die erste Aussaat vornehmen.

Pflanzen in Kübeln
Man kann in 25 cm breiten Töpfen mit Kompost auf Lehmbasis und niedrigem Düngergehalt anbauen. Von Anfang Frühling bis Anfang Sommer und dann wieder von Anfang bis Mitte Herbst alle 3 Wochen dünn mit einer Saattiefe von 1 cm aussäen und die stärksten Sämlinge mit einem Abstand von 10 cm stehen lassen.
Während die Pflanzen stark wachsen, den Kompost feucht halten und bei kühleren Temperaturen weniger gießen.

Ernte und Lagerung
Beim Ernten der Sämlinge die Blätter nach Bedarf pflücken oder die ganzen Pflanzen ca. 3 Monate nach dem Anpflanzen ausgraben. Nicht zu viele Blätter auf einmal entfernen. Das gilt speziell für im Freiland überwinternde Pflanzen. Einige Tage vor dem Pflücken kann man die Pflanzen bleichen, indem man sie mit einer Kiste oder einem Topf abdeckt. So werden sie nicht bitter. Die jungen Blüten schmecken gut im Salat.

ANFÄLLIGKEITEN

Einige Sorten sind anfällig für **Mehltau**. Sämlinge vor **Vögeln** und **Nacktschnecken** schützen.

MISCHKULTUREN

Da die Pflanzen sehr wenig Platz brauchen, eignet sich Feldsalat ideal zum Anbau mit größeren Kulturen.

HEILKRAFT

Mit seinem hohen Gehalt an Betakarotin, Vitamin C und Folsäure gilt er als Stärkungsmittel im Winter oder Frühling; besonders nützlich, wenn kaum andere Gemüsearten zur Verfügung stehen.

KULINARISCHES

Ausgedünnte Sämlinge können zum Salat gegeben werden. Die Blätter gut waschen, um Schmutz und Erde zu entfernen. Im 17. Jahrhundert servierte man Feldsalat oft mit kalter, gekochter Roter Bete oder Sellerie. Die Blätter an Stelle von Salat verwenden oder mit diesem kombinieren. Passt gut zu gebratenem Schinken oder Speck und Roter Bete. Die Blätter können wie Spinat zubereitet werden.

Feldsalat mit Garnelen
(4 Personen)

Gemischte Wintersalate wie Feldsalat, Endiviensalat und Radicchio
große, frische Garnelen, geschält
Geröstete Sesamkörner

Für die Vinaigrette:
Zitronensaft
Balsamico-Essig
Olivenöl
Senf
Salz und schwarzer Pfeffer aus der Mühle
frische Kräuter, z. B. Salbei, Petersilie und Schnittlauch, gehackt

Salatblätter waschen und auf Teller geben.
Garnelen salzen und pfeffern und reichlich mit Sesamkörnern überziehen. (Bei großen Garnelen rechnet man 4 bis 5 Stück pro Person.) In einer Bratpfanne bei schwacher Hitze anbraten, nach 3 Minuten wenden. Sie sollten auf beiden Seiten goldbraun werden. Anschließend die Garnelen auf die Salatblätter legen. Vinaigrette zubereiten, über die Garnelen träufeln und anrichten.

Vicia faba. Leguminosae

PUFFBOHNE

Saubohne, Dicke Bohne. Einjährig. Man verwendet die Samen, jungen Blatttriebe und jungen Hülsen. Nährwert: Geringer Eiweißgehalt. Reich an Ballaststoffen, Kalium, Vitamin E und C.

Der Anbau der Puffbohne, von der man annimmt, dass sie aus dem Mittelmeerraum stammt, geht bis in die Zeit um 6800–6500 v. Chr. zurück. In der Eisenzeit war die Puffbohne in ganz Europa verbreitet.
Die Griechen brachten sie dem Apollo dar und waren der Ansicht, dass der übermäßige Konsum der Bohnen die Sinne vernebelte. Dioskurides berichtete, dass sie „Blähungen verursachten, schwer verdaulich seien und Alpträume hervorriefen".
In Großbritannien gibt es im Volksmund zahlreiche Sprüche und Bauernregeln, in denen die Puffbohne erwähnt wird. Ein Spruch vertritt die Auffassung, man solle reichlich bzw. gleich 4 Bohnensamen aussäen, nämlich „einen für die Krähen, einen für die Raben, einen zum Verfaulen und einen zum Ernten".
Die Blüten der Puffbohne galten als Aphrodisiakum: „Es gibt keinen wollüstigeren Duft als ein Bohnenfeld in voller Blüte", heißt es, und der Dichter John Clare schrieb: „Meine Liebe ist so süß wie ein blühendes Bohnenfeld im Morgentau."
Die robusten, üppigen Bohnen stellen ein ägyptisches Nationalgericht dar. Ein arabisches Sprichwort sagt: „Die Bohnen genügten sogar den Pharaonen." Und wie steht es mit Ihnen?

SORTEN

Es gibt Sorten mit rein weißen und solche mit schwarz gefleckten Blüten. Die Sorten mit weißen Blüten haben meist kleine Samenkörner, bleiben beim Kochen weiß oder grün und schmecken milder. Die Sorten mit schwarz gefleckten Blüten haben fast alle ein großes Samenkorn, verfärben sich beim Kochen braun und sind geschmacksintensiver. **'Con Amore'** ist eine Sorte mit schwarz gefleckten Blüten, reift besonders früh und ist sehr ertragreich. Sie wird mittelhoch, die langen Hülsen sind mittelbreit. Bei **'Hangdown'** handelt es sich um eine Sorte mit grünen Samenkörnern. **'Bianka'** hat rein weiße Blüten. Auch die Sorten **'Dreifach Weiße'**, **'Eureka'** und **'Metissa'** bringen weiße Blüten hervor. **'Red Epicure'** hat schöne kastanienrote Samenkörner, die sich beim Kochen zum Teil verfärben, jedoch hervorragend schmecken. **'Masterpiece Green Longpod'** ist eine qualitativ hochwertige Sorte mit grünen Bohnen, die Sie besonders gut einfrieren können. Die Blüten der Sorten **‚Gruno'**, **‚Hedosa'** und **‚Osnabrücker Markt'** sind schwarz gefleckt. **'Aquadulce'** ist eine verlässliche, robuste Sorte mit langen Hülsen, die im Herbst und Frühling ausgesät werden kann. **'Aquadulce Claudia'** bringt mittellange bis lange Hülsen und weiße Samenkörner hervor.

'Red Epicure', eine Sorte mit roten Bohnen.

KULTIVIERUNG

Vermehrung
Da sie bei kühler Witterung gut keimt, kann die Puffbohne von Mitte bis Ende Herbst ausgesät werden und für die Ernte zur Frühlingsmitte im Freiland überwintern. Die Sämlinge sollten bereits 3 cm groß sein, wenn es kälter wird. Hier sind speziell die 'Aquadulce'-Sorten geeignet.
Sobald der Boden bearbeitet werden kann, von Ende Winter bis Ende Frühling alle 3 Wochen aussäen.
Die Samenkörner in Reihen mit einer Saattiefe von 5 cm einsetzen oder in einzelnen Pflanzlöchern in einem Abstand von 30 cm in und zwischen den Reihen. Man kann auch in versetzten Doppelreihen anbauen, wobei in und zwischen den Reihen ein Abstand von 25 cm eingehalten werden sollte, oder in 90 cm breiten, quadratischen Blöcken säen, wobei der Abstand zwischen den Pflanzen 20–30 cm beträgt. Bei großen Pflanzen sollte man einen Abstand von 30–40 cm einhalten. Am Ende jeder Reihe zusätzliche Samenkörner aussäen, die dann zum Umsetzen verwendet werden.

Anbau
Puffbohnen gedeihen an offenen, sonnigen Standorten, überwinternde Pflanzen müssen geschützt werden. Der Boden sollte tief umgegraben, feucht und locker und für die vorherige Kultur gedüngt sein. Man kann auch im Spätherbst vor dem Aussäen gut verrottetes, organisches Material einarbeiten.

Der pH-Wert sollte 6–7 betragen, daher den Boden bei Bedarf kalken und mit anderen Hülsenfrüchten abwechseln. 1 Woche vor dem Aussäen körnigen Volldünger einrechen. Speziell zu Beginn regelmäßig mulchen, hacken oder von Hand jäten.
Außer bei extremer Trockenheit ist Gießen nicht erforderlich. Um qualitativ hochwertige Pflanzen zu erhalten, sollte man jedoch von der Blüte bis zum Ende der Ernte wöchentlich 20 Liter/m² gießen.
Größere Pflanzen mit Stöcken stützen. In versetzten Reihen können die Pflanzen gegenseitig stützen. Kleine Sorten mit Hölzchen stützen.

Pflege
Frühling: Frühe Pflanzen unter Glas aussäen und mit dem Aussäen bis ins späte Frühjahr fortfahren.
Sommer: Von Ende Frühling bis Spätsommer ernten. Die Pflanzen von Unkraut befreien und während der Blüte gießen.
Herbst: Freilandsorten zum Überwintern aussäen.
Winter: Freilandsorten bei strengem Frost schützen.

Geschützter Anbau
Wo die Pflanzen nicht im Freien überwintern können, sät man ab Mitte Winter unter Abdeckungen in Töpfen oder Kisten aus. Mitte Frühling die Pflanzen abhärten und ins Freie setzen. Sobald die Bohnen am Glas anstoßen, die Glasglocken entfernen.

Pflanzen in Kübeln
Kleine Sorten baut man in Kübeln mit Kompost auf Lehmbasis und niedrigem Düngergehalt an. Die Töpfe müssen 20–50 cm breit und 25 cm tief sein. Die Samen mit einem Abstand von 10–15 cm und einer Saattiefe von 5 cm aussäen. Bei warmem Wetter regelmäßig gießen.

Ernte und Lagerung
Noch bevor die Hülsen groß und hart werden, ernten. Man dreht sie oder schneidet sie mit der Schere ab.
Die Hülsen, die bei einer Länge von 5–7 cm geerntet werden, können im Ganzen gegessen werden.

'Masterpiece Green Longpod' liefert hohe Erträge.

Puffbohnen, speziell die Sorten mit grünen Samen, lassen sich gut einfrieren. Die Bohnen waschen, 3 Minuten blanchieren und einfrieren. Sie halten ca. 1 Jahr; im Kühlschrank etwa 1 Woche.

Anfälligkeiten

Am häufigsten werden die Pflanzen von der **Schwarzen Bohnenblattlaus** befallen. Die obersten 7 cm des Stängels abzwicken, sobald sich die Bohnen bilden. Dadurch kann man auch früher ernten. **Mäuse** und **Eichelhäher** fressen die Samenkörner.

Mischkulturen

Beim gemeinsamen Anbau mit Bohnenkraut wird die Schwarze Bohnenblattlaus abgehalten und beim Anbau mit Stachelbeeren die Blattwespe. Die Blüten locken Bienen an. Puffbohnen wirken unterstützend für Maiskulturen.
Man kann die Puffbohne auch zwischen Kohlarten setzen, die von den stickstoffhaltigen Wurzeln profitieren. Um die Bodenfruchtbarkeit zu steigern, arbeitet man pflanzliche Rückstände als Gründünger ein.

Kulinarisches

Gedünstet oder leicht gekocht, werden die Bohnen zu Schinken, Schweinefleisch und Huhn gegessen. Man kann sie mit gerösteten Zwiebeln, Pilzen und Speck essen, oder Sie können sie auch mit Tomatensoße, warmem Sauerrahm oder Zitronenbutter und Dill anrichten.

Bissara
(4 Personen)

700 g junge Puffbohnen, ausgelöst gewogen
1 kleine grüne Chilischote, gehackt
1 TL Paprika
1 TL Kreuzkümmel, im Mörser zerstoßen
2 Knoblauchzehen, geschält
8 EL natives Olivenöl
Saft einer halben Zitrone
Salz und schwarzer Pfeffer aus der Mühle

Dressing:
Ein wenig Olivenöl, Zitronensaft und Paprika

Die Bohnen in leicht gesalzenem Wasser weich kochen. Mit Chili, Paprika, Kreuzkümmel und Knoblauch in einer Küchenmaschine pürieren. Dabei langsam Olivenöl und Zitronensaft hineinträufeln. Würzen und in eine Schüssel geben.
Mit ein wenig Olivenöl, Zitronensaft und Paprika anmachen und mit warmem Brot servieren.

Puffbohnen mit Bohnenkraut
(4 Personen)

500 g junge Puffbohnen, ausgelöst gewogen
2 Blättchen und 2 EL Bohnenkraut
2 EL Butter
Salz und schwarzer Pfeffer aus der Mühle

Bohnen zusammen mit Bohnenkrautblättchen in einen Topf mit kochendem, leicht gesalzenem Wasser geben und ca. 3–5 Minuten kochen, bis sie gerade durch sind. Durch ein Sieb abgießen und die Bohnen bei schwacher Hitze mit Butter dünsten, dabei gut schwenken. Mit zusätzlichem Bohnenkraut abschmecken, salzen und pfeffern.

Bissara

Zea mays. Gramineae

MAIS

Kukuruz. Einjährig. Die Samenkörner sind genießbar. Teilweise winterhart. Nährwert: Reich an Kohlenhydraten und Ballaststoffen. Mittlerer Gehalt an Eiweiß und Vitamin B.

Wild wachsender Mais ist unbekannt, doch nimmt man an, dass die Pflanze erstmals um 7000 v. Chr. in Mexiko kultiviert worden war. In Höhlen bei Tehuacan im südlichen Mexiko fand man primitive Arten, die kleiner als eine Weizenähre sind und auf 3500 v. Chr. zurückgehen, von den Bauern der Maya und Inkas jedoch beinahe auf die Größe der modernen Sorten gezüchtet wurden. Die frühen indianischen Zivilisationen lebten von Mais, und das Leben der Azteken drehte sich um das Maisfeld, das Milpa genannt wurde. Man baute dort hauptsächlich Sorten mit blauen, scharlachroten, braunen oder beinahe schwarzen Körnern an. Um 800 n. Chr. wurde Mais auch in Nordamerika zu einem der wichtigsten Nahrungsmittel. Die ersten Sorten, die im 16. Jahrhundert von Zentralamerika nach Europa eingeführt wurden, waren sowohl wegen der „Kolben" als auch wegen des gelben Mehls beliebt. Mais wuchs in Spanien, Frankreich, Italien, Portugal und auf dem Balkan.

Bei Zuckermais handelt es sich um Sorten mit höherem Futtergehalt, die als Getreide und Futter verwendet werden. Die Sorten mit goldgelben Samenkörnern werden als Nahrungsmittel angebaut; Sorten mit verschiedenfarbigen Körnern sehen besonders hübsch aus. Zuckermais und Mais sind nach Weizen und Reis weltweit die drittwichtigste Getreideart, und es gibt zahlreiche Nebenprodukte, so z. B. Popcorn oder Maisstärke, die in Wäschereien verwendet wird. Aus den leeren Kolben stellt man Sprengstoff und Verpackungsmaterial her. Am besten schmeckt frischer Zuckermais, wenn man ihn mit Butter bestrichen direkt vom Kolben abnagt.

'Sundance' – eine hervorragende frühe Sorte.

SORTEN

Zuckermais wurde über viele Jahrhunderte gezüchtet, daher sind heutzutage zahlreiche Sorten erhältlich.

Traditionelle Sorten
'Premium Gold' ist eine sehr frühe, gelbe Sorte mit gut ausgebildeten Kolben, die sich besonders zum Anbau unter Vlies eignet. Bei **'Meritosa'** handelt es sich um eine robuste, äußerst ertragreiche Sorte, die besonders widerstandsfähig gegen Trockenheit ist. Die Kolben sind groß und schwer, die Körner goldgelb. **'Summer Flavour'** ist eine sehr frühe Sorte, die ideal für kühlere Zonen und späte Aussaaten ist. Sehr süß, zart und schmackhaft. **'Sundance'** liefert auch nach einem schlechten Sommer gute Erträge. Die Körner schmecken sehr süß.

Besonders süße Sorten
Diese Sorten schmecken noch süßer und bewahren den süßen Geschmack länger als die älteren Sorten. Man sollte sie nicht zusammen mit älteren Sorten aussäen, da sie leicht mit deren Samen bestäubt werden können und dann den süßen Geschmack verlieren. **'Conquest'** ist eine frühe Sorte, die kalte Böden verträgt. **'Honey and Cream'** schmeckt hervorragend und

hat weiße und goldgelbe Körner. Bei **'Snowbelle'** handelt es sich um eine mittelfrühe, weiße Sorte. **'Stowell's Evergreen'** hat ebenfalls weiße Körner. Hält sich gut über eine längere Erntezeit.

Popcorn- und Ziermais **'Popcorn Yellow'**hat kleine, dunkelgelbe Körner mit guter Popcornqualität. Die hochwüchsigen Pflanzen liefern gute Erträge. Bei **'Rainbow'** handelt es sich ebenfalls um eine hohe Sorte mit farbenprächtigen Samenkörnern in Rot, Gelb, Orange und Blau.

KULTIVIERUNG

Vermehrung

Bei einer Bodentemperatur von unter 10 °C können die Samen nicht auskeimen, daher sät man ab Mitte Frühling besser unter Abdeckungen in Töpfen oder Torftöpfen aus. Von Mitte bis Ende Frühling 2–3 Samen 2 cm tief in Töpfen mit feuchtem Saatkompost säen, Temperatur bei 13 °C. Nach dem Auskeimen lässt man nur den stärksten Sämling stehen. Mais hat empfindliche Wurzeln, daher vorsichtig vereinzeln und den stärksten Sämling festhalten, während man die schwächeren entfernt. Sobald die Frostgefahr gebannt ist, die Sämlinge nach dem Abhärten ins Freie setzen.

Männliche Maisblüten

Der Abstand in und zwischen den Reihen sollte 35 cm betragen, oder zwischen den Pflanzen 25–30 cm und zwischen den Reihen 60 cm.
Um den Keimvorgang zu verbessern, kann man die Samen auch vorkeimen. Mehrere Lagen Küchenpapier in eine Anzuchtschale legen, mit Wasser befeuchten, die Samen gleichmäßig ausbreiten und mit einer weiteren Papierschicht abdecken. Die Schale stellt man in einer leicht verschlossenen Plastiktüte in einen Schrank mit Lüftungsschlitzen oder in ein warmes Zimmer. Sobald die Körner wachsen und kleine Wurzeln bilden, jeweils 1 Korn in einen 9 cm breiten Topf mit Saatkompost stecken oder im Freiland einzeln aussäen. Einige Samen in Töpfen aussäen, um die im Freiland nicht auskeimenden Sämlinge zu ersetzen.
Man kann vom späten Frühjahr bis zum Frühsommer auch im Freien aussäen. Sobald der Boden bearbeitet werden kann, legt man ein 1,2–1,5 m großes, blockförmiges Beet mit 4 Rillen an, die ca. 30 cm hoch sind und einen Abstand von 35 cm haben. Danach legt man in den Furchen 2–3 Samen in Gruppen mit einem beidseitigem Abstand von 35 cm aus und lässt nur den stärksten Sämling stehen.
Das Beet und die Furchen mit Folie bedecken und an den Rändern mit Erde befestigen. Sobald die Sämlinge sprießen, schneidet man die Abdekkung kreuzförmig ein, damit sie durchwachsen können, oder man nimmt sie ab und häufelt rund um die Stängel Erde an, sobald die Pflanzen 50 cm hoch sind.
Sie können auch auf einem flachen Saatbeet aussäen und die Saat mit Vlies oder Glasglocken schützen, die weggenommen werden, sobald die Pflanzen größer werden.
Die besonders süßen Sorten brauchen zum Auskeimen noch mehr Wärme. Die Bodentemperatur sollte mindestens 12 °C betragen.
Da Mais vom Wind bestäubt wird, werden die Pflanzen blockweise ausgesät. Die männlichen, quastenförmigen Blüten an der Spitze der Pflanze streuen den Pollen auf die unterhalb liegenden weiblichen Blüten, die aus hellgrünen Strähnen am Ende jedes Kolbens bestehen und vor der Bestäubung klebrig werden. Jede Strähne ist mit einem Korn verbunden. Um den Ertrag der Pflanzen zu steigern, muss jedes Korn befruchtet werden, was durch Aussäen in Blöcken erleichtert wird. An windstillen Tagen kann man, um die Befruchtung zu beschleunigen, die Stiele etwas antippen.

Dekorativer Mais, der auch praktischen Wert hat.

Anbau

Mais gedeiht in feuchtem, lockerem Boden. Einige Wochen vor dem Aussäen organisches Material einarbeiten oder auf Böden aussäen, die für die vorherige Kultur gedüngt wurden. Im Idealfall sollte der Boden leicht sauer sein und einen pH-Wert von 5,5–7,0 aufweisen. Die Pflanzen benötigen eine lange, warme Vegetationsperiode, daher sollte man in kühleren Zonen rasch wachsende, frühe Sorten anbauen. Der Standort sollte offen, sonnig, warm und vor kaltem Wind und Frost geschützt sein.
Nach dem Umsetzen oder beim Vorbereiten des Saatbeetes einen Langzeitdünger einrechen.
Den Kompost während der gesamten Wachstumsperiode feucht halten. Man sollte die Pflanzen zu Beginn der Blüte und des Kornwachstums gießen. Dann gießt man wöchentlich ca. 20 Liter/m².
An exponierten Stellen müssen die Pflanzen mit Stöcken gestützt werden.

Mais hat flache Wurzeln, daher sollte man beim Jäten darauf achten, die Wurzeln nicht zu verletzen. Es ist besser, mit organischem Material zu mulchen, um das Unkraut zurückzudrängen und die Feuchtigkeit zu speichern. Die Seitentriebe (Schößlinge) nicht entfernen. Die Pflanzen anhäufeln, damit sie stabiler werden.

Pflegemaßnahmen
Frühling: Unter Bedeckungen oder im Freien aussäen.
Sommer: Aussäen. Pflanzen von Unkraut befreien und gießen. Ernten.
Herbst: Ernten.
Winter: Den Boden für das nächste Jahr vorbereiten.

Geschützter Anbau
Falls die Bodentemperatur unter 10 °C liegt, ab Mitte Frühling in Töpfen oder Torftöpfen unter Abdeckungen bei 13 °C aussäen. Die Pflanzen abhärten und ins Freie setzen, sobald die Frostgefahr gebannt ist.

Ernte und Lagerung
Auf jeder Pflanze wachsen normalerweise 1–2 Kolben. Im Freien wachsende Pflanzen reifen später als unter Glas ausgesäte.
Wenn die Kolben reif sind, verwelken die „Fäden" und werden dunkelbraun. Die Blätter zurückstreifen und mit dem Daumennagel die Körner testen: Tritt eine klare Flüssigkeit aus, sind sie noch unreif. Wenn die Flüssigkeit milchig ist, können die Kolben geerntet werden. Ist sie dickflüssig, sind die Kolben überreif und somit ungenießbar. Zum Pflücken hält man den Stiel mit einer Hand fest und dreht mit der anderen Hand den Kolben ab.
Nach der Ernte den Mais innerhalb von 24 Stunden aufbrauchen oder einfrieren, da sich später der in den Körnern enthaltene Zucker in Stärke verwandelt. Bei besonders süßen Sorten bleibt der Zucker länger erhalten.
Zum Einfrieren die Kolben 4–6 Minuten lang blanchieren. Anschließend werden sie abgekühlt, durch ein Sieb gegossen, bevor man sie einzeln in Plastikfolie wickelt und in den Tiefkühlschrank legt. Im Kühlschrank bleiben die Kolben bis zu 3 Tage lang frisch.

Anbau in Blöcken führt zu höheren Erträgen, da die Pflanzen vom Wind bestäubt werden.

Anfälligkeiten

Vögel können die Sämlinge herausziehen und die Körner fressen. Die Sämlinge werden auch von **Nacktschnecken** befallen. Bei heißem, trockenem Wetter tritt **Brand** in Form von großen Flecken auf Kolben und Stielen auf. Befallene Teile verbrennen, da sie sich öffnen und unzählige schwarze Sporen freigeben. Nach der Ernte Pflanzen und Rückstände verbrennen und an derselben Stelle 3 Jahre keinen Mais anbauen. Die Larven der **Fritfliege** bohren sich in die Vegetationsspitzen der Sämlinge; Blätter verformen sich und verkümmern. Verwenden Sie vorbehandelten Samen und rechen Sie ein Insektizid ein. Die neu eingepflanzten Samen werden oft von **Mäusen** gefressen.

Ein schöner Kolben, voll mit reifen Samenkörnern.

Mischkulturen

Mais eignet sich zum Anbau mit Hülsenfrüchten oder im Anschluss daran. Zwischen den Maispflanzen kann man Feuerbohnen wachsen lassen. Man kann sie auch zwischen Sonnenblumen setzen und mit Kürbisgewächsen durchranken lassen.
Der Schatten der Maispflanzen kommt Gurken, Melonen, Kürbissen, Zucchini und Kartoffeln zugute. Auch Rosenkohl, Kohl, Kohlrüben und Brokkoli können dazwischen angepflanzt werden, ebenso wie Salat, Gartenbohnen und Zucchini.

Heilkraft

Mais reduziert angeblich das Risiko für verschiedene Krebsarten, Herzinfarkt und hohle Zähne. Maisöl soll den Cholesterinspiegel besser senken als andere ungesättigte Fettsäuren.
In Teilen Mexikos wird Mais zur Behandlung von Dysenterie verwendet. Auch in der Naturheilkunde ist er als harntreibendes und leicht anregendes Mittel bekannt.

KULINARISCHES

Möchte man die Kolben im Ganzen servieren, die äußeren Blätter und die Fäden entfernen und 5–7 cm des Stiels stehenlassen. Anschließend in ungesalzenem Wasser kochen, durch ein Sieb gießen und heiß mit geschmolzener Butter servieren.
Gerösteter Mais ist bei Kindern sehr beliebt – verglichen mit dem Dosenmais schmeckt er hervorragend. Probieren Sie Maisfritten, indem Sie eine Mischung aus püriertem Mais, Salz, Mehl, Milch und Ei mit dem Löffel ausstechen und ca. 1–2 Minuten in Öl goldbraun frittiert.
Die Körner werden gemahlen, gekocht oder gebacken, die Kolben geröstet und gekocht serviert. Maismehl kann man mit Wasser kochen, um daraus einen dicken Teig herzustellen. Diesen in Form von flachen Scheiben knusprig herausbacken, und Sie erhalten Tortillas. Durch trockenes Mahlen erhält man ein grobes Mehl, bei dem Schrot und Keim getrennt werden. Cornflakes bestehen aus gewalzten, geschmacklich verfeinerten Maiskörnern. Bunte Körner verleihen Süßspeisen und Getränken Farbe.
Babymais ist besonders hübsch und hat gemeinsam mit Kichererbsen gerade die richtige Größe für orientalische Röstgerichte.
Aus gemahlenem Mais wird auch Polenta hergestellt.

Gegrillte Maiskolben

Auf diese Weise kommt der Geschmack von Mais voll zur Geltung. Pro Person rechnet man einen Maiskolben; in Salzwasser 7–10 Minuten kochen und anschließend durch ein Sieb gießen. Danach legt man jeden Kolben auf ein Stück Alufolie. Pro Kolben 1 Esslöffel Butter verwenden, diese mit einem Teelöffel frisch gehackter Kräuter, Meersalz und schwarzem Pfeffer aus der Mühle mischen und die Kolben damit einstreichen. Anschließend nochmals gut abschmecken und die Folie verschließen.
Die Kolben bei mittlerer Hitze auf einen Gas- oder Holzkohlegrill (in diesem Fall sollte er zugedeckt bleiben) legen und 20 Minuten rösten. Nach 10 Minuten wenden.

Corn Maque Choux
(4 Personen)

1 EL Butter
1 große Zwiebel, grob gehackt
1 grüner Paprika, entkernt und gewürfelt
500 g Mais, gekocht und vom Kolben gelöst
2 Tomaten, geschält, entkernt und gewürfelt
1/2 TL Tabasco
Salz und schwarzer Pfeffer aus der Mühle

In einer Bratpfanne die Butter erhitzen und die Zwiebeln anbraten. Paprika hinzufügen und weitere 3–4 Minuten rösten. Mais und die verbleibenden Zutaten hinzufügen und bei schwacher Hitze 10 Minuten garen. Abschmecken und servieren.

Succotash
(4 Personen)

Dieses Gericht wurde von den Indianern zubereitet. Auch heute gibt es noch zahlreiche Rezepte dafür. Am besten eignet sich dafür die Maissorte 'Silver Queen'.

3–4 EL ungesalzene Butter
300 g Puffbohnen, gekocht
Körner von 3 oder 4 Maiskolben von den Kolben gelöst und geröstet
250 g Gartenbohnen, geputzt
1 mittelgroße rote Zwiebel, fein gehackt
300 ml Gemüsebrühe
1/2 roter Paprika, fein gewürfelt
1 Fleischtomate, geschält, entkernt und gehackt
Salz und schwarzer Pfeffer aus der Mühle

In einer Bratpfanne Butter schmelzen und die Puffbohnen, Mais, Gartenbohnen und Zwiebel bei mittlerer Hitze ca. 3 Minuten anschwitzen.

Anschließend Brühe hinzufügen und noch weitere 5 Minuten kochen, nun die restlichen Zutaten einrühren. Abschmecken, gut mischen und noch weitere 5 Minuten kochen. Heiß servieren.

Succotash

Zingiber officinale. Zingiberaceae

INGWER

Ausdauerndes Kraut. Die würzigen Rhizome sind genießbar. Frostempfindlich. Nährwert: Vitamine und Mineralien in kleinen Mengen. Gemahlener Ingwer enthält sehr viel Eisen, frischer Ingwer sehr viel Vitamin C.

In den asiatischen Tropen wird Ingwer bereits seit 3000 Jahren angebaut und war eines der ersten Gewürze, das über die Seidenstraße von China nach Europa gelangte. Jahrhundertelang dominierten die Araber den Handel mit Ingwer und anderen Gewürzen, bis Marco Polo und andere Entdecker in den Indischen Ozean vordrangen. Die Portugiesen nahmen den Ingwer in ihre Kolonien mit, und die Spanier brachten ihn nach Amerika. 1547 exportierten sie über 1000 Tonnen nach Jamaica und Mexiko, und Ende des 16. Jahrhunderts hatte sich ein blühender Handel mit Europa entwickelt. Heute wird überall in den Tropen Ingwer angebaut.
Die verzweigten, kriechenden Rhizome wachsen dicht unter der Oberfläche. Sie haben hellgelbes Fleisch und eine dünne, bräunliche Schale. Sie sehen wie knotige Finger aus und werden oft als „Finger" bezeichnet. Die Stängel werden bis zu 120 cm lang und haben schmale, lanzenförmige Blätter. Die kurzlebigen Blüten sind gelbgrün und rot gestreift oder gesprenkelt.

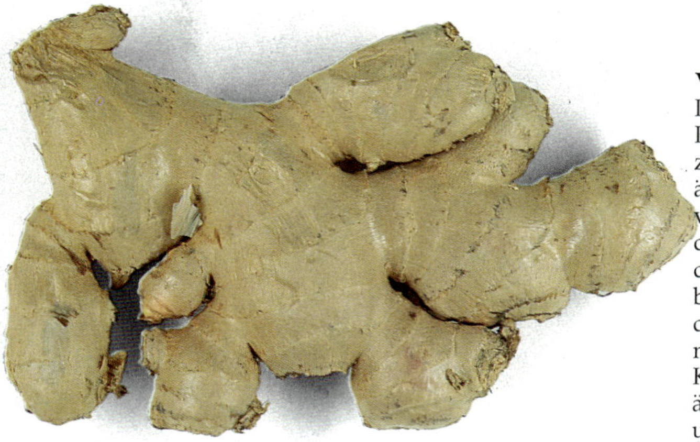

Frisch geernteter Ingwer in Ghalephug, Bhutan.

SORTEN

In jedem Gebiet werden andere Formen angebaut. Einige Sorten stammen aus Indien und 3 aus Malaysien. Bei zwei auf Jamaica vorkommenden Sorten handelt es sich um qualitativ hochwertige Pflanzen mit weißen oder gelben Blüten und härteren, faserhaltigen Rhizomen.

KULTIVIERUNG

Vermehrung
Im Spätfrühling teilt man die Rhizome, bevor die Pflanzen zu wachsen beginnen. Die älteren Pflanzen werden vorsichtig ausgestochen, um die Wurzeln nicht zu beschädigen, und von der Erde befreit. Anschließend werden die ca. 5 cm großen Teile mit mindestens einer intakten Knospe abgebrochen. Die älteren Teile werden entfernt und die jungen mit einem scharfen Messer zurückgeschnitten. Vor dem Anpflanzen besprüht man die Schnittflächen mit Fungizid und setzt die Wurzeln dann mit den Knospen nach oben 5–10 cm tief ein. Zwischen den Reihen einen Abstand von 15 cm lassen. Nach dem Anpflanzen mit lauwarmem Wasser gießen.

Anbau
Ingwer benötigt eine jährliche Niederschlagsmenge von mindestens 150 cm, hohe Temperaturen und eine kurze Trockenzeit.
Der Boden sollte reichhaltig, feuchtigkeitsspeichernd und locker sein. Falls nötig, fügt man organisches Material hinzu. Es ist wichtig, daß die Erde nicht zu fest ist und alle Rückstände entfernt werden, da sich die Rhizome sonst verformen.
Bei Trockenheit gründlich gießen. In der Wachstumsperiode von Unkraut befreien. In feuchttropischen Gebieten kann Ingwer jederzeit angebaut werden.

Pflegemaßnahmen
Frühling: Rhizome unter Abdeckungen aussäen.
Sommer: Gießen, düngen und von Unkraut befreien. Tempe-

Wenn die Rhizome nicht aufgebraucht werden, keimen sie rasch wieder aus.

ratur und Luftfeuchtigkeit müssen hoch sein.
Herbst: Rhizome vorsichtig ausstechen.

Geschützter Anbau
Ingwer kann unter Abdeckungen gezogen werden, da er jedoch viel Wärme und Feuchtigkeit benötigt, ist dies nicht sehr zweckmäßig und die Pflanzen gedeihen besser im Freiland. Im Gewächshaus pflanzt man die Rhizome in Kompost auf Torfersatzbasis in Töpfen an. Feucht halten und in der Wachstumsperiode alle 3 Wochen mit flüssigem Volldünger gießen.

Angebauter Ingwer im Transvaal, Südafrika.

Ernte und Lagerung
Die jungen, zarten Rhizome werden sofort verwendet oder eingelegt. Je älter sie sind, desto faserhaltiger und schärfer werden sie. Die ersten Rhizome kann man 7 Monate nach dem Anpflanzen ernten. Rhizome, die getrocknet werden sollen, ca. 9–10 Monate nach dem Anpflanzen ernten.
Frische Wurzeln können, in Küchenpapier oder Folie gewickelt, einige Wochen im Kühlschrank aufbewahrt oder eingefroren werden; sie müssen „atmen" können.

Anfälligkeiten

Fäule tritt in Form von dunklen Stellen an den Trieben auf. Mit den Rhizomen vorsichtig umgehen, Staunässe vermeiden und die Pflanzen mit Fungizid behandeln.

Kulinarisches

Ingwer wird weltweit als Gewürz für süße und saure Gerichte verwendet und ist ein wichtiger Bestandteil von Lebkuchen und vielen Gewürzmischungen, die für Kekse, Kuchen, Suppen, eingelegte Früchte, Marinaden, Currypulver, Kompott, Pudding, Tee, Bier und Wein verwendet werden. Er ist das wichtigste Gewürz in der chinesischen Küche und wird in Japan für eine Beilage verwendet, die „Gari" heißt und zum Sushi gegessen wird. Außer in frischer, getrockneter und gemahlener Form gibt es Ingwer auch eingelegt, in Sirup glasiert und kandiert. Vor dem Essen sollte man die Rhizome leicht schaben oder schälen, um die harte Schale zu entfernen.

Heilkraft

In China wird Ingwer schon seit Jahrhunderten für medizinische Zwecke genutzt. Im Orient gilt er als Heilmittel für Brechreiz, Husten, Blähungen und Fieber. Viele Afrikaner trinken Ingwersaft als Aphrodisiakum, und in Neuguinea isst man ihn getrocknet als Verhütungsmittel. Auf den Philippinen kaut man die Wurzeln, um böse Geister zu vertreiben.
Im Mittelalter wurden dem Ingwer wundersame Eigenschaften bei der Bekämpfung von Cholera zugeschrieben. Culpeper meinte: „Er ist für alte Männer von Nutzen, da er die Lenden erhitzt und Abhilfe bei Gicht schafft." Man kann ihn als „Rouge" im Gesicht auftragen, da er die Durchblutung anregt. Ingwer soll den Körper von innen reinigen und den Cholesterinspiegel senken. Man kann die Wurzeln auch bei Halsschmerzen, Verdauungsstörungen, Koliken, Durchfall und Reisekrankheit kauen.

Ingwertee

SPEISEPILZE

Einfache Organismen, die auf verrottendem Substrat oder als Symbiose mit lebenden Pflanzen wachsen, von denen einige genießbar sind. Teilweise winterhart oder winterempfindlich. Nährwert: Wenig Kalorien. Mittlerer Gehalt an Kalium, Linol- und Folsäure, Kohlenhydraten, Eisen, Niacin und Vitamin B.

Pilze sind außergewöhnliche Organismen, die weder Chlorophyll noch ein Wurzelsystem besitzen und wenig Ähnlichkeit mit anderen Gemüsepflanzen haben. Wir essen die sogenannten Fruchtkörper der Pilze, die sich mit Hilfe von Sporen vermehren, so wie sich die anderen Pflanzen durch Samen vermehren. Der Pilz holt sich seine Nährstoffe jedoch nicht über die Wurzeln, sondern über ein Netz aus – oft mikroskopisch – feinen Fäden, das Myzel oder Pilzgeflecht genannt wird und sich in faulendem Holz, Erde oder einem anderen „Nährboden" ausbreitet. Um einen Pilz richtig einordnen zu können, ist es wichtig, das spezielle Substrat zu kennen, auf dem er gedeiht, oder die höhere Pflanzenart, mit der er eine Symbiose eingeht. (Manche Pilze wachsen zum Beispiel nur in der Nähe bestimmter Baumarten wie Birken oder Eichen.) Wenn man Pilze anbauen möchte, muss man ähnliche Bedingungen schaffen.

Doch nur wenige der vielen tausend Pilzarten lassen sich kultivieren. Selbst in der Natur kommt es nicht in jedem Jahr zur Fruchtkörperausbildung: Es müssen ganz bestimmte Feuchtigkeitswerte und Temperaturen vorherrschen, damit sich die Fruchtkörper bilden, und die Organismen reagieren im Allgemeinen äußerst empfindlich auf Veränderungen wie Luftverschmutzung und hohe Nitratwerte.

Durch ihr unvorhersehbares Verhalten und die mysteriösen Ursprünge – zusammen mit den tödlichen Giftstoffen, die einige Arten enthalten – wird den Pilzen eine Art „Hassliebe" zuteil. Einige Arten werden schon seit dem Altertum gesammelt. Bei den Römern wurden sie als Delikatesse geschätzt, und die reichen Bürger beauftragten Sammler, die interessantesten Formen für sie aufzuspüren. Gerard war von ihnen jedoch nicht sehr beeindruckt und schrieb: „. . . nur wenige sind zum Verzehr geeignet, und die meisten von ihnen ersticken den Esser." John Evelyn empfahl seinen Lesern, alle Pilze von der Küche fern zu halten.

Im späten 17. Jahrhundert wurden Champignon-(*Agaricus-*)Arten nach und nach in unterirdischen Kellern in der Nähe von Paris angebaut, in denen riesige Haufen an Stallmist mit Erde vermischt wurden, die aus Gebieten stammten, wo Wiesen- und Anischampignons natürlich wuchsen. Jahrhundertelang galten Pilze als Delikatesse, die sich nur die Reichen leisten konnten. Ab dem 18. Jahrhundert fand man in den meisten Viehställen ein schattiges Fleckchen mit einem Pilzbeet. Einige Gartenbesitzer ließen Nebengebäude umbauen, um ideale Gegebenheiten für den Anbau von Pilzen zu schaffen. George IV. besaß im Londoner Kensington Palast ein großes „Pilzhaus". Zu der Jahreszeit, in der es wilde oder kultivierte Pflanzen in Hülle und Fülle gab, konservierte man die Pilze, die man gerade nicht brauchte, in Form von Soßen oder Ketschup. Erst vor nicht allzu langer Zeit löste die Tomatensoße die Pilzsoße ab.

Kultivierte *Agaricus*-Arten sind in Nordeuropa und im angelsächsischen Raum nach wie vor beliebt, in der restlichen Welt bevorzugt man hingegen andere Pilzarten. In Japan werden hauptsächlich Samtfußrüblinge, Nameko-, Austern- und Shiitake-Pilze kultiviert, die allmählich auch in anderen Ländern bekannt werden und Fuß fassen können. Die meisten dieser Arten sind inzwischen in Europa erhältlich und finden auch bei Hobbyzüchtern zunehmend Anklang. Die Züchter „impfen" normalerweise ein Nährsubstrat mit dem Myzel der exotischen Art. Mutige Gärtner und Pilzliebhaber lassen sich zu immer neuen Experimenten verleiten, und ihre Erfolge helfen auch, die wild wachsenden Arten zu erhalten.

Im Alten Rom sowie im 19. Jahrhundert in Russland und Frankreich war Pilzesammeln ein beliebter Zeitvertreib.

Auf Kompost gezogener Champignon.

Arten

Hier finden Sie einige bekannte Speisepilze.

Für den Anbau erhältlich
Diese Pilze werden gewerblich angebaut und können gelegentlich von Spezialhändlern in Form von Kits, Pilzgeflechten oder mit Myzel durchzogenen Pflöcken zum „impfen" von Holz gekauft werden. Ein wesentlicher Vorteil dieser Methode liegt darin, dass man mit Sicherheit weiß, welche Sorte man kauft. Damit der Anbau auch wirklich gelingt, sollte man die Hinweise des Züchters genau befolgen. Einige Züchter verfügen über eigene ausgewählte Kulturstämme.

Agaricus bisporus
Zuchtchampignon
Er hat einen glatten, weißbraunen Hut sowie einen weißen Stiel und weißes Fleisch. Schmeckt hervorragend gekocht oder ungekocht und macht weltweit 60 % der Pilzproduktion aus. Als Kit oder Myzel erhältlich (siehe Kultivierung, Seite 208). Kommerzielle Anbieter züchten neue Arten mit verschiedenfarbigen Hüten: Halten Sie danach Ausschau.

Flammulina velutipes
Samtfußrübling
Er wächst wild auf abgestorbenem Holz und wird kommerziell auf Sägemehl gezogen, speziell in Japan. Hat kleine, braun-gelbe Hüte auf dunkelbraunen samtigen Stielen. Die Stiele sollte man nicht essen. Vor dem Kochen die schmierige Huthaut abwischen oder abschälen.

Hericium erinaceus
Igel-Stachelbart
Große, rundliche Fruchtkörper mit zahlreichen eiszapfenähnlichen Stacheln. Schmeckt hervorragend mit Butter und Zwiebeln geröstet. Wächst wild auf Laubbäumen und kann auf Holzstümpfen oder -scheiten kultiviert werden.

Lentinula edodes
Shiitake-Pilz
Ein kleiner bis mittelgroßer Pilz mit hellbraunem Stiel und rötlichbraunem Hut. Diese geschmacksintensive Art war bereits 199 n. Chr. bekannt und ist der zweitwichtigste Zuchtpilz. In Japan wird er auf Kastanien, Eichen- und Mahagonischeiten für den Verkauf gezogen. Es gibt verschiedene Zuchtformen für kälteres oder wärmeres Klima, darunter 'Snowcap', eine dickfleischige Sorte mit langer Erntesaison, die auf großen Scheiten gezogen wird, und 'Westwind', eine Sorte, die ideal für unerfahrene Züchter ist, da sie über einen längeren Zeitraum gute Erträge liefert.

Pholiota nameko
Nameko-Schüppling
Er zählt zu den vier wichtigsten Pilzsorten Japans und wächst büschelweise auf Baumstämmen oder Holzscheiten. Die orangebraunen

In einer Anzuchttüte wachsende Austernpilze.

Hüte haben einen Durchmesser von 5–6 cm, die Stiele sind hell. Sehr aromatisch.

Pleurotus
Seitling
Eine Gattung mit zahlreichen unterschiedlichen Arten. Der in Japan und Zentraleuropa beliebte Pilz ist vermehrt auch im Anbaukit erhältlich oder kann aus einem Myzel gezogen werden. Man isst die jungen Pilze, ohne Stiel. In Butter dünsten, würzen und Sahne oder Jogurt hinzufügen.

Pleurotus ostreatus
Austernseitling
Besitzt große, fächerförmige Hüte, deren Farbspektrum von schieferblau bis weiß reicht, und weiße oder strohfarbene Lamellen. Oft wird Kaffeesatz als Anzuchtterrain für das Myzel verwendet.

P. cornucopiae
Rillstieliger Seitling
Er hat weiße Stiele mit cremefarbenen Hüten, die sich ockerbraun verfärben. Wächst auf Stümpfen von Laubbäumen wie Ulme oder Eiche. Andere Arten sind schwer erhältlich und brauchen mehr Wärme.

P. eryngii
Kräuterseitling
Trägt einen kegelförmigen, weißlichen Hut, der sich graubraun verfärbt. Schmeckt süß und fleischig und wächst büschelig auf verrottenden Wurzeln von Doldenblütlern. Kann auf Strohhäcksel angebaut werden. ***P. flabellatus*** ist ein Seitling mit pinkfarbenem Hut. ***P. pulmonarius*** hat braune oder graue Hüte. Der Hut des asiatischen ***P. salmoneostramineus*** ist ebenfalls pinkfarben. Beim ***P. sajor caju*** handelt es sich um eine Form mit braunem Hut.

Stropharia rugosoannulata
Riesenträuschling
Ist ein Pilz mit braunem Hut und violetten Lamellen, der vor allem in Osteuropa kultiviert wird. Man kann ihn im Gemüsegarten ziehen. Er benötigt ein Humussubstrat aus verrottendem Laubholz oder Sägemehl. Das Myzel sollte man nur aus verlässlichen Quellen beziehen.

Volvariella volvacea
Reisstroh-Scheidling
Hat graubraune, oft schwarzfaserige Hüte und einen braunen Stiel. Wird auf kompostiertem Reisstroh gezogen und gilt in China als teure Delikatesse. Gedeiht bei hoher Temperatur und Luftfeuchtigkeit. Die Pilze ernten, solange sie jung sind.

Wild wachsende Speisepilze
Viele Pilzarten wachsen auch im Garten, wenn dort zufällig die richtigen Bäume stehen und sie ihr natürliches Umfeld vorfinden. Oft werden wildwachsende, gesammelte Pilze auf Märkten verkauft. Dann muss die Gesundheitsbehörde überprüfen, ob es sich um genießbare Sorten handelt.

Agaricus arvensis – **Anischampignon** und
A. campestris – **Wiesenchampignon**
Verwandte des Zuchtchampignons, die büschelweise oder ringförmig auf Viehweiden oder gemähten Wiesen wachsen. Rundliche, weiße „Knöpfe" öffnen sich zu breiten Hüten.
Der Anischampignon kann tellergroß werden. Sein dickes, festes Fleisch schmeckt nach Anis. Die Lamellen sind anfangs graurosa und verfärben sich später schokoladenbraun. Der Wiesenchampignon ist kleiner und zierlicher und hat einen „pilzigen" Geruch. Die dunkelrosa Lamellen verfärben sich später dunkelbraun bis schwarz.

ESSEN SIE NIEMALS PILZE, OHNE VORHER DEN RAT EINES EXPERTEN EINGEHOLT ZU HABEN.

Boletus edulis
Steinpilz
Wächst auf dem Boden neben Bäumen, am liebsten bei Kiefern, Buchen, Eichen und Birken. Die runden Hüte (die bei jungen Pilzen oft weiß bereift sind) sitzen auf knolligen, weißlichen Stielen, die ebenfalls genießbar sind. Die Röhren unter dem Hut sind weiß und verfärben sich später gelblich. Dieser hervorragend schmeckende, fleischige Pilz erzielt auf Märkten hohe Preise und kann frisch, eingelegt oder getrocknet gegessen werden. Mehrere Verwandte des Steinpilzes sind ebenfalls genießbar.

Cantharellus cibarius
Pfifferling, Eierschwamm
Trichterförmig. Die dottergelben Hüte, deren Farbe später verblasst, sind dick und fleischig und haben lamellenähnliche Falten auf der Unterseite des Hutes, die ein Stück am Stiel herablaufen. Roh gegessen hat der Pilz einen würzigen Nachgeschmack. Auch gekocht schmeckt er hervorragend. Wild wächst er auf Waldboden. Einige ähnliche Arten sind giftig.

Hirneola auricula judae
Judasohr
Sieht wie ein menschliches Ohr aus, ist dattelbraun und wird beim Trocknen klein und hart. Man findet es meist an lebenden oder abgestorbenen Holunderbüschen, Buchen und Platanen. Kann getrocknet und mit Wasser wieder aufgefrischt werden.

Auf einem Baumstamm wachsende Austernpilze.

Verwandte Arten sind in China und Taiwan sehr beliebt.

Hypholoma capnoides
Rauchblättriger Schwefelkopf
Ein Blätterpilz, der büschelweise auf den Stümpfen von Nadelhölzern wächst. Der Hutdurchmesser beträgt 2–6 cm. Der Hut ist ockerfarben mit lederfarbenem Rand. Vorsicht vor Verwechslung mit anderen Schwefelkopfarten, die z. T. bitter und giftig sind.

Laetiporus sulphureus
Schwefelporling
Ein Pilz, der auf vielen Laub- und Nadelbäumen wächst, meist auf Weiden, Eichen und Buchen. Schmeckt nach Hühnerbrust und ist orangefarben bis schwefelgelb. Man isst ihn jung. Beim ersten Mal vorsichtig probieren: Er ruft bei manchen Menschen Übelkeit hervor. Einer der größten Pilze dieser Art wog 45,4 kg.

Langermannia gigantea
Riesenbovist
Der große, rundliche Pilz mit weißer Schale wächst auf dem Boden und sieht aus wie ein riesiger Fußball. Laut *Guiness Buch der Rekorde* hatte der größte seiner Art einen Umfang von 2,64 m und wog 22 kg. Er wächst auf Feldern, unter Hecken, in Wäldern und Gärten. Oft findet man ihn in der Nähe von Brennnesseln. Man isst nur den jungen Pilz, dessen Fleisch noch reinweiß ist. Schmeckt gut paniert und gebacken. Verwandte Arten sind ebenfalls genießbar, solange sie ganz weiß sind.

Lepista nuda
Violetter Rötelritterling
Mittelgroß bis groß, mit zimtbraunen bis lederfarbenen Hüten. Lamellen und Stiele variieren zwischen violett und lavendelfarben. In Wäldern, Parks und Hecken zu finden. Kann auf verrotteten Blättern rund um Komposthäufen gezogen werden. Die Pilze, die man am besten isst, solange sie noch jung sind, sind würzig und schmecken

Ein Korb mit Morcheln.

zu Eintöpfen oder gebraten. Niemals roh essen, sondern gut kochen, um Zyankalispuren zu entfernen.

Marasmius oreades
Nelkenschwindling
Wächst auf dem Rasen in Ringen, in deren Mitte das Gras verkümmert. Der kleine Pilz mit glockenförmigem, hellbraunem Hut hat Lamellen und Stiele in der gleichen Farbe. Schmeckt gut in Omelettes. Ähnlich aussehende Trichterlinge sind giftig.

Morchella esculenta
Speisemorchel
Ein hervorragender Pilz, der im Frühling in Auwäldern, Gärten und Parks vorkommt. Die Oberfläche des hohlen Huts ist wabenähnlich und variiert zwischen rund und kegelförmig. (In der gekammerten Oberfläche nisten sich oft kleine Insekten ein – einer der seltenen Fälle, wo der Pilz vor dem Kochen gründlich gewaschen werden sollte.) Man findet ihn auf lockeren Böden unter Laubbäumen, speziell in Eschen- und Ulmenwäldern.
Andere eßbare Arten sind die Hohe Morchel *(M. elata)* mit dunkelbraunem, kegeligem Hut. Vorsicht vor Verwechslungen mit giftigen Lorcheln, die ebenfalls im Frühjahr wachsen.

Sparassis crispa
Krause Glucke
Der große, vielfach verzweigte, cremeweißliche bis gelbe Fruchtkörper ähnelt einem Blumenkohl. Schmeckt würzig und wächst am Stamm von Kiefern und anderen Nadelhölzern. So wie Morcheln vor dem Kochen gut abspülen.

Tuber melanosporum
Périgord-Trüffel
Die im Mittelmeerraum in Eichenwäldern wachsende, wertvolle Trüffel wird mit Hilfe von Hunden und Schweinen aufgespürt. Die kommerziellen Züchter sind mit der Entwicklung von Bäumen befasst, deren Wurzeln mit Trüffelmyzel infiziert ist. Einige verwandte Arten sind ebenfalls genießbar.

Kultivierung
der *Agaricus*-Pilze

Shiitake-Pilze

Vermehrung
Die kommerziellen Züchter ziehen den Zuchtchampignon seit jeher unter Dach. Diese Methode ist verlässlicher als der Freilandanbau. Mist in einem mindestens 150 cm langen Viereck hoch anhäufen und gut anfeuchten. Abdecken, bis die Temperatur auf 45–60 °C ansteigt, und jede Woche wenden, bis der Mist krümelig ist und einen süßlichen Geruch verströmt. Danach 25–30 cm hoch in Kisten, Eimern oder Schalen füllen und festigen. Wenn die Temperatur auf 25 °C fällt und die Oberfläche für das Myzel bereit ist, Myzelstücke in der Größe eines Tischtennisballs mit einem Abstand von 30 cm und einer Tiefe von 2 cm in den Boden stecken. Nach 2–3 Wochen bilden sich auf der Oberfläche „Fäden". Eine 5 cm dicke Schicht auftragen, die zu 2 Teilen aus Torfersatz und zu 1 Teil aus Kreide oder geriebenem Kalkstein besteht; feucht halten. Sobald die Pilze hervorkommen, die Temperatur auf 10–18 °C reduzieren.
Es gibt zwei Myzelformen – imprägnierten Stallmist (Blockmyzel) oder imprägnierten Roggen (Getreidemyzel). Das Blockmyzel ist einfacher in der Anwendung.
Man kann auch einen Eimer oder eine Tüte mit imprägniertem Kompost oder ein Anzucht-Set kaufen. Kaufen Sie keine Sets, die schon lange gelagert wurden, und mit der Anzucht spätestens 3 Wochen nach dem Kauf beginnen.

Anbau
Champignons kann man im Freiland oder unter Dach im Rasen oder auf dem Komposthaufen ziehen, obwohl die Kulturen unterschiedlich sein werden. An einem schattigen Standort den Boden mit reichlich gut verrottetem, organischem Material anreichern. An einem feuchten Tag im Frühjahr oder Herbst das Myzel mit Tischtennisballgröße 5 cm unter der Oberfläche blockweise in einem Abstand von 30 cm „anpflanzen". Oft entwickelt sich eine gute Pilzkultur, wenn man sie mit altem Pilzkompost mulcht.

Pflegemaßnahmen
Unter Dach kann jederzeit angebaut werden. Im Freiland pflanzt man das Myzel im Frühjahr oder Herbst an.

Geschützter Anbau
Unter Dach gedeihen die Kulturen am besten in einem Schuppen, im Keller, Gewächshaus oder Frühbeet. Man muss sie nicht im Dunklen ziehen.

Pflanzen in Kübeln
Siehe „Vermehrung" (S. 222).

Ernte und Lagerung
Die ersten Pilze können 4–6 Wochen nach der Anzucht geerntet werden. Danach dauert es vermutlich ca. 2 Wochen, bis wieder neue Pilze sprießen. Die Ernte dauert ca. 6 Wochen. Beim Abpflücken dreht man den Pilz und zieht ihn nach oben, ohne das Erdreich aufzuwühlen. Abgebrochene Stiele werden entfernt und die Löcher mit Torfersatz und Kalkstein aufgefüllt.
In einer offenen Plastiktüte halten sich Pilze im Gemüsefach des Kühlschranks bis zu 3 Tagen.
Die meisten Arten können getrocknet werden. Man bindet sie an einen Faden, den man über einen Heizkörper spannt. Danach werden sie kühl und trocken gelagert und mit Wasser oder Wein aufgefrischt.
Nach der letzten Ernte den Kompost zum Mulchen verwenden. Niemals eine zweite Kultur darin ziehen.

Anfälligkeiten

Die **Pilzfliege** kann zum Problem werden. Junge Pilze ernten.

Heilkraft

Pilze senken den Cholesterinspiegel, regen das Immunsystem an und deaktivieren Viren. Shiitake-Pilze sind besonders effizient. Das Judasohr verwendet man zur Behandlung von Halsschmerzen.

Warnung

Vergewissern Sie sich, ob Sie die richtigen Pilze gepflückt haben. Am besten befragt man einen geprüften Pilzberater. Manche Speisepilze haben giftige Doppelgänger. **Ein Irrtum kann tödlich sein.**

KULINARISCHES

Pilze sollte man immer frisch essen, da sie rasch an Geschmack verlieren. Die meisten Arten sollten Sie nicht waschen: die Pilzkörper nehmen Wasser auf, werden weich und geschmacklos. Man reinigt sie nur mit einem feuchten Tuch oder bürstet den Schmutz ab. Nur bei Bedarf schälen.
Beim *Agaricus* sind sowohl Hut als auch Stiel genießbar. Bei anderen Pilzarten sind die Stiele möglicherweise hart und ungenießbar. Man muss auch die richtige Zubereitungsart beachten. Viele Pilze sind z. B. ungekocht giftig. Zuchtchampignons, die jung geerntet werden, können Sie auch ungekocht zum Salat geben. Die älteren Hüte kann man backen, grillen oder im Ganzen braten, aufschneiden und rösten, zu Suppe, Pasteten oder Füllungen verarbeiten, zu Brühen oder Eintöpfen geben oder als Garnierung verwenden. Andere Pilze können auf ähnliche Weise zubereitet werden. Große Pilze kann man füllen.
Sie können die Pilze auch in Butter und ein wenig Zitronensaft 3–5 Minuten braten. Mit Öl und Kräutern bestreichen und auf jeder Seite 2–3 Minuten grillen. Mit Jogurt oder Sahne anrichten oder in Brotkrumen tauchen und frittieren. Besonders gut schmecken Knoblauchchampignons.

Champignonsuppe
(4 Personen)

Speziell geeignet für kalte Wintertage. Zuchtchampignons stellen eine gute Alternative zu wild wachsenden dar.

75 g Butter
4 Schalotten, fein gehackt
1 Knoblauchzehe, gepresst
500 g Champignons, geputzt und aufgeschnitten
1 l Hühnerbrühe
1 EL Feinmehl
Sojasoße
ein wenig Sahne
Salz, schwarzer Pfeffer aus der Mühle

In einer Bratpfanne 50 g Butter erhitzen und Schalotten weich dünsten. Knoblauch hinzufügen und eine weitere Minute braten. Champignons beimengen und durch Rühren gut mit Butter bedecken. Brühe hinzufügen und aufkochen lassen. Würzen, zudecken und 10–15 Minuten köcheln, bis die Pilze gar sind. Anschließend vom Herd nehmen.
Die restliche Butter in einer anderen Pfanne erhitzen und mit dem Mehl eine Einbrenne machen. 2 Minuten kochen und vom Herd nehmen. In einer Küchenmaschine Einbrenne mit der Suppe vermischen (muss möglicherweise in zwei oder mehr Durchgängen gemacht werden). Sojasoße hinzufügen und abschmecken. Vor dem Servieren mit ein wenig Sahne garnieren.

Gegrillte Shiitake-Pilze
(4 Personen)

Pro Person rechnet man als Vorspeise 2 Pilze mit Weißbrot.

8–12 Shiitake-Pilze
6 EL Olivenöl
1 Zweiglein Rosmarin
1 EL frische Thymianblätter
2 EL Balsamico-Essig
2 EL Barolo
1 kleine Zwiebel, fein gehackt
4 Scheiben getoastetes Weißbrot
1 EL Butter
1 Knoblauchzehe, gepresst
Salz, schwarzer Pfeffer aus der Mühle

Pilze säubern und die Lamellen von Schmutz befreien. Stiele entfernen und zu einer Suppe geben. Hüte trocknen. Die Pilze 30–45 Minuten in eine Marinade aus Öl, Rosmarin, Thymian, Essig, Wein, Zwiebel, Salz und Pfeffer legen und ab und zu wenden. Auf jeder Seite 5 Minuten grillen, zwischendurch mit Marinade bestreichen. Auf das getoastete, mit Butter und Knoblauch bestrichene Weißbrot legen und noch ein wenig von der Marinade darüber gießen.

Pilzeintopf
(4 Personen)

500 g Austernpilze
500 g Shiitake-Pilze
4 EL Butter
2 Knoblauchzehen, gepresst
2 Schalotten, fein gehackt
4 EL Weißwein
150 ml Sahne
4 EL Parmesan
Salz, schwarzer Pfeffer aus der Mühle

Pilze gut säubern und mit den Stielen hacken. In einer Bratpfanne Butter erhitzen, Knoblauch und Schalotten hinzufügen und bei schwacher Hitze weich werden lassen. Pilze hinzufügen und gut verrühren. Wein und Sahne hinzufügen und kurz aufkochen, danach zudecken und 15 Minuten dünsten.
In eine eingefettete feuerfeste Form gießen, salzen, pfeffern und mit Parmesan bestreuen. 3–5 Minuten auf höchster Stufe überbacken, bis der Käse geschmolzen ist. Sofort servieren.

Pilzeintopf

Praktische Gartentipps

EINEN GEMÜSEGARTEN ANLEGEN

Gibt es eine schönere Lage für einen Gemüsegarten als am Fuße der Alpen?

Verschiedene Faktoren bestimmen, wie man einen Gemüsegarten anlegt und welche Sorten angebaut werden.

- Anbaugebiet und Klima
- Größe und Form des Gemüsegartens
- Anzahl der Personen, die mit dem Gemüse versorgt werden
- Dauer der Kulturanlage
- Erfahrung mit Gemüseanbau und für den Anbau zur Verfügung stehende Zeit
- Soll das Gemüse frisch verwendet oder eingelagert werden, oder beides

Es empfiehlt sich, die Gemüsearten, für die man eine Vorliebe hat, aufzuschreiben und dann zu überlegen, wie und wo man sie anbauen könnte, um das beste Resultat zu erzielen.
In großen Gärten kann man mit Hilfe von Fruchtwechselwirtschaft und geschütztem Anbau die Saison verlängern und eine Vielzahl an schmackhaften Gemüsearten ziehen. Kleine Gärten bieten meist weniger Möglichkeiten zur Selbstversorgung, doch auch dort kann man verschiedene Gemüsearten anbauen oder mit ungewöhnlichen Sorten experimentieren. Selbst Balkone oder Hinterhöfe eignen sich zum Anbau von Gemüse, speziell wenn Sie die Pflanzen in Kübeln ziehen. In geschützten Höfen herrscht oft ein günstiges Mikroklima für frostempfindliche Arten, wie z. B. Okra. Auch durch geschützten Anbau lassen sich günstige Gegebenheiten schaffen.
Bevor Sie einen Plan für die Anlage des Gartens ausarbeiten, sollten Sie seine Vor- und Nachteile kennen, angefangen vom Standort bis zu Bodenqualität und Abfluss. Legen Sie den Garten auf jeden Fall so an, dass er Ihnen gefällt. Ursprünglich wurden Gemüsegärten in Beeten und Reihen angelegt, doch möglicherweise bevorzugen Sie einen Potager oder möchten lieber auf Hochbeeten anbauen, die ideal für intensive Nutzung sind. Um gute Erträge zu erzielen, ist es wichtig, die bestmöglichen Bedingungen zu schaffen. Die alte Redensart „alles Gute liegt im Boden“ trifft besonders auf den Gemüseanbau zu.
Ein genauer Zeitplan ist ebenfalls erforderlich. Mit Hilfe eines Pflanzkalenders sollte die vorhandene Fläche das ganze Jahr über bestmöglich genutzt werden. Am besten ist es, von der erwünschten Erntezeit zurückzurechnen, um den Termin für die Aussaat zu bestimmen. Es ist kaum von Nutzen, den ganzen Garten voll mit Gemüse zu haben, das zur selben Zeit auch im Handel billig erhältlich ist. Weitaus besser ist es, die Pflanzen zu ernten, wenn sie schwer erhältlich und teuer sind.

Standort und Boden
Die meisten Gemüsearten haben eine kurze Reifezeit und werden geerntet, bevor sie ausreifen. Damit die Pflanzen rasch wachsen, sollten sie an einem hellen, warmen, gut belüfteten Platz angebaut werden. Letzteres ist besonders bei windbestäubten Sorten wie Mais wichtig. Außerdem werden dadurch Schädlinge und Krankheiten abgehalten, die bei Windstille besonders gut gedeihen. Starke Winde reduzieren das Wachstum jedoch um bis zu 30 %. Auf *leicht abschüssigem Gelände* erwärmt sich der Boden im Frühling rascher als an flach gelegenen Standorten und ist daher für frühe Kulturen besonders geeignet.
Der Boden auf *abschüssigem Gelände* ist weitaus schwieriger zu bearbeiten, besonders wenn Sie Maschinen einsetzen. Die Pflanzen sollten entlang des Abhangs wachsen, damit der Boden bei starkem Regen nicht zu stark erodiert.
Stark abschüssiges Gelände sollte am besten terrassenförmig angelegt werden.

Unten: Frühe Kulturen in abschüssigem Gelände.

Rechts: Ein Küchengarten.

STANDORT, BODEN UND VORBEREITUNG

Vorbereitung des Bodens
Gemüse kann auf vielen verschiedenen Bodenarten gezogen werden, vorausgesetzt man wählt Sorten, die für die entsprechende Bodenqualität passend sind, oder reichert den Boden mit organischem Material an. Ideal ist leicht saurer Boden mit mittlerem Gehalt an Dünger und organischem Material. Hier kann man mit geringem Aufwand viele verschiedene Pflanzen ziehen. Sehr wichtig ist, die Pflanzen am richtigen Standort anzubauen. Wählen Sie die richtige Pflanzenart für Ihren Boden und pflanzen Sie nicht Spargel z. B. in schweren Tonböden an (siehe auch unter Anbau bei der jeweiligen Gemüseart).

Bei Bedarf kann man den Boden durch den Anbau verschiedener Pflanzen, wie Kartoffeln oder Topinambur, auflockern oder mit organischem Material anreichern. Kartoffeln müssen oft „angehäufelt" werden, damit die Knollen mit Erde bedeckt bleiben. Sie verhindern dadurch auch, dass sich im Boden Unkraut festsetzt. Das dichte Blattwerk der Kartoffel verhindert die Entwicklung zahlreicher Unkrautarten. Vernachlässigte, mit Unkraut durchsetzte Böden müssen vor dem Anpflanzen gründlich gejätet werden. Dafür kann man Herbizide, mechanische Geräte oder biologische Mittel verwenden. Es ist besser, den Garten erst zur Gänze von Unkraut zu befreien, damit man später nicht damit zu kämpfen hat.

Kartoffeln eignen sich hervorragend zum Lockern des Erdreichs.

Das doppelt umgegrabene Erdreich mit Gründünger anreichern.

Bodentypen

Leichte, lockere, sandige Böden sind ideal für frühe Kulturen, weil sie sich im Frühjahr rasch erwärmen. Da das Wasser rasch abfließt, gehen jedoch Feuchtigkeit und Nährstoffe verloren. Aus diesem Grund muss man den Boden bewässern, düngen und mit großen Mengen an gut verrottetem, organischem Material anreichern.

Schwerere Lehmböden werden nach starken Niederschlägen übernässt und klebrig. Es bildet sich stehende Nässe. Der Boden erwärmt sich im Frühjahr nur langsam und wird bei Trockenheit rissig und hart. Das verkürzt die Vegetationszeit und erschwert die Bearbeitung. Die Böden sind jedoch feuchtigkeitsspeichernd und im Allgemeinen sehr fruchtbar und daher für stark zehrende Blattpflanzen mit hohem Nährstoffbedarf geeignet. Arbeitet man über mehrere Jahre gut verrottetes, organisches Material, Sand, Kies und Gips ein, kann man die Bodenqualität allmählich verbessern.

Wenn Sie bei großer Feuchtigkeit oder Trockenheit arbeiten oder zu große Geräte verwenden, können Sie leicht die Bodenqualität zerstören. Sogar beim Darübergehen wird nasser Boden zusammengedrückt und schmierig. Zum Schutz kann man ein Brett auflegen, damit sich das Gewicht gleichmäßig verteilt. Um dieses Problem zu vermeiden, können Sie auch in „tiefen Beeten" anbauen.

Bearbeitung des Bodens

Die erforderliche Bodenqualität erhalten Sie durch verschiedene Materialien: Gut verrotteter Kompost verbessert die Feuchtigkeits- und Nährstoffspeicherung, schafft eine offene Struktur und lässt Luft an die Wurzeln. Sand verbessert den Abfluss von Wasser. Mit „Gründünger" lässt sich die Bodenqualität steigern.

Die wichtigste Technik ist das Umgraben. Dadurch gelangen Rückstände aus den Vorkulturen in tiefere Schichten, der Boden ist bereit für die nächste Kultur. Beim jährlichen Umgraben kommt es auf den richtigen Zeitpunkt an.

Bei schweren Böden und kühlem Klima wird am besten im Herbst umgegraben, da durch den anschließenden Frost das feuchte, klebrige Erdreich aufgebrochen wird und somit besser bearbeitet werden kann. Sandböden kann man einfach nur mit der Mistgabel durcharbeiten und mit Kompost oder Gründünger bedecken, damit der Winterregen nicht zu viele Nährstoffe ausschwemmt. Die erforderliche Bodentiefe und -fruchtbarkeit wird durch die Gemüseart bestimmt, die man anbauen möchte. Wurzelgemüse, wie Pastinaken und Karotten, benötigen eine Bodentiefe von mindestens 30 cm. Bis dorthin sollte der Boden vorbereitet und gedüngt sein. Die flachwurzeligen Salatpflanzen benötigen keine solche Bodentiefe und werden im Anschluss an tiefer wurzelnde Kulturen angebaut.

Beim *einfachen Umgraben* wird das Erdreich 30 cm tief bearbeitet. Das entspricht der Tiefe eines Spatenstichs und somit der durchschnittlichen Wurzeltiefe der meisten Pflanzen. Dabei wird die Erde systematisch gewendet, wobei Unkraut und Rückstände meist am Boden der Furche begraben werden.

Doppeltes Umgraben wird bei vernässten und bisher unbearbeitetem Boden oder für Wurzelgemüse angewandt. Die Pflanzen können gut einwurzeln, und das Wasser kann abfließen. „Doppelt" bezieht sich auf die Bodentiefe, die etwa 45–60 cm oder ungefähr zweifache Spatenlänge betragen sollte. Es ist wichtig, die obersten und untersten Bodenschichten nicht miteinander zu vermischen. Sie sollten zwar bearbeitet werden, jedoch auf gleicher Höhe innerhalb des Bodenprofils bleiben.

Kalken

Der pH-Wert gibt Aufschluss darüber, wie sauer oder basisch ein Boden ist. Die Skala reicht von 0–14, wobei 0 für sehr sauere Böden und 14 für sehr basische Böden steht. Der pH-Wert betrifft die Löslichkeit von Mineralien und deren Verfügbarkeit für die Pflanzen. Saure Böden enthalten oft zu wenig Phosphor und zuviel Mangan und Aluminium, basische Böden zu wenig Mangan, Aluminium und Phosphor.

Der pH-Wert beeinflusst auch Anzahl und Art der nützlichen Bodenorganismen sowie der Schädlinge und Krankheiten. Würmer bevorzugen im Allgemeinen einen hohen pH-Wert, obwohl Wiesenschnaken und Drahtwürmer häufiger in sauren Böden auftreten als die Kohlhernie, eine Pilzkrankheit. Der ideale pH-Wert für gesundes Wachstum hängt von der jeweiligen Pflanzenart ab. Einige Pflanzen und Pflanzengattungen benötigen einen ganz spezifischen pH-Wert, andere sind toleranter (siehe auch unter Anbau der jeweiligen Gemüseart). Der pH-Wert kann an verschiedenen Stellen innerhalb des Bodenprofils unterschiedlich sein. Bei der meisten Böden werden die Nährstoffe vom Sickerwasser ausgeschieden, sodass der Boden an oder unmittelbar unter der Oberfläche am sauersten ist. Der Säuregehalt des Bodens muss möglicherweise reduziert werden, da, z. B. beim Anbau von Kohlgewächsen, ein pH-Wert von über 6,5 das Risiko für Kohlhernie senkt. Obwohl dies eine schwierige Frage ist, gilt für das Kalken folgende Faustregel: Um den pH-Wert von Lehmböden in den obersten 15 cm von 6,5 auf 7,0 zu steigern, trägt man 800 g/m² gemahlenen Kalk auf. Damit der Kalk rasch in den Boden gelangt, muss man ihn einarbeiten oder einfach aufstreuen und vom Regen in den Boden spülen lassen. Danach mit dem Anpflanzen ca. 1 Monat warten. Kalk nicht zusammen mit Stallmist auftragen, da es sonst zu einer chemischen Reaktion kommt, bei der Stickstoff in Form von Ammonium freigesetzt wird und verlorengeht. Vor dem Kalken den pH-Wert mit einem Bodentestset prüfen oder die Erdproben im Labor analysieren lassen.

Das Einrechen von Kalk.

NÄHREN UND DÜNGEN

Der Nährstoffbedarf der Pflanzen ist unterschiedlich hoch. Sellerie, Porree und Kohlgewächse gehören zu den „Starkzehrern", die sehr viel Stickstoff benötigen, damit sie ihr dichtes Blattwerk bilden können. Andere, wie z. B. die Hülsenfrüchte, können mit Hilfe von Bakterien, die sich in den verdickten Wurzelknöllchen befinden, Stickstoff aus der Luft einlagern und gedeihen daher in stickstoffarmem Boden. Lässt man die Wurzeln der Hülsenfrüchte im Boden, setzen sie Stickstoff frei, der für die nächste Kultur verwendet werden kann. Daher plant man den Fruchtwechsel so, dass ein „Starkzehrer" auf eine Hülsenfrucht folgt.
Fruchtbarer Boden kann nicht exakt definiert werden, im Idealfall hat er jedoch folgende Eigenschaften:

- gute Krume oder Struktur
- hoher Humus- und Nährstoffgehalt
- gute Drainage, feuchtigkeitsspeichernd
- leicht saurer bis neutraler pH-Wert

Die Fruchtbarkeit des Bodens ist ein wichtiger Faktor beim Gemüseanbau, da er die Nährstoffe liefert, die für ein gesundes Wachstum unerlässlich sind. Die gelösten Nährstoffe werden von den Wurzeln aufgenommen und durch die Pflanze transportiert. Die wichtigsten Nährstoffe sind Stickstoff, Phosphor, Kalium, Kalzium, Magnesium und Schwefel. Zu den Spurenelementen, die nur in winzigen Mengen benötigt werden, jedoch unersetzbar sind, zählen Eisen, Mangan, Bor, Zink, Kupfer und Molybdän.

Die Nährstoffe werden durch Verwitterung der Mineralien und Aufspaltung von organischem Material und Humus durch Bakterien und andere Mikroorganismen im Boden eingelagert. Diese Mikroorganismen setzen die Nährstoffe in einer Form frei, in der sie von den Pflanzen aufgenommen werden können. Für ihre Arbeit benötigen sie lockeren Boden mit ausreichend Luft und Wasser. Möglicherweise sind zusätzliche Nährstoffe in Form von Kompost und Dünger erforderlich, die genügend Nährstoffe für gesundes Wachstum liefern. So benötigen junge Tomatenpflanzen beispielsweise reichlich Stickstoff, damit sie Blüten und Früchte bilden können, die größeren Tomatenpflanzen einen höheren Phosphat- und Kaliumkarbonanteil.

Frisch umgegrabene Schollen brechen durch Verwitterung auf.

GIESSEN UND BEWÄSSERN

Gemüsepflanzen bestehen zu 90 % aus Wasser und gedeihen nur, wenn sie ausreichend gedüngt werden. Bei Trockenheit fällt der Ertrag geringer aus. Die Wasseraufnahme ist ein kontinuierlicher Prozess: Das Wasser wird von den Wurzeln absorbiert, fließt durch die Pflanze und verdunstet über die Spaltöffnungen (Poren) auf der Blattunterseite. Das wird als Transpiration bezeichnet. Bei günstigen Gegebenheiten transpiriert ein reifer Kopfsalat täglich mehr als die Hälfte seines Eigengewichts.
Der Boden ist der Wasserspeicher der Pflanzen, und das gespeicherte Wasser, das die Pflanzen aufnehmen können, wird als „zur Verfügung stehendes Wasser" bezeichnet. Die Speicherkapazität ist je nach Bodentyp sehr unterschiedlich und entspricht seiner Zusammensetzung.

Tonböden haben die größte Speicherkapazität, da die feinen Körnchen ein sehr großes Porenvolumen haben. Manchmal halten sie das Wasser so gut fest, daß es nicht von den Pflanzen aufgenommen werden kann.
Lehmböden enthalten Körnchen in ausgewogener Zusammensetzung, die verschieden große Abstände haben und einen guten Ausgleich zwischen Wasserspeicherung und -abfluss bieten.
Sandböden haben eine offene Struktur mit größerem Porenvolumen. Das Wasser kann leicht von den Pflanzen aufgenommen werden, doch die sehr lockeren Böden trocknen auch rasch aus.

Der Großteil des Bodenwassers geht entweder durch Verdunstung von den oberen Bodenschichten oder Transpiration von den Blättern der Kultur- oder Unkrautpflanzen verloren. An heißen, sonnigen Tagen mit trockenem Wind ist der Feuchtigkeitsverlust am größten.

Wasserspeicherung
Der Wasserverlust kann folgendermaßen reduziert werden:

- durch Einarbeiten von gut verrottetem, organischem Material, um das Speichervermögen des Bodens zu stärken.
- durch tiefes Umgraben des Bodens, damit sich das Erdreich lockert und die Wurzeln tiefer wachsen. Dadurch können die Pflanzen auf tiefer liegendes Wasser zurückgreifen.
- durch Abdecken der Oberfläche mit organischem oder anorganischem Mulchmaterial, wie gut verrotteter Mist oder

Frisch umgegrabener Ton/Lehmboden.

Gurken werden mit einem Tropfsystem bewässert.

schwarze Folie, welche die Verdunstung von der Oberfläche und von den oberen Bodenschichten einschränken.

- durch Verbessern des Abflusses. Stehende Nässe schränkt die Entwicklung der Wurzeln ein, wodurch die Pflanzen bei Trockenheit anfällig werden. Durch eine Verbesserung des Abflusses und Senkung des Wasserspiegels können die Wurzeln in tiefere Schichten vordringen, wodurch sie resistenter gegen Trockenheit werden.
- durch Entfernen des Unkrauts, das den Pflanzen Wasser wegnimmt. Das Unkraut sollte schon im Sämlingsstadium gejätet werden.
- durch Senkung der Pflanzendichte, speziell an trockenen, ungeschützten Standorten. Dadurch steht den einzelnen Pflanzen mehr Bodenvolumen zur Verfügung.
- durch Schützen der Pflanzen speziell an exponierten Stellen. Durch Reduzieren der Windgeschwindigkeit wird der Feuchtigkeitsverlust von Boden und Pflanzen eingeschränkt.
- durch sorgfältiges Bewässern zum richtigen Zeitpunkt und mit der richtigen Häufigkeit. Bei den meisten Pflanzen gibt es einen kritischen Zeitpunkt, zu dem ausreichendes Gießen unbedingt erforderlich ist, damit sich die Pflanzen gut entwickeln und den erwünschten Ertrag liefern.

Wichtige Gießperioden

Saat und Sämlinge

Damit die Saat auskeimen und sich die Sämlinge entwickeln können, ist unbedingt Wasser erforderlich. Das Saatbeet sollte feucht und nicht zu nass sein. Die Sämlinge gießt man mit einem Gießaufsatz auf der Kanne, der einen feinen Sprühregen bildet, von dem die Pflanzen nicht beschädigt werden.

Umgesetzte Pflanzen

Nach dem Umsetzen erleiden viele Pflanzen eine „Wachstumsdepression", die auf beschädigte Wurzeln zurückzuführen ist. Bei trockenem Boden treten die Symptome verstärkt auf. Nach dem Umsetzen die Pflanzen sorgfältig gießen.

Pflanzen, die Früchte tragen

Bei Erbsen, Bohnen, Tomaten und anderen Gemüsearten mit genießbaren Früchten gibt es zwei Zeitpunkte, zu denen unbedingt genügend Wasser zur Verfügung stehen muss: Beim Ansatz der Blüte (um die Bestäubung und Fruchtentwicklung zu fördern) und sobald die Früchte zu wachsen beginnen.

Blatt- und Wurzelgemüse

Müssen während der gesamten Vegetationszeit konstant mit Wasser versorgt werden.

Wie oft gießen?

Diese Frage ist schwer zu beantworten, da jeder Boden anders beschaffen und auch das Wetter nicht genau vorhersagbar ist. Man sollte immer bis auf eine angemessene Tiefe gründlich gießen. Dadurch folgen die Wurzeln dem Wasser nach unten und stoßen in Schichten vor, in deren mehr Wasser zur Verfügung steht. Tief verwurzelte Pflanzen kommen besser über eine Trockenperiode hinweg. Bei langfristigen Pflanzen lohnt sich ein Bewässerungssystem. Sickerschläuche sind sehr effizient, da sie Wasser und Dünger näher an die Wurzeln bringen. Sprenkler sind äußerst ungünstig.

Schlauchbewässerung junger Gemüsepflanzen. Das Wasser stammt aus einem Brunnen.

Fruchtwechsel

Bei Fruchtwechselwirtschaft wird an einem Standort jedes Jahr eine andere Gemüseart angebaut. Das sorgt für ausgewogenen Nährstoffgehalt im Boden. Bei dieser Art des Anbaus vermeidet man Schädlinge und Krankheiten, starken Unkrautwuchs und Verschlechterung der Bodenqualität.
Damit der Fruchtwechsel die erwünschte Wirkung bringt, muss man ihn in einem relativ großen Bereich durchführen, besonders wenn man damit Bodenschädlinge und Krankheiten bekämpfen will. Weißfäule (die Zwiebelgewächse befällt), Kohlhernie (die Kohlgewächse befällt) und Kartoffelzystenälchen bleiben viele Jahre lang im Boden und können auf jedem Unkraut überleben, das nur auch entfernt mit diesen Pflanzengattungen verwandt ist. Daher ist gute Bodenbearbeitung ebenso wichtig wie Fruchtwechsel.

Planung
Vor dem Anpflanzen zunächst die Gemüsearten auflisten, die gesetzt werden sollen. Diese unterteilen Sie dann in Gruppen. Jeder Gruppe, in der sich die Mitglieder einer Gattung befinden, wird ein Standort zugeteilt. Danach erstellt man für jeden Standort einen detaillierten Pflanzkalender.

Fruchtwechselgruppen	*Hülsenfrüchte*	*Zwiebelgewächse*	*Karotten und Tomaten*	*Kohlgewächse*
	Puffbohne Gartenbohne Erbse Feuerbohne	Zwiebel Knoblauch Frühlingszwiebel Schalotte	Karotte Sellerie Paprika Pastinake Kartoffel Tomate	Kohl Blumenkohl Rettich Kohlrübe Speiserübe

Nun teilt man jeder Gruppe einen Standort (Standort „A" etc.) zu und erstellt für jeden einen monatlichen Pflanzkalender.

	1. Jahr	2. Jahr	3. Jahr	4. Jahr
Standort A	*Hülsenfrüchte* Puffbohne Gartenbohne Erbse Feuerbohne	*Zwiebelgewächse* Speisezwiebel Knoblauch Porree Frühlingszwiebel Schalotte	*Karotten und Tomaten* Karotte Sellerie Paprika Pastinake Kartoffel Tomate	*Kohlgewächse* Kohl Blumenkohl Rettich Kohlrübe Speiserübe
Standort B	*Zwiebelgewächse* Speisezwiebel Knoblauch Porree Frühlingszwiebel Schalotte	*Karotten und Tomaten* Karotte Sellerie Paprika Pastinake Kartoffel Tomate	*Kohlgewächse* Kohl Blumenkohl Rettich Kohlrübe Speiserübe	*Hülsenfrüchte* Puffbohne Gartenbohne Erbse Feuerbohne
Standort C	*Karotten und Tomaten* Karotte Sellerie Paprika Pastinake Kartoffel Tomate	*Kohlgewächse* Kohl Blumenkohl Rettich Kohlrübe Speiserübe	*Hülsenfrüchte* Puffbohne Gartenbohne Erbse Feuerbohne	*Zwiebelgewächse* Speisezwiebel Knoblauch Porree Frühlingszwiebel Schalotte
Standort D	*Kohlgewächse* Kohl Blumenkohl Rettich Kohlrübe Speiserübe	*Hülsenfrüchte* Puffbohne Gartenbohne Erbse Feuerbohne	*Zwiebelgewächse* Speisezwiebel Knoblauch Porree Frühlingszwiebel Schalotte	*Karotten und Tomaten* Karotte Sellerie Paprika Pastinake Kartoffel Tomate

Mit Hilfe dieses Pflanzkalenders können Sie den Boden ausgiebig nutzen und kontinuierlich bebauen. Sobald ein Platz frei wird, pflanzt man die darauf folgende Kultur an. Rosenkohl und Porree z. B. wird zu Frühlingsbeginn geerntet und von Erbsen, Frühlingszwiebeln und Kopfsalat abgelöst. Die Pflanzen können ruhig aus verschiedenen Gruppen stammen, d. h., der Fruchtwechsel auf den verschiedenen Standorten ist ein kontinuierlicher Prozess und kein einmaliger Wechsel zu einem festgesetzten Datum.

Anbausysteme

Die Wege zwischen den Beeten sollten breit genug für einen Schubkarren sein. Dazwischen legt man schmälere Beete an.

Reihen
Traditionell werden Gemüsepflanzen in langen, geraden Reihen angebaut, wobei die Pflanzen innerhalb der Reihen nahe beisammen stehen. Zwischen den Reihen werden schmale Wege angelegt. Diese Anbauweise hat einige Nachteile. Wenn die Pflanzen zu dicht gesetzt werden, dehnen sie sich auf die Wege aus, und Blattgemüse, wie Kohl, Blumenkohl und Kopfsalat, bilden ovale anstatt runde „Herzen".

Eine Reihe mit schönen Kohlköpfen.

Beete
Beete bestehen aus mehreren Reihen, die den gleichen Abstand aufweisen wie die Pflanzen. Sie können die Pflanzen auch diagonal versetzt anbauen. Die Wege zwischen den Beeten sind etwas breiter. Kürzere Abstände zwischen den Pflanzen bewirken, dass auf derselben Fläche mehr Pflanzen angebaut werden können und ihr Wuchs einheitlicher ausfällt. Durch dichten Pflanzenwuchs wird das Unkraut zurückgedrängt, die Bodenstruktur bleibt intakt, da die Erde nicht so stark zusammengedrückt wird, vorausgesetzt der Abstand zwischen den Wegen ist größer.
Hochbeete sollten etwa 90 cm breit sein, sodass man leicht in die Mitte greifen kann, ohne das Gleichgewicht zu verlieren. Nach dem erstmaligen doppelten Umgraben und dem Einarbeiten des organischen Materials steigt man nicht mehr auf die Erde, wodurch sich eine gute Bodenstruktur bilden kann. Der jährlich aufgetragene, gut verrottete Kompost wird durch Regenwürmer eingearbeitet. Sie sind besonders nützlich bei intensivem Anbau und bei nasser Witterung.

Beete mit dazwischen verlaufenden Wegen.

Verstreuter Anbau
Gemüsepflanzen können auch ohne eigenes Beet im Ziergarten zwischen Blumen und in Rabatten angebaut werden. Dafür eignen sich besonders Mangold, die Kohlsorte 'Ruby Ball', die Rote Bete 'Bull's Blood', Fenchel und die Rosenkohlsorte 'Rubine' (siehe Seite 237–239, Der Gemüseziergarten).

Der „Potager" oder Gemüseziergarten
Entspricht der französischen Tradition des Gemüseanbaus; eine praktische und optisch sehr ansprechende Lösung.

Ein „Potager" kann sehr hübsch aussehen.

Langfristige Kulturen
Ausdauernde Gemüsepflanzen, wie z. B. Spargel, sind nur schwer in den Fruchtwechsel zu integrieren. Daher werden sie meist einige Jahre lang auf einem eigenen Standort angebaut, bevor sie ersetzt werden.

Kontinuierlicher Anbau
Am interessantesten ist es, das ganze Jahr über frisches Gemüse ernten zu können. Einige Arten, wie z. B. der Spargel, haben nur eine kurze Erntesaison, während andere, wie Kohl, Blumenkohl und Kopfsalat, das ganze Jahr über zur Verfügung stehen, wenn man mehrmals aussät. Sorgfältige Auswahl der Pflanzen ist ein weiteres Kriterium. Baut man eine Kombination aus rasch und langsam reifenden Pflanzen an, kann man die Erntesaison verlängern. Wurzelgemüse, wie z. B. Pastinaken, können Sie für den Frischkonsum oder für die Lagerung anbauen. Die eingelagerten Pflanzen können über den Winter langsam aufgebraucht werden.

Kopfsalat kann man zwischen Feuerbohnen anpflanzen.

Folgesaat
Meist sind es die rasch reifenden Kulturen, die Lücken bilden, leicht schießen und ungenießbar werden. Daher sät man stets wenig, aber mehrmals aus. Bei geringer Menge ist es weniger schlimm, wenn die Ernte schlecht ausfällt. Man sollte erst wieder aussäen, sobald die ersten Blätter der vorherigen Aussaat zu sehen sind.

Mischkulturen
Die Abstände zwischen den langsam wachsenden Pflanzen können für andere Pflanzen genutzt werden, die später an ihren endgültigen Standort umgesetzt werden müssen, wie z. B. Kohlgewächse. Das ist jedoch nur dort möglich, wo genügend Feuchtigkeit, Nährstoffe, Licht und Platz für alle Pflanzen vorhanden ist. Man kann sie zwischen tiefer wurzelnde Pflanzen setzen, sodass sich die Wurzeln in verschiedenen Bodenschichten befinden. Möglicherweise muss man zwischen den Pflanzen auch größere Abstände einhalten. Rettich, der gleichzeitig mit Pastinaken ausgesät wird, ist bereits erntereif, bevor die Pastinaken hervorkommen. Dadurch erhält man den höchstmöglichen Ertrag, bedeckt den Boden zur Gänze mit Pflanzen und verdrängt das Unkraut. Bei dieser Methode verliert der Pflanzkalender zwar nicht seine Gültigkeit, muss jedoch flexibel eingesetzt werden.

Zwischenfrüchte
Dabei handelt es sich um rasch reifende Gemüsepflanzen, wie Rettich, Kopfsalat oder Frühlingszwiebeln, die vor der Hauptkultur angebaut werden können. Diese Form des Anbaus ist ideal, wenn frostempfindliche Pflanzen, wie Tomaten, Mais und Zucchini gezogen werden, die man erst dann setzen kann, wenn die Frostgefahr tatsächlich gebannt ist.

Verlängern der Erntesaison
Die Saison kann verlängert werden, indem man die Pflanzen am Anfang und Ende der natürlichen Vegetationszeit mit Abdeckungen schützt. Beim frühen Anbau unter Abdeckungen reifen die Pflanzen rascher, während man durch Schutz am Ende der Saison die Erntezeit verlängern kann. (Weitere Details siehe Seiten 234–235, „Pflanzen in Kübeln“ und Seite 236, „Geschützter Anbau“.)

In Töpfen gezogene Pflanzen
Der Anbau in Töpfen ist für frostempfindliche Pflanzen empfehlenswert. Außerdem kann man die Pflanzen ziehen, während die vorherige Kultur noch im Boden ist. Dadurch können Sie Zeit und Platz sparen und die Entwicklung und Wachstum der jungen Pflanzen besser beobachten. So lassen sich Kohlgewächse, Kopfsalat, Porree und Zwiebeln ziehen.

Ruheperiode
Zwischen Ende Winter und Ende Frühling reifen nur wenige Gemüsearten. Obwohl die Sortenauswahl beschränkt ist, kann man diese Periode überbrücken: früher Blumenkohl, Winterkohl, Knollensellerie, Krauskohl und Porree sind zu dieser Zeit erntereif.

Gemüsepflanzen mit Astern, Gladiolen und Pflaumen.

Vermehrung

Die meisten Gemüsearten werden aus dem Samen gezogen, und wenn man genügend Zeit, Platz und Möglichkeiten dafür hat, findet man dafür ein großes Angebot in den Saatgutkatalogen. Bei kleineren Gärten oder, wenn man nicht die Möglichkeit hat, frostempfindliche Pflanzen im Anfangsstadium durchzubringen, ist es günstiger und bequemer, junge Pflänzchen, die sofort eingesetzt werden können, von einem Züchter oder Gartenzentrum zu kaufen. Nicht alle Pflanzen werden aus dem Samen gezogen. Zwiebel und Schalotten kann man entweder aussäen oder mit Jungpflanzen vermehren. Topinambur und Kartoffeln werden aus den Knollen gezogen, Meerrettich aus Wurzelteilen. In jedem Fall ist es wichtig, das Material nur aus verläßlichen Quellen zu beziehen.

Saatgut
Die Saatmethode hängt von der jeweiligen Pflanzenart, ihrer Anbauweise und den Gegebenheiten ab. Es gibt folgende Aussaaten:

- Direkte Aussaat
Man sät dort aus, wo die Pflanzen geerntet werden. Das ist die einfachste Lösung, die man anwenden kann, wenn entweder kein Umsetzen erforderlich ist (z. B. bei Puffbohnen und Erbsen) oder die Pflanzen empfindliche Wurzeln haben (z. B. Speiserüben, Karotten und Rettiche).

- Freilandaussaat im Beet
Die Saat wird in relativ dichten Reihen ausgesät und die jungen Pflanzen ein paar Wochen nach dem Auskeimen ausgestochen und umgesetzt. Mit Glasglocken oder Abdeckungen kann man den Keimvorgang und das Wachstum unterstützen. Diese Methode ist ideal für Pflanzen mit langer Reifezeit und sehr platzsparend, da man den endgültigen Abstand vorerst nicht einhalten muss. Kohlgewächse, vor allem Rosenkohl, werden im Allgemeinen in Saatbeeten gezogen. Der Standort, an den sie später umgesetzt werden, kann vorerst für eine andere Kultur verwendet werden.

- Aussaat im Haus
In geschützten Umgebung wie Gewächshaus, kalter Kasten, Frühbeet oder Fensterbrett wird in Gefäßen, normalerweise Töpfe, Module oder Schalen, ausgesät. Diese Methode ist teuer und arbeitsaufwendig, jedoch sehr flexibel, da bei jedem Wetter ausgesät werden kann und wird im allgemeinen in kühleren Zonen für frostempfindliche Pflanzen wie Gurken, Paprika und Tomaten verwendet. Diese Pflanzen können erst ins Freie gesetzt werden, wenn die Frostgefahr gebannt ist. Auf diese Weise baut man Pflanzen an, die eine lange Reifezeit haben oder wertvoller sind, wenn sie früher zur Verfügung stehen (wie Sellerie, Knollensellerie, Porree und Zwiebeln) ebenso wie Pflanzen mit empfindlichen Wurzeln.

Puffbohnen werden direkt ausgesät

Flüssigsäen

Saatgutformen
Meist wird Saatgut in kleinen Säckchen mit „nackten" Samen verkauft, es gibt jedoch auch andere Formen:

Pilliertes Saatgut
Bei pilliertem Saatgut haben die einzelnen Körner die gleiche Größe und Form. Es wurde ursprünglich für den maschinellen Erwerbsgartenbau entwickelt. Jedes Samenkorn wird mit einer Tonmasse umhüllt, die sich in der Erde auflöst. Dadurch sind die Körner einfach in der Handhabung und müssen später nicht vereinzelt werden. Die Saattiefe sollte den doppelten Durchmesser der „Pillen" betragen. Bis zum Auskeimen sollte der Boden feucht, aber nicht vernäßt sein. Trocknet die Erde aus, wird die Hülle hart. Der Sämling kann nicht auskeimen und stirbt möglicherweise ab. Pilliertes Saatgut verdirbt rasch, wenn Luft dazukommt, und sollte nach dem Öffnen der Pakkung rasch eingesetzt werden.

Saatbänder und Saatplatten
Die einzelnen Samenkörner werden in den optimalen Abständen auf Bänder oder Platten aus Zellulosepapier oder Gel geklebt, das sich im Boden auflöst, damit die Pflanzen auskeimen können. Mit Hilfe von Bändern und Platten kann man rasch und exakt aussäen. Man legt sie auf das Saatbeet oder eine Schale, bedeckt sie mit Erde oder Kompost und gießt sie wie normales Saatgut. Vereinzeln ist nicht erforderlich.

Vorbehandeltes Saatgut
Diese Samen sind bereits vorgekeimt. Wird speziell für Pflanzen mit schwacher Keimfreudigkeit oder für Pflanzen, die eine hohe Saattemperatur benötigen, wie z. B. Gurken. Um Feuchtigkeitsverlust zu vermeiden, wird das Saatgut in kleinen Plastiksäckchen verkauft und sofort in Töpfe oder Schalen gesetzt.

Flüssigsaat
Ideal falls Wetter- und Bodenverhältnisse den Keimvorgang erschweren. Unter idealen Bedingungen ausgekeimtes Saatgut wird mit einem Gel geschützt und in einem mit Küchenpapier ausgelegtem Plastikbehälter gezogen.
Das Papier gut anfeuchten, die Saat gleichmäßig verteilen, das Gefäß zudecken oder mit Plastikfolie abdecken und an einem warmen Platz bei einer Temperatur von 21°C aufstellen. Sobald die Samen auskeimen und die Wurzeln rund 5 mm lang sind, kann man sie aussäen. Man spült sie in einem feinen Sieb ab, rührt das Gel an, das aus mit Fungizid versetztem Tapetenkleister besteht, streut die Samen in das Gel und mischt es gut durch. Anschließend füllt man die Mischung in eine durchsichtige Plastiktüte, von der man eine Ecke abschneidet. Danach drückt man die Saat wie mit durch einen Spritzbeutel und bedeckt sie mit Erde oder Vermiculit.

Schutz der Aussaaten
Sät man im Haus unter bestimmten Gegebenheiten aus, wird der Keimvorgang vereinheitlicht und findet auch bei ungünstiger Witterung statt. In kühlen gemäßigten Zonen, an warmen, sonnigen Tagen, bei spätem Frost, Stürmen, eiskalten Regen-

Zucchinipflänzchen können sofort ins Freie gesetzt werden.

güssen sowie nassem, feuchtem Boden kann die Keimung bestenfalls ungleichmäßig erfolgen. Sät man unter Bedeckungen aus und setzt die Pflanzen später um, wird es leichter, mit Hilfe von mehreren Aussaaten kontinuierlich anzubauen, und die endgültige Größe der Pflanze zu bestimmen.

Mehrfachsaat
Beschleunigt das Wachstum von Wurzel- und Knollengemüse. Man sät bis zu 6 Samenkörner (2 bei Roter Bete) in einen Topf mit einem Durchmesser von 7–10 cm aus und wartet bis sich Sämlinge gebildet haben, die anschließend gemeinsam umgesetzt werden. Zwischen den Reihen zusätzlichen Abstand lassen. Vereinzeln ist nicht erforderlich. Eine ähnliche Methode kann auch für die Aussaat in Torftöpfen angewandt werden. Diese Technik funktioniert gut bei Roter Bete, Blumenkohl, Kohlrabi, Porree, Zwiebeln und Speiserüben.

Gemüsepflanzen, die anfänglich in Töpfen gezogen werden können (die Monatsangaben beziehen sich auf kühle, gemäßigte Zonen):

Gemüseart	*Keimtemperatur in °C*	*Aussaat in Töpfen*	*Aussaat im Freien*
Puffbohne	5	II-III	III-IV
Gartenbohne	10	IV-VI	V-VI
Feuerbohne	10	IV-VI	VI
Rote Bete	7	II-VI	V-VI
Rosenkohl	5	IV-VI	V-VI
Kohl	5	III-V	IV-VI
Brokkoli	5	II-V	IV-VI
Blumenkohl	5	II-IV	IV-VI
Sellerie	10	III-IV	VI
Zucchini	15	IV-V	VI
Gurke	15	IV-V	VI
Porree	7	II-IV	IV
Kopfsalat	5	II-VI	IV-VII
Kürbis	15	IV-V	VI
Zwiebel	7	II-III	IV-V
Erbse	5	II-V	III-VI
Paprika	15	III-IV	VI
Kohlrübe	5	III-VI	IV-VI
Mais	10	IV-V	VI
Tomate	15	III-IV	VI
Speiserübe	5	III-VI	IV-VII

Saatgutlagerung
Sobald die Samen von der Pflanze geernt werden, beginnen sie abzusterben. Selbst bei idealer Lagerung kann dieser Prozess bestenfalls verlangsamt werden. Mit zunehmendem Alter der Pflanze nehmen auch Keimfreudigkeit und Robustheit ab. Man sollte immer frisches Saatgut verwenden oder die Samen kühl, dunkel und trocken in luftdichten Behältern oder Gläsern (mit braunem Glas) lagern. Diese Vorsichtsmaßnahme kann die Lebensfähigkeit der Samen um bis zu 5 Jahre verlängern.

Pflanzen
Im Gartenzentrum oder bei Saatgutfirmen kann man viele verschieden Arten von Jungpflanzen kaufen. Sie sind im Allgemeinen in Töpfen oder Torftöpfen erhältlich.

Sämlinge
Werden in Schalen meist in dem Stadium verkauft, in dem sie noch keine echten Blätter haben und „pikiert" werden müssen. Gut bei Gemüsepflanzen, die nur schwer auskeimen.

Stecker
Dabei handelt es sich meist um kleine Pflänzchen, die bereits 3 bis 4 Blätter haben und in „Pikierkisten" umgesetzt wurden, in denen jede Pflanze ihren eigenen Wurzelballen hat. Vor dem Umsetzen noch weiter wachsen lassen.

Pflanzen oder Jungpflanzen
Sind in Streifen oder Packungen erhältlich, wie sie oft auch für Beetpflanzen verwendet werden. Die Pflänzchen sind meist schon recht groß und können sofort umgesetzt werden.

Tomaten werden zu Beginn in Kübeln gezogen

Gartenpflege

Um zu gewährleisten, dass die Pflanzen produktiv sind und eine qualitativ hochwertige Ernte liefern, muss man sie sorgfältig nähren und bearbeiten. Ein vernachlässigter Gemüsegarten ist weder ertragreich noch optisch sehr ansprechend und fördert Schädlinge, Krankheiten und Unkraut, was nicht gerade für den Gärtner spricht. Man sollte sich immer vor Augen halten, dass die Arbeit im Gemüsegarten lohnend ist und herrliche Früchte trägt.

Gartenpflege
Ist unumgänglich für gesundes Pflanzenwachstum, besonders bei jungen oder schwachen Pflanzen, die sehr anfällig für Schädlinge und Krankheiten sind. Der Garten muss frei von Krankheitserregern sein. Verwenden Sie speziell zum Vermehren der Pflanzen stets saubere Gefäße und sterilisierten Kompost. Der beste Zeitpunkt für das Reinigen von Töpfen und Gefäßen ist kurz *vor* der Verwendung. Sterilisiert man sie unmittelbar *nach* der Verwendung und bewahrt sie über längere Zeit auf, können sich wieder Pilzsporen oder Insekteneier festsetzen. Die Töpfe werden mit einer Wurzelbürste in mildem Desinfektionsmittel und warmem Wasser gewaschen und anschließend gut abgespült.
Kontrollieren Sie die Pflanzen jeden Tag. Wenn der Befall noch nicht so stark ist, bekommt man ihn leichter in den Griff. Möglicherweise auftretende Schädlinge sollten sofort entfernt werden. Entweder schneidet man den Teil der Pflanze ab, der einen Befall aufweist, oder wischt die Stelle ab, wie es bei Läusen oder Schildläusen gemacht wird. Falls es möglich ist, sollte man befallene Pflanzen sofort isolieren. Steht genügend Platz zur Verfügung, empfiehlt es sich, neue Pflanzen einige Wochen lang in Quarantäne zu lassen, bevor Sie sie ins Gewächshaus bringen.
Erkrankte Pflanzenrückstände werden nach der Ernte entweder verbrannt, oder in die Mülltonne geworfen. Das ist bei hartnäckigen Schädlinge und Krankheiten wie Nematoden oder Kohlhernie erforderlich. Wenn man die Pflanzen zum Kompost gibt, breiten sich die Schädlinge noch stärker aus. Gesunde Rückstände gräbt man ein oder kompostiert sie, bevor sie ebenfalls befallen werden.
Das Gewächshaus sollte jeden Winter gründlich mit Desinfektionsmittel ausgewaschen werden, um überwinternde Insekteneier oder Pilzsporen zu vernichten. Der Winter ist auch der ideale Zeitpunkt zum Desinfizieren der Stützvorrichtungen. Speziell Bambusstöcke, die innen hohl sind und im Laufe der Zeit oft rissig werden, sind ein Überträger für Pilzsporen und Insekteneier. Bei Plastikstöcken stellt sich dieses Problem nicht.

Beobachtung
Durch regelmäßige Kontrolle kann man die nötigen Vorsichtsmaßnahmen treffen. Indem man Puffbohnen im Herbst aussät oder die Spitzen abzwickt, lässt sich die Schwarze Bohnenblattlaus bekämpfen. Eine sehr wirksame Maßnahme ist das Einsammeln von Nacktschnecken während der Dämmerung.

Organisch oder chemisch?
Bei organischem Gartenbau werden keine Chemikalien eingesetzt. Die Gärtner versuchen, durch Gartenpflege und natürliche Feinde die Schädlinge und Krankheiten in den Griff zu bekommen und gleichzeitig ein Umfeld zu schaffen, das für Schädlinge ungünstig ist. Chemikalien haben meist keine gezielte Wirkung und vernichten auch Insekten und Beutetiere.
Jeder Gärtner kann frei entscheiden, welche Methode ihm zusagt, ich selbst habe mit organischem Gartenbau jedoch sehr gute Erfahrungen gemacht.

Organische Mittel	Schädling/Krankheit
Bordeaux-Mischung (auf Kupferbasis)	Kartoffelbrand Blattflecken (auf Bete, Sellerie, Spinat)
Derris (Wurzelextrakt)	Blattläuse, Erdflöhe, Spinnmilben, Rüsselkäfer
Encarsia formosa (natürlicher Feind)	Weiße Fliege
Schmierseife	Blattläuse, Zwergzikaden, Spinnmilben, Thrips, Rüsselkäfer, Weiße Fliege
Nematoden	Nacktschnecke
Pyrethrum (Pflanzenextrakt)	Blattläuse, Zwergzikaden, Spinnmilben, Thrips, Rüsselkäfer, Weiße Fliege
Schwefel	Echter Mehltau

Umsetzen
Gemüsepflanzen werden im Allgemeinen umgesetzt, nachdem sie in einem Gewächshaus ausgekeimt haben und so groß sind, dass sie im Freiland überleben können. Der Zeitpunkt hängt von der Witterung und den Bodenverhältnissen ab. Alle Pflanzen erleiden nach dem Umsetzen eine „Wachstumsdepression", die auf die Verletzung der Wurzeln und den Umgebungswechsel zurückzuführen ist. Im Freiland ist es meist kälter. Es ist wichtig, ideale Bedingungen zu schaffen, um die Pflanzen möglichst wenig zu beanspruchen: Ausreichend gießen, nur an bewölkten Tagen in feuchten Boden umsetzen, und die Pflanzen vor direkter Sonneneinstrahlung schützen, bis sie gut angewachsen sind.

Bewässern
Es ist wichtig, die Pflanzen regelmäßig zu gießen, damit sie rasch wachsen. Ansonsten verhärtet sich das Gewebe, wodurch das Wachstum eingeschränkt wird. Bei Blumenkohl bewirkt eine „Wachstumsdepression", dass sich nur ein kleiner Kopf bildet. Andere Pflanzen schießen. Algendünger ist ebenfalls vorteilhaft.

Stützvorrichtungen
Sollte man aufstellen, bevor sie benötigt werden, am besten noch vor dem Aussäen oder Umsetzen. Pflanzen, die ohne Stützen hoch wachsen, werden leicht beschädigt und erleiden oft eine „Wachstumsdepression". Die Art der Stützvorrichtung richtet sich nach der Pflanze. Erbsen lässt man am besten an Draht oder spindeligen Zweigen emporranken, während Feuerbohnen sich an Stöcken hochziehen. Pflanzen, die nicht selbst klettern, werden mit Schnur, die zu einer losen Achterschlinge gewunden wird, an Stöcken befestigt, der an der dem Wind zugeneigten Seite aufgestellt wird.

Stöcke, die Gemüsepflanzen – wie hier die Puffbohne – stützen, gehören zum Inventar eines gepflegten Gemüsegartens.

Unkrautbekämpfung

Jede Pflanze – selbst eine Zierpflanze –, die an einer unerwünschten Stelle wächst, gilt als Unkraut, obwohl diese Bezeichnung auch für rasch wachsende Pflanzen verwendet wird, die den Garten überwuchern. Unkraut nimmt den Gemüsepflanzen Feuchtigkeit, Nährstoffe und Licht und überträgt Schädlinge und Krankheiten – das Kreuzkraut Rost, Mehltau und Grüne Fliegen; die Vogelmiere, Spinnmilben und Weiße Fliege und verschiedene Nachtschattengewächse, Viren und Älchen, die eine ernsthafte Gefahr für Kartoffeln und Paprika darstellen.

Unkrautarten

Kennt der Gärtner die Lebensdauer einer Unkrautpflanze, kann er sie erfolgreich bekämpfen.

Kurzlebige Unkrautpflanzen keimen, blühen rasch und produzieren jede Saison mehrere Generationen und riesige Samenmengen.

Einjährige Unkrautpflanzen keimen und blühen innerhalb einer Vegetationsperiode. Sobald die Mutterpflanze genügend Samen für die nächste Generation ausgebildet hat, stirbt diese rasch ab.

Zweijährige Unkrautpflanzen überleben zwei Vegetationsperioden. Die Mutterpflanze stirbt ab, nachdem sie im zweiten Jahr die Samen produziert hat.

Ausdauernde Unkrautpflanzen werden einige Jahre alt und haben oft Wurzeln, die mehrere Jahre überleben. Sie breiten sich aus und produzieren viele neue Triebe und Samen. Aus kleinen Wurzelteilen, Rhizomen oder Wurzelknöllchen, die im Boden bleiben, wachsen immer wieder neue Pflanzen.

Methoden der Unkrautbekämpfung

Man kann das Unkraut von Hand jäten, mit Maschinen entfernen, mulchen oder chemische Mittel verwenden. Der Garten sollte nach Möglichkeit unkrautfrei sein. Unkrautpflanzen müssen entfernt werden, bevor sie blühen und Samen tragen. Es heißt, dass innerhalb eines Jahres genügend Unkrautsamen für die nächsten 7 Jahre produziert werden. Unter günstigen Verhältnissen können kurzlebige Unkrautpflanzen in einem Jahr 60 000 lebensfähige Samen pro Quadratmeter produzieren. Sie befinden sich in den obersten 5 cm und brauchen viel Licht. Besonders bei neuen oder vernachlässigten Standorten ist es wichtig, das Unkraut gründlich zu entfernen. Man kann die Erde rechen und die Pflanzen von Hand entfernen oder hartnäckige Pflanzen mit biologischem Herbizid besprühen. Beides muss möglicherweise mehrmals durchgeführt werden, bevor man das Problem im Griff hat.

Manuelle Unkrautbekämpfung

Auf kleinen Flächen sind Umgraben, Harken, Hacken und Jäten oft die einzig praktische Möglichkeit, da Herbizide den benachbarten Pflanzen schaden können. Beim *Umgraben* wird der Boden mindestens 30 cm tief bearbeitet. Reihe für Reihe wird die Erde gewendet und bedeckt die einjährigen Unkrautpflanzen. Ausdauernde Pflanzen sollten entfernt werden und nicht durch Umgraben in den Boden gelangen. In Versuchen wurde festgestellt, dass die Anzahl an Weißen Gänsefüßchen, Labkräutern und Vogelmieren stark zurückging, nachdem die Bodenarbeiten in der Nacht durchgeführt worden waren, da die meisten Samen Licht zum Keimen benötigen.

Unkraut fühlt sich zwischen Kohl sehr wohl.

Sorgfältiges Rechen hilft, Unkraut zu vermeiden.

Durch *Harken* kann man die Erde lockern, um ausdauernde Unkrautpflanzen mit der Hand herauszuziehen. Wenn man dabei vorsichtig ist, kann man das Abbrechen von Wurzelteilen und das Nachwachsen der Pflanzen vermeiden.
Durch *Hacken* kann man die Samen am Auskeimen hindern und den Feuchtigkeitsverlust gering halten. Ein erfahrener Gärtner sagte mir einst: „Hackt man, wenn man kein Unkraut hat, bekommt man auch keines." Er hat recht. Beim Hacken wird der Stamm knapp unterhalb der Oberfläche von der Wurzel gelöst, daher hilft es gegen alle Unkrautarten mit Ausnahme der angewachsenen ausdauernden Pflanzen. Doch tiefes Hacken kann auch die Wurzeln der Gemüsepflanzen beschädigen. Im Zweifelsfalle muß man von Hand jäten. Das Schaufelblatt sollte nicht tiefer als 1 cm in das Erdreich eindringen. Hacken findet besser bei trockener Witterung statt.
Jäten sollte man bei trockener Witterung und feuchtem Boden, damit sich das Unkraut leichter löst. Man sollte immer die ganze Pflanze entfernen und nicht liegenlassen, damit sie nicht wieder einwurzeln kann.

Mechanische Unkrautbekämpfung
Maschinen mit Drehschaufeln oder Kultivatoren eignen sich zur Vorbereitung der Beete sowie zur Bekämpfung der einjährigen Unkrautpflanzen zwischen den Beeten. Um die Wurzeln nicht zu beschädigen, sollten sie vorsichtig eingesetzt werden. Beim Jäten der ausdauernden Unkrautpflanzen fährt man mit den Schaufeln durch die Wurzeln. Obwohl sich dadurch anfangs die Zahl der Pflanzen erhöht, werden diese nach einiger Zeit geschwächt und sterben ab. Das ist jedoch nur dann sinnvoll, wenn Sie genügend Zeit haben.

Biologische Unkrautbekämpfung
Beim Mulchen wird der Boden rund um die Pflanzen mit organischem oder anorganischem Material abgedeckt, um Feuchtigkeit zu speichern und den Boden anzuwärmen. Traditionell werden organische Materialien, wie Stroh oder Kompost, verwendet. Viele Gärtner nehmen dafür auch alte Zeitungen und Pappkartons oder mit Jute beschichtete Teppiche. Wählen Sie das Material sorgfältig aus: Im Stroh sammeln sich Schädlinge, wie z. B. Rüsselkäfer und Erdflöhe sowie Unkrautsamen, an, es dient im Winter jedoch als Isolierung und entzieht zu Beginn des Verrottungsprozesses dem Boden Stickstoff. Durch Verwendung von gut verrottetem Stallmist oder abgestorbenem Hopfen kann man dieses Problem vermeiden.
Falls angehäufelt werden muss, kann organisches Material nur begrenzt eingesetzt werden. Anorganisches Material wie Plastik ist zwar wirksam, aber optisch nicht sehr ansprechend. Man kann es jedoch unter einer dünnen Schicht organischen Materials verstecken.

Anorganisches Mulchmaterial:
- verdrängt das Unkraut und verhindert das Auskeimen der Samen.
- verlangsamt die Verdunstung und hält die Feuchtigkeit im Boden. Solange das Erdreich feucht ist, können ihm die Pflanzen Nährstoffe entziehen. Am wirksamsten sind Plastikfolien.
- hält Kriechpflanzen wie Tomaten, Kürbisse oder Gurken frei von Erde, die nicht auf die Blätter und reifenden Früchte gelangen kann. Dadurch werden Krankheiten vermieden. Möglicherweise treten jedoch vermehrt Nacktschnecken auf.
- *weiße Plastikfolie* beschleunigt Wachstum und Reife, indem sie das Licht auf Blätter und Früchte reflektiert. Der Boden bleibt kühler.
- *schwarze Plastikfolie* erwärmt im Frühling den Boden, da sie die Sonneneinstrahlung absorbiert (siehe Foto Seite 228).
- *Mulchfolien* werden am besten vor dem Anpflanzen aufgelegt. Danach setzt man Jungpflanzen in die Folienlöcher ein.

Organisches Mulchmaterial:
- bewahrt die Bodenfruchtbarkeit und -zusammensetzung. Die Oberfläche wird vor starkem Regen und Tritten geschützt, die Würmer sind aktiver, und dem Boden wird organisches Material und Nährstoffe zugeführt.
- stellt eine Isolierung dar, die den Boden im Sommer abkühlt und im Winter erwärmt. Überwinternde Pflanzen können durch Mulchmaterial vor Frost geschützt werden, wodurch Wurzeln leichter geerntet werden können. Stroh ist dafür besonders geeignet.

Unkrautpflanzen, die dennoch hervorkommen, können leicht entfernt oder mit einem Herbizid punktuell bekämpft werden. Das organische Mulchmaterial sollte ca. 10 cm hoch sein, damit es das Licht von den Unkrautpflanzen fernhält. Organisches Mulchmaterial wird nach dem Anpflanzen aufgetragen.
Es hat den Vorteil, dass es verrottet und somit die Bodenfruchtbarkeit erhöht, während anorganisches Mulchmaterial besser gegen Unkraut wirkt, da es eine undurchdringliche Barriere bildet.

Chemische Unkrautbekämpfung (Herbizide)
Herbizide müssen mit äußerster Sorgfalt eingesetzt werden. Vergewissern Sie sich, dass sie für das Unkraut, das Sie bekämpfen wollen, geeignet sind. BEACHTEN SIE STETS DIE HERSTELLERHINWEISE!

Die Erdbeerpflanzen werden mit Stroh gemulcht.

Schwarze Plastikfolie schützt die kleinen Paprikapflanzen.

Bodenherbizid bildet an der Oberfläche eine Schicht, die auskeimende Unkrautpflanzen abtötet.
Kontaktherbizid tötet die Teile der Pflanzen ab, auf die es auftrifft, und wirkt gegen einjähriges Unkraut und Sämlinge, nicht jedoch gegen angewachsene, ausdauernde Pflanzen.
Systemherbizid oder *translokal wirkendes Herbizid* wird von den Blättern absorbiert und tötet schließlich die ganze Pflanze, einschließlich der Wurzeln, ab. Enthält meist Glyphosat. Mit Gels oder flüssigen Herbiziden kann man Unkrautpflanzen gezielt bekämpfen.

Verschiedene Methoden der chemischen Unkrautbekämpfung wurden für den Gemüseanbau übernommen. Da viele Gemüsepflanzen unterschiedlich auf Chemikalien reagieren, gibt es kein Mittel, das für alle Pflanzen geeignet ist. Daher bieten sich drei Möglichkeiten: entweder viele verschiedene Chemikalien zu verwenden und regelmäßig abzuwechseln; chemische Mittel nur als letzten Ausweg zu verwenden; oder organisch anzubauen. Ich bin für letztere Variante!

Sichere Verwendung und Lagerung von Unkrautvernichtungsmitteln

Mischen
- Tragen Sie beim Mischen immer Gummihandschuhe, eine Gesichtsmaske, Schutzbrille und alte wasserfeste Kleidung.
- Verdünnen Sie die Mittel stets entsprechend den Herstellerhinweisen.
- Mischen Sie niemals verschiedene Chemikalien.
- Mischen Sie die Mittel niemals im geschlossenen Raum, da sie giftige Dämpfe abgeben können.

Anwendung
- Tragen Sie bei der Anwendung der Mittel stets Gummihandschuhe, eine Gesichtsmaske und alte wasserfeste Kleidung.
- Beachten Sie die Hinweise des Herstellers und verwenden Sie die Mittel nur für Zwecke, die genau angeführt sind.
- Tragen Sie stets nur soviel von dem Mittel auf, wie vom Hersteller angegeben.
- Tragen Sie Unkrautvertilgungsmittel nicht bei Wind auf. In der Nähe wachsende Pflanzen könnten Schaden erleiden.
- Tragen Sie die Mittel nicht an sehr heißen, windstillen Tagen auf, da es sich zusammen mit heißen Luftströmungen verbreiten kann.
- Falls Sie zum Auftragen der Chemikalien eine Gießkanne verwenden, beschriften Sie diese genau und achten Sie darauf, dass sie nicht mehr für andere Zwecke verwendet wird.

Lagerung
- Bewahren Sie die Chemikalien stets in Originalbehältern mit Beschriftung auf, damit man auf den ersten Blick sieht, was sie enthalten.
- Notieren Sie das Kaufdatum auf dem Behälter, damit Sie wissen, wie lange das Mittel bereits gelagert wurde.
- Heben Sie niemals verdünnte Mittel für zukünftige Anwendungen auf.
- Bewahren Sie die Mittel immer außerhalb der Reichweite von Kindern und Tieren in einem abschließbaren Schrank im Arbeitsraum oder im Schuppen auf.
- Lagern Sie die Mittel an einem kühlen, frostgeschützten, dunklen Platz.

Nach der Verwendung
- Waschen Sie Schutzkleidung, Sprühgeräte, Mischbehälter und alle anderen Utensilien gründlich ab.
- Verwenden Sie niemals dieselben Geräte für andere Chemikalien, wie z. B. Fungizide. Das Resultat könnte verheerend sein!

Schädlingsbekämpfung

Bei guter Gartenpflege und ausreichender Bodenbearbeitung sollten Schädlinge und Krankheiten eigentlich vermieden werden, obwohl sie niemals ganz beseitigt werden können, da viele durch Wind übertragen werden oder durch die Witterung bedingt sind.

Allgemeine Pflege

Die Rückstände der Pflanzen bieten sich, besonders im Winter, als Überträger von Schädlingen und Krankheiten an. Man sollte alles tun, um die Gesundheit der Pflanzen zu bewahren. Reinigen Sie regelmäßig das Gewächshaus und die Geräte. Entfernen Sie organisches Material sofort – gesunde Pflanzen werden kompostiert, kranke sofort verbrannt oder in die Mülltonne geworfen. Man sollte nur hochwertige Pflanzen ziehen, die resistenter gegen Schädlinge und Krankheiten sind. Beim Kauf von Pflanzen sollten Sie sichergehen, dass sie aus einer verlässlichen Quelle stammen, und sie nach Möglichkeit eine Zeit lang in Quarantäne lassen.

Pflege der Kulturen

Zum Aussäen und Eintopfen nur sterilisierte Erde verwenden. Sämlinge sind besonders anfällig, speziell wenn sie unter Bedeckungen ausgesät werden. Die Saat dünn aussäen, nicht mit stehendem oder kaltem Wasser gießen, das Gewächshaus belüften, ohne die Pflanzen oder Sämlinge zu stark abkühlen zu lassen und das Erdreich nicht zu viel wässern. Um das Infektionsrisiko gering zu halten, während die Pflanzen jung und anfällig sind, müssen sie rasch auskeimen und kontinuierlich wachsen. Nicht zu viel Stickstoffdünger verwenden, da die Pflanzen ansonsten schwach und somit besonders anfällig werden. Die Pflanzen regelmäßig kontrollieren, speziell, wenn eine Sorte immer wieder mit Problemen zu kämpfen hat. Nach Möglichkeit resistente Sorten anbauen. Die Frucht wechseln und den Garten stets unkrautfrei halten. Besonders bei der Ernte vorsichtig mit den Pflanzen umgehen, da Sie sich sonst leicht infizieren. Eingelagerte Pflanzen regelmäßig kontrollieren (vor allem Zwiebeln und Kartoffeln), weil sich im geschlossenen Raum Fäule rasch ausbreitet.

Bodenschädlinge

Erdraupe

Die graugrünen, ca. 5 cm langen Raupen treten ab dem späten Frühling bis Anfang Herbst auf.

Symptome: Sie befallen Wurzelgemüse, wie Rote Bete, Karotten, Pastinaken und Kartoffeln, und jede Pflanze mit weicher Pfahlwurzel, indem sie sich durch die Stängel durchfressen.

Vorsorge: Unter Abdeckungen gezogene Pflanzen sind weniger anfällig, und starkes Gießen im Frühsommer tötet oft die jungen Raupen ab.

Bekämpfung: Ein Bodeninsektizid, wie Diazinon oder Chlorpyrifos, einarbeiten oder die obersten 5 cm des Erdreiches mit Pirimiphos-Methyl gießen.

Kohlwurzelfliege

Die etwa 8 mm langen, weißen Larven treten ab dem späten Frühling bis Mitte Herbst auf.

Symptome: Die Larven nähren sich von den flachen Wurzeln der Kohlgewächse, beschränken das Wachstum, lassen die Pflanzen verwelken, die Sämlinge absterben und fressen kleine Tunnel in die Wurzeln.

Vorsorge: Unter Vlies anbauen.

Bekämpfung: Am unteren Strunkende einen 12 cm breiten „Kragen" aus Pappkarton, Plastik, Teppichunterlage oder ähnlichem anbringen und gleichzeitig Chlorpyrifos und Diazinon auftragen oder die obersten 5 cm des Erdreichs mit Pirimphos-Methyl gießen.

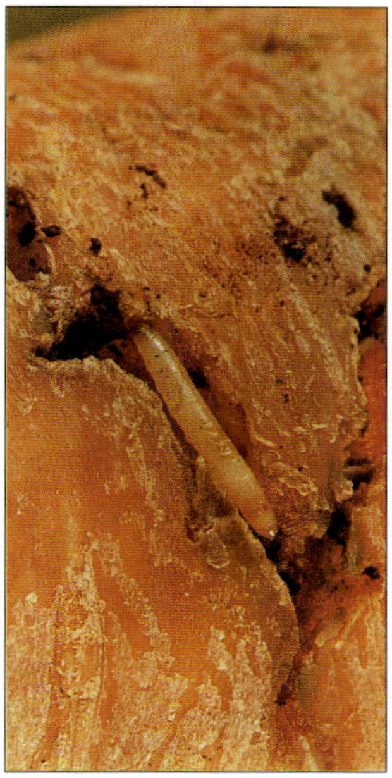

Karottenwurzelfliege

Die ca. 8 mm langen, beigefarbenen Maden treten von Frühsommer bis Mitte Herbst auf.

Symptome: Dieser typische Karottenschädling befällt auch Knollensellerie, Pastinake, Sellerie und Petersilie. Die Larven fressen sich in die Wurzeln, verlangsamen das Wachstum und bewirken eine rötliche Verfärbung der Blätter.

Vorsorge: Dünn aussäen und Karotten im Spätsommer oder im Frühherbst ernten.

Bekämpfung: Die Pflanzen mit einer 60 cm hohen Barriere schützen oder ein Bodeninsektizid, wie Pirimphos-Methyl, in die obersten 5 cm des Erdreiches einarbeiten.

Wiesenschnake

Die graubraunen, runzeligen Raupen können bis zu 4 cm lang werden.

Symptome: Sie fressen sich direkt unter der Oberfläche durch Wurzeln und Stängel und befallen viele Pflanzen, wie z. B. Rosenkohl, Kohl und Kopfsalat.

Vorsorge: Darauf achten, dass der Boden nicht zu nass ist. Im Frühherbst umgraben, speziell wenn der Boden über den Sommer brach gelegen ist. Neue Standorte sind besonders anfällig. Oft verschwinden die Raupen nach einiger Zeit.

Bekämpfung: Empfindliche Pflanzen mit Pirimphos-Methyl gießen und den Boden mit Diazinon und Chlorpyrifos behandeln.

Nematoden (Älchen)

(1) Kartoffelzystenälchen

Die weißen bis goldbraunen, stecknadelgroßen Zysten bilden sich Mitte Sommer auf den Wurzeln. Jede Zyste enthält bis zu 600 Eier, die 6 Jahre lang im Boden bleiben können.
Symptome: Das Wachstum ist eingeschränkt, Früchte und Knollen sind klein, die Blätter färben sich gelb, wobei erst die unteren Blätter absterben, dann die ganze Pflanze. Die Zysten befallen Kartoffeln und Tomaten.
Vorsorge: Die Frucht öfter wechseln und resistente Sorten anbauen. An den befallenen Standorten mindestens 6 Jahre lang keine Kartoffeln oder Tomaten anbauen.
Bekämpfung: Für den Hobbygärtner stehen keine chemischen Unkrautvertilgungsmittel zur Verfügung.

Abgestorbene Kartoffelpflanzen nach einem Befall mit Kartoffelzystenälchen.

(2) Stängel- und Knollenälchen

Mikroskopisch kleine Schädlinge, die im Inneren der Pflanze leben und sich auf einer feuchten Schicht weiterbewegen. Aktive Phase von Frühling bis Spätsommer.
Symptome: Schwaches, eingeschränktes Wachstum; die Stängel der Jungpflanzen schwellen an und faulen. Porree, Zwiebel, Schalotten und Schnittlauch sind anfällig.
Vorsorge: Fruchtwechsel, gute Bodenpflege und -bearbeitung, befallene Pflanzen vernichten. Kartoffeln und Tomaten mindestens 6 Jahre, anfällige Pflanzen mindestens 4 Jahre nicht am selben Standort anbauen.
Bekämpfung: Für den Hobbygärtner stehen keine chemischen Unkrautvertilgungsmittel zur Verfügung.

Nacktschnecken

Schleimige Schnecken mit tiefschwarzer oder orangebrauner Färbung, die bis zu 10 cm lang werden.
Symptome: Nacktschnecken sind äußerst gefräßig und fressen kreisförmige Löcher in das pflanzliche Gewebe. Sämlinge sterben im Allgemeinen ab. Die Schnecken kommen hauptsächlich in der Nacht hervor. Die meisten Pflanzen mit weichem Gewebe sind anfällig, speziell Sellerie und Kopfsalat.
Vorsorge: Nacktschnecken treten verstärkt an feuchten Standorten und in Tonböden auf. Stehende Nässe und Unkraut vermeiden. Alle Pflanzenrückstände aus dem Boden entfernen. Weniger anfällige Sorten auswählen. Rund um die Pflanzen Kies, Sand, Eierschalen oder Ruß geben und einen „Kragen" um die Pflanzen legen. Plastikkartons, die zur Hälfte im Boden vergraben und mit Milch oder Bier gefüllt werden, als Falle verwenden. Zeitungspapier oder alte Salatblätter auslegen, Schnecken einsammeln. Natürliche Feinde anlocken, biologische Mittel verwenden.
Bekämpfung: Im Frühling, wenn die Schneckeneier ausgebrütet werden, Aluminiumsulfat streuen. Schneckenkorn verwenden.

Drahtwurm

Drahtwürmer

Dünne, gelbe Larven mit spitzen Körpern und einer Länge von etwa 2,5 cm.
Symptome: Löcher in Wurzeln und Knollen können das Absterben der Blätter und Sämlinge verursachen. Zahlreiche Pflanzen, z. B. Wurzelgemüse und Kartoffeln, sind anfällig. Die Symptome treten von Frühling bis Mitte Sommer auf.
Vorsorge: Die verstärkt auf frisch bearbeiteten Standorten auftretenden Würmer verschwinden im Allgemeinen nach 5 Jahren. Wurzelgemüse erst wieder nach dem sechsten Jahr anpflanzen.
Bekämpfung: Wurzelgemüse sofort nach dem Reifen ausstechen, in die obersten 5 cm des Bodens Chlorpyrifos und Diazinon einarbeiten. Den Boden gründlich bearbeiten.

Im Boden auftretende Krankheiten

Kohlhernie

Ein Pilz, der bis zu 20 Jahre im Boden bleibt.
Symptome: Die Blätter färben sich gelb und verwelken bei heißem Wetter rasch. An den Wurzeln bilden sich warzenähnliche Schwellungen, und die Wurzeln verformen sich. Alle Kreuzblütler sind anfällig, darunter alle Kohlgewächse und verwandte Unkrautpflanzen.
Vorsorge: Kohlhernie tritt verstärkt in sauren Böden auf, daher den Boden auf einen höheren pH-Wert kalken und stehende Nässe vermeiden. Fruchtwechsel, gute Bodenbewirtschaftung und -pflege sind ebenfalls erforderlich. Ziehen Sie selbst Pflanzen, anstatt sie zu kaufen, oder beziehen Sie sie zumindest aus einer verlässlichen Quelle. Pflanzen in Töpfen ziehen. Manche Sorten sind resistent gegen Kohlhernie.
Bekämpfung: Die Wurzeln beim Umsetzen in ein Fungizid, wie z. B. Thiophanat-Methyl, tauchen. Befallene Pflanzen sofort ausstechen und vernichten. Nicht kompostieren.

Kartoffelschorf

Schorf
Dieser Pilz verursacht oberflächliche Beschädigung aller unterirdischen Pflanzenteile.
Symptome: Grobe, braune Flecken an Wurzeln und Knollen, die verstärkt in basischen Böden und trockenen Sommern auftreten. Schorf befällt hauptsächlich Kartoffeln, tritt jedoch auch auf Rettich, Roter Bete, Kohlrübe und Speiserübe auf.
Vorsorge: Boden nicht kalken, Kartoffeln nicht kurz nach Kohlgewächsen anbauen, organisches Material einarbeiten und bei trockenem Wetter gut bewässern.
Bekämpfung: Resistente Kartoffelsorten anbauen und Fruchtwechsel betreiben.

Wurzelfäule
Dieser Pilz ist schwierig zu bekämpfen.
Symptome: Verkümmerte, gelbe Blätter, Stängel und Schoten. Wurzeln und untere Stängelteile faulen. Die Pflanzen knicken. Befällt Erbsen und Bohnen.
Vorsorge: mindestens alle 3 Jahre Fruchtwechsel vornehmen. Befallene Pflanzen entfernen und verbrennen.
Bekämpfung: Aussaat mit entsprechendem Fungizid behandeln oder die Sämlinge mit Fungizid auf Kupferbasis gießen.

Stängelfäule
Dieser Pilz ist schwierig zu bekämpfen.
Symptome: Gelblich braune, krebsartige Geschwüre mit schwarzen Tupfen treten auf Bodenhöhe auf. Befällt Auberginen und Tomaten.
Vorsorge: Befallene Pflanzen und pflanzliche Rückstände entfernen und verbrennen, alles desinfizieren, was mit den erkrankten Pflanzen in Berührung kommt, auch die Hände und die Geräte.
Bekämpfung: Sofort nach dem Anpflanzen ein Fungizid, z. B. Captan, auf die untersten 10 cm des Stängels auftragen und nach 3 Wochen wiederholen.

Weiße Fliege auf Zwiebelpflanzen.

Weißfäule
Es ist beinahe unmöglich, diesen Pilz zu bekämpfen.
Symptome: Verfärbte Blätter, die langsam absterben. Die Wurzeln faulen, die Pflanzen knicken um und werden mit weißem, watteähnlichen Schimmel überzogen. Tritt häufig auf Zwiebeln und Porree auf, befällt jedoch auch Schnittlauch und Knoblauch.
Vorsorge: Mit dem Anbau anfälliger Kulturen 8 Jahre warten. Befallene Pflanzen sofort entfernen und verbrennen. Pflanzliche Rückstände nicht kompostieren.
Bekämpfung: Beim Aussäen ein Fungizid, z.B. Thiophanat-Methyl, in die Rillen geben.

Schädlinge aus der Luft

Blattlaus
Dichte Kolonien an geflügelten und ungeflügelten Insekten, die verschiedenfarbig, wie hellgrün, rosa oder grünlichschwarz sein können.
Symptome: Junge Blätter und Triebe verformen sich. Die unteren Blätter sind klebrig und weisen oft schwarzen Schimmel auf. Befallen das weiche Gewebe zahlreicher Pflanzenarten, wie Kohlgewächse, Erbsen und Bohnen, Kopfsalat, Kartoffeln und Wurzelgemüse.
Vorsorge: Geringen Befall zerdrücken oder mit einem Wasserstrahl abwaschen. Mit Schmierseife, Derris oder Pyrethrum besprühen. Natürliche Feinde, z B Florfliegen, Marienkäfer und deren Larven sowie kleine Vögel (z. B. Blaumeisen), anlocken.

Kohlraupe
Kleine, behaarte, gelbschwarze Raupen, die bis zu 5 cm lang werden.
Symptome: Die sehr gefräßigen Raupen fressen Löcher in die Blätter. Sie können die ganze Pflanze entlauben. Tritt von Ende Frühling bis Herbst auf und befällt alle Kohlgewächse.
Vorsorge: Pflanzen regelmäßig kontrollieren, Raupeneier zerdrücken, Raupen abnehmen und die Pflanzen unter Vlies oder feinen Netzen ziehen.
Bekämpfung: Regelmäßig mit Derris, Pyrethrum, Permethrin besprühen, sobald die ersten Eier zu sehen sind.

Weiße Fliege
Kleine Insekten mit weißen Flügeln, die normalerweise auf der Blattunterseite sitzen und wegfliegen, wenn die Blätter bewegt werden.
Symptome: Junge Blätter werden runzelig. Die Blätter werden klebrig und weisen oft schwarzen Schimmel auf. Die Weiße Fliege befällt alle Kohlgewächse. Sie überlebt den Winter und tritt das ganze Jahr über auf.
Vorsorge: Stark befallene Pflanzen unmittelbar nach der Ernte entfernen und verbrennen.
Bekämpfung: Wenn die Pflanzen Blüten ansetzen, mit Malathion oder einem ähnlichen Insektizid besprühen.

Durch die Luft übertragene Krankheiten
Brand
Dieser Pilz befällt Blätter, Stängel und Knollen und tritt verstärkt in der nassen Jahreszeit auf. Löste im 19. Jahrhundert in Irland eine große Hungersnot aus.
Symptome: Mitte Sommer erscheinen auf den Blättern braune Flecken, die bei feuchten Witterungsverhältnissen von weißen Schimmelringen umgrenzt sind. Die Blätter färben sich gelb und fallen frühzeitig ab. In feuchten Zonen breitet sich der Pilz rasch auf Blättern und Stängeln aus. Die Stängel knicken ein. Auf den Knollen bilden sich dunkle, eingesunkene Stellen. Der Pilz befällt Kartoffeln, Tomaten und verwandte Unkrautpflanzen.
Vorsorge: Alle stark befallenen Pflanzenteile im Spätsommer entfernen und verbrennen. Pflanzen nicht von oben gießen und resistente Sorten anbauen. Befallene Knollen nicht einlagern. In der nassen Jahreszeit, bevor die ersten Symptome auftreten, die Pflanzen mit Fungizid besprühen.
Bekämpfung: Im Sommer mit Fungizid auf Kupferbasis oder Mancozeb besprühen und diesen Vorgang regelmäßig wiederholen, sobald die ersten Symptome auftreten.

Botrytis
Dieser Pilz befällt Blüten, Blätter und Stängel und tritt normalerweise durch verletzte Stellen ein.
Symptome: Auf den Stängeln, die auf Bodenhöhe möglicherweise zu faulen beginnen, bilden sich Flecken. Blüten und Blätter werden mit einem weichen, grauen Schimmelpilz überzogen. Auf unreifen Tomatenfrüchten bilden sich Schatten. Pflanzen mit weichen Blättern, z. B. Puffbohnen, Kohlgewächse, Kopfsalat, Kartoffeln und Tomaten, sind besonders anfällig.
Vorsorge: Für gute Belüftung sorgen. Die Pflanzen sehr vorsichtig behandeln, damit keine Druckstellen oder Verletzungen eintreten. Infizierte Pflanzen so schnell wie möglich entfernen.
Bekämpfung: Die Pflanzen mit Thiophanat-Methyl oder Carbendazim besprühen, sobald sich die ersten Symptome zeigen. Stark befallene Pflanzen entfernen und verbrennen.

Falscher Mehltau
Ein Pilz, der Blätter und Stängel befällt und im Boden oder in pflanzlichen Rückständen überwintert.
Symptome: Gelb verfärbte Blätter mit grau/weißen Schimmelflecken an der Unterseite. Im Herbst sterben die Pflanzen oft langsam ab. Befällt Kohlgewächse und verwandte Unkrautarten, aber auch Kopfsalat, Spinat, Erbsen und Zwiebeln sind gefährdet.
Vorsorge: Nicht zu dicht pflanzen, stark befallene Pflanzen entfernen und verbrennen. Für gute Belüftung sorgen.
Bekämpfung: Sobald sich die ersten Symptome zeigen, die Stellen mit Zineb, Mancozeb oder Fungizid auf Kupferbasis besprühen.

Methoden der Bekämpfung
Chemikalien bieten eine rasche, einfache Lösung; bevor man sie einsetzt, sollte man jedoch verschiedene Punkte beachten.
Sicherheit: Viele Chemikalien sind giftig und können Menschen und Tieren schaden. Sie sollten daher mit größter Sorgfalt angewendet werden.
Rückstände: Chemikalien verbleiben lange Zeit im Boden und in den Pflanzen. Sie schaden auch den natürlichen Feinden der Schädlinge.
Resistenz: Viele Schädlinge und Krankheiten, speziell Weiße Fliegen und Spinnmilben, werden gegen chemische Mittel resistent, wenn man diese über einen längeren Zeitraum einsetzt. In diesem Fall muss man verschiedene Mittel anwenden.

Einsatz von chemischen Mitteln
- Befolgen Sie stets die Herstellerhinweise, und überschreiten Sie nie die vorgeschriebene Dosis.
- Tragen Sie die chemischen Mittel an windstillen, bedeckten Tagen auf, am besten am frühen Morgen oder am Abend.
- Schützen Sie die umliegenden Pflanzen.
- Reinigen Sie alle Geräte nach der Verwendung.
- Entsorgen Sie die Mittel entsprechend den Herstellerhinweisen. GIESSEN SIE DIE MITTEL NIEMALS IN DEN ABFLUSS!

Karotten, die zum Schutz vor der Karottenfliege mit Vlies bedeckt wurden.

Biologische Schädlingsbekämpfung
Verschiedene Schädlinge können mit natürlichen Feinden oder Parasiten bekämpft werden. Abgesehen vom *Bacillus thuringiensis,* der gegen Raupen eingesetzt wird, sind nur wenige außerhalb des Gewächshauses wirksam. Bei Anwendung dieser Methode ändert sich die Zahl der natürlichen Feinde mit dem Nahrungsangebot. Mit Ausnahme von Insektizidseifen und Pirimicarb (gegen Blattläuse) sind Insektizide für die natürlichen Feinde der Schädlinge tödlich und sollten daher möglichst wenig eingesetzt werden.
Gemüsezüchter sollten die Milbe *Phytoseiulus persimilis* kennen, die Spinnmilben bekämpft, und die *Encarsia formosa,* eine Wespe, die gegen die Weiße Fliege im Gewächshaus eingesetzt wird. Gegen die Weiße Fliege auf Kohl und anderen Freilandpflanzen ist sie jedoch nicht wirksam.

Kohlpflanzen werden mit Alufolie und ähnlichen Materialien vor Vögeln geschützt.

Pflanzen in Kübeln

Die Idee, Gemüsepflanzen in Kübeln anzubauen, ist keineswegs neu: Tomaten und Gurken werden schon seit langem unter Glas in Kübeln angebaut, damit sie nicht mit Krankheiten infiziert werden. Der wichtigste Vorteil ist, dass der Gärtner absolute Kontrolle über die Pflanzen und den Inhalt des Gefäßes hat. Tragbare Kübel können bei ungünstiger Witterung umgestellt werden. Sobald die Frostgefahr gebannt ist, kann man sie im Freien aufstellen oder wieder hereinbringen, wenn es kälter wird.

Wo nur wenig Platz zur Verfügung steht, kann man die Fläche für andere Zwecke aufsparen. Die Kübel können entweder funktionell oder dekorativ sein. Sie können Sie auf dem Balkon, im Hof, auf dem Fensterbrett oder sogar in einem Hängekorb aufstellen: Cocktailtomaten können ebenso hübsch aussehen wie ein Blumenarrangement, und sogar wiederverwertbare Plastikbehälter lassen sich in hübschen Übertöpfen verbergen. Man sollte jedoch bedenken, dass die meisten Gemüsearten mehr Nährstoffe benötigen als die Beetpflanzen, die traditionell in Gefäßen gezogen werden. Außerdem müssen sie regelmäßig gegossen werden.

Einen passenden Kübel auswählen

Mit großen Kübeln erzielt man bessere Erfolge: Die Pflanzen können tiefer wurzeln, trocknen langsamer aus und bieten eine sichere Verankerung für Pflanzen, die gestützt werden müssen. Das Erdreich sollte feucht, jedoch nicht zu nass sein, damit es bei starkem Gießen nicht zusammengedrückt wird. Plastikbehälter (mit Abflusslöchern) sehen zwar meist nicht sehr ansprechend aus, speichern jedoch mehr Feuchtigkeit als Holzbehälter oder Tontöpfe. Damit das Wasser gut abfließen kann, können Sie die Behälter auf Ziegelsteine stellen.

Frühkartoffeln können Sie auch in Müllsäcken, Mülltonnen oder Anzuchttüten ziehen, in denen im ersten Jahr Tomaten, Paprika oder Gurken angebaut wurden. Für den Anbau von Kartoffeln entfernt man den Großteil des Plastiks von der Oberseite der Tüte, um einen größeren Teil des Erdreichs freizulegen. Salatzwiebeln, Kopfsalat und Rettich können ebenfalls auf diese Weise angebaut werden.

In einer schwarzen Plastiktüte angebauter Rhabarber.

Auswahl der Pflanzen

Gemüsearten, die für den Anbau in Kübeln geeignet sind, haben entweder eine kurze Reifezeit, so z. B. kleine Rote Bete, Karotten, Kopfsalat, Rettich und Salatzwiebeln, oder sind Minisorten von Busch- oder Kletterpflanzen, wie Auberginen, Bohnen, Gurken, Erbsen, Paprika und Tomaten, da sie kaum gestützt werden müssen. Auch Gemüsepflanzen mit tiefen Wurzeln, wie späte Karotten und Pastinaken, können in Kübeln mit einer Mindesttiefe von ca. 50 cm angebaut werden.

Auswahl der Erde

Zur Anzucht von Gemüsepflanzen in Kübeln verwendet man „Topferde", deren Zusammensetzung und Nährstoffgehalt gesundes Wachstum ermöglicht. Gartenerde sollte mit Ausnahme von gutem Lehmboden eher nicht verwendet werden, da sie meist Unkrautsamen, Steine, Schädlinge und chemische Rückstände enthält. Außerdem ist ihr Nährstoffgehalt etwas schwankend.

Für Kübel gibt es entweder Kompost auf Lehmbasis oder lehmfreien Kompost:

Kompost auf Lehmbasis

Eine Zusammensetzung für Kompost auf Lehmbasis wurde vom John Innes Research Institute in Großbritannien entwickelt. Kompost für den Anbau in Kübeln trägt die Nummern 1, 2 und 3. Jede Nummer steht für unterschiedlichen Nährstoffgehalt. Nummer 3 ist der stärkste. Kompost auf Lehmbasis ist weitaus schwerer, bietet eine bessere Stütze und günstigere Bedingungen für langfristige Kulturen. Er setzt die Nährstoffe langsam frei, lässt das Wasser abfließen und hat eine gute Zusammensetzung. Bei Verwendung von Kompost auf Lehmbasis stellt man den Behälter an seinem endgültigen Standort auf und füllt ihn anschließend mit Erde an. Sobald er voll ist, ist er zu schwer zum Umstellen.

Zusammensetzungen nach John Innes:

Grundrezept für Kompostmischung:
7 Teile sterilisierter Lehm
3 Teile Louisiana Moos
2 Teile gewaschener Sand

Grundrezept für Dünger (nach Gewicht):
2 Teile Horn
2 Teile Kalziumphosphat
1 Teil Kaliumsulfat (Pottaschesulfat)

Mischung Nr. 1
36 Liter Kompostmischung (siehe oben)
110 g Dünger (siehe oben)
20 g gemahlener Kalk

Mischung Nr. 2
36 Liter Kompostmischung (siehe oben)
220 g Dünger (siehe oben)
40 g gemahlener Kalk

Mischung Nr. 3
36 Liter Kompostmischung (siehe oben)
330 g Dünger (siehe oben)
60 g gemahlener Kalk

Lehmfreier Kompost
Basiert normalerweise auf Torf unter Zugabe von Vermiculit, Kies und gehäckselter Rinde, um den Abfluss zu verbessern. Da Torf nicht mehr sehr populär ist, verwenden viele Hersteller Alternativprodukte wie Coir oder wiederverwerteten organischen Abfall. Lehmfreier Kompost ist im Allgemeinen leichter und kombiniert Feuchtigkeit mit guter Belüftung. Außerdem ist er ausgiebiger und preisgünstiger. Er ist jedoch nicht so stabil und feuchtigkeitsspeichernd wie Kompost auf Lehmbasis und zersetzt sich oft, wodurch der Inhalt des Kübels von Zeit zu Zeit weniger wird. Außerdem hat er den Nachteil, dass man ihn bei Trockenheit nur schwer wieder befeuchten kann.

Im Großen und Ganzen wird Kompost auf Lehmbasis empfohlen, der bei Bedarf mit organischem Material angereichert wird.

Gießen
Für gesundes Wachstum ist regelmäßiges und ausreichendes Gießen erforderlich. Wassermangel, auch über einen kurzen Zeitraum, kann die Produktivität der Pflanzen merklich herabsetzen. Während die Pflanzen wachsen, die Erde regelmäßig und gründlich gießen und stehende Nässe vermeiden. Am besten gießt man Topfpflanzen am frühen Morgen oder am Abend, besonders im Sommer, da so die Verdunstung reduziert wird. Hat man sehr viele Topfpflanzen, sollte man in ein Bewässerungssystem investieren, damit beim Gießen und Düngen Zeit gespart werden kann.

Mais und Schnittlauch in einem Kübel.

Geschützter Anbau

Durch geschützten Anbau kann man die Vegetationsperiode ausdehnen und Wachstum sowie Produktivität einer Pflanze steigern. Auch in kühleren Zonen, in denen die Witterung anfangs ungünstig ist, kann man bereits aussäen, sodass die Pflanzen bereits ziemlich groß sind, ehe sie ins Freie gesetzt werden. Das ist bei teilweise frostempfindlichen Pflanzen wie Auberginen, Gemüsepaprika und Tomaten besonders vorteilhaft. Geschützter Anbau bietet auch die Möglichkeit riskante Gemüsepflanzen, die beinahe schon frostempfindlich sind, das ganze Jahr über im Freiland anzupflanzen.
Nicht nur die Sommerpflanzen profitieren von den Abdeckungen. Kopfsalat, Spinat und andere frostharte Wintergemüse liefern zartere, hochwertigere Blätter, wenn sie im Kalthaus gezogen werden anstatt im Freiland.

Fixe Vorrichtungen
Dazu zählen freistehende oder angebaute *Gewächshäuser,* die das ganze Jahr über ideale Bedingungen schaffen, vor allem wenn sie beheizbar sind.
Frühbeetkästen sind ideal für Sämlinge oder zum Abhärten vor dem Umsetzen ins Freie. Sie sind allerdings nicht sehr hoch. Deckt man die Kästen mit schwarzer Folie oder Jute ab, bieten sie auch eine kostengünstige und effiziente Lösung zum Verfrühen von Chicorée und Endivie.

Mit Glasglocken geschützter Spinat.

Abnehmbare Vorrichtungen
Folientunnel sind wesentlich billiger und einfacher in der Handhabung als Gewächshäuser, die Plastikbedeckung hält jedoch nur einige Jahre lang.
Glasglocken, die auch aus Plastik sein können, können leicht verstellt werden, um Einzelpflanzen oder kleine Pflanzengruppen damit zu schützen.

Bewegliche Vorrichtungen
Flache *Folientunnel* sind wie kleine Glasglocken kostengünstig, tragbar und vielseitig verwendbar, jedoch oft zu unstabil und niedrig.

Frisch gepflanzte Maispflanzen unter Vlies.

Gleitfolie wurde für den Erwerbsgartenbau entwickelt. Sie ist sehr flexibel und kann sofort über die Pflanzen gelegt oder als „Gleitmulch" auf Reifen aufgezogen werden. Die größer werdenden Pflanzen drücken dann die Folie nach oben.

Vlies besteht aus leichtem, weichem Polypropylen und hält ein Jahr, manchmal auch länger, wenn es sauber gehalten und gepflegt wird. Ideal als Schutz vor Frost und zum Verfrühen von frühen Sorten. Man kann es von der Aussaat bis zur Ernte für zahlreiche Pflanzenarten verwenden. Das Vlies stellt auch einen wirksamen Schutz vor Schädlingen und Krankheiten dar. Es ist luft- und lichtdurchlässiger als Plastikfolie.

Plastikfolie ist oft zu Belüftungszwecken perforiert, doch selbst an warmen Frühlingstagen können sich die Pflanzen überhitzen. Sie wird direkt auf die Pflanzen gelegt, die beim Wachsen die Folie hinaufdrücken, sodass sich die Perforierung stärker öffnet und noch mehr Luft hineinlässt. Wird oft im Anfangsstadium verwendet.

Plastiknetze haben sehr feine Maschen, welche die Windgeschwindigkeit reduzieren, sich aber kaum auf die Temperatur auswirken. Hält mehrere Jahre lang.

Da die meisten Materialien in langen, schmalen Rollen produziert werden, baut man die Pflanzen am besten in schmalen Reihen an. Um die größte Wirkung zu erzielen, sollte der Boden gut vorbereitet, nicht zu nass und unkrautfrei sein. Bei Pflanzen mit Insektenbestäubung, wie Zucchini, Gurke, Gemüsekürbis und Tomate, sollte man die Abdeckung später wieder abnehmen, damit die Insekten zu den Pflanzen gelangen und diese bestäuben können.

Geschützter Anbau von Kartoffeln
Kartoffeln können unter schwarzer Plastikfolie angebaut werden. Den Boden tief umgraben, mit schwarzer Folie abdecken und die Ränder mit Erde beschweren, damit sie nicht vom Wind weggeweht werden. Die Folie kreuzförmig einschneiden und eine Kartoffel durch das Loch ca. 15 cm tief in die Erde drücken. Unter der Folie bilden sich neue Knollen, die ohne Anhäufeln bleichen. Wenn sich die „Halme" gelb färben, kann man die Folie abnehmen und die Knollen ernten.

DER GEMÜSEZIERGARTEN

Ein wachsender Kürbis – schön und essbar.

Ein gepflegter, üppiger Gemüsegarten mit einer großen Auswahl an gesunden Pflanzen kann einen herrlichen Anblick bieten.
Da wir daran gewöhnt sind, dass Blumen hübsch anzusehen sind, Gemüse aber funktionell zu sein hat, wissen wir die Schönheit eines Gemüsegartens mit seiner Vielfalt an Farben und Formen, die sich zwischen gepflegten Wegen erstreckt, kaum zu schätzen.
Traditionell wird ein Gemüsegarten in Reihen angelegt, damit die Bearbeitung und Pflege leichter fällt, die Pflanzen regelmäßig abgewechselt werden können, die größtmöglichen Erträge liefern und Schädlinge und Krankheiten vermieden werden können.
Die großen Herrenhäuser besaßen ihre eigenen Küchengärten, und die Gärtner hatten die Aufgabe, eine Vielzahl an verschiedenen Pflanzen zu ziehen und die Küche das ganze Jahr über damit zu versorgen.
Heutzutage verfügen die meisten Gärtner über kleine Gärten, und was angebaut wird, ist eher eine Frage des Geschmacks als der Notwendigkeit. Daher kann man Gemüse nicht nur zu funktionellen, sondern auch zu ästhetischen Zwecken anbauen. Vielleicht möchten Sie aus diesem Grund auch ein vielseitiges Spektrum an Gemüsepflanzen anbauen.

Farbe

Gemüse ist nicht nur wegen seines Geschmacks und seines Nährwerts interessant, sondern auch wegen seiner Farbe.
Man denke nur an das vielfältige Farbspektrum bei Salat, das im Allgemeinen größer ist als die verschiedenen Geschmacksrichtungen.
Kopf- und Endiviensalat sowie Gurken weisen zahlreiche Grüntöne auf, Paprika Gelbtöne, Rote Bete und Blattsalat sind violett, und Tomaten und Paprika rot.
Jahrhundertelang wurde diese Farbenvielfalt nur im französischen „Potager" genutzt, doch heute wird Gemüse immer öfter im Ziergarten eingesetzt.
Wenn man offen ist, kann man jeder Gemüseart etwas abgewinnen, obwohl einige wohl mehr ins Auge stechen als andere. Der Rot-Grün-Kontrast von Mangold ist ebenso wie bei der Roten Bete äußerst üppig, während rot- oder gelbhülsige Gartenbohnen und lilafarbene Kohlblätter dem Gemüsegarten einen exotischen Touch verleihen. Auch rote Zwiebeln und der

rotblättrige „Lollo Rosso" sehen sehr hübsch aus. Kürbisgewächse beeindrucken durch ihre auffällige Form und Farbe, während goldgelbe und gestreifte Tomaten nicht minder ins Auge stechen. Blüten und Früchte setzen weitere Farbakzente.

Form

Während einige Gemüsearten keine besonders ansprechende Form haben (z. B. Kohlrüben und Kartoffeln) besitzen viele interessante Blätter oder andere Merkmale. Die skulpturähnliche Form der Artischocke mit ihren bizarren Blättern ist sehr beliebt, während die Feuerbohne oder die Ranken der Kürbisgewächse ebenfalls vielseitig einsetzbar sind. Der kompakte Wuchs von Petersilie und Schnittlauch macht diese Pflanzen zu einer idealen Umgrenzung.

Die Lauch- und Zwiebelgewächse haben hingegen spitze, gerade Blätter, die einen guten Kontrast zu den runden Formen der Salate und dem zartgefiederten Blattwerk der Karotte bilden. Sellerie und Rosenkohl haben einen relativ aufrechten Wuchs.

Die Sorte 'Rubine', ein violetter Rosenkohl, der einzeln in Kübeln gesetzt wird, erinnert an eine ungewöhnliche Skulptur.

Struktur

Die Struktur wird nur selten als wesentliches Merkmal angesehen, doch treten die verschiedenen Farben und Formen dadurch stärker hervor.

Man denke nur an einen festen Kohlkopf, der von dichten, glasigen Blättern umschlossen wird, oder an das buschige Blattwerk von Fenchel oder Spargel. Macht man sich diese Kontraste zunutze, kann man die Blätter der Gemüsepflanzen an Stelle eines Blumenbeets oder einer Umgrenzung verwenden.

Selbst nach der Ernte sehen die Pflanzen noch hübsch aus. Die langen, getrockneten Maisstängel sehen wunderbar aus, wenn sie gefroren sind, und der Wind, der durch die abgestorbenen Blätter rauscht, ist sehr effektvoll.

Gemüse als „Beetpflanzen"

Viele Gemüsepflanzen werden einjährig angebaut, und mit jeder Pflanze, die geerntet wird, verändert sich das Aussehen des Gartens. Oft bleiben nur die Wege und Hecken und einige ausdauernde Pflanzen unverändert.

Solche Pflanzen eignen sich eher zum Anbau in einer formalen Struktur, da dadurch Farben und andere Merkmale besser zur Geltung gebracht werden können.

Mit den farbenprächtigen Blättern von Mangold, Kopfsalat oder Krauskohl oder dem leuchtenden Blattwerk der Karotte lässt sich ein Beet anlegen, gegen das andere Zierpflanzen verblassen.

Besonders spektakulär sind Pflanzen, die bereits Schöße gebildet haben. Kopfsalat ist dann aufrecht und beblättert, bei Roter Bete treten die roten Blattadern und die Blütendornen hervor, während Zwiebeln und Porree symmetrische Blütenkugeln produzieren, die zahlreiche Insekten anlocken.

Manche Gärtner lassen deshalb einige Pflanzen in Samen schießen, doch würden Sie sich zutrauen, einen Gemüsegarten anzulegen, in dem die Pflanzen auch nach dem Abernten stehen bleiben?

Eine Methode für die Anlage eines Beets ist die Auswahl von Pflanzen mit ähnlicher Lebensdauer. Man kann auch Pflanzen mit *verschiedenen* Reifezeiten in ein Beet setzen und nach der Ernte die Lücken auffüllen.

Die Reifezeiten können sehr unterschiedlich sein – Rettich reift innerhalb von 5 Wochen, während Brokkoli und Kohl einige Monate lang im Boden bleiben.

Natürlich bedeutet der rasche Wechsel der einjährigen Pflanzen, dass sich die Farben und Geschmacksvarianten ständig verändern.

Artischockenblüten zeigen, wie attraktiv Gemüse sein kann.

Ausdauernde Gemüsepflanzen wie Spargel, Artischocken und Rhabarber können in eigenen Beeten gezogen oder mit anderen Pflanzen gemischt werden.

In kleineren oder unregelmäßig angelegten Gärten ermöglicht der Fruchtwechsel eine große Vielfalt und verschiedene, angelegte, Beete. Hier wäre es auch möglich, Gemüse nur als Zierpflanzen anzubauen.

Der „Potager"

Ihre Vorliebe für gutes Essen und ihr Sinn für Ästhetik inspirierte die französischen Gärtner zum „Potager" oder Gemüseziergarten, der optisch weitaus ansprechender als ein traditionell angelegter Gemüsegarten ist. Einfache geometrische Beete, die von geraden Wegen unterteilt werden, bilden eine einheitliche Struktur, die von farbenprächtigen Pflanzen belebt wird. Die Pflanzen wurden wegen ihrer kulinarischen und optischen Qualitäten ausgewählt.

Die größeren Wege sind breit genug für einen Schubkarren, während engere Wege und aufgelegte Steine den Zugang zu den Pflanzen ermöglichen.

Der Standort wird entsprechend ihrer Größe ausgewählt; die größeren werden in die Mitte gesetzt, die kleineren reihenweise rundherum. Kletterpflanzen, die an Gestellen, Rundbögen oder auch Stöcken aufgezogen werden, bilden hohe Spaliere. Zusätzlich können auch noch Topfpflanzen integriert werden.

Versuchen Sie, die Anlage symmetrisch zu gestalten. Arbeiten Sie von beiden Seiten und von der Mitte aus, oder schneiden Sie jede zweite Pflanze ab, um ein einheitliches Bild zu schaffen.

Säen Sie immer mehrmals aus, damit der Boden nie ungenutzt bleibt oder das Bild gestört wird.

Ungeordneter Anbau
Das wahllose Aufstreuen von Gemüsesamen in Zierumgrenzungen erfreut sich immer größerer Beliebtheit. Dabei sollten die Pflanzen zumindest nach der Höhe geordnet werden: Vorne die niedrigen, weiter hinten die höheren Pflanzen. Hier sollten Sie farbenprächtige Sorten wählen, die neben den Zierpflanzen nicht verblassen. Setzen Sie rothülsige Gartenbohnen statt Waldreben, Feuerbohnen statt Zuckererbsen und rotblättrigen Kohl an Stelle von Kapuzinerkresse.
Balkonpflanzen können in Blumenkästen und -ampeln gezogen werden.
Dafür eignen sich z. B. Cocktailtomaten. Man kann auch Kletterpflanzen über den Boden kriechen lassen.
Damit das Gemüse zwischen den Zierpflanzen gut gedeiht, ist nichts weiter als fruchtbarer Boden oder Kompost erforderlich, den man durch gute Bearbeitung und Düngen erhält.

Gemüse und Blumen Seite an Seite.

Ernte und Lagerung

Einige Gemüsepflanzen, wie z.B. Kopfsalat, können nicht lange Zeit gelagert werden, sondern müssen frisch sein. Die traditionelle Formen der Lagerung, wie Erdmiete, Einlegen und Pökeln, wurden durch das Tieffrieren erweitert, das die Arbeit von Gärtnern und Köchen grundlegend verändert hat. Selbst Mais, den man früher unmittelbar nach der Ernte aufbrauchen musste, bekommt man nun auch außerhalb der Saison.
Während der Großteil der Gemüsepflanzen erst nach der Reife geerntet wird, werden einige, z B. einige Kopfsalatsorten, halbreif und andere, wie z.B. Rucola, ganz jung geerntet.
Die Ernte- und Lagerungstechniken hängen von zahlreichen Faktoren ab, besonders davon, welcher Teil der Pflanze eingelagert wird und welche Witterung im Winter vorherrscht. Viele Blattgemüse, beispielsweise Rosenkohl und Brokkoli, sind frosthart und können auch bei starker Kälte im Boden gelassen werden. Rosenkohl schmeckt sogar wesentlich besser, nachdem er gefroren ist.
Einige Wurzelgemüse mit großem Wasseranteil werden im Winter leicht beschädigt, selbst wenn sie von Erde umgeben sind. Das passiert häufig, wenn es nach einer Kälteperiode plötzlich wärmer wird. Karotten, Pastinaken und Kohlrüben bilden hier eine Ausnahme. Diese Gemüsearten sind äußerst robust und können im Boden bleiben, bis sie aufgebraucht werden, solange sich keine stehende Nässe bildet. In nassen Böden werden sie jedoch von Nacktschnecken befallen und beginnen oft zu faulen.

Lagerung im Freien
In kälteren Zonen müssen im Boden gelagerte Gemüsepflanzen speziell geschützt werden. Man kann loses Stroh oder Gestrüpp 20 cm hoch aufschichten und mit Erde abdecken. Diese Methode ist nicht sehr arbeitsaufwendig, das Wurzelgemüse kann jedoch nach wie vor von Schädlingen und Krankheiten befallen werden.
Traditionell lagert man Wurzelgemüse in Stapeln. Die Pflanzen werden auf einem 20 cm hohen Strohbeet niedrig aufgeschichtet und an der Oberfläche und den Seiten ebenfalls mit einer 15 cm dicken Stroh- oder Sandschicht abgedeckt. Diese Stapel kann man im Freien auf einer trockenen Stelle oder im Haus unter Abdeckungen auflegen.
Im Freien kann man sie noch zusätlich schützen, indem man sie an einer Mauer oder Hecke aufbaut. Werden die Pflanzen längere Zeit gelagert, sollte man einen Standort wählen, der im Winter so wenig wie möglich von der Sonne beschienen ist. Obwohl die Bedingungen sehr ähnlich sind wie bei der Lagerung im Boden, sind die Stapel einfacher in der Handhabung. Möglicherweise werden jedoch viele Wurzeln von Nagetieren gefressen oder verfaulen.

Lagerzeit
Die Länge der Lagerung hängt von der jeweiligen Sorte und von den Gegebenheiten ab. Bei den traditionellen Lagerformen verderben die Pflanzen hauptsächlich durch den Feuchtigkeitsverlust. Rote Bete und Karotten beispielsweise vertrocknen rasch. Häufig werden die verletzte Pflanzen auch von Pilzen befallen. Zwiebeln und Kartoffeln weisen sehr oft Druckstellen auf. Lagergemüse muss mit größter Sorgfalt behandelt werden. Sie sollten nur gesunde Pflanzen einlagern, diese regelmäßig überprüfen und alle schlechten Stellen sofort entfernen.
(Siehe auch die Beschreibung zu den einzelnen Gemüsearten.)

Gemüse trocknen
Erbsen und Bohnen können kurz vor der Reife geerntet und an einem kühlen Platz langsam getrocknet werden. Entweder die ganze Pflanze ausstechen und aufhängen oder die Hülsen abnehmen und auf einer Schale oder Zeitungspapier auslegen. Bohnen kann man einsammeln, in luftdichten Gläsern lagern und vor der Verwendung 24 Stunden in Wasser einweichen. Die Lagerorte sollten frostgeschützt sein. Chili, grünen Paprika, Knoblauch und Zwiebeln können Sie im Haus an einem gut belüfteten Platz aufhängen. Paprika, Tomaten und Pilze können aufgeschnitten und in der Sonne, über einem Heizkörper oder in einem Schrank mit Lüftungsschlitzen getrocknet werden. Zu den Gemüsepflanzen, die sich zum Trocknen eignen, zählen Bohnen, Chili, Knoblauch, Zwiebeln und Erbsen.
(Siehe auch die Beschreibung zu den einzelnen Gemüsearten.)

Tiefgefrieren
Nur hochwertiges Gemüse sollte eingefroren und zuvor sorgfältig gereinigt und abgepackt werden. Man benötigt eine Schockgefriervorrichtung. Die Tür des Tiefkühlgeräts sollte während dem Tiefgefrieren geschlossen bleiben. Die Türe möglichst wenig öffnen und sofort wieder schließen.
(Siehe auch die Beschreibung zu den einzelnen Gemüsearten.)

Zum Tiefgefrieren geeignete Gemüsearten

Blanchieren	*Hacken, pürieren, würfeln oder aufschneiden*	*Jung einfrieren*
Spargel		
Aubergine	Aubergine	
Rote Bete		Rote Bete
Puffbohne		
Rosenkohl		
Kohl	Kohl	
Calabrese		
Karotte		Karotte
Blumenkohl	Blumenkohl	
	Sellerie	
	Kohlrabi	
Zucchini		
Gartenbohne		
Krauskohl		
Markkürbis	Markkürbis	
Pastinake		Pastinake
Erbse		
Kartoffel		
Feuerbohne		
Spinat		
Frühlingszwiebel		
Brokkoli		
Kohlrübe	Kohlrübe	
Mais		
Tomate		
Speiserübe	Speiserübe	Speiserübe

Balkonpflanzen

Unter „Minigemüse“ oder „Babygemüse“ versteht man entweder Pflanzen, die schon im jungen Stadium abgeerntet werden oder Sorten, die auch nach der Reife kleiner sind als andere. Ursprünglich galt Minigemüse als Besonderheit, wird nun jedoch häufig bei begrenztem Platzangebot oder einfach nur zur Dekoration angebaut. Viele Sorten können bereits nach 12 Wochen geerntet werden und eignen sich hervorragend als kurzfristige Kultur.

Kultivierung
Balkonpflanzen oder Minigemüse kann man in Beeten, Töpfen, Blumenkästen und -ampeln mit einer mindestens 20 cm hohen, fruchtbaren Erd- oder Kompostschicht ziehen. Damit sie rasch wachsen, müssen die Pflanzen regelmäßig und gründlich gegossen sowie während der Vegetationsperiode einmal wöchentlich gedüngt werden.

Planung
Die meisten Minigemüse werden aus dem Samen gezogen, der um die Saison zu verlängern, alle 2 bis 3 Wochen ausgesät werden sollte. Sobald wieder Platz frei wird, sollte man bereits neue Jungpflanzen oder in Töpfen oder Torftöpfen gezogene Sämlinge zur Hand haben.

Pflanzdichte
Indem man die Zahl der Pflanzen pro Quadratmeter erhöht, lässt sich das Wachstum der größeren Sorten beschränken. Das gilt jedoch nicht für alle Gemüsesorten: Kopfsalate bilden keine Herzen, wenn sie in zu geringen Abständen gesetzt werden, außer Sie verwenden von Natur aus kleine Sorten.

Sortenauswahl
Die Abstände für Pflanzen, die als Minigemüse verkauft werden, sind auf der Packung angegeben. Die Abstände für größere Pflanzen, die man als Minigemüse ziehen möchte, muss man ausprobieren.

Pflanzen, die innerhalb von 12 Wochen erntereif sind:

Rote Bete
Eine der ältesten Pflanzen, die hauptsächlich zur Weiterverarbeitung als Minigemüse angebaut wird. Dick aussäen und auf 3 cm zwischen den Pflanzen und 15 cm zwischen den Reihen vereinzeln. Zu den Minisorten zählen 'Pronto', 'Monaco' und 'Action'.

Karotte
Die Amsterdamer-Sorten können jung geerntet werden. Zu diesem Zweck werden sie dick ausgesät und auf 1 cm zwischen den Pflanzen und 15 cm zwischen den Reihen vereinzelt. Minisorten sind z.B. 'Amini' und 'Ideal'.

Zucchini
Die meisten Sorten, speziell die F_1-Hybriden, eignen sich als Minigemüse. Zwischen den Pflanzen 60 cm Abstand lassen. Um die Saison zu verlängern, jede Woche mehrmals ernten. 'Peter Pan' ist ein Minikürbis. 'Sunburst' und verwandte Sorten können jung geerntet werden.

Kohlrabi
Kleine Wurzeln schmecken milder. Dick aussäen, auf 3 cm zwischen den Pflanzen und 15 cm zwischen den Reihen vereinzeln. Die Größe kann durch dichtes Aussäen reduziert werden. 'Rolano' und 'Logo' sind kleine Sorten.

Zwiebel
Bundzwiebeln wie 'Ishikura' und 'Hikari' sind ideal, da sie keine Zwiebeln bilden und aufrechte Blätter haben, sie können auch dicht ausgesät werden. Für Einlegezwiebeln sollte man 'Shakespeare' versuchen.

Speiserübe
Dick aussäen und auf 3 cm bzw. 15 cm zwischen den Reihen vereinzeln, damit die Wurzeln nicht größer werden als ein Tischtennisball. zu den Minisorten zählen z. B. 'Tokyo Cross' und 'Arcoat'.

Pflanzen, die innerhalb von 20 Wochen erntereif sind:

Rosenkohl
Alte Soren wie 'Bedfordshire' die mit einem Abstand von 30 cm in und zwischen den Reihen gesetzt werden, produzieren im Herbst und Winter kontinuierlich Sprossen. Aufgrund der Größe der Pflanzen sollten die Wurzeln mindestens 30 cm tief einwurzeln.

Kohl
Probieren Sie die kleinen Sorten 'Protovoy' und 'Primero'. Bei ersterer sollte man einen Abstand von 15 cm zwischen den Pflanzen und 5 cm zwischen den Reihen einhalten, bei 'Primero' einen beidseitigen Abstand von 15 cm.

Blumenkohl
Setzt man die Pflanzen in einem Abstand von 15 cm, liefern sie kleine Köpfe in der Größe eines Tennisballs, die ca. 17 Wochen nach der Aussaat geerntet werden können. Die Minisorte 'Idol' ist zum Tiefgefrieren geeignet.

Krauskohl
Einen Abstand von 15 cm zwischen Pflanzen und Reihen einhalten und die Blätter regelmäßig ernten, damit sie keine Fäden bekommen. Für kontinuierlichen Anbau alle 10 Tage aussäen. Eine Minisorte ist 'Showbor'.

Porree
Setzt man in einem Abstand von 1,5 cm zwischen den Pflanzen und 15 cm zwischen den Reihen, erhält man mild schmeckenden Mini-Porree, den man dünsten oder ungekocht zum Salat geben kann. 'King Richard' ist eine gute Sorte.

Pastinake
Am besten sind die Sorten mit schmalen Wurzeln, die auf 5 cm bzw. 15 cm zwischen den Reihen vereinzelt werden und innerhalb von ungefähr 15 Wochen geerntet werden können. 'Lancer', eine Minisorte, ist sehr resistent gegen Pastinakenkrebs.

Spinat
Für kontinuierliche Ernte alle 2 Wochen aussäen. Für die frühen und späten Sorten sind möglicherweise Abdeckungen erforderlich. Nur Pflanzen mit Mehltrauresistenz verwenden.

Mais
Muss nicht blockweise ausgesät werden, da er vor der Bestäubung geerntet wird, sobald sich die Fäden bilden. Der Abstand sollte 30 cm zu beiden Seiten betragen. Bei viel Sonne fällt die Ernte besser aus. Probieren Sie die Minisorte 'Minipop'.

Sonstige Verwendungszwecke

Da Gemüse unser wichtigstes Nahrungsmittel ist, vergessen wir oft, dass es auch noch andere Verwendungszwecke haben kann. Es dient häufig als Grundstoff von Farben, Arzneien, natürlichen Chemikalien und sogar Wein.

Farben
Nur wenige Gemüsepflanzen enthalten Säfte, aus denen man Farbstoffe gewinnen kann, die alle mit einem Fixiermittel verwendet werden müssen, das den Farbton bestimmt. Die meisten Gemüsefarben bleichen nach einiger Zeit aus und können nur auf Naturfasern verwendet werden. Folgende Farben sind einen Versuch wert:
Rote Bete: Obwohl Rote Bete starke Flecken hinterlässt, kann man aus dem Saft nur grau- oder rehbraune Farbe gewinnen.
Zwiebelknollen sind von mehreren Schichten trockener, brauner, papierähnlicher Schale umhüllt, von der man große Mengen benötigt, um daraus Farbe herzustellen. Obwohl diese Farben, die von hellgelb bis kupferbraun reichen, sehr intensiv sind, verblassen sie in der Sonne rasch.
Porree: Das Blattwerk liefert gelbliche bzw. hellbraune Pigmente.

Arzneien
Nahrung gilt oft als wichtiges Arzneimittel, das die erforderlichen Vitamine und Mineralien liefert. Außerdem enthält es medikamentöse Stoffe, die, sobald sie verdaut wurden, ihre Wirkung freisetzen. Die alte Redensart: „Man ist, was man isst" ist nach wie vor gültig. Ausgewogene Ernährung ist wichtig für die Gesundheit. Durch das beliebte, aber einseitige „Fast Food" wird im Durchschnitt weniger Gemüse gegessen. Ausgewogene Ernährung beinhaltet auch Gemüse, das Krankheiten abwehrt oder heilt. Viele Gemüsearten, z. B. Karotten, enthalten Betakarotin, das sich in Vitamin A verwandelt. Dieses Vitamin wird sehr stark in der Krebsvorsorge eingesetzt. Andere, z. B. Knoblauch, senken den Cholesterinspiegel. Ballaststoffreiche Ernährung hilft bei der Vermeidung von Darmkrebs und aus Forschungsergebnissen geht hervor, dass Soja Brustkrebs verhindern kann. Zur Zeit untersucht man, ob die Essgewohnheiten Aufschluss über die unterschiedliche Krebsrate in Nord- und Südeuropa geben können. Bei den einzelnen Einträgen können Sie auch den Nährwert und die medizinische Verwendung dieser Pflanzen nachlesen. Mit Gemüse kann man sich gesund essen!

Wein
Viele Gemüsegärtner stellen ihren eigenen Wein her. Hochwertiger Gemüsewein stellt sicherlich ein interessantes Gesprächsthema dar. Rote Bete, Karotte, Sellerie, Pastinake und Rhabarber sind hervorragend geeignet – doch sollten Ihre Gäste besser das Auto stehen lassen, denn der Alkoholgehalt ist sehr hoch. Aus Wurzelgemüse mit hohem Zuckergehalt, wie z. B. Pastinaken, erhält man im Allgemeinen sehr süßen Wein.

Sonstiges
Aus manchen Gemüsepflanzen werden Kosmetika wie Cremes und Packungen hergestellt. Ein gutes Beispiel dafür sind Gurke und Avocado.

Sojareiche Nahrung unterstützt die Krebsvorsorge.

Der Pflanzkalender

Dieser Pflanzkalender gilt für Mittel- und Nordeuropa. Für den letzten Frost wird der 1. April, für den ersten Frost der 20. Oktober angenommen. Fällt der Frost auf einen anderen Termin, kann man den Kalender individuell anpassen. Natürlich lässt sich das Wetter nicht ganz genau vorhersagen, es ist jedes Jahr verschieden, und ebenso jeder Garten. Daher kann dieser Kalender nur ein Anhaltspunkt sein.

Januar

(Mitte Winter)

Anbaupläne vorbereiten und Samen bestellen. Im Herbst umgegrabenen Boden bei Bedarf kalken. Frühe Saatkartoffeln mit den „Augen“ nach oben in flache Kisten legen und an einem hellen, frostgeschützten Platz lagern. Gegen Ende des Monats Schalotten auspflanzen, wenn der Boden feucht genug ist.
Geschützter Anbau: Rettiche und Karotten in Anzuchttüten oder am Rand des Kalthauses aussäen. Kopfsalat und Porree unter Glasglocken aussäen.

Februar

(Ende Winter / Anfang Frühling)

Puffbohnen, frühe Erbsen und Spinat aussäen. Ab Monatsmitte frühe Kohl- und Blumenkohlsorten in Töpfen aussäen. Späte Kartoffeln vorkeimen.
Geschützter Anbau: Kohl, Karotten, Kopfsalat und Rettich unter Glasglocken oder Folientunneln anbauen.

März

(Anfang Frühling)

Zwiebelpflänzchen in den vorbereiteten Boden setzen. Rote Bete, Kohl, Karotten, Pastinaken, Kopfsalat und späte Erbsen aussäen.
Geschützter Anbau: Kopfsalat unter Glasglocken oder in Folientunneln aussäen, Frühlingszwiebeln in Anzuchttüten im Kalthaus verfrühen. Frühe Kohlsorten und Blumenkohl unter Glas aussäen und Mitte April umsetzen. Tomaten von Ende März bis Anfang April säen.

April

(Mitte Frühling)

Boden umgraben und für Porreeaussaat vorbereiten. Späte Kartoffeln, Kohl und Blumenkohl (die im März unter Glas ausgesät wurden) umsetzen. Rote Bete, Rettich, Spinat, Karotten, Blumenkohl, späte Erbsen, Puffbohnen und Pastinaken nochmals aussäen. Dann den Eissalat, Frühlingszwiebeln und Meerkohl aussäen. Späten Blumenkohl, Savoy-Kohl, Krauskohl und Brokkoli ab Ende April im Saatbeet anbauen. Im Februar im beheizten Frühbeet gezogenen Kohl und Blumenkohl umsetzen. Die Spitzen der blühenden Puffbohnen abzwicken.
Geschützter Anbau: Ende März oder Anfang April ausgesäte und pikierte Tomaten sollten ins Frühbeet umgesetzt und abgehärtet werden. Ende des Monats Kürbisgewächse und Mais aussäen. Die Glashausbeete oder Anzuchttüten für Tomaten vorbereiten, die zu Monatsende angepflanzt werden.

Mai

(Ende Frühling)

Garten- und Feuerbohnen, Karotten, Zucchini, Freilandgurke, Kopfsalat, Speiserüben, Spinat und Petersilie aussäen. Sellerie, Knollensellerie, Mais und Sommerkohl ins Freie umsetzen. Spargel, Puffbohnen, Blumenkohl, Erbsen, Rettich und Spinat ernten. Kartoffeln anhäufeln.
Geschützter Anbau: Auberginen, Freilandgurken, Tomaten, Paprika und Mais umsetzen.

Juni

(Anfang Sommer)

Garten- und Feuerbohnen, Chinakohl, Karotten, Zucchini, Freilandgurken, Kopfsalat, Spinat und Petersilie aussäen. Sellerie, Sommerkohl und Tomaten umsetzen. Spargel, Puffbohnen, Blumenkohl, Calabrese, Erbsen, Rettich, Spinat und Speiserüben ernten.
Geschützter Anbau: Auberginen und Mais umsetzen. Tomatenpflanzen bestäuben.

Juli

(Mitte Sommer)

Zum letzten Mal Rote Bete, Karotten, Kopfsalat, Speiserüben, Spinat und Petersilie aussäen. Frühlingszwiebeln, Frühlingskohl und Meerkohl zum Überwintern aussäen. Überwinternde Zwiebeln im Saatbeet aussäen und im März des nächsten Jahres umsetzen. In kälteren Gegenden im Januar ausgesäten Porree zu Monatsbeginn anpflanzen. Von früher Bleichsellerie die untersten Schößlinge entfernen, anschließend reichlich gießen und anhäufeln.
Geschützter Anbau: Gurken und Tomaten regelmäßig ernten, damit sich weitere Früchte bilden und, sobald jeder Stängel etwa 5 bis 6 Trauben trägt, die Spitzen abzwicken.

Das Saatbeet wird ausgemessen.

Feuerbohnen klettern an Stangen hoch.

August

(Ende Sommer)

Speiserüben als Frühlingsgemüse und überwinternde Zwiebeln aussäen. Frühlingskohl im Frühbeet aussäen. Damit die überwinternden Pflanzen nicht vom Wind geschüttelt werden, häufelt man speziell bei Rosenkohl, Krauskohl und Brokkoli rund um den Stängel Erde an. Bleichsellerie anhäufeln. Späte Zwiebeln ernten und vor dem Einlagern darauf achten, dass die äußeren Schalen ausgereift sind.

Geschützter Anbau: Gurken und Tomaten regelmäßig ernten und Tomaten von Hand bestäuben.

September

(Anfang Herbst)

Saatgutkatalog für das nächste Jahr bestellen. Frühlingskohl an den endgültigen Platz umsetzen. Spinat für die Aprilernte aussäen. Späte Karotten, Rote Bete und Kartoffeln ausstechen und kühl und dunkel lagern: spätere Aussaaten können im Boden gelassen werden. Sellerie vor dem ersten starken Frost anhäufeln. Tomatenpflanzen, an denen noch Früchte sind, ausstechen und auf Stroh unter Glasglocken oder im Gewächshaus reifen lassen. Grüne Früchte in Papier einwickeln und dunkel lagern.

Geschützter Anbau: Vereinzelte späte Salatpflanzen über den Winter im Frühbeet oder unter Glasglocken anpflanzen. Fast reifer Kopfsalat sollte mit Glasglocken oder im Frühbeet geschützt werden. Weitere Aussaaten im Frühbeet vornehmen. Der Herbst ist eine gute Zeit, um in nassen Böden Entwässerungsrohre zu verlegen.

Oktober

(Mitte Herbst)

Kartoffeln, Bete und Spinat ausstechen und einlagern. Zwiebeln zu Zöpfen binden, sobald die Schale ganz reif ist. Im Juli ausgesäten Kopfsalat zum Überwintern an einen geschützten Standort mit gutem Abfluss umsetzen. Wurzelschößlinge von Meerkohl in Sandtöpfe einsetzen und bis zum Frühling an einem geschützten Platz aufstellen. Gelbe Spargelblätter abschneiden. Alle pflanzlichen Rückstände aus dem Gemüsegarten entfernen. Für die Frühjahrsernte Kopfsalat in Gewächshausbeeten oder Anzuchttüten aussäen. Weiterhin grüne Tomaten ernten und an einem dunklen, frostgeschützten Platz reifen lassen. Anzuchttüten, die im Sommer für Gurken, Paprika und Tomaten verwendet wurden, leeren und für Wintersalat verwenden.

November

(Ende Herbst)

Puffbohnen und frostharte Erbsen im Freiland aussäen und bei Bedarf mit Glasglocken schützen. Wintergemüsepflanzen von abgestorbenen Blättern befreien, damit sie atmen können. Eingelagertes Gemüse regelmäßig kontrollieren und verdorbene Teile sofort entfernen. Leicht beschädigte Pflanzen sofort aufbrauchen. Gründünger aussäen.

Geschützter Anbau: Chicorée und Meerkohl ausstechen und einlagern.

Dezember

(Anfang Winter)

Anbauplan und Pflanzkalender für das nächste Jahr erstellen und so rasch wie möglich die Samen bestellen. Kohlrüben und späte Karotten ausstechen und einlagern. Falls starke Schneefälle oder lange anhaltender Frost zu erwarten sind, Sellerie, Lauch und Pastinaken in kleinen Mengen ausstechen und unter Abdeckungen an einem kühlen, leicht zugänglichen Platz lagern. Das Umgraben beenden, bevor der Boden zu nass wird. Auf Tonböden Sand, alte Gartenerde oder gut verrottetes Blattwerk aufstreuen und, sobald die Witterung es erlaubt, sofort einarbeiten, damit der Frost den Boden aufbrechen kann. Damit Sandböden nicht auslaugen, Gründünger aussäen oder den Boden mit Kompost bedecken.

Ein von Frost bedeckter Gemüsegarten.

GLOSSAR

Abhärten Das allmähliche Gewöhnen der Pflanzen an kühlere Temperaturen.

Abzwicken Das Entfernen des Vegetationspunkts einer Pflanze, damit sich diese weiter verzweigt, anstatt in die Höhe zu wachsen.

Acker Die oberste Bodenschicht, die kultiviert wurde.

Anhäufeln Erde rund um die Stengel schichten, um die Pflanze zu stützen oder die Pflanze zum Bleichen mit Erde bedecken.

Anorganisch Bezeichnung für künstlichen Dünger oder Dünger, der aus in der Natur vorkommenden Chemikalien erzeugt wird.

Anzuchttüte Tüte mit Kompost, in der Pflanzen gezogen werden können.

Ausdauernd Nicht holzige Pflanzen, die im Winter ruhen und im nächsten Frühling wieder austreiben.

Auslaugen Das mit Nährstoffverlust verbundene Ausschwemmen der oberen Bodenschichten.

Beetanlage Ein System zum Anpflanzen von Gemüse in dichten Blöcken oder zahlreichen Reihen.

Betakarotin Orangegelbes, pflanzliches Pigment, aus dem sich Vitamin A bildet. Schützt vor verschiedenen Krebsarten und Herzinfarkt.

Beweglicher Mulch (Bewegliche Glasglocke) Folien aus leichtem, nachgiebigem Material zum Schutz von Pflanzen.

Bezeichnung Bezeichnung für das Verzweigen von Wurzelgemüse

Blanchieren In kochendes Wasser tauchen, um Schale oder Farbe einer Pflanze zu entfernen, oft als Vorbereitung zum Tiefgefrieren.

Blatt Ein pflanzliches Organ, das Chlorophyl enthält und die Photosynthese durchführt.

Blattrotte Verrottendes Blattwerk.

Bleichen Durch Ausschluß von Licht verhindern, daß sich Stängel und Blätter einer Pflanze grün färben.

Bodendüngung Das Auftragen von organischem Material; düngen vor dem Anpflanzen oder Aussäen einer Kultur.

Brassica Kohlgewächs. Gehört zur Familie der Kreuzblütler (Cruciferae).

Breitwürfig säen Körnige Substanzen wie Samen, Dünger oder Pestizid gleichmäßig am Boden aufstreuen.

Bröckelig Krümelige Struktur eines Bodens, der als Acker bestellt werden kann.

Doppelt umgraben Methode, der Bodenbearbeitung, bei der 2 Spatenstiche tief gegraben wird.

Dünger Eine Chemikalie oder Gruppe von Chemikalien, die Nährstoffe für Pflanzen und Boden liefern.

Einfach umgraben Methode, mit der der Boden einen Spatenstich tief bearbeitet wird.

Einjährig Eine Pflanze, die den Zyklus vom Auskeimen bis zum Samen tragen innerhalb eines Jahres abschließt.

Erdmiete Eine Anlage im Boden zum Einlagern von Wurzelgemüse im Freien.

F1-Hybride Pflanzen der ersten Generation, die durch durch Kreuzung zweier ausgewählter Mutterpflanzen entstehen und einheitliche, robuste Nachkommen produzieren.

Familie Taxonomische Einteilung von Pflanzen mit ähnlichen Merkmalen.

Flüssigsäen Aussaattechnik, bei der bereits ausgekeimte Samen mit Hilfe einer Trägersubstanz in den Boden gelangen.

Folsäure Teil des Vitamin-B-Komplexes, der in Blattgemüse enthalten ist. Mangel an Folsäure führt zu Blutarmut.

Frostempfindlich Pflanzen, die kalte Witterung nicht vertragen.

Frosthart Pflanzen, die Frost ungeschützt überstehen.

Fruchtwechsel System, bei dem die Pflanzen an verschiedenen Standorten im drei- bis vierjährigen Wechsel angebaut werden. Dadurch vermeidet man das Überhandnehmen von Schädlingen und Krankheiten und kann die Nährstoffe im Boden bestmöglich nutzen.

Fungizid Chemisches Mittel zur Bekämpfung und Vernichtung von Pilzen.

Glasglocke Eine kleine, tragbare Vorrichtung, die meist aus Glas oder Kunststoff besteht und zum Schutz für frühe Sorten verwendet wird, die im Freiland angepflanzt werden.

Gründünger Rasch wachsende Blattpflanzen, die angebaut werden, um Struktur und Nährstoffgehalt des Bodens zu verbessern.

Halme Das Blattwerk von Pflanzen, z. B. Kartoffeln.

Hauptkultur Die größte Kultur, die während einer Vegetationsperiode produziert wird. Wird auch für die Pflanzen dieser Kultur verwendet.

Herbizid Chemisches Mittel zur Bekämpfung und Vernichtung von Unkrautpflanzen.

Hülsenfrucht Einzellige Frucht mit mehreren Samenkörnern, die nach dem Reifen aufspringt, z. B. Erbsen und Bohnen.

Humus Organisches, pflanzliches Zerfallsprodukt, das im Boden verbleibt.

Hybride Pflanzensorte, die aus der Kreuzung zweier unterschiedlicher Gattungen oder Spezies entstanden ist.

Immergrün Pflanzen, die das ganze Jahr über die Blätter nicht abwerfen.

Insektizid Chemisches Mittel zur Bekämpfung und Vernichtung von Insekten.

Inulin Die leicht verdauliche Form eines Kohlenhydrats.

John Innes-Kompost Anbaumedium auf Lehmbasis mit standardisierter Zusammensetzung.

Kalken Kalziumprodukte, die verwendet werden, um den pH-Wert des Bodens zu erhöhen.

Kalter Kasten Eine niedrige quadratische oder rechteckige, unbeheizte Vorrichtung, die mit Glas oder einer Plastikabdeckung verschlossen wird.

Keimblatt Das erste Blatt, das sich nach dem Auskeimen einer Pflanze bildet.

Keimung Chemische und physikalische Veränderungen, die stattfinden, sobald eine Pflanze zu wachsen beginnt.

Keimwurzel Wurzel eines Sämlings.

Kletterpflanze Pflanze, die sich von selbst an Stützen oder anderen Pflanzen emporrankt.

Knolle Ein verdickter Pflanzenstiel, dessen Blätter als Speicherorgan dienen.

Knolle Ein verdickter unterirdischer Stängel zum Speichern von Feuchtigkeit und Nährstoffen.

Kompost Zerfallenes, organisches Material, das zum Aufbessern des Bodens, zum Mulchen, als Gartenerde oder für die Aussaat verwendet wird.

Kopfbildung Stadium, in dem Pflanzen, z. B. Kohl und Kopfsalat, einen verdickten Mittelteil aus sehr dicht liegenden Blättern bilden.

Kopfdüngung Das Auftragen von Düngern oder organischem Material auf die bereits gesetzten Pflanzen.

Kultivieren Das Anbauen von Pflanzen in Erde oder Kompost. Kann auch für die verschiedenen Methoden der Bodenbearbeitung verwendet werden.

Kulturvarietät Eine Gruppe von kultivierten Pflanzen, die bei der Vermehrung ihre Eigenschaften beibehalten.

Laubwechselnd Pflanzen, die am Ende der Vegetationsperiode die Blätter abwerfen und im nächsten Jahr neu wachsen lassen.

Lehm Bezeichnung eines Bodens mit mittelfeiner Struktur.

Mischkultur Das Anpflanzen von rasch wachsenden Gemüsepflanzen zwischen langsamer wachsenden Sorten (siehe *Zwischenfrüchte*).

Modul Allgemeine Bezeichnung für Behälter, die für die Vermehrung und Anzucht von Jungpflanzen verwendet werden.

Mulch Eine Schicht mit organischem oder anorganischem Material, die auf dem Boden aufgetragen zur Bekämpfung von Unkraut, zum Schutz der Oberfläche sowie zum Speichern von Feuchtigkeit eingesetzt wird.

Mulde Komprimierte Erde, die undurchlässig für Wasser und Sauerstoff ist und die Entwicklung der Wurzeln sowie den Abfluss behindert.

Nachwachsend Sämlinge, reife oder halbreife Pflanzen, die mehrmals geerntet werden können.

Nährstoffe Mineralien, die für das Pflanzenwachstum erforderlich sind.

Nematozid Chemisches Mittel zur Bekämpfung und Vernichtung von Nematoden (Fadenwürmern, Älchen)

Neutral Erde oder Kompost mit einem pH-Wert von 7,0, der weder sauer noch basisch ist (siehe *pH*).

Oberboden Die oberste und im allgemeinen fruchtbarste Bodenschicht.

Organisch Bezeichnung von Substanzen, die aus natürlichen Materialien entstanden sind. Wird auch für Gartenbau ohne den Einsatz von Chemikalien, synthetischem Kompost, Mulch und anderem Material verwendet.

Pfahlwurzel Die größte Wurzel einer Pflanze, die im Allgemeinen spitz zuläuft und gerade nach unten wächst. Bei Gemüsepflanzen wird sie oft zur Speicherung verwendet.

pH Ein Maß für den Säuregehalt eines Bodens. Die von 0 bis 14 reichende Skala gibt Aufschluss über den Gehalt an löslichem Kalzium in einem Boden oder Anzuchtmedium. Ein pH-Wert unter sieben bedeutet sauren Boden. Hat der Boden einen pH-Wert von mehr als sieben, ist er basisch.

Pikieren Sämlinge von einem Saatbeet oder einer Schale in einen Topf, eine andere Schale oder ein anderes Saatbeet umsetzen.

Potager Gemüseziergarten

Rhizom Fleischiger, unterirdischer Strunk, der als Speicherorgan dient.

Ruhestadium Vorübergehende Einstellung des Wachstums während der kalten Jahreszeit.

Samen Eine reife, pflanzliche Eizelle, die den ruhenden Embryo enthält, aus dem wieder eine neue Pflanze entsteht.

Sämling Jungpflanze, die aus dem Samen gezogen wird.

Schießen Frühzeitiges Blühen und Samen tragen.

Schößling Ein unterirdischer Trieb, der im Allgemeinen aus der Wurzel oder dem unterirdischen Stängel einer Pflanze wächst.

Schwerer Boden Boden mit einem hohen Anteil an Tonerde, der im Winter leicht vernässt und im Sommer leicht austrocknet.

Seitentrieb Ast, Zweig oder Stiel, der aus dem Stamm oder Stängel wächst.

Setzlinge Kleine Zwiebeln, Schalotten oder Kartoffeln, die zum Anpflanzen verwendet werden.

Sorte Bezeichnung für verschiedene Typen einer Pflanzengattung, die oft auch „Varietäten" genannt werden.

Spezies Taxonomische Einteilung von verwandten Pflanzen mit ähnlichen Merkmalen.

Spore Dient zur Fortpflanzung bei nicht blühenden Pflanzen.

Sprengen Die Gewächshausböden und -tische befeuchten, um die Luftfeuchtigkeit zu erhöhen und die Temperatur zu senken.

Stängel Mittelachse einer Pflanze, aus der Seitentriebe wachsen.

Strauch Eine Pflanze mit holzigem Stamm, der sich von vom Boden weg verzweigt.

Transloziert oder verlagert Bezeichnung für ein chemisches Mittel, das an einer Stelle von der Pflanze aufgenommen wird und dann den pflanzlichen Kreislauf durchläuft.

Transpiration Der Feuchtigkeitsverlust von Pflanzen durch Verdunstung an den Blättern und Stielen.

Trieb Ast, Zweig oder Stängel einer Pflanze.

Umsetzen Eine Pflanze von einem Standort an einen anderen versetzen.

Umtopfen Das Umsetzen einer Pflanze in einen größeren Topf.

Unterboden Weniger fruchtbare Bodenschichten, die direkt unter dem Oberboden liegen.

Vegetativ Wird für die Teile einer Pflanze verwendet, die wachsen können.

Vereinzeln Das Entfernen von Sämlingen und Trieben, um die Qualität der verbliebenen Pflanzen zu verbessern.

Verkrustung bildet sich an der Oberfläche eines Bodens, der durch Zusammendrücken, starke Niederschläge oder Gießen beschädigt wurde.

Vermehrung Die Steigerung der Anzahl an Pflanzen durch Samen oder vegetative Methoden.

Verwitterung Der Effekt, dass bei bestimmten klimatischen Gegebenheiten große Erdschollen zu kleinen Teilchen zerfallen.

Vlies Leichte, gewebte Polypropylen-Abdeckung, die im geschützten Anbau eingesetzt wird.

Vorkeimen Austreiben der Pflanzen vor dem Aussäen. Wird normalerweise mit Saatkartoffeln durchgeführt.

Windschutz Schutz der Pflanzen, um nicht vom Wind gebeutelt zu werden.

Wurzel Teil der Pflanze, durch den Wasser und Nährstoffe aufgenommen werden und der auch zur Verankerung der Pflanze im Boden oder als Anzuchtmedium dient.

Wurzelgemüse Gemüsepflanzen, die wegen der essbaren Wurzeln angebaut werden, z. B. Karotten und Pastinaken.

Zweijährig Eine Pflanze, die ihren Lebenszyklus innerhalb von zwei Jahren beschließt.

Zwischenfrucht Eine rasch wachsende Pflanze, die zwischen langsamer reifenden Gemüsearten ausgesät wird, um den Boden optimal zu nutzen.

REGISTER

QUELLENNACHWEIS

Der Autor und Herausgeber möchte für die Veröffentlichung folgender Rezepte danken: Zwiebel-Walnuss-Muffins – *Hudson Valley Cookbook* von Wally Malouf; La Gasconnade – *Goose Fat & Garlic* von Jeanne Strang; Mrs. Krauses Paprikahaschee – *Pennsylvania Dutch Country Cookbook* von William Woys Weaver; Risotto mit Artischocken – *The River Café Cookbook* von Rose Gray und Ruth Rogers; Pürierte Garnelen in Salatblättern – *Classic Food of China* von Yan Kit So; Pelecin Peria – *Indonesian Food & Cookery* von Sri Owen; Chayote in Rotwein – *The Vegetable Book* von Jane Grigson; Tzimmes – *Russian Cooking* von Olga Phklebin.

Bildnachweis

A-Z A-Z Botanische Sammlung
B.A.L. „The Bridgeman" Kunstsammlung
G.P.L. „The Garden Picture" Bibliothek
H.S.I. Holt Studios International
J.F. John Fielding
M.G. Michelle Garrett
O.S.F. Oxford Scientific Film
P.H. Photos Horticultural
R.P. Roger Phillips

Weitere Abkürzungen

l: = links; o: = oben; r: = rechts; u: = unten; r.o.: = rechts oben; r. u.: = rechts unten; M. l.: = Mitte links; M. o.: = Mitte oben; M. r.: = Mitte rechts; M. u.: = Mitte unten; l. o.: = links oben; l. u.: = links unten.

Die Rezeptfotos sind von Michelle Garrett; alle anderen Fotos von Sally Maltby.

S. 2 G.P.L. (Mayer/Le Scanff)
S. 6 – Hintergrund G.P.L. (Brigitte Thomas)
S. 7 Glasgow Museum, Kunstgalerie Kelvingrove
S. 8 – Hintergrund G.P.L. (Mayer/Le Scanff); l. u.: P. H.
S. 9 o.: B.A.L. (Chris Beetles Ltd.)
S. 10 r. o.: G.P.L. (Mayer/Le Scanff)
S. 11 u.: B.A.L. (Cheltenham Art Gallery)
S. 12 B.A.L. (Privatsammlung)
S. 13 r. o.: G.P.L. (Bob Challinor)
S. 14/15, Hintergrund G.P.L. (Bob Challinor)
S. 16 l.: Sally Maltby, r. o. und M. r.: John Fielding
S. 17 r. o. und l. u.: John Fielding
S. 18 o.: P.H., u.: G.P.L. (Gary Rogers)
S. 20 John Fielding
S. 21 o.: P.H., u.: A-Z (Anthony Cooper)
S. 22 r. u.: P.H.
S. 23 l. o.: G.P.L. (John Glover); r.o.: G.P.L. (Michael Howes); M. u.: P.H.
S. 24 r. o.: Michelle Garrett
S. 25 A-Z (R. Greenwood)
S. 26 M. o.: P.H.
S. 27 l. o.: H.S.I. (Irene Lengui)
S. 28 r. o.: G.P.L. (John Glover); r.u.: H.S.I. (Nigel Cattlin)
S. 29 l. o.: P.H., r. u.: G.P.L. (Michael Howes)
S. 30 r. o.: H.S.I. (Rosemary Mayer); r. u.: H.S.I. (Nigel Cattlin)
S. 32 M. u.: P.H.
S. 34 r. o.: G.P.L. (David Russell)
S. 35 l. u.: G.P.L. (Bob Challinor)
S. 36 M. u.: G.P.L. (Brian Carter)
S. 37 l. o.: G.P.L. (Lamontagne)
S. 38 r. o.: G.P.L. (David Askham); M. u.: G.P.L. (Gary Rogers)
S. 39 o.: A-Z (Elsa M. Megson)
S. 40 l. und r. u.: P.H.
S. 41 l. o.: P.H.; r. u.: G.P.L. (J. Pavia)
S. 43 M. l.: G.P.L. (John Glover); r. u.: John Fielding
S. 44 l. o.: G.P.L. (Michael Howes); r. u.: G.P.L. (Brian Carter)
S. 45 l. o.: John Fielding
S. 46 l. und r. u.: P.H.
S. 47 l. o.: John Fielding
S. 48 r. u.: P.H.
S. 49 l. o.: John Fielding
S. 50 r. o.: P.H.; r. u.: G.P.L. (John Glover)
S. 51 l. o.: P.H.
S. 52 r. o.: P.H.
S. 53 r. o.: G.P.L. (Gary Rogers); l. u.: G.P.L. (Brian Carter)
S. 54 l. o.: H.S.I. (Andy Burridge); r. u.: P.H.
S. 56 r. o.: P.H.
S. 57 r. o.: M.G.; l. u.: G.P.L. (Juliette Wade); r. u.: P.H.
S. 58 r. o.: P.H.
S. 60 l. u.: John Fielding
S. 61 l. u.: John Fielding
S. 62 l. u.: G.P.L. (John Glover)
S. 63 r.: H.S.I. (Nigel Cattlin)
S. 64 l. o.: G.P.L. (Michael Howes); r. u.: G.P.L. (John Baker)
S. 66 r. u.: G.P.L. (John Glover)
S. 67 r.o.: H.S.I. (Nigel Cattlin)
S. 68 r.o.: H.S.I. (Nigel Cattlin)
S. 69 l. u.: Sally Maltby
S. 70 r. o.: G.P.L. (Juliette Wade); l. u.: P.H.; r. u.: G.P.L. (Lamontagne)
S. 72 r. u.: H.S.I. (Nigel Cattlin)
S. 73 l. o.: H.S.I. (Nigel Cattlin)
S. 74 r. o. und r. u.: John Fielding
S. 75 l. o.: G.P.L. (Mayer/Le Scanff); l. u.: G.P.L. (John Glover)
S. 76 l.: G.P.L. (Lamontagne); r.: J. F.
S. 77 l. o.: P.H.
S. 78 u.: H.S.I. (Richard Anthony)
S. 80 l. und r. u.: O.S.F. (Deni Brown)
S. 81 l. o.: O.S.F. (Harry Fox)
S. 82 l. u.: O.S.F. (Sean Morris)
S. 83 r. o.: P.H.
S. 84 o.: G.P.L. (M. Howes); u.: P.H.
S. 86 r.o.: National History Photografic Agency (Brian Hawkes); l. u.: G.P.L. (Neil Holmes); r. u.: P.H.
S. 87 l. u.: G.P.L. (David Askham)
S. 89 l. o.: P.H.; r. o.: S.M.; u.: P.H.
S. 90 M. u.: G.P.L. (Mel Watson)
S. 91 G.P.L. (Mayer/Le Scanff)
S. 92 r. o.: G.P.L. (J. S. Sira); l. u.: G.P.L. (Neil Holmes)
S. 93 r.o.: G.P.L. (Gary Rogers); l. u.: G.P.L. (Rex Butcher)
S. 95 r. o.: G.P.L. (Mary O'Hara)
S. 96 l. u.: G.P.L. (Brigitte Thomas)
S. 97 l. o.: G.P.L. (Joanne Pavia)
S. 98 r. o.: John Fielding
S. 99 r. o.: O.S.F. (Mike Slater); l. u.: G.P.L. (Marianne Majerus)
S. 100 l. o.: Michelle Garrett
S. 101 r. o.: G.P.L. (John Glover)
S. 102 l. u.: H.S.I. (Duncan Smith)
S. 103 l. o.: H.S.I. (Nigel Cattlin)
S. 104 r. o.: P.H.
S. 105 l. u.: P.H.
S. 106 l. o. und r. u.: G.P.L. (Michael Howes); l. u.: M. Garrett
S. 108 l. o.: H.S.I. (Nigel Cattlin); l. u.: G.P.L. (Michael Viaro)
S. 109 l. o.: H.S.I. (Richard Anthony); l. u.: H.S.I. (Nigel Cattlin)
S. 110 l. u.: H.S.I. (Bob Gibbons)
S. 111 M. o.: G.P.L. (John Glover); l. u.: H.S.I. (Nigel Cattlin)
S. 112 l. u.: H.S.I. (Nigel Cattlin)
S. 113 l. o.: H.S.I. (Inga Spence)
S. 114 r. u.: P.H.
S. 116 r. o.: P.H.; l.u.: H.S.I. (Bob Gibbons)
S. 117 r. o.: H.S.I. (Silvestre Silva)
S. 118 r. u.: H.S.I. (Nigel Cattin)
S. 119 l. o.: P.H.
S. 120 r. u.: John Fielding
S. 121 l. o.: G.P.L. (Mayer/Le Scanff); M. l.: G.P.L. (John Glover)
S. 122 r. o. und l. u.: P.H.
S. 123 r. o.: G.P.L. (Lamontagne); l. u.: G.P.L. (Michael Howes)
S. 126 r. u.: Roger Phillips
S. 128 r. o.: Roger Phillips
S. 130 r. o.: A-Z (Bjorn Svensson)
S. 131 l. o.: J. Allen Cash Ltd.
S. 132 alle H.S.I. (Nigel Cattlin)
S. 134 r. o.: John Fielding
S. 135 l. o.: G.P.L. (Sunniva Harte); r. u.: G.P.L. (John Glover)
S. 136 r. u.: G.P.L. (Juliette Wade)
S. 137 r. o.: John Fielding
S. 138 l. u.: G.P.L. (Lamontagne)
S. 140 r. o.: H.S.I. (Nigel Cattlin)
S. 141 o.: H.S.I. (P. Karunakaran); r. u.: H.S.I. (Mary Cherry)
S. 144 r. o.: O.S.F. (Waina Cheng)
S. 145 l. o.: P.H.
S. 146 r. u.: P.H.
S. 147 r. o.: H.S.I. (Bob Gibbons)
S. 148 l. u.: H.S.I. (Dick Roberts)
S. 149 r. u.: H.S.I. (Richard Anthony)
S. 150 r. o.: O.S.F. (G. I. Bernard); l. u.: P.H. (ACM)
S. 152 r. o.: A-Z
S. 153 l. u.: P.H.
S. 154 M.: Michelle Garrett; r. u.: H.S.I. (Nigel Cattlin)
S. 155 l. o.: H.S.I. (Nigel Cattlin); M. r.: H.S.I. (Inga Spence)
S. 156 l. o.: Michelle Garrett; r. u.: H.S.I. (Nigel Cattlin)
S. 157 beide H.S.I. (Nigel Cattlin)
S. 158 r. u.: G.P.L. (Neil Holmes)
S. 159 o.: G.P.L. (Brian Carter); u.: P.H.
S. 160 l. o.: G.P.L. (Gary Rogers)
S. 161 r. o.: G.P.L. (Lamontagne)
S. 162 l. o.: P.H.; r. o.: G.P.L. (John Glover)
S. 164 r. o.: G.P.L. (Michael Howes); l. u.: G.P.L. (Chris Burrows)
S. 165 l. o.: G.P.L. (Michael Howes); r. u.: G.P.L. (Steven Wooster)
S. 166 l. o.: P.H.
S. 167 M.: H.S.I. (Nigel Cattlin)
S. 168 r. o.: O.S.F. (Michael Leach); l. u.: P.H.
S. 169 l. u.: P.H.
S. 170 r. o.: Michelle Garrett; l. u.: P.H.; r. u.: G.P.L. (David Askham)
S. 172 M.: P.H.
S. 173 l. o.: P.H.
S. 174 l. u.: P.H.
S. 176 r. o.: H.S.I. (N.Cattlin); l.u.: P.H.
S. 177 l. o.: H.S.I. (Rosemary Mayer)
S. 178 r. o.: G.P.L. (Vaughan Fleming)
S. 179 l. u.: P.H.
S. 181 r. o.: G.P.L. (Elizabeth Strauss); M. r.: G.P.L (Marie O'Hara); l. u.: H.S.I. (Nigel Cattlin)
S. 182 l. o.: H.S.I. (Willem Harinck); M. r.: P.H.
S. 183 r. o.: G.P.L. (Michael Howes); l. u.: H.S.I. (Primrose Peacock)
S. 184 r. o.: H.S.I. (Andy Burridge)
S. 186 r. o.: P.H.
S. 187 r. o.: John Fielding; l. u.: G.P.L. (Michael Howes)
S. 188 M.: Michelle Garrett
S. 189 M. l.: P.H.; r. u.: H.S.I. (Bob Gibbons)
S. 190 l. u.: G.P.L. (Lamontagne)
S. 191 l. o.: A-Z (F. Collet & U. Lund); l. u.: John Fielding
S. 192 r. o.: H.S.I. (J. Hall); r. u.: P.H.
S. 193 l. o.: O.S.F. (Stan Osolinki); r. o.: H.S.I. (Jean Hall)
S. 194 r. o.: John Fielding
S. 195 M. o.: O.S.F. (G.Kidd); l.u.: P.H.
S. 196 r. u.: P.H.
S. 197 l. o.: P.H.
S. 198 r. o.: P.H.
S. 199 r. o.: P.H.; l. u.: O.S.F. (G.A.Maclean)
S. 200 r. o. und l. u.: H.S.I. (N.Cattlin)
S. 202 r. o.: H.S.I. (Richard Anthony)
S. 203 beide H.S.I. (Nigel Cattlin)
S. 205 r. o.: H.S.I. (Nigel Cattlin); l. u.: G.P.L. (Christel Rosenfeld)
S. 206 l. o.: H.S.I. (P. Karunakaran); r. u.: G.P.L. (Vaughan Fleming)
S. 207 r. o.: G.P.L. (Mayer/Le Scanff)
S. 208 r. o.: Michelle Garrett
S. 210-211 G.P.L. (Mayer/Le Scanff)
S. 212 l. o.: H.S.I. (N. Cattlin); r. u.: P.H.
S. 213 G.P.L. (Gary Rogers)
S. 214 u.: P.H.
S. 215 l. o.: P.H.; r. u.: A-Z
S. 216 l. u.: A-Z; r.u.: H.S.I. (N.Cattlin)
S. 217 l. o.: P.H.; u.: H.S.I. (Primrose Peacock)
S. 219 P.H. (Ryton Hydra HDRA, Organic Gardens)
S. 220 r. o.: A-Z (Anthony Cooper); M. l.: H.S.I. (R. Anthony); r.u.: P.H.
S. 221 M. l.: G.P.L. (Marijke Heuff); r. u.: A-Z (Martin Stankewitz)
S. 222 l. u. und M. u.: P.H.;
S. 223 o.: A-Z (A. Seinet); u.: P.H.
S. 225 G.P.L. (Michael Howes)
S. 226 H.S.I. (Nigel Cattlin)
S. 227 l. o. und r. u.: P.H.
S. 228 o.: H.S.I. (Inga Spence)
S. 229 r. o.: H.S.I. (Duncan Smith); M. r.: H.S.I. (Len McLeod); l. u.: A-Z (D. B. Bevan); r. u.: H.S.I. (Nigel Cattlin)
S. 230 l. u., r. o., M. l: H.S.I. (Nigel Cattlin); r. u.: A-Z (Margaret Sixsmith)
S. 231 l. o.: P.H.; r. o.: H.S.I. (Andy Burridge); r. u.: P.H.
S. 232 alle: H.S.I. (Nigel Cattlin)
S. 233 r. o.: P.H.; u.: H.S.I. (N. Cattlin)
S. 234 l. u.: P.H.
S. 235 u.: Derrick St. Romaine
S. 236 r. o.: A-Z (D. W. Bevan); M. l.: P.H.
S. 237 o.: G.P.L. (Marie O'Hara)
S. 238 r. o.: G.P.L. (Gary Rogers)
S. 239 u.: A-Z (Martin Stankewitz)
S. 241 G.P.L. (Lamontagne)
S. 243 r.: H.S.I. (Inga Spence)
S. 244 l. u.: A-Z
S. 245 o.: G.P.L. (J. Wade); u.: P.H.
S. 249 r. o.: A-Z (D. W. Bevan)